SCHRIFTEN DES SIGMUND-FREUD-INSTITUS

Herausgegeben von
Marianne Leuzinger-Bohleber und Rolf Haubl

REIHE 1
Klinische Psychoanalyse: Depression

Herausgegeben von
Marianne Leuzinger-Bohleber, Stephan Hau,
Heinrich Deserno

BAND 1
Depression – Pluralismus in Praxis und Forschung

Marianne Leuzinger-Bohleber, Stephan Hau,
Heinrich Deserno (Hg.)

Depression – Pluralismus in Praxis und Forschung

Mit 17 Abbildungen und 26 Tabellen

Vandenhoeck & Ruprecht

Bibliografische Informationen Der Deutschen Bibliothek

Die Deutsche Bibliothek verzeichnet diese Publikation
in der Deutschen Nationalbibliografie;
detaillierte bibliografische Daten sind im Internet
über ‹http://dnb.ddb.de› abrufbar.

ISBN 3-525-45164-4

Umschlagabbildung: Auguste Rodin, *Morgenmantel Balzacs* (Ausschnitt),
um 1895, gipsüberzogener Stoff, 1,48 x 0,575 x 0,42 m.

© 2005, Vandenhoeck & Ruprecht GmbH & Co. KG, Göttingen.
Internet: www.v-r.de
Printed in Germany.
Schrift: Minion
Satz: SchwabScantechnik, Göttingen
Druck und Bindung: Hubert & Co., Göttingen

Gedruckt auf alterungsbeständigem Papier.

Inhalt

Vorwort der Herausgeber

»Ich hatte das Gefühl, ich verliere mein Selbst«
(Andrew Solomon 2001)

Nach Prognosen der Weltgesundheitsorganisation wird die Depression 2020 weltweit zur zweithäufigsten Volkskrankheit werden – mit ein Grund, warum das Sigmund-Freud-Institut eines seiner ersten größeren Forschungsprojekte nach dem institutionellen Neubeginn 2002 diesem Thema widmet. Dazu legen wir hier den ersten Band der »Schriften des Sigmund-Freud-Instituts, Reihe 1: Klinische Psychoanalyse: Depression« vor.

Die Psychoanalyse hat sich als Behandlungsmethode erwiesen, die gerade chronisch depressiven Menschen zu einer dauerhaften Besserung ihres psychischen Leidens verhelfen kann, was angesichts einer Rückfallquote von über 50 % nach allen Formen der Kurztherapie und einer Chronifizierungsgefahr von 20 bis 30 % beachtenswert ist, aber im heutigen gesundheitspolitischen Diskurs eher selten zur Kenntnis genommen wird. Einige Beiträge in diesem Band beschreiben die entsprechenden psychoanalytischen Konzepte zur Erklärung der Psychodynamik und Genese der Depression sowie zu ihrer psychotherapeutischen Behandlung. So hat die Psychoanalyse immer schon seelisches Leiden im Spannungsfeld zwischen biologischen (genetischen) Faktoren einerseits und früheren oder späteren Sozialisationsfaktoren andererseits verstanden, eine dialektische Sichtweise, die durch die Fortschritte in der neurobiologischen, genetischen Forschung auf der einen Seite und der empirischen Säuglings- und Bindungsforschung auf der anderen Seite eine neue Aktualität bekommen hat. Zudem wurde von der Psychoanalyse, weit mehr als von anderen Depressionstheorien, auf die enge Verknüpfung von Trauma und Depression hingewiesen, ein Thema, das am Sigmund-Freud-Institut mit einem Forschungsschwerpunkt »Folgen von Extremtraumatisierung und Verfolgung« eine lange Tradition hat.

Doch interessieren wir uns für dieses Störungsbild nicht nur wegen des enormen Leidens, das schwere Depressionen für die Betroffenen und ihre Angehörigen bedeuten, wie wir aus psychoanalytischen Behandlungen mit diesen Menschen wissen. Depressive Patienten gehören heute – besonders in Kombination mit Persönlichkeitsstörungen – zu den häufigsten Patienten in der psychotherapeutischen Sprechstunde nicht nur unseres Instituts, sondern auch der Praxen niedergelassener Psychoanalytiker und Psychotherapeuten. Wir interessieren uns auch für das Ausmaß depressiver Erkrankungen, weil wir darin eine Schattenseite von gesellschaftlichen Veränderungen vermuten, die durch eine extreme Beschleunigung in allen Lebensbereichen, ein verändertes Zeiterleben sowie ein Zusammenbrechen traditionaler Sinn- und Wertsysteme charakterisiert werden könnten.

Die Depression ist eine Krankheit von Sinn und Zeit. Der Sinn der eigenen Existenz ist zusammengebrochen – oft erscheint der selbst gewählte Tod als einziger Ausweg aus Sinnlosigkeit und Qual. Die Zeit steht still – Vergangenheit, Gegenwart und Zukunft sind ineinander geschoben und haben ihre Konturen, ihren Wert und ihre Bedeutung verloren. Daher drängt sich die Frage auf: Ist die Depression die pathologische Kehrseite eines »Zeitgeistes« mit der Devise »immer schneller, effizienter und ökonomischer«, der die biologischen und psychischen Rhythmen und damit auch inneren und äußeren Freiräume des Individuums derart bedroht, dass Kreativität, Entfaltung von Selbst und Identität sowie generative Produktivität gehemmt werden, im Extrem sogar zum Stillstand kommen? Reagieren Depressive besonders sensibel auf familiäre und soziale Entwurzelungen, den Zusammenbruch von stabilen und verbindlichen Strukturen in Beziehungen, im Beruflichen und Öffentlichen sowie den enormen Anforderungen an Individualisierung und Flexibilisierung in den westlichen Gesellschaften?

Diese Fragen fordern sozialpsychologische Analysen des klinischen Phänomens »Depression« geradezu heraus. Überlegungen dazu finden sich in einigen Beiträgen sowohl in diesem ersten Band unserer Reihe wie auch im zweiten Band »Depression – zwischen Lebensgefühl und Krankheit« (Hau et al. 2005).

Angesichts des Ausmaßes heutiger depressiver Erkrankung scheint uns eine gemeinsame Anstrengung sowohl von Praktikern verschiedenster Professionen als auch von Forschern unterschiedlichster Disziplinen unverzichtbar. Ein Dialog ist notwendig, der über die engen Fachgrenzen hinausgeht, in dem das Wissen, das in anderen klinischen Tätigkeitsfeldern und Forschungsrichtungen gesammelt wurde, gegenseitig zur Kenntnis genommen wird. So einleuchtend diese simple Feststellung wirken mag: aus wissenschaftssoziologischen Gründen ist sie keineswegs selbstverständlich. Leider besteht oft nur ein minimaler Erfahrungs- und Wissensaustausch zwischen Psychiatern, Psychoanalytikern, Kognitiven Verhaltenstherapeuten, Psychopharmakologen, Genetikern und Sozialpsychologen, obschon alle sich als Experten im Gebiet der Depressionsbehandlung und/oder der Depressionsforschung verstehen. Deshalb haben wir vor einem Jahr einige Vertreter der eben genannten Fachrichtungen zu einer Tagung am Sigmund-Freud-Institut eingeladen. Da sich der Blick über den Zaun der eigenen Disziplin gleichzeitig als herausfordernd und verunsichernd, aber auch als interessant und motivierend erwiesen hat, entschieden wir uns zu dieser Publikation mit dem eher bescheidenen Anspruch, Forschung und Praxis zur Depression gegenseitig zur Kenntnis zu nehmen und dadurch den eigenen Wissensstand – und damit auch den eigenen Horizont – zu erweitern. Möge ein solcher Blick über die disziplinären und nationalen Grenzen vor allem die Chance professioneller Möglichkeiten erhöhen, Menschen aus der unerträglichen Dunkelheit von Depressionen herauszuführen.

Marianne Leuzinger-Bohleber
Stephan Hau
Heinrich Deserno

■ Literatur

Hau, S.; Busch, H.-J.; Deserno, H. (Hg.) (2005): Depression – zwischen Lebensgefühl und Krankheit. Göttingen.

Solomon, A. (2001): Saturns Schatten. Die dunklen Welten der Depression. Frankfurt a. M.

Marianne Leuzinger-Bohleber

Depression – Pluralität in Praxis und Forschung

Eine Einführung

»Ich ging hinaus in die Sackgasse. Alles war beim alten geblieben, und doch erschien mir alles verändert. Sprühregen, sanft wie Reispuder fiel auf meine taufrischen rosigen Wangen. Die buckligen Pflastersteine streichelten meine Fußsohlen durch die Schuhe hindurch. Der rötliche Pariser Abendhimmel wölbte sich über mir wie eine riesige Zirkuskuppel. Ich schritt auf die lärmende Straße zu, einem Fest entgegen.

Je näher ich ans Ende der Gasse kam, wurde alles noch leichter, fröhlicher, einfacher. Ich fühlte mich geschmeidig, beweglich. Ich hatte meine Schultern fallengelassen, mein Hals und mein Nacken kamen wieder zum Vorschein. So viele Jahre waren sie eingeklemmt gewesen. Ich hatte völlig vergessen, wie schön es ist, wenn der Wind mit meinen wehenden Haaren spielt. Was hinter mir war, erschreckte mich ebenso wenig wie das, was vor mir lag ...« (Marie Cardinal, Schattenmund, S. 172).

»Auf Ihre Frage, wie ich mit meinem Leben zurechtkomme, möchte ich nur kurz sagen, dass es ›ganz gut geht‹ und ich immer noch lerne mit mir zu leben, und ich hoffe eines Tages auch noch mit der nagenden Frage tief drin nach dem *Sinn* meines Daseins (den ich mir selbst nicht zu geben vermag) zurechtzukommen! Und vielleicht verstehe ich eines Tages auch, wo die tiefe Gleichgültigkeit meinem Dasein gegenüber herkommt. Manchmal denke ich, dass ich vielleicht nochmals Hilfe brauchen werde, dafür, denn diese Fragen sind eine harte Nuss!« (Ann in einem Brief an ihren ehemaligen Analytiker, zit. n. Trimborn 2001, S. 126).

»Eigentlich möchte ich nicht mehr leben ...« vertraut der fünfjährige Peter der Köchin seines Kindergartens an, zu der er sich oft hinflüchtet. Er wurde diesmal in die Küche geschickt, weil er seine »Lieblingserzieherin« angespuckt hat. Er zeigt auch sonst oft unruhiges und aggressives Verhalten, tritt Mädchen unvermittelt in den Bauch oder schlägt blind auf andere Kinder ein. In der Supervision vermuten wir, dass Peter befürchtet, wie

seine drei älteren Geschwister »ins Heim abgeschoben zu werden«. Sein
Vater ist soeben arbeitslos geworden. Die Mutter hat die Familie immer
wieder verlassen. Aufgrund schwerer Traumatisierungen kann sie ihre
Kinder körperlich nicht anfassen und scheint in einem desolaten psychischen und körperlichen Zustand zu sein. Peter leidet schon als Fünfjäh-
riger an einer Depression.

▓ Vorbemerkungen

Marie Cardinal, Ann und Peter sind keine Einzelfälle. Daher einleitend zuerst einige Informationen zum Ausmaß dieser häufigen
psychischen Erkrankung (A) sowie zur kontrovers diskutierten
Frage, ob Depressionen wirklich zugenommen haben (B). Darauf
folgen einige Schlaglichter zu Fragen der Behandlung von Depressionen (C), wobei mit einigen kurzen Fallbeispielen die Pluralität
heutiger psychotherapeutischer Praxen illustriert werden soll (D).
Eine ebenso plurale Situation finden wir heute in den Theorien
zur Genese, Diagnose und Therapie depressiver Erkrankungen
(E), die anhand der Psychoanalyse etwas näher erläutert wird. Ein
kurzer wissenschaftstheoretischer Exkurs wirft daraufhin die zentrale Frage nach der Pluralität heutiger Wissenschaften auf, die reflektiert werden muss, um ein produktives Zusammenarbeiten
von Depressionsforschern verschiedenster Disziplinen zu erleichtern (F). Trotz der unterschiedlichen Wissenschaftstraditionen,
methodischen Vorgehensweisen und Qualitätskriterien beschäftigen sich heutige Depressionsforscher unterschiedlichster Disziplinen mit gemeinsamen Anliegen, die sie zu einem Austausch und
gemeinsamen Forschungsprojekten motivieren, wie ich im letzten
Absatz dieser Einleitung skizzieren möchte (G). Der Beitrag ist als
Einführung zu diesem Band gedacht. Daher wird im Text im Sinne
einer Integration bei entsprechenden Argumentationen auf die
verschiedenen Arbeiten und Autoren verwiesen.

   Doch nun zunächst einige Zahlen zur aktuellen Verbreitung depressiver Erkrankungen.

A. Depression – eine der häufigsten Volkskrankheiten des 21. Jahrhunderts

Nach Aussagen der Weltgesundheitsorganisation (WHO) leiden heute über 300 Millionen Menschen an Depressionen. In Deutschland sind dies 2,8 Millionen Männer und 5 Millionen Frauen, das heißt mehr als bei irgendeiner anderen psychischen Erkrankung.[1] Andere Prognosen der WHO rechnen damit, dass die Major Depression 2020 die zweithäufigste Erkrankung weltweit sein wird (direkt nach den kardiovaskulären Krankheiten).

Schwere depressive Erkrankungen stellen eine große Belastungen nicht nur für die betroffenen Individuen, sondern auch für ihre Familien und die soziale Umgebung dar (vgl. u. a. Beach 2001). Zudem bestehen diese negativen Auswirkungen nicht nur während der depressiven Episoden selbst, sondern meist über Jahre und führen unter anderem zu einem erhöhten Risiko von Kindern depressiver Eltern, später selbst zu erkranken (Goodman u. Gotlib 2002). Depressionen sind zudem die häufigste Ursache für die so genannten »disability adjusted life years«, die durch Krankheit oder Tod entstehen (Murray u. Lopez 1997). Schließlich verursachen depressive Erkrankungen enorme Kosten im Gesundheitswesen, denn depressive Patienten gehören zu den so genannten »Vielnutzern« aller medizinischen Einrichtungen (vgl. z. B. Wittchen 2000; Crown et al. 2002). So schätzt zum Beispiel das National Institute of Mental Health die Kosten, die in den USA jährlich durch Depressionen entstehen, auf 30–40 Milliarden US-Dollar (NIMH 1999).

Selbstverständlich spielen bei den eben erwähnten Schätzungen der Zunahme von Depressionen die angewandten diagnostischen Kriterien eine große Rolle. Daher bemühten sich sowohl die Weltgesundheitsorganisation (mit der IDC) als auch die Amerikanische Psychiatrische Vereinigung (mit dem DSM) schon in den Fünfzigerjahren um die Entwicklung von diagnostischen und statistischen Klassifikationssystemen, die eine weltweit vergleichbare

---

1 Informationen dazu finden sich z. B. in Böker et al. (2002); Crown et al. (2002); Hautzinger (1998); Laux (2003); Leuzinger-Bohleber (2005); Luyten et al. (in Vorb.).

Diagnostik psychischer Störungen mit einer weitgehenden Neu-
tralität hinsichtlich ätiologischer Vorannahmen fördern sollte.
1952 erschien das *Diagnostische und Statistische Manual Psychischer Störungen* (DSM), 1968 das DSM-II, 1980 das DSM-III und
1994 eine korrigierte Auflage, das DSM-III-R. Die Manuale wurden in viele Sprachen übersetzt. Zudem versuchten die Autoren
von Anfang an, das DSM mit den ICD-Klassifikationssystemen
der WHO abzustimmen, die schon 1948 die Verantwortung für eine regelmäßige Überarbeitung der ICD (International Classification of Deseases) übernommen hatte. Besonders bei der Entwicklung der DSM-IV wurde versucht, die Klassifikationen eng mit der
ICD-10 abzustimmen. Beide Systeme beruhen wesentlich mehr als
ihre Vorgänger auf empirischen Grundlagen (vgl. Saß et al. 2001,
S. XIff.). Die genannten Schätzungen des weltweiten Ausmaßes
der depressiven Erkrankungen basieren entweder auf der ICD-10
oder auf dem DSM-IV.

Das DSM-IV formuliert genaue Kriterien, die als Untergruppen
der *Depressiven Störung* die *Major Depression* (296.xx; ICD-10:
F 32.xx oder F .33.xx) sowohl gegen *die Dysthymen Störungen*
(300.4; ICD-10: F 34.1) als auch die *Depressiven Störungen* (311;
ICD-10: F 32.9 oder F 33.9) abgrenzt. Klinisch zentral ist die Unterscheidung dieser *Depressiven Störungen* von den *Bipolaren Störungen*. Obschon einige Autoren in diesem Band die kategoriale
und daher statische Diagnostik des DSM-IV kritisch sehen (vgl.
unten), verwenden wir aus forschungspragmatischen Gründen in
der Studie, von der im Beitrag von Stephan Hau in diesem Buch
berichtet wird, die Diagnose der *Major Depression* nach DSM-IV,
das heißt eine deskriptive Diagnose, die wie folgt beschrieben wird:

»Das wesentliche Merkmal einer Episode einer Major Depression ist eine
mindestens zweiwöchige Zeitspanne mit entweder depressiver Stimmung
oder Verlust des Interesses oder der Freude an fast allen Aktivitäten. Bei
Kindern und Heranwachsenden ist der Affekt mitunter eher reizbar als
traurig. Außerdem müssen mindestens vier zusätzliche Symptome aus einer Kriterienliste bestehen: Veränderungen in Appetit oder Gewicht, in
Schlaf und psychomotorischer Aktivität, Energiemangel, Gefühle von
Wertlosigkeit oder Schuld, Schwierigkeiten beim Denken, bei der Konzentration oder der Entscheidungsfindung oder wiederkehrende Gedanken an den Tod, bzw. Suizidabsichten, Suizidpläne oder Suizidversuche.

Die Diagnose der Episode einer Major Depression erfordert, dass ein Symptom entweder neu aufgetreten ist oder sich im Vergleich zu dem der Episode vorhergehenden Befinden deutlich verschlechtert hat. Die Symptome müssen über einen Zeitraum von mindestens zwei aufeinander folgenden Wochen an fast jedem Tag die meiste Zeit des Tages anhalten. Außerdem muß die Episode mit klinisch bedeutsamem Leiden oder Beeinträchtigung in sozialen, beruflichen oder sonstigen wichtigen Funktionsbereichen einhergehen. Bei leichteren Episoden mag die Funktion noch normal erscheinen, erfordert aber deutlich vermehrte Anstrengung« (Saß et al. 2001, S. 380).

»Das Hauptmerkmal der Major Depression ist ein klinischer Verlauf mit einer oder mehreren Episoden einer Major Depression (siehe S. 380) ohne Manische, Gemischte oder Hypomane Episoden in der Vorgeschichte« (Saß et al. 2001, S. 400).

■ B. Haben Depressionen wirklich zugenommen? Diagnose und Wahrnehmung von »Störung« und »Sozialcharakter«

Angesichts dieser auffallend häufigen Verbreitung von Depressionen weltweit, wird die Frage, ob Depressionen in den letzten Jahren zugenommen haben, zurzeit heftig diskutiert und mit Diskursen über mögliche gesellschaftliche Ursachen dieser Erkrankung, ja sogar über neue Zeitdiagnosen verbunden. Axel Honneth sieht zwar durchaus die Gefahr solcher vorschnellen Zeitdiagnosen, die oft eher veränderten Diagnosesystemen oder generalisierender Einzelbeobachtungen als »wirkliche« Veränderungen im Sozialcharakter charakterisieren, schreibt aber dennoch:

»Gleichwohl ist nicht von der Hand zu weisen, dass sich durch die soziokulturellen und ökonomischen Wandlungen im letzten Drittel des 20. Jahrhunderts mit den individuellen Identitätsformationen auch die Arten der psychischen Erkrankungen verändert haben müssen: die wachsende Verbreitung der Depressionen, der steigende Konsum von Antidepressiva und die Zunahme von Alkoholabhängigkeit sind Indikatoren, die nur auf den beherzten Zugriff einer soziologischen Gesamtdeutung gewartet haben, um als Symptome einer neuen Befindlichkeit der Subjekte in den kapitalistischen Demokratien interpretiert werden zu können« (Honneth 2004, S. I).

Ehrenberg (1998) legte eine entsprechende Gesamtdeutung in seinem viel diskutierten Buch »La Fatigue d'être soi« vor. Er bezeichnet die Depression als Kehrseite einer kapitalistischen Gesellschaft, die darauf aufbaut, dass die darin lebenden Individuen sich mit einem Streben nach individueller Selbstverwirklichung, nach Authentizität und idiosynkratischer Profilbildung identifiziert haben. Die Subjekte übernehmen – meist unbewusst – eine Anforderung, die das heutige Wirtschaftssystem an sie stellt, und beuten sich selbst bis zur Erschöpfung aus. Die Depression ist, so Ehrenberg, Ausdruck dieser Erschöpfung – eine neue Volkskrankheit, etwa im Gegensatz zur »klassischen Neurose«, die er als pathologische Signatur eines repressiven Kapitalismus interpretiert.

Ehrenbergs provozierende und interessante Thesen basieren vorwiegend auf einer Analyse ausgewählter Kapitel der Psychiatriegeschichte, die er in seiner Zeitdiagnose bündelt. Er hat damit schon kurz nach dem Erscheinen seines Buches in Frankreich 1998 große Aufmerksamkeit erregt. Auch in Deutschland werden seine Thesen – nach der Herausgabe einer deutschen Übersetzung 2004 – kontrovers diskutiert.[2]

Einer der wichtigsten Einwände gegen seine Zeitdiagnose betrifft die nur dürftige empirische Absicherung seiner Thesen. Die Frankfurter Depressionsstudie, die wir zurzeit durchführen, sehen wir auch als einen Versuch, empirische Belege für oder gegen Ehrenbergs Thesen zu sammeln. Basieren die chronischen Depressionen, die wir bei den Patienten unserer Studie feststellen, wirklich auf Erschöpfungen, die wesentlich durch aktuelle wirtschaftliche Ausbeutungen sowie einem frustranen Streben nach Authentizität, Selbstverwirklichung und einmaliger Lebensgestaltung determiniert werden? Welche Rolle spielen unbewusst gewordene Konflikte und Traumatisierungen in den Lebensgeschichten unserer Patienten – verglichen mit auslösenden (gesellschaftlichen) Faktoren bei schweren depressiven Erkrankungen? Und: Haben Depressio-

---

2 Auch die sozialpsychologische Analyse der Zunahme von Depressionen von Morgenroth (2004) findet zurzeit große Beachtung.

nen in den spätkapitalistischen, westlichen Gesellschaften wirklich zugenommen?[3]

Empirisch ist die Zunahme der Depressionen nicht einfach zu belegen. Demyttenaere et al. (in Vorb.) geben einen Überblick über die empirischen Studien zu dieser Frage.

Klerman und Weissmann (1989) postulierten aufgrund von mehreren großen epidemiologischen Studien und von Familienuntersuchungen, dass die *Major Depression* (MDD) in den Kohorten, die nach dem Zweiten Weltkrieg geboren wurden, zwischen 1960 und 1975 zugenommen habe. Sie beziehen sich dabei auf amerikanische, deutsche und kanadische Untersuchungen. Allerdings stellen epidemiologische Untersuchungen bei Kohorten in Puerto Rico, bei mexikanischen Amerikanern und in Korea im Gegensatz dazu keine Zunahme von Depressionen in diesem Zeitraum fest.

Zudem sei das Alter des Auftretens der MDD gesunken. Vor allem seien Depressionen bei Teenagern und jungen Erwachsenen häufiger geworden. Frauen erkrankten zwei- bis dreimal häufiger als Männer. Verglichen mit einer Kontrollgruppe sei das Risiko bei Personen zwei bis dreimal so hoch, an Depressionen zu erkranken, falls ein Familienmitglied ersten Grades ebenfalls depressiv sei.

Methodisch müssen, außer der schon erwähnten Skepsis den angewandten diagnostischen Kriterien gegenüber, folgende Einwände gegen die Feststellung einer eindeutigen Zunahme von Depressionen im letzten Jahrhundert bedacht werden.

Das Identifikationsphänomen

Hasin und Link (1988) untersuchten 152 zufällig ausgewählte Individuen in Vorstädten von New York und legten ihnen die folgende Formulierung vor:

»During the last month, even though nothing has gone wrong that you can think of, you have been feeling depressed. You have not been able to

---

3 Auf die sozialpsychologischen Aspekte unseres Forschungsprojekts gehe ich einleitend kaum weiter ein, sondern verweise auf den Beitrag von Rolf Haubl in diesem Band sowie die Beiträge in Band 2.

get enough sleep at night, you haven't had much appetite, and you have lost over five pounds. You have felt tired much of the time, and haven't been able to concentrate as well as usual. You have also noticed that you aren't enjoying things the way you would normally ...« (Hasin u. Link 1988, S. 688).

Sie konnten klar zeigen, dass das Alter der Beurteiler und Beurteilerinnen eine entscheidende Rolle spielte: Die Wahrscheinlichkeit, die eben aufgeführten Schilderungen als typisch für eine Major Depression zu erkennen, war bei Fünfundzwanzigjährigen 3,78 mal höher als bei Sechzigjährigern. Die Autoren sehen in diesen Ergebnissen einen Beweis, dass die Kohortenstudien einen systematischen Fehler enthalten: Ältere erkennen depressive Episoden schlechter als Jüngere. Vergleicht man daher die Beurteilungen von Älteren (zur Häufigkeit von MDD in früheren Zeiten) und von Jüngeren (zu späteren Zeiten), kann der »falsche« Eindruck entstehen, dass die Häufigkeit von MDD zugenommen habe.

▪ Zum Einfluss des Gedächtnisses: Abnahme präziser Erinnerungen

Guiffra und Risch (1994) stellten in ihrer Untersuchung fest, dass es eine kleine, jährliche Vergessensquote für ein bestimmtes Ereignis gibt. Das bedeutet, dass eine kleinere Zahl weit zurückliegender Ereignisse erinnert werden kann als kürzlich stattgefundene. Auch dieses historische Faktum mag dazu führen, dass eine »falsche« Zunahme von MDD registriert wird, da »ältere Fakten« mit »historisch jüngeren Fakten« verglichen werden.

▪ Unterschiedliche Todesraten

Es müssen die unterschiedlichen Todesraten zwischen depressiven und gesunden Gruppen berücksichtigt werden. Falls Depressionen zu einer höheren Todesrate führen (vgl. Suizidrate von ca. 15 % bei MDD), haben Ältere mehr Depressive durch Tod verloren als jüngere. Das könnte ein Grund dafür sein, warum Ältere in ihrer Kohorte weniger Depressive kennen als jüngere.

Nach der Berücksichtigung dieser drei Fehlerquellen kommen die Autoren zum Schluss: »… the cohort effect of MDD reported in several, but not all, large cross-sectional epidemiologic studies is at least partly due to artefacts« (Demyttenaere et al., in Vorb., S. 10).

■ C. Sind Depressionen gut zu behandeln?

Lang wurden Depressionen als relativ gut zu behandelnde psychische Erkrankungen betrachtet. Diese Einschätzung hat sich in den letzten zwei Jahrzehnten dramatisch verändert. Die Depression wird nicht mehr als eine Krankheit gesehen, die ihren natürlichen Verlauf nimmt und meist zu einer spontanen Besserung führt (Costello et al. 2002; Hollon et al. 2002). Viele empirische Studien haben inzwischen belegt, dass die Chronifizierungsgefahr enorm groß ist (vgl. auch Frank et al. 2002; Segal et al. 2003). Jüngste Schätzungen gehen davon aus, dass 20 bis 30 % der Depressiven innerhalb von drei Jahren einen Rückfall erleben; 70 bis 80 % weisen in diesem Zeitraum drei oder mehr depressive Episoden auf (APA 1994; Judd 1997; Segal et al. 2003; Solomon et al. 2000). Das Risiko, nach einer ersten Episode mindestens eine weitere zu erleben, wird auf fast 90 % eingeschätzt (Kupfer u. Frank 2001). Der durchschnittliche Patient mit einer MDD erleidet im Lauf seines Lebens vier Episoden, die jeweils ungefähr 20 Wochen dauern (Judd 1997). 20 bis 30 % dieser Fälle zeigen einen chronischen Verlauf (Luyten et al., in Vorb.). Daher hat sich die Einsicht durchgesetzt, dass Depressionen keine relativ gut zu behandelnden, begrenzten Störungen sind, sondern meist eine Komorbidität besonders mit Achse-II-, aber auch Achse-I-Störungen[4] aufweisen. So schätzen etwa Klein und Hayden (2000) und Mulder (2002) die Komorbidität zwischen Depression und Persönlichkeitsstörung

---

4 Das DSM-IV legt ein multiaxiales System vor, das eine Beurteilung auf verschiedenen Achsen erfordert, von denen jede sich auf einen anderen Bereich von Informationen bezieht, die dem Untersucher bei der Behandlungsplanung und Prognose helfen können. Die multiaxiale Klassifikation von DSM-IV enthält Achsen:

auf 50 bis 60 %. Es ist bekannt, dass solche Komorbiditäten einen
negativen Einfluss sowohl auf die Prognose als auch auf die Therapie von Depressionen ausüben (Mulder 2002). Viele Studien
haben daher auf die Komplexität und die Variabilität depressiver
Erkrankungen hingewiesen, die sowohl eine multidimensionale
Diagnostik als auch Behandlungsform notwendig erscheinen lassen (Böker et al. 2002; Luyten et al., in Vorb.).

In der Vernachlässigung der Komplexität depressiver Erkrankungen sowie der Komorbidität mit Persönlichkeitsstörungen
liegt einer der Gründe für die eben erwähnte hohe Rückfallquote
und die Chronifizierungsgefahr. Luyten et al. (in Vorb.) legen in
ihrer Arbeit »The convergence among psychodynamic and cognitive-behavioral theories of depression. A critical review of empirical research« eine umfassende Übersicht über den Stand empirischer Vergleichsstudien bei der Behandlung Depressiver vor.
Obschon sie darin die vielen Studien und Metaanalysen zitieren,
die die kurzfristige Wirksamkeit sowohl von psychoanalytischen,
kognitiv-behavioralen und psychopharmakologischen Therapien
belegen, äußern sie sich skeptisch bezüglich der Nachhaltigkeit der
Wirkung von Kurztherapien bei Depressiven mit einer Persönlichkeitsstörung, wobei sie sich auf die Ergebnisse vieler empirischer
Studien von Sidney Blatt und anderen beziehen, die zwei unterschiedliche Persönlichkeiten bei Depressiven eruiert haben, die so
genannten anaklitischen (dependent/sociotropic) und die introjektiven (self-critical/autonomous) Persönlichkeiten:

»Studies so far suggest the following preliminary conclusions and guidelines. First, a growing research literature suggests that patient characteristics such as Dependency/Sociotropic and Self-Critical Perfectionism/Au-
tonomy are important predictors of therapeutic outcome in the treatment

---

Achse I:	Klinische Störungen
	Andere Klinisch Relevante Probleme
Achse II:	Persönlichkeitsstörungen
	Geistige Behinderung
Achse III:	Medizinische Krankheitsfaktoren
Achse IV:	Psychosoziale oder Umgebungsbedingte Probleme
Achse V:	Globale Beurteilung des Funktionsniveaus (vgl. Saß et al. 2001, S. 17ff.).

of depression, regardless of therapeutic orientation and/or specific therapeutic techniques. In addition, brief pharmacological and psychotherapeutic treatments of depression appear to have little influence on levels of Dependence/ Sociotropic and Self-Critical Perfectionism/Autonomy. Hence, such brief treatment appear to be relatively ineffective in altering both personality dimensions (Elkin 1994; Zuroff u. Blatt 2002). Self-Critical Perfectionism/Autonomy appears to exert particularly negative influence on outcome. This conclusion is further supported by the fact that the pre-treatment Self-Critical Perfectionism in the NIHM TDCRP was associated with the opinion of independent clinical evaluators at termination and at follow-up, that self-critical/autonomous patients need further treatment as well as with these patient's own dissatisfaction with their treatment … Thus, treatments of depression that do not address personality issues might leave these vulnerabilities, which have both direct and indirect (through life stress) effects on depression, unaltered …« (Luyten et al., in Vorb.).

Wie auch Böker in seinem Beitrag in diesem Band ausführt, legen die Ergebnisse vieler empirischer (psychodynamischer und kognitiv-behavioraler) Studien sowie die klinische Erfahrungen vor allem mit chronifizierenden depressiven Patienten nahe, dass, besonders bei der Gruppe der introjektiven Depressiven, nur längere Psychotherapien zu einer stabilen Verbesserung führen können. So zeigte zum Beispiel in der kürzlich veröffentlichten, repräsentativen, retrospektiven Ergebnisstudie psychoanalytischer Langzeitbehandlungen, dass 80 % der depressiven Patienten, durchschnittlich 6,5 Jahre nach Beendigung der Therapien, stabile Verbesserungen sowohl ihrer depressiven Symptome als auch ihrer Lebenszufriedenheit, der Arbeits- und Beziehungsfähigkeit sowie ihrer allgemeinen psychosomatischen Befindlichkeit aufwiesen. Die affektiven Störungen waren die zweithäufigste Gruppe der gesamten Stichprobe (27,1 %). Die meisten dieser Patienten zeigten eine Komorbidität mit schweren Persönlichkeitsstörungen und/oder angstneurotischen Symptomen, Psychosomatosen und anderen Störungen. Sie hatten schon jahrelang unter Depressionen gelitten und mehrere nicht erfolgreiche Kurztherapien hinter sich. Erstaunlich oft berichteten sie von schweren, multiplen Traumatisierungen in ihrer Kindheit (62 % der interviewten Patienten; vgl. Leuzinger-Bohleber et al. 2002). Die schweren Traumatisierungen zerreißen oft ein basales Gefühl der Sinnhaftigkeit des eigenen Lebens, das sich aus einem Urvertrauen in »gute Objekte« gründet, sowie der Fähigkeit des Selbst, mit diesen in befriedigende und eigene Affektstürme lindernde Beziehung treten zu können. Ann, die anfangs zitierte Patientin, beschreibt diese lebenslange (depressive) Suche nach dem Sinn ihrer Existenz als eines der zentralen Themen ihrer Psychoanalyse (siehe Zusammenfassung der analytischen Behandlung in Trimborn 2001).

Ähnlich positive Ergebnisse wurden in einer methodisch anspruchsvollen, prospektiven Therapiestudie von 700 Patienten in Stockholm erzielt (vgl. Sandell et al. 1999, 2001). Auch Ergebnisse der Heidelberger Praxisstudie von Rudolf et al. (2001) weisen in die gleiche Richtung. Die Ergebnisse dieser drei Studien belegen, dass Langzeittherapien bei multimorbiden Erkrankungen zu stabileren Therapieerfolgen führen als psychoanalytische Kurztherapien, doch sind weitere Studien zu längerfristigen Behandlungen notwendig.

▦ D. Pluralität der Praxis

Einige kurze Beispiele aus der erwähnten Katamnesestudie mögen diese Aussage illustrieren und einen ersten Eindruck der unterschiedlichsten depressiven Störungsbilder, des Schweregrads der Störung (von reaktiven Depressionen bis hin zu bipolaren Erkrankungen) der Biographien, der Lebenssituationen und schließlich der idiosynkratischen Therapieerfahrungen vermitteln, die sich hinter den oben angeführten Zahlen verbergen.

Therapiepatientin YA: Die Katamnesegespräche mit Frau YA müssen immer wieder verschoben werden, da ihr Mann plötzlich an einem Hirntumor erkrankt ist. Sie finden schließlich kurz nach seinem Tod statt und sind geprägt von der akuten Trauer von Frau YA. – Eindrücklich schildert sie, wie sehr die Therapie ihr ermöglicht habe, die Extremsituation der letzten Monate zu bewältigen, da sie – ein Kind von depressiv erkrankten Eltern – erst in der Therapie »gelernt habe, dass nicht nur Leistung zähle, sondern auch andere Lebensqualitäten ...« So wäre es früher unvorstellbar für sie gewesen, auf ihren Beruf zu verzichten und sich monatelang

Urlaub zu nehmen, um die letzte Zeit mit ihrem Mann intensiv zusammen zu sein und ihn in den Tod zu begleiten. So schmerzlich der Verlust für sie sei – sie sei gleichzeitig unendlich froh, dass sie auf diese Weise von ihm Abschied nehmen konnte. Es erleichtere ihren Trauerprozess. Erst im Zusammenhang mit dem Tod ihres Mannes habe sie verstehen können, warum sie beide keine Kinder bekamen: Ihr Mann hatte selbst seine Eltern früh verloren und hätte es kaum verkraftet, nun nicht nur sie, sondern auch noch Kinder zurückzulassen. Sie selbst habe eine derart triste Kindheit erlebt, dass sie sich nicht vorstellen könnte, einem Kind zu helfen, den frühen Verlust seines Vaters zu verkraften.

Frau YA ist ihrer Therapie sehr dankbar, der sie die Bewältigung der jetzigen Lebenssituation, ohne erneut einer Depression zu verfallen, sowie ihre berufliche Entfaltung verdankt (aus: Leuzinger-Bohleber et al. 2002, S. 91).

Herr UX, ein leitender Manager eines großen Unternehmens, erlebte nach einer Dienstreise mit viel Alkoholkonsum, kurz vor Weihnachten, auf der Fahrt ins Büro für ihn befremdende Depersonalisationsphänomene: Seine Beine schienen nicht mehr zu seinem Körper zu gehören, er spürte sein Herz schlagen und das Blut in den Adern rinnen. Neurologische Untersuchungen führten zu keinem Ergebnis, eine psychiatrische Abklärung verweigerte Herr UX während zehn Monaten. Er war unfähig zu arbeiten, entwickelte Verfolgungsideen und unternahm – wiederum kurz vor Weihnachten – einen ernsthaften Suizidversuch. Er wurde in die geschlossene Abteilung einer psychiatrischen Klinik eingewiesen. Bei dem mehrmonatigen stationären Aufenthalt wurde er von einem psychoanalytisch ausgebildeten Oberarzt betreut, der ihm anbot, ihn ambulant weiterzubehandeln. Herr UX erzählt im Katamneseinterview, dass sein manisch-depressiver Zusammenbruch unbewusst mehrfach determiniert war: Sein Vater hatte sich im 6. Lebensjahr von Herrn UX kurz vor Weihnachten suizidiert (während des Zusammenbruchs war Herr UX im gleichen Alter wie sein Vater während des Suizids). Zudem hatte er selbst – ebenfalls kurz vor Weihnachten – als Zehnjähriger einen schweren Verkehrsunfall. Schließlich spielte unbewusst eine Rolle, dass ein Bruder mit dem gleichen Namen wie Herr UX zwei Jahre vor dessen Geburt ebenfalls im Herbst gestorben war …

Vom Analytiker erhalten wir die gleichen Informationen wie von Herrn UX. Sukzessiv sei es möglich gewesen, die medikamentöse Therapie zu reduzieren und schließlich ganz auf sie zu verzichten. Noch drei Jahre nach Abschluss der regelmäßigen Therapiesitzungen sah der Analytiker Herrn UX zu einem Katamnesegespräch kurz vor Weihnachten, um

die mit dieser Jahreszeit verbundenen (ursprünglich unbewussten) Erinnerungen nochmals gemeinsam zu thematisieren. – Herr UX hat nach
seiner Krise die Arbeitsstelle gewechselt, ist aber in der Lage, erfolgreich
seinen neuen beruflichen Aufgaben nachzugehen. Seine Familie erwies
sich als große Stütze während seiner Erkrankung und wurde durch regelmäßige Gespräche teilweise in den Therapieprozess einbezogen.

Herr UX schätzt den Erfolg der Behandlung als »sehr gut«, sein ehe-
maliger Analytiker als »gut« ein (aus: Leuzinger-Bohleber et al. 2002,
S. 228).

Frau FX bezeichnete es als das wichtigste Ergebnis ihrer Psychoanalyse,
dass sie ihre Kinder aus einer pathogenen, depressiven Umklammerung –
und daher aus der transgenerativen Weitergabe ihrer Traumatisierungen
– entlassen konnte. Ihr Vater war in Russland gefallen. Ihre Mutter reagierte auf den Verlust ihres idealisierten, jungen Ehemanns mit schweren
Depressionen und drohte ihrer einzigen Tochter während der gesamten
Kindheit immer wieder mit Suizid. Als Dreißigjährige erkrankte Frau FX
plötzlich dramatisch an Herz- und Hyperventilationsanfällen. Nach vielen ergebnislosen medizinischen Untersuchungen fragte ein Kardiologe
sie schließlich, was sich am Tag des ersten Herzanfalls ereignet habe. Sie
hatte damals ihre Mutter besucht, die ihr beim Abschied hasserfüllt nach-
rief: »Wenn du so bist, wie du bist, sollst du krepieren …«

Die chronische traumatisierende Beziehung zu der depressiven Mutter
wurde in der Übertragung wieder belebt, und konnte dadurch dem analytischen Verständnis erschlossen werden, worauf die psychosomatischen
Symptome verschwanden. Allerdings war es Frau FX auch weiterhin nicht
möglich, eine nahe Intimbeziehung zu ihrem Mann zu leben. Sie entwickelten eine für beide tragfähige und befriedigende Beziehungsform in einer Wochenendbeziehung (aus: Leuzinger-Bohleber et al. 2002, S. 97).

Wie erwähnt, waren über 80 % der (ehemals) depressiven Patienten mit dem Behandlungserfolg dauerhaft zufrieden. Auch ihre
Analytiker, unabhängige psychoanalytische und nichtpsychoana-
lytische Experten sowie »objektive« Daten zu den Gesundheitsko-
sten bestätigten den stabilen positiven Therapieerfolg. So wichtig
diese Ergebnisse sind, als Kliniker und Forscher fordern uns vor
allem die 4 % negativ verlaufenen Therapien heraus. Einige wenige der betroffenen ehemaligen Patienten gehörten zu der Gruppe
der multimorbiden, depressiven Patienten. Dazu ebenfalls ein Beispiel:

Frau IY, eine Physikerin, ist seit neun Monaten arbeitslos. Als das Interview nach vielen Versuchen, sie telefonisch zu erreichen, endlich zustande kommt, empfängt sie mich mit der Bemerkung:»Ich habe gleich gedacht, die Analytiker kriegen es nicht auf die Reihe, sich im Rahmen einer wissenschaftlichen Studie effizient zu organisieren.« Im Interview stellt sich heraus, dass sie sich oft wegen schwerer Depressionen tagelang ins Bett zurückzieht und das Telefon nicht abnimmt. Es war ein »depressiver Zusammenbruch«, der sie letztes Jahr zwang, ihre Arbeitsstelle aufzugeben. Sie schildert ihre Enttäuschung, dass eine jahrelange Psychoanalyse diesen Zusammenbruch nicht verhindern konnte, und erinnert sich an lange Phasen der Behandlung, in denen sie sich wie in einer Dunkelkammer eingeschlossen fühlt, ohne den inneren Kontakt zum Analytiker zu finden. Zwar betont sie, dass ihr Analytiker ihr das Leben gerettet habe: Sie war zu Beginn der Behandlung äußerst suizidgefährdet (ihr Bruder hatte sich suizidiert, eine Schwester ist psychotisch, beide Eltern wurden mehrmals wegen Depressionen psychiatrisch hospitalisiert). Doch bleibt für sie das Fazit:»So viele psychoanalytische Sitzungen – und immer noch depressiv.« Sie wird nun von ihrer Versicherung gezwungen, einen längeren stationären Aufenthalt in einer psychiatrischen Klinik auf sich zu nehmen, um ihre Arbeitfähigkeit wiederherzustellen.

Ganz am Ende des zweiten Interviews stellt sich überraschenderweise heraus, dass eine Fehlgeburt die schwere Krise im letzten Jahr auslöste, was die kinderlose Akademikerin – in ihrem fortgeschrittenen Lebensalter – vermutlich als schweren Verlust und endgültigen Verzicht auf eine eigene Mutterschaft erlebte. Ihr selbst ist der Zusammenhang zwischen diesem wahrscheinlich traumatischen Verlust und ihrer schweren Depression nicht aufgefallen. Erst als dies im Interview thematisiert wird, kann sie erzählen, dass es ihr vier Jahre nach Abschluss der Behandlung psychisch recht gut ging und sie – damals – die Therapie als erfolgreich betrachtete. Frau IY wirkt sichtlich entlastet und nachdenklich in dieser Gesprächssequenz. Sie äußert den Wunsch nach weiteren psychoanalytischen Gesprächen und nach Fachliteratur zur psychischen Verarbeitung von Fehlgeburten sowie zur frühen Objektbeziehungserfahrung von Säuglingen depressiver Mütter (vgl. Stern 1995, Leuzinger-Bohleber 2001).

In der Forschungsgruppe wird die Hypothese diskutiert, dass der massive Vorwurf an ihren Analytiker, neben einer Reaktion auf eine mögliche inadäquate Behandlungstechnik, unter anderem einen Versuch darstellen könnte, eigene archaische aggressive Impulse, die sich in der Depression gegen das eigene Selbst richten (eventuell ausgelöst durch die unbewusste Überzeugung, ihr werdendes Kind getötet zu haben), aktuell auf ein Ziel in der Außenwelt umzulenken. Allerdings wollten wir mit diesen psychodynamischen Überlegungen den Vorwurf von Frau IY nicht entkräften, dass ihre Psychoanalyse sie nicht vor einem derart massiven Zusammenbruch und einer neunmonatigen, schweren depressiven Erkrankung schützen konnte. Zweifellos war der Erfolg der Psychoanalyse beschränkt (man bedenke ihr Unvermögen, die Fehlgeburt als möglichen Auslöser ihrer Krise selbst zu erkennen) und daher ihr Vorwurf und ihre Enttäuschung gerechtfertigt (aus: Leuzinger-Bohleber et al. 2002, S. 222f.).

Diese wenigen Beispiele mögen genügen, um auf die Variablität und Idiosynkrasien von depressiven Erkrankungen und ihrer psychoanalytischen Behandlungen hinzuweisen. Fischer-Kern, Schuster und Springer-Kremser berichten in ihrem Beitrag in diesem Band, dass schon in einer einzigen psychoanalytisch orientierten Klinik in Wien ganz verschiedene Behandlungsmodelle für verschiedene depressiv Erkrankte angeboten werden. Jo-Anne Carlyle geht in ihrem Beitrag (in diesem Band) auf konträre Behandlungsansätze chronisch depressiver Patienten in der heutigen Psychoanalyse ein und verstärkt dadurch den Eindruck, dass wir auch innerhalb der heutigen, internationalen Psychoanalyse von einer *Pluralität der Praxis* ausgehen, die sich an die Verschiedenartigkeit und Einzigartigkeit depressiver Erkrankungen bei den einzelnen Patienten anzupassen versucht, aber auch die *Pluralität psychoanalytischer Theorien depressiver Erkrankungen* in Rechnung stellt. Obschon es sich eigentlich erübrigt, darauf hinzuweisen, illustriert zudem vor allem das letzte Fallbeispiel, wie wichtig weitere klinische und empirische Forschung im Bereich der Depression sind. Trotz der ermutigenden Ergebnisse der DPV-Katamnesestudie erlauben klinische Erfahrungen wie mit Frau IY keinen selbstzufriedenen Rückzug in den professionellen Elfenbeinturm, sondern legen uns nahe, uns in weiteren Studien zu engagieren (vgl. den Beitrag von Hau in diesem Band). Zu der damit verbundenen Forscheridentität gehört auch der Blick über den Zaun unserer eigenen, psychoanalytischen Community – ein Anliegen dieses Bandes.

Dieser Blick führt unter anderem zu der Einsicht, dass mit »Pluralität der Praxis« nicht nur das Feld der Psychoanalyse, sondern das gesamte Feld der Depressionsbehandlungen charakterisiert werden kann. Gerade weil wir nicht von einem integrierten und klinisch, beziehungsweise empirisch, homogenen Wissensstand ausgehen können und chronisch depressive Erkrankungen und ihre

Behandlungen nach wie vor eine große Herausforderung für uns alle darstellen, scheint uns ein *Dialog mit anderen Behandlungsansätzen* unverzichtbar. In diesem Band wird von einem solchen Dialog berichtet, den wir im Rahmen der erwähnten Konferenz in Frankfurt im Juli 2003 begonnen haben. Martin Hautzinger sowie Katrin Risch und Ulrich Stangier vermitteln einen Überblick über *Theorie, Praxis und Forschung im Gebiet der kognitiven Verhaltenstherapie affektiver Störungen*. Gerd Laux fasst den Stand der *klinischen Erfahrung und Forschung zu psychopharmakologischen Behandlungen nicht respondierender depressiver Patienten* zusammen. Alle Beiträge dienen dem wechselseitigen Verständnis unterschiedlicher Behandlungsmöglichkeiten dieser Gruppe schwer Kranker.

E. Pluralität der Theorien zur Genese, Diagnose und Therapie depressiver Erkrankungen

Die klinischen Erfahrungen sowie Erkenntnisse aus den zahlreichen Depressionsstudien führten zu einer Vielfalt verschiedener Theorien zur Genese, Diagnose und Therapie depressiver Erkrankungen. Die eben erwähnten Autoren fassen in ihren Beiträgen den jeweiligen Stand der Konzeptualisierungen in ihren wissenschaftlichen Disziplinen zusammen. Für den Leser wird dadurch erkennbar, dass es »die« wissenschaftliche Erklärung depressiver Erkrankungen nicht gibt, sondern sich psychoanalytische, verhaltenstherapeutische, neurobiologische, genetische und sozialpsychologische Modelle der Depression – entsprechend den theoretischen und epistemologischen Grundannahmen, der klinischen Zugangsweisen und der gewählten Forschungsmethoden – voneinander abheben. Eine fundierte Kenntnis dieser Unterschiede und Spezifitäten scheint uns Voraussetzung für einen produktiven Dialog, der für alle bereichernd, aber auch herausfordernd sein kann.

Dazu exemplarisch einige *Bemerkungen zu Spezifika psychoanalytischer Theorien depressiver Erkrankungen,* verglichen mit einigen der anderen, hier vertretenen theoretischen Ansätzen. Die psychoanalytischen Ansätze zur Behandlung depressiver Patienten sind

gut entwickelt, speziell für schwere und komplexe Psychopathologien (vgl. u. a. Böker 2000; Corveleyn et al., in Vorb.; Will et al.
1998; Wolfersdorf 2002). Nach Richardson (2003) zeigte kürzlich
ein Bericht des National Health Service (NHS) in London, dass
25 % NHS-Psychotherapeuten (n = 352) der 1403 Therapeuten
ihre Arbeit als psychoanalytisch orientiert charakterisierten, verglichen mit 24 % kognitiv-behavioralen Therapeuten und mit
40 % »generic psychotherapy«. Zu psychoanalytischen Behandlungen existiert ein breites klinisches Wissen (vgl. u. a. Blatt 2004;
Vliegen in Vorb.; Böker, Deserno und Carlyle in diesem Band;
Luyten et al., in Vorb.).

Kurz zusammengefasst sehen psychoanalytische Autoren depressive Erkrankungen immer in Zusammenhang mit Entwick-
lungsprozessen, vor allem mit Fehlentwicklungen im Bereich der
Entwicklung eines differenzierten, integrierten, realistischen und
grundsätzlich positiven Selbst- und Identitätsgefühls und im Bereich der Entwicklung einer Fähigkeit, ausreichend befriedigende,
reziproke, interpersonale Beziehungen aufzunehmen und zu gestalten. Psychopathologische Störungsbilder, wie die Depression,
werden nicht als klar abgrenzbare Erkrankungen betrachtet, die
auf spezifischen genetischen oder biologischen Faktoren beruhen,
sondern als Fehlentwicklungen beziehungsweise -anpassungen,
durch die ein Individuum versucht, gravierende und dauerhafte
Unterbrechungen seiner normalen psychischen Entwicklung zu
bewältigen. Zudem wird Depression weniger als krankhafter Zustand denn als ein Prozess betrachtet, der abhängig von internalen
und externalen Bedingungen abläuft.

In vielen der älteren Arbeiten[5] wurde die Depression in Zusam-
menhang mit dem Verlust eines realen Objekts oder eines inneren
»guten Objekts« und den dadurch ausgelösten pathologischen
Trauerprozessen, der Introjektion des verlorenen Objekts ins Über-
Ich oder Ich-Ideal und der Wendung der Aggression gegen das
Selbst gestellt. Bleichmar (1996, 2003) entwickelte ein integratives

---

5   Zu den bekanntesten, klassischen Arbeiten zur Depression gehören u. a.
    von Freud (1916-17g): Trauer und Melancholie; Bibring (1953): Mecha-
    nism of depression; Cohen et al. (1954): An intensive study of twelve cases
    of manic depressive psychosis.

Modell zur Erklärung depressiver Erkrankungen, in dem er den bisherigen Stand psychoanalytischer Arbeiten weitgehend berücksichtigte (vgl. dazu mein Beitrag in Band 2 der »Schriften des Sigmund-Freud-Instituts, Reihe 1«). So betonten zum Beispiel Karl Abraham und Melanie Klein vor allem die Beziehung zwischen Aggression, Schuld und Depression, die sie auf frühe archaische Phantasien zurückführten. Kohut dagegen fokussierte die Beziehung zwischen narzisstischen Defiziten und Depression. Er sah darin Auswirkungen eines weitgehenden Versagens der elterlichen Haltungen im frühen Säuglingsalter und relativierte dadurch die Rolle der Aggression und früher innerer Konflikte. Ferenczi, Balint, Winnicott betonten die Rolle der frühen Objektbeziehungen. Bowlby sieht im frühen Verlust der Bindungspersonen die Hauptursache depressiver Erkrankungen (vgl. dazu auch Fonagy et al. 2002).

Antonovsky (1991) entwickelte vor allem die Konzepte von Jacobson (1964) weiter, in dem sie die Rolle von extremen Idealisierungen und die mangelnde Toleranz für Desillusionierungen und Ambivalenzen bei depressiven Erkrankungen herausarbeitete. Blatt (Blatt 1998, 2004; Blatt u. Ford 1994) verbindet diese theoretischen Arbeiten mit einer Vielzahl eigener empirischer Untersuchungen. Er unterscheidet zwischen zwei Subtypen von Depressionen, dem *introjektiven* und dem *anaklitischen Typus*, wobei die Dominanz auf den beiden Dimensionen »Selbstdefiniton« und »Bezogenheit« eine entscheidende Rolle spielt. Abhängigkeit/Soziotropie und selbstkritischer Perfektionismus/Autonomie scheinen mit einem dysfunktionalen interpersonal-transaktionellen »Teufelskreis« verbunden zu sein (Kiesler 1983; vgl. auch Andrews 1989; Safran 1990; Wachtel 1994). Solch ein Teufelskreis impliziert, dass ein bestimmter interpersonaler Stil genau jene Verhaltensweisen und Reaktionen bei anderen hervorruft, die man befürchtet, und diese Erfahrungen daraufhin wiederum diese Erwartungen erhärten. Während abhängig-soziotrope Individuen dazu in der Lage scheinen, eine positive soziale Umgebung zu schaffen, provozieren sie gleichzeitig durch ihre (übertriebenen) Ansprüche und ihren Clinch in Beziehungen Ressentiments oder sogar Ablehnung und Zurückweisung, die ihre basale Angst vor Ablehnung und Zurückweisung bestätigt. Im Gegensatz dazu sind selbstkritisch-autonome Individuen in ihren Beziehungen hoch ambivalent, kritisch

und misstrauisch, da sie sich dauernd vor Kritik und Zurückweisung fürchten. Als Folge davon werden sie von anderen weniger geschätzt und geliebt, sondern eher als kühl und distanziert erlebt.
Daher unterhalten selbstkritisch-autonome Individuen meist nur
wenige, hoch ambivalente Beziehungen, die ihre Überzeugung be-
stärken, dass sie nicht geliebt, sondern kritisiert und weggestoßen
werden. Sie scheinen kaum in der Lage zu sein, positive Beziehungserfahrungen zu machen oder an Freundschaften festzuhalten, auch wenn es zu Konflikten kommt, was wiederum auf ihr ne-
gatives Selbstbild zurückwirkt. Zudem verstärken, wie Whiffen
und Aube (1999) zeigten, Kritiken oder Angriffe von »bedeutungs-
vollen Anderen« sowohl das abhängig-soziotrope als auch das
selbstkritisch perfektionistisch-autonome Verhalten und vergrö-
ßern damit die Gefahr eines Rückfalls in die Depression.

Da Blatts Konzeptualisierungen von Depression nicht nur die
Chronifizierungen plausibel erklären können, sondern er als Forscher und Therapeut seit Jahren mit kognitiv verhaltenstherapeutischen Forschern im Austausch steht (Beck 1983; Luyten et al., in
Vorb.), was in der empirischen Psychotherapieforschung auf große Resonanz gestoßen ist, haben wir uns in der Frankfurter Depressionsstudie, von der wir in diesem Band berichten (vgl. den
Beitrag von Hau), auf seine Konzeptualisierungen bezogen und
verwenden auch die darauf aufbauenden Instrumente.

Ein weiteres integratives Modell depressiver Erkrankung und
ihrer Behandlung legten kürzlich Taylor (2003) und seine Forschungsgruppe an der Tavistock Clinic in London vor. Er entwik-
kelte ein Manual psychoanalytischer Behandlungen chronisch depressiver Patienten, das auf diesem Modell beruht. Dieses Manual
bildet die Grundlage der klinischen Behandlungen und daher
auch den theoretischen Konsens des psychoanalytischen Verständnisses depressiver Erkrankungen und ihrer Behandlungen für die
Frankfurter Depressionsstudie. Eine deutsche Übersetzung befindet sich zur Zeit in Überarbeitung. Jo-Anne Carlyle (in diesem
Band) vertritt diese Forschergruppe, mit der wir eng kooperieren.
Sie fasst die wesentlichen Konzeptualisierungen in ihrem Beitrag
zusammen. Heinrich Deserno gibt in seinem Beitrag, bezugneh-
mend auf Carlyle, ebenfalls die Grundzüge psychoanalytischer Behandlungskonzepte wieder und illustriert sie am ausführlichen

Fallbeispiel einer Psychoanalyse mit einem schwer depressiven Patienten.

Dem Leser dieses Bandes werden in diesen Beiträgen die Spezifika der psychoanalytischen Erklärungsansätze von Depression im Gegensatz zu den kognitiv-verhaltenstherapeutischen, psychopharmakologischen, genetischen und sozialpsychologischen deutlich werden. Sie betreffen folgende Merkmale[6], die hier nur erwähnt, aber nicht weiter erläutert werden können:

- das Konzept unbewusster Phantasien und Konflikte,
- das Paradigma entwicklungsspezifischer Aufgaben und Konflikte von den ersten Lebenswochen an (vgl. life cycle bzw. psychogenetisches Entwicklungsmodell nach E. H. Erikson),
- ein dynamisches Verständnis seelischer Prozesse, von Diagnose, Therapie und Behandlungserfolg,
- interaktive und intersubjektive Betrachtungsweise von menschlichen Denken, Fühlen und Handeln und die damit in Zusammenhang stehende zentrale Rolle von Übertragung/Gegenübertragung bei Diagnostik und Therapie,
- Fokus auf Idiosynkrasien des Einzelfalls.

Der grundlegendste Unterschied zwischen psychoanalytischen und kognitiv-verhaltenstherapeutischen, psychopharmakologischen und genetischen Erklärungsansätzen von Depression betrifft aber ihr Verständnis von Forschung und Wissenschaft, das nicht so eindeutig (wie das der erwähnten anderen Disziplinen) einem naturwissenschaftlichen Paradigma untergeordnet werden kann. Darauf kann im Rahmen dieser Einleitung zwar nicht adäquat eingegangen werden, doch mag dieser wissenschaftstheoretische Hintergrund auch nicht unerwähnt bleiben, da er sonst möglicherweise sowohl den Dialog zwischen den beteiligten Wissenschaftlern als auch die konkrete Zusammenarbeit im Rahmen gemeinsamer Forschungsprojekte unreflektiert mitdeterminiert. Daher wenigstens einige fragmentarische Anmerkungen und Verweise.

---

6 Autoren aus dem Bereich der analytische Sozialpsychologie (im Band vertreten durch den Beitrag Haubl) teilen diese Annahmen weitgehend.

F. Pluralität der Wissenschaften – Chance und Klippe für interdisziplinäre und schulenübergreifende Psychotherapiestudien: ein kurzer wissenschaftstheoretischer Exkurs

Die Psychoanalyse, als »Wissenschaft des Unbewussten«, sah sich von Anfang an mit spezifischen Schwierigkeiten konfrontiert. Selbstverständlich stützt sie sich als wissenschaftliche Disziplin, wie jede andere Wissenschaft auch, auf sekundärprozesshaftes Denken um Primärprozesshaftes, Unbewusstes zu analysieren und in ihren Konzepten möglichst präzise zu beschreiben, Unbewusstes, das sich per definitionem einem (denotativen) wissenschaftlichem Zugriff entzieht und einer andern Logik folgt.

Eine weitere Schwierigkeit besteht zwischen dem wissenschaftlichen Anspruch, Allgemeingültiges im Sinne von nomologischen Realitäten bei allen Analysanden zu erfassen, und gleichzeitig dem Gegenstand der Psychoanalyse, autopoetischen Realitäten jedes Subjekts (als idiosynkratischem psychischem und biologischem System) gerecht zu werden (vgl. Schülein 2003).[7] Wie können psychoanalytische Konzepte und darauf basierende (empirische) Forschungen sowohl autopoetische Realitäten erfassen als auch Aspekten nomothetischer Realitäten entsprechen, die ebenfalls zu

---

7 *Nomologische Realitäten* sind obligatorische Prozesse und zwingend für das Subjekt. Sie können keine Veränderungen oder Entwicklungen erfassen, sondern folgen definitiven, eindeutigen Regeln ohne Alternativen. Dies impliziert logische Identität und eine empirische Struktur. In anderen Worten werden Charakteristika eines Einzelfalls von einem generell gültigen Muster abgeleitet, sodass sie keine Überraschungen darstellen, sondern die Beobachtungen konstante Konfigurationen aufweisen und eine sich wenig verändernde Kontinuität. In diesem Sinne verfügen nomologische Realitäten über »Objektivität«, die vom Subjekt nicht verändert, sondern lediglich reflektiert werden können.

Dagegen erfassen *Autopoetische Realitäten* unabhängige und autonome Einheiten, die zur Selbstorganisation in der Lage sind, wie viele natürliche, etwa biologische Systeme. Autopoesis erscheint immer als Pluralität »and at different levels because the interaction of the entities creates new levels that have autopoetic features themselves. This implies that autopoetic reality is decentralised' and multilogical. It is not a definitive reality but a constant process of development, realisation and change that produces new alternatives, including conflicts and contradictions. Therefore autopoesis is

den »objektiven Wirklichkeiten« unserer Analysanden gehören? Zwar haben auch andere Sozialwissenschaften mit diesen Widersprüchen zu tun, etwa wenn sie versuchen, konsequent das einzelne Subjekt ins Zentrum ihrer Studien zu stellen. Bei der Psychoanalyse potenziert sich aber die Problematik nochmals, da ihr Forschungsgegenstand nicht nur vorwiegend individuell, dynamisch, »multilogisch« und nur partiell objektiv ist, sondern sich zudem der direkten Beobachtung entzieht. Manche Autoren, wie zum Beispiel Rycroft, glaubten

»… (that this) paradox … might be resolved, not by the paradoxical and poetic language of Winnicott but by the wholesale reconceptualisation of psychoanalysis as a hermeneutical activity closer to the humanities than the sciences. Its business, he came to believe, was as much meaning as with cause and effect. The essentially symbolic, culturally specific language that it used, both in its clinical and theoretical work, relied not simply upon secondary process thinking but upon an imaginative and realistic integration of primary and secondary processes« (Turner 2002, S. 1078).

Freud selbst hat sich geweigert, die Psychoanalyse als rein hermeneutische Wissenschaft zu definieren. Er versuchte in seiner Theoriebildung das Spannungsfeld der Psychoanalyse zwischen Natur- und Geisteswissenschaften nicht zu negieren, auch wenn er immer wieder seine Hoffnung ausdrückte, irgendwann würden psychoanalytische Beobachtungen auch naturwissenschaftlich zu erklären sein (vgl. dazu u. a. Habermas 1968; Solms 2003; Stuhr 2001). Horkheimer und Adorno (1947) würdigen in ihrer »Dialektik der Aufklärung« aber gerade die Offenheit und die Dialektik freudscher Theorien als einmalig und innovativ, weil Freud in seiner Theoriebildung die Tradition der Aufklärung und jene der Romantik als ein dialektisches Verhältnis dachte. Meiner Meinung nach hat diese Konzeptualisierung Freuds nichts an Aktualität verloren, denken wir nur – um ein Beispiel zu erwähnen – an den

---

not only reflexive, it is also emergent and its development cannot be anticipated at all, or only within limits. This type of reality shows features of a subject. Subjectivity means difference and the possibility of alternatives …« (Schülein 2003, S. 319).

spezifischen Beitrag, den die Psychoanalyse zum Verständnis irrationaler Aspekte des fundamentalistischen Terrorismus in den interdisziplinären Dialog auch heute noch einbringen kann (vgl. dazu u. a. Bohleber 2004; Laub 2004; Stein 2004; Varvin 2004). In der
Konzeptualisierung solcher komplexer, irrationaler (d. h. großteils
unbewusster) Phänomene aufgrund minutiöser und oft jahrelan-
ger Beobachtung von Patienten und Gruppen liegt meines Erachtens immer noch eine der großen Chancen der heutigen Psychoanalyse im interdisziplinären Dialog.

Doch hat die häufige Entwertung der Psychoanalyse, sie sei keine ernst zu nehmende Wissenschaft, in den letzten Jahren zu einem häufigen Verstummen ihrer Stimme in wissenschaftlich und
öffentlich relevanten Diskursen geführt. Wer bestimmt, welche
Disziplin das Gütekriterium »wissenschaftlicher Ernsthaftigkeit«
zuerkannt bekommt?[8] Wer verfügt über die Definitionsmacht, was
heute als »Wissenschaft« zu gelten hat?

Abadi (2003) ergreift im Diskurs um die »Wissenschaftlichkeit
der Psychoanalyse« die Offensive, wenn sie feststellt, dass es zu den
epistemologischen Errungenschaften der Psychoanalyse gehöre,
eine Entwicklung in den modernen Wissenschaften vorausgesehen
und konzeptualisiert zu haben, die erst heute in ihrer vollen Bedeutung erkannt wird, wenn die momentane Forschungssituation
als *Pluralität der Wissenschaften* charakterisiert wird (vgl. dazu
Leuzinger-Bohleber u. Bürgin 2003). Die Psychoanalyse fühlte
sich von Anfang an in einer Zwitterposition zwischen Natur- und
Geisteswissenschaften, Biologie und Soziologie, nomothetischer
und hermeneutischer Wissenschaft. Diese Dichotomie, Ende des
19. Jahrhunderts unter anderem von Dilthey vorgeschlagen, erwies sich inzwischen als ein zu grobes Raster, um die extreme Unterschiedlichkeit in den verschiedenen wissenschaftlichen Disziplinen, ihrer Fragestellungen, Methoden und Qualitätskriterien
adäquat zu erfassen. Die Psychoanalyse verfügt, wie jede andere
heutige wissenschaftliche Disziplin auch, über eine spezifische
Forschungsmethode, die ihrem idiosynkratischen Forschungsge-

---

8 Diese Frage führt in interessante wissenschaftssoziologische und gesellschaftliche Problemstellungen, die aber in diesem Rahmen nicht erörtert
   werden können.

genstand (unbewusste Konflikte und Phantasien) zu entsprechen versucht. Sie hat spezifische Qualitätskriterien entwickelt, die ihrem besonderen Forschungsgebiet angemessen sind und die sie in der psychoanalytischen und in der nichtpsychoanalytischen Wissenschaftscommunity transparent und kritisch zu vertreten hat (vgl. dazu auch Hampe 2003). Ihr kommt daher – wissenschaftstheoretisch und -soziologisch betrachtet – im Kanon heutiger, ebenso spezifischer wissenschaftlicher Disziplinen keine Abseitsposition mehr zu.[9]

Doch gehört es zu einem weiteren Paradox der heutigen psychoanalytischen Forschung, dass sie sich weltweit mit der Forderung konfrontiert sieht, die Effektivität und Effizienz ihrer Therapien »empirisch« zu belegen, das heißt sich einer »objektiven«

---

9 Abadi geht sogar in ihrer Einschätzung des psychoanalytischen Forschungsverständnisses noch weiter, wenn sie schreibt:

»Psychoanalysis came into being in the divorce between exact and human science, and it feels corned when called on to define itself on such a basis. However, the concept of exact science has lost pertinence; the paradigm has changed and the frontier is not where it used to be. Chance, randomness, the new chaos theories …, the uncertainty principle, the recognition of the observer's effect on the observed, all predicate a model where positivism and determinism lose ground. Maybe we are like a combatant who remained isolated in the jungle for years after the end of hostilities, fighting solitary battle that has ceased to make any sense at all.

The concept of complex thought … has recognised and established links and relations of implication and feedback with what is distant and different and what is mediate and immediate, and makes room for chance, is possibly one of those that has most enriched contemporary thought … Now, it is precisely psychoanalysis that, in the ambit of scientific thought, subverts the radical split between the subject and its object of observation, by introducing the concepts of transference and counter transference. That is how psychoanalysis revealed the historical and unconscious determinants in the individual's disposition to knowing – inaugurating a revolutionary theory of knowledge in which the outer edge is given by the blind spots present in the observer. Most probably transcending the expectations of Freud himself, this point of view proved to be the for runner of changes in the paradigms of other disciplines, where increasingly the subject's web of implications and intricate involvement with his object of study would be acknowledged … Complexity, from this perspective, is an alternative to the ongoing mutilation and reductionism that characterizes classical scientific thought …« (Abadi 2003, S. 224f.).

Überprüfung ihrer Therapieergebnisse zu unterziehen, die – wissenschaftstheoretisch betrachtet –, auf dem überholten, einheitswissenschaftlichen (»positivistischen«) Wissenschaftsverständnis beruht, in dem es ausschließlich um die eindeutige Erfassung nomothetischer Realitäten geht (vgl. dazu unter anderem Holzhey 2001; Leuzinger-Bohleber et al. 2001; Hampe 2000). Das eben erwähnte spezifische Forschungsverständnis der Psychoanalyse, die so genannte »Junktimforschung«, die an der unverzichtbaren Verbindung von klinischer, theoretischer und empirischer Erforschung prozesshafter und idiosynkratischer unbewusster Konflikte und Phantasien in der psychoanalytischen Situation festhält, wird von Vertretern der Vergleichenden Psychotherapieforschung oft nicht als wissenschaftlich anerkannt (vgl. dazu Leuzinger-Bohleber u. Bürgin 2003). Auch in diesen Auseinandersetzungen scheint es daher unverzichtbar, immer wieder auf die wissenschaftstheoretische Dimension der aktuellen Auseinandersetzung um einen empirischen Nachweis der Effizienz und Effektivität und die damit verbundenen gesellschaftlichen Interessen zu verweisen (vgl. Leuzinger-Bohleber et al. 2003, 2004, 2005).

Doch leider werden epistemologische Überlegungen in der aktuellen Auseinandersetzung mit den Kostenträgern psychotherapeutischer und psychoanalytischer Behandlungen oft nicht zur Kenntnis genommen. Zudem kann sich die Psychoanalyse als Behandlung der Forderung, sie müsse sich wie jede andere medizinische Behandlungsform »allgemein gültigen Kriterien der Überprüfbarkeit« (z. B. entsprechend der *evidence based medicine*) stellen, nicht ohne weiteres entziehen, falls sie weiterhin von öffentlichen Geldern mitfinanziert werden will. So erwies es sich zum Beispiel in Deutschland als politisch unerlässlich und wichtig, dass wir dem Wissenschaftlichen Beirat die vorhandenen empirischen Studien zum Nachweis der Wirksamkeit psychoanalytischer Verfahren bei verschiedenen Störungsbildern vorlegen konnten und von dem interdisziplinär zusammengesetzten offiziellen Gremium die Anerkennung der Psychoanalyse als »wissenschaftlich abgestütztes Therapieverfahren« erhalten haben (vgl. dazu Brandl et al. 2004; Fonagy 2001). So liegen auch im Bereich der Depressionbehandlungen genügend kontrollierte Studien vor, welche die Wirksamkeit psychoanalytischer Verfahren bei der Behandlung dieser Patientengruppe nachgewiesen haben (vgl. den Beitrag von Böker in diesem Band). Allerdings muss erwähnt werden, dass – aus den eben skizzierten wissenschaftstheoretischen und methodischen Gründen – solche kontrollierten Studien kaum mit chronisch depressiven Patienten und nur im Setting von Kurztherapien durchgeführt werden konnten. Die detaillierte und methodisch sorgfältige Untersuchung der hier fokussierten Gruppe von chronisch kranken Depressiven konfrontiert uns unweigerlich mit den schwierigen und vielleicht kaum lösbaren Problemen empirisch-psychoanalytischer Forschung: So erzielen wir, so eine Hypothese der Frankfurter Depressionsstudie, nur mit längerfristigen Behandlungen dauerhafte Veränderungen, wobei bei diesen Behandlungen idiosynkratische und biographisch bedingte Persönlichkeitsvariablen in der Studie mitberücksichtigt werden müssen (vgl. unten).

G. Gemeinsame Anliegen heutiger Depressionsforscher aus unterschiedlichen Therapieschulen und wissenschaftlichen Disziplinen

Nachdem diese grundlegenden wissenschaftstheoretischen und -historischen Unterschiede zwischen der Psychoanalyse und der psychoanalytischen Sozialpsychologie einerseits und den naturwissenschaftlich orientierten kognitiven Verhaltenstherapeuten, Psychopharmakologen und Genforschern andererseits kurz thematisiert wurden, mag die Frage auftauchen, warum dennoch der Dialog zwischen Forschern aus diesen verschiedenen Disziplinen aufgenommen und von uns als derart wichtig erachtet wird. Warum erscheint uns eine Vergleichsstudie verschiedener Behandlungen chronisch depressiver Patienten unverzichtbar, obschon sie ein Design erfordert, das uns den eben erwähnten Klippen empirischer Studien in der Psychoanalyse unweigerlich aussetzt? Und wo liegen die Gemeinsamkeiten mit den Vertretern anderer Therapieschulen und wissenschaftlicher Disziplinen trotz aller Unterschiede, die uns alle zu einem gemeinsamen Forschungsprojekt motivieren (vgl. den Beitrag von Hau in diesem Band)?

Corveleyn et al. (in Vorb.) berücksichtigen in ihrem erwähnten Buch ebenfalls ein breites Spektrum der heutigen Depressionsforschung, nämlich epidemiologische, kognitiv-behaviorale, psychodynamische, entwicklungspsychopathologische und neurobiologische Arbeiten sowie Erkenntnisse aus der psychiatrischen Genetik, der Entwicklungspsychopathologie, der sozialen Kognitionsforschung und der Bindungstheorie. In ihrem Epilog zu »Theory and Treatment of Depression. Towards Integration?« stellen auch Corveley et al. die Frage nach gemeinsamen Forschungsperspektiven. Sie diskutieren diese anhand von fünf gemeinsamen Themen, die mir für die Diskussionen in diesem Band ebenfalls entscheidend scheinen:

1. Allgemeine Unzufriedenheit mit der DSM-Annäherung an die Depression
2. Fokus auf mentalen Repräsentationen oder kognitiv-affektiven Strukturen
3. Bedeutung interpersonaler Faktoren
4. Umgebungsfaktoren im Allgemeinen: das Nature-/Nurture-Problem
5. Notwendigkeit der Berücksichtigung einer Entwicklungsperspektive bei der Betrachtung von Depression

■   1. Unzufriedenheit mit dem DSM und die Forderung nach einer transdiagnostischen Perspektive

Wie schon kurz erwähnt, besteht vor allem, aber nicht nur bei psychodynamischen Therapeuten und Forschern ein Unbehagen an der kategorialen Sichtweise von statisch abgrenzbaren diagnostischen Bildern im DSM.

– Diese Taxonomie scheint dem fließenden Übergang diagnostischer Bilder sowie einem prozesshaften Verständnis von depressiven Erkrankungen nicht entsprechen zu können. So wird zum Beispiel unterschieden zwischen Major Depression, Minor Depression oder der Dysthymie, wobei hauptsächlich der Unterschied im Schweregrad der Erkrankung berücksichtigt wird. Nicht nur die klinische Erfahrung, sondern viele Studien haben aber belegt, dass es ein Kontinuum zwischen einer milden Form von Dysthymie (einer depressiven Verstimmung) und einer ausgeprägten, »schweren« klinischen Depression gibt. Daher besteht die Gefahr einer »Pseudo-Kategorienbildung«, die unter anderem dazu beigetragen hat, die Bedeutung subklinischer depressiver Symptome (wie die so genannte Minor Depression, Subthreshold Depression) zu unterschätzen (vgl. u. a. Parker 1999; Haubl in diesem Band). Neuere Studien haben dagegen klar auf die klinische Bedeutung solcher subklinischer Stimmungsschwankungen als Prädiktoren späterer Psychopathologien oder schwerer Erkrankungen hingewiesen (z. B. Judd 1997). Zwischen biopsychosozialen Faktoren in subklinischen und klinischen Depressionen besteht ein Kontinuum (vgl. z. B. Ormel et al. 2001; Leuzinger-Bohleber u. Bruns 2004).

– Das DSM legt die Auffassung nahe, dass es sich bei der Major Depression um ein homogenes, diagnostisches Bild handelt. Sowohl die klinische Erfahrung als auch viele empirische Studien haben dagegen offen gelegt, dass sich hinter den Symptomen einer Major Depression verschiedenste psychische und psychosoziale Probleme verbergen können: die Reaktion auf einen plötzlichen und dramatischen Verlust eines Liebespartners, auf Arbeitslosigkeit, eine körperliche Erkrankung oder aber auf jahrelange, ungelöste Beziehungskonflikte und anderes mehr (vgl. auch klinische Beispiele oben).

– Der weltweite Einfluss des DSM hat zu dem Missverständnis beigetragen, dass es sich bei den verschiedenen Depressionstypen um seelische Zustände handelt, die klar von der »Normalität«, zum Beispiel von normaler Trauer, und anderen psychiatrischen Krankheitsbildern, abzugrenzen seien. Das hatte negative Folgen: Die Forschung konzentrierte sich auf den Versuch, klar abgrenzbare, einzigartige Ätiologien und Erscheinungsformen von Depressionen zu definieren. In der Praxis förderte es die Tendenz, »Symptome« oder »Syndrome« statt Menschen zu behandeln.

– Diese Gefahren werden auch dadurch verstärkt, wenn im DSM postuliert wird, dass die beiden Achsen I und II voneinander unabhängig seien. Eine Folge davon ist die verwirrende Literatur zur Komorbidität von Depression (als Achse-I-Störung) und Persönlichkeitsstörung (Achse-II-Störung). Diese Unabhängigkeit der beiden Achsen wird von vielen Autoren inzwischen in Frage gestellt. So sind zum Beispiel Depression und

Persönlichkeitsstörung nicht nur häufig klinisch miteinander verbunden, sondern vielleicht sogar kausal verknüpft, worauf schon bezogen auf die beiden von Blatt (2004) untersuchten Persönlichkeitsvariablen »Dependency/Sociotropy« und »Self-Critical Perfectionism/Autonomy« hingewiesen wurde. Daher sollten sowohl bei der Diagnostik als auch bei der Therapie von depressiven Persönlichkeitsvariablen beachtet werden.

– In meinem Beitrag in Band 2 der »Schriften des Sigmund-Freud-Instituts, Reihe 1« weise ich auf die auffallende Häufung von schweren Depressionen im Erwachsenenalter bei schweren frühkindlichen Traumatisierungen in der DPV-Katamnesestudie hin (vgl. dazu auch Leuzinger-Bohleber 2003). Monroe und Simons (1991) konnten zeigen, dass die Wahrscheinlichkeit, klinisch depressiv zu werden, nach einem einzigen negativen Lebensereignis relativ gering ist. Allerdings steigt die Wahrscheinlichkeit einer solchen Erkrankung nach jedem folgenden extrem belastenden Lebensereignis. So ist es, abgesehen von wenigen besonders widerstandsfähigen (resilienten) Individuen, sehr wahrscheinlich, innerhalb eines Jahres klinisch depressiv zu werden, falls drei oder mehrere Schicksalsschläge zu verarbeiten sind (Monroe u. Hanjiyannakis 2002). Diese Studien stützen die Annahme, die in der psychoanalytischen Depressionsliteratur immer schon vertreten wurde, dass Depressionen mehr oder weniger zu der Conditio humana gehören und nicht per se als Pathologie zu werten sind (vgl. dazu z. B. die Diskussion um das Konzept der »Unfähigkeit zur trauern« von A. und M. Mitscherlich [1967] als Zeitdiagnose).

– Durch die Betonung der Symptomatik der Depression im DSM ergibt sich, dass Wirksamkeits- und Effizienzstudien fast vorwiegend die Symptomreduktion fokussieren. Die erwähnte hohe Rückfallquote und Chronifizierungsneigung weisen dagegen darauf hin, dass eine Symptomreduktion, die meist schon im Rahmen einer Kurztherapie zu erzielen ist, die Vulnerabilität depressiv Erkrankter kaum mildern kann (vgl. dazu u. a. Zuroff u. Blatt 2002).

Luyten, Blatt und Corveleyn (in Vorb.) sehen als Alternative:

»… an etiologically-based, dynamic interactionism approach. To summarize, although the DSM approach of mood disorders has led to important new insights and discoveries, it is clearly limited. Despite much dissatisfaction with this approach in clinicians and researchers, the DSM approach continues to be the main avenue of research and treatment guidelines. However, the time appears ripe for developing a more valid, etiologically-based diagnostic system … that takes into account the dynamic interactionism between person, environment, and depression … and that considers depression as a disorder that is linked to normal development …

Hence, we believe that a transdiagnostic perspective should be adopted in diagnosing different forms of psychopathology including depression. In contrast to DSM, research findings suggest that it is very unlikely that each psychopathological disorder has its unique and specific etiology and pathogenesis. The same holds for what is now currently considered as subthreshold psychiatric conditions …«

Eine alternative diagnostische Zugangsweise könnte, so der Vorschlag der Autoren, mit einer detaillierten, deskriptiven Diagnostik beginnen, in der die einzelnen depressiven Symptome und der Schweregrad der Störung genau dokumentiert werden. Zukünftige Studien sollten sich darauf konzentrieren, unterschiedliche Subtypen von Depressionen zu eruieren und genau zu beschreiben, ohne jedoch wiederum in ein starres, kategoriales Diagnostizieren zu verfallen. So gibt es zum Beispiel zunehmende Evidenz, dass es einen melancholischen Subtyp von Depression gibt, der hauptsächlich durch eine psychomotorische Retardation beschrieben werden kann (Parker 2000; Pier et al. 2004). Parker et al. (1999a, 1999b) fanden, im Gegensatz dazu, einen ängstlichen und einen feindseligen Subtyp von Depression. Beide stehen vermutlich in Zusammenhang mit Temperament und Persönlichkeitsmerkmalen. Daher mag eine methodische Herausforderung an zukünftige Studien sein, ein dynamisches, fließendes diagnostisches Denken mit einer genauen (kategorialen) Beschreibung bestimmter depressiver Zustände zu verbinden. Verschiedene ätiologische und pathogenetische Pfade bei der Genese depressiver Erkrankungen sollten dabei ebenso berücksichtigt werden wie Umgebungsfaktoren, zum Beispiel den elterlichen Erziehungsstil, frühe Traumati-

sierungen, Lebensereignisse, chronischer Stress, Persönlichkeitsvariablen. Zudem ist es wichtig, nicht nur die pathogenen Faktoren
zu erfassen, sondern auch Coping-Strategien und die Resilienz eines Individuums. Daher bietet sich eher eine störungs- und per-
sönlichkeitsspezifische statt eine symptomzentrierte Diagnostik
an, die zudem entwicklungspsychologische Faktoren in Rechnung
stellt.

Bei dem anfangs erwähnten fünfjährigen Peter müssen selbstverständlich sein Alter, seine Entwicklungsphase, seine aktuelle Lebenssituation, bisher erlittene Traumatisierungen neben kognitiven, neurobiologischen und eventuellen genetischen Faktoren bei
der Diagnose »Depression« bedacht werden.

■ 2. Ein Fokus auf mentalen Repräsentationen oder
       kognitiv-affektiven Strukturen

Klinische Erfahrungen und viele empirische Studien haben auf den
Zusammenhang zwischen kognitiv-affektiven Schemata, mentalen
Repräsentanzen und Depression verwiesen. Da mentale Repräsentanzen oder kognitiv-affektive Schemata zentrale Konstrukte sowohl in der Psychoanalyse als auch in der kognitiven Verhaltenstherapie darstellen, hat sich gerade im Bereich der Depression in
den letzten Jahren ein produktiver Dialog zwischen den beiden
Therapierichtungen etabliert. Ergebnisse der Neuen Säuglingsfor-
schung, der Bindungsforschung oder der Entwicklungspsychopathologie haben sich für beide Disziplinen als fruchtbar und herausfordernd erwiesen. Die unterschiedlichsten Behandlungskonzepte
von Depression, auch die in diesem Band vertretenen, fokussieren
den Aspekt der mentalen Repräsentanzen als einen der wesentlich-
sten Faktoren bei depressiven Erkrankungen (vgl. Fonagy et al.
2002; Blatt 2004). Die meisten Theoretiker, wie zum Beispiel Beck
(1999) oder Hautzinger (in diesem Band), beleuchten Inhalte dieser Repräsentanzen, während psychodynamisch orientierte Autoren (vgl. Carlyle und Deserno in diesem Band; Bateman u. Fonagy
2004) sich auf strukturelle Merkmale konzentrieren (vgl. z. B. archaische Über-Ich-Instanz als Merkmal depressiver Erkrankungen). Zudem wird die Verbindung von Persönlichkeitsmerkmalen
und mentalen Repräsentanzen untersucht. Es mag sich eine Symp-
tombesserung im Lauf einer Kurztherapie als nicht stabil erwei-

sen, weil es nicht gelungen ist, die kognitiv-affektiven Schemata zu modifizieren, die wesentlich zur psychischen Vulnerabilität beitragen. Die Äußerungen der Schriftstellerin Marie Cardinal, die diesem Text vorangestellt wurden, sind eine eindrückliche Illustration, wie die Wahrnehmung von Gegenwart, Vergangenheit und Zukunft, die durch Veränderungen von kognitiv-affektiven Schemata dank einer langen Psychotherapie erreicht werden kann, nun eine nichtdepressive Sicht der eigenen Befindlichkeit, des Körpers und der Umgebung ermöglichen:

»Ich fühlte mich geschmeidig, beweglich. Ich hatte meine Schultern fallengelassen, mein Hals und mein Nacken kamen wieder zum Vorschein. So viele Jahre waren sie eingeklemmt gewesen. Ich hatte völlig vergessen, wie schön es ist, wenn der Wind mit meinen wehenden Haaren spielt. Was hinter mir war, erschreckte mich ebenso wenig wie das, was vor mir lag.«

Die Untersuchung von mentalen Repräsentanzen eröffnet nicht nur interessante Pespektiven zwischen den erwähnten Therapieschulen, sondern auch für die Grundlagenforschung. So bietet zum Beispiel die neuere Gedächtnisforschung, etwa in der so genannten Embodied Cognitive Science, interessante Konzepte an, um den erwähnten Einfluss früher Beziehungserfahrungen mit depressiven Müttern auf die Entwicklung der mentalen Repräsentanzen und deren Bedeutung für die erhöhte Erkrankungsrate von Kindern depressiver Mütter plausibel zu erklären (vgl. u. a. Leuzinger-Bohleber u. Pfeifer 2002). Es sei auch auf neurobiologische Forschungen im Bereich mentaler Repräsentanzen hingewiesen, ein riesiges Forschungsfeld, das sich unter anderem mit dem Verständnis der Wirkung verschiedener Psychopharmaka auf Depressionen beschäftigt (vgl. dazu den Beitrag von Laux in diesem Band).

■ 3. Die Bedeutung interpersonaler Faktoren

Wie die verschiedenen Beiträge in diesem Band illustrieren, scheint es heute nicht mehr fruchtbar, darum zu streiten, ob bei der Genese von Depressionen intrapsychische oder interpersonale Faktoren wichtiger sind. Beide sind in komplexer Weise miteinander verwoben. Depression ist daher nicht einfach eine »persönliche Pathologie«, sondern gleichzeitig eine » Beziehungspathologie« (Hammen 2003; vgl. auch den Beitrag von Haubl in diesem Band). Wiederum spricht ein solches Verständnis von Depression gegen eine ausschließlich symptomzentrierte Betrachtung dieser Erkrankung. Oft ist ein Rückfall in eine erneute Depression auch dadurch bedingt, dass zum Beispiel in einer stationären Therapie kurzzeitig die innerpsychische Situation des Individuums gemildert werden konnte, jedoch die Beziehungsstrukturen, in die ein Patient anschließend zurückkehrt, sich weiterhin als pathogen erweisen (vgl. dazu Ahrens u. Schneider 2002). Andererseits ist es eine häufige klinische Erfahrung, dass ein radikaler Wechsel von Bezugspersonen oder Umgebungen zwar bei einem bestimmten Patienten eine momentane Erleichterung schafft, die Depression aber wiederkehrt, falls sich die innerpsychische Situation nicht ebenfalls verändern konnte.

■   4. Umgebungsfaktoren im Allgemeinen:
      das Nature-/Nurture-Problem
Die Depressionsforschung hat sich, historisch betrachtet, lange mit der Frage beschäftigt, ob es zwei Subtypen von Depressionen gibt, die endogene Depression, die man als vorwiegend biologisch bedingt betrachtete, und die reaktive oder neurotische Depression, deren Ursachen vor allem der Umgebung beziehungsweise Sozialisationserfahrungen der Patienten zugeschrieben wurden. Wie Marcella Rietschel und Hans Stassen (in diesem Band) ausführen, hat das so genannte Nature-/Nurture-Problem durch die Entwicklungen in der Genforschung an Bedeutung verloren. Sie führen unter anderem aus, dass eine eventuell genetische Disposition nur dann zur Entwicklung einer depressiven Erkrankung beiträgt, falls sie durch bestimmte Umweltfaktoren »getriggert« wird (vgl. dazu auch Kandel 1999; Kendler 2001; Rutter 2002). Zudem liegen erste Evidenzen vor, dass gewisse genetische Dispositionen für eine besondere Sensibilität in der Reaktion auf Stresserfahrungen existieren, die Depressionen auslösen können. Die genetische Komponente wird, aufgrund der Metaanalyse von Sullivan et al. (2000), auf ungefähr 0.33 geschätzt.
     Erkenntnisse zu den komplexen Interaktionsprozessen zwischen genetischer Anlage und Beeinflussungsmöglichkeiten durch

entsprechende Umweltfaktoren bei der Entstehung und Behandlung von Depressionen scheinen uns sowohl für Psychotherapeuten, Psychiater und Sozialwissenschaftler einerseits als auch für genetische Forscher andererseits von Interesse. Auch in dieser Hinsicht lohnt sich daher ein Blick über den disziplinären Zaun.

5. Die Notwendigkeit der Berücksichtigung einer Entwicklungsperspektive bei der Betrachtung von Depression

Ich habe schon an verschiedenen Stellen kurz darauf hingewiesen, dass Depression nicht als ein klar abgegrenztes, statisches und isolierbares Störungsbild betrachtet werden kann, sondern als ein Prozess, der von besonderen (Beziehungs-)Konstellationen begünstigt wird und meist seine Vorläufer in der frühen Kindheit oder in der Adoleszenz hat. Nicht nur psychodynamische, sondern auch kognitiv-behaviorale und neurobiologische Studien legen nahe, dass entwicklungsspezifische Faktoren beim Verständnis von Depressionen eine entscheidende Rolle spielen (vgl. Luyten et al., in Vorb.). Allerdings sind prospektive Longitudinalstudien zu entwicklungsspezifischen Pfaden depressiver Erkrankungen bisher noch selten.

Diesen von Luyten, Blatt und Corveleyn diskutierten gemeinsamen Problemfeldern, möchte ich noch einige beifügen, die uns sowohl zur Durchführung der schulenübergreifenden Studie als auch der internationalen Tagung motiviert haben:

6. Die Notwendigkeit von Kombinationsbehandlungen in Akutsituationen oder in Sequenzen von Behandlungen chronisch depressiver Patienten und deren wissenschaftliche Untermauerung

Kombinationsbehandlungen von Psychotherapie und Psychopharmakologie

Ein Konsens aller Autoren dieses Bandes ist die Einsicht, dass vor allem die Behandlung von Patienten, die an chronische Depressionen leiden, für uns alle eine große Herausforderung darstellt, die schulen- und disziplinenübergreifende Dialoge und gemeinsame Forschungsprojekte einfordert. Ein Rückzug in den jeweils professionellen Elfenbeinturm scheint uns, angesichts des Ausmaßes depressiver Erkrankungen und vor allem des persönli-

chen Leids der Betroffenen, ihrer Partner, Kinder und weiteren
Familienangehörigen, auch ethisch nicht vertretbar. Um nur ein
Beispiel herauszugreifen: Für alle Psychotherapeuten, die mit
schwer Depressiven arbeiten, ist es heute unverzichtbar, sich ein
fundiertes Wissen zur psychopharmakologischen Behandlungen
Depressiver zu erwerben[10] (vgl. den Beitrag von Laux in diesem
Band). In jeder psychotherapeutischen Behandlung mit dieser
Gruppe von Patienten mag es zu lebensbedrohlichen Situationen,
zum Beispiel suizidalen Krisen, kommen, die nur durch eine Ein-
weisung in eine geschlossene Abteilung einer Psychiatrischen Klinik oder durch eine adäquate psychopharmakologische Behandlung überbrückt werden können. Allerdings liegen noch wenige
detaillierte Prozesstudien vor, die den Einfluss von Psychopharmaka auf Psychotherapien systematisch untersuchen (vgl. dazu u. a.
Danckwardt 1984; Lindner et al. 2003; Buchheim u. Dammann
1997). Zudem bestehen unterschiedliche Auffassungen, ob und
wie lang eine psychopharmakologische Behandlung bei Depressiven indiziert ist (vgl. dazu ebenfalls Laux in diesem Band). So
bleibt es ein Ziel psychoanalytischer Langzeitbehandlungen, dass
ein Depressiver ohne eine Dauermedikation sein Leben meistern
kann. Zudem sind nicht nur Psychoanalytiker skeptisch, dass die
Einnahme von Antidepressiva in einem Ausmaß zugenommen haben, das nicht mit der einleitend diskutierten möglichen Zunahme
depressiver Erkrankungen erklärt werden kann, sondern eher auf
einen gesellschaftlich akzeptierten Umgang mit individuellem Leiden, Einschränkungen von Leistungsfähigkeit verweist und unter
dem Stichwort »Medikalisierung sozialer Probleme« diskutiert
wird (vgl. dazu u. a. Lear 1995; Tagung des Sigmund-Freud-Instituts in Frankfurt vom 3.–5.12.2004 »Bindung, Trauma und soziale
Gewalt« zu diesem Thema). Dabei ist auch an die machtvollen
Liäson zwischen ökonomischen Interessen von Forschern und
Vertretern der pharmazeutischen Industrie zu denken.[11] Kontro-

---

10 Ein bedrückendes und lehrreiches Zeugnis der Unverzichtbarkeit psycho-
   pharmakologischer Behandlungen bei psychotisch Depressiven legte der
   holländische Psychiatrieprofessor und Analytiker Piet Kuiper (1988) vor.
   Er erkrankte nach einer Virusinfektion an einer schweren, psychotischen
   Depression.
11 So führte z. B. die dramatische Zunahme der Verschreibung von Prozac in

versen zum adäquaten Einsatz von Psychopharmaka bei Depressiven und den damit verbundenen kulturkritischen Dimensionen in einem wissenschaftlichen Rahmen mit Vertretern unterschiedlicher Disziplinen zu führen, ist eines der Ziele unserer eben begonnenen Studie (vgl. dazu den Beitrag von Fischer-Kern, Schuster u. Springer-Kremser in diesem Band).

Kombinationsbehandlungen von psychoanalytischen und verhaltenstherapeutischen Ansätzen bei Depressionsbehandlungen

Immer wieder werden Stimmen wach, die postulieren, gerade auf dem Gebiet der Psychotherapie von chronifizierenden Depressionen sei die Zeit gekommen, eine Kombinationstherapie von verhaltenstherapeutischen und psychoanalytischen Ansätzen zu versuchen. Es übersteigt den Rahmen dieser Einleitung, auf entsprechende Argumente und Diskurse hier einzugehen. Ich muss mich mit der Bemerkung begnügen, dass Michaela Grüntzig und ich schon 1982 von einer Methodenkombination verhaltenstherapeutischer und fokaltherapeutischer Verfahren bei der Behandlung von Patienten mit Prüfungskonflikten berichtet haben (Leuzinger u. Grüntzig 1982). Wir haben schon damals die Auffassung vertreten, dass die beiden schulenspezifischen Vorgehensweisen nicht vermischt, sondern auf einem hohen professionellen Niveau unabhängig voneinander angewandt werden sollten (verhaltenstherapeutische Behandlungen der Arbeitsstörung bzw. des Arbeitsverhaltens des Patienten einerseits, fokaltherapeutische Bearbeitung der unbewussten Determinanten der Prüfungsängste andererseits). Eine vorzeitige Vermischung von verhaltenstherapeutischen und psychoanalytischen Behandlungstechniken scheint mir noch immer mit der Gefahr eines Eklektizismus verbunden, der zu einer Einbuße professionellen Handelns in jeder Richtung führt. Sowohl psychoanalytische als auch die kognitiv-verhaltenstherapeutische Behandlungen chronisch Depressiver beruhen auf unterschiedlichen wissenschaftstheoretischen, methodischen und konzeptuellen Traditionen. Dadurch wurde in beiden Therapieschulen ein Reichtum an klinischem und wissenschaftlich gestütztem Wissen ge-

---

England dazu, dass nun sogar Spuren dieses Antidepressivums im englischen Trinkwasser nachweisbar sind.

sammelt. In anderen Worten: Es existiert ein schulenspezifischer Wissenskorpus, auf den nicht vorschnell verzichtet werden sollte, der aber an die professionelle Anwendungen innerhalb des jeweiligen Theoriegebäudes gebunden ist (Verhaltenstherapie/Psychoanalyse). Der unreflektierte Transfer von Forschungsergebnissen, Methoden und Gütekriterien einer wissenschaftlichen Disziplin auf eine andere führt zu erheblichen Problemen, Widersprüchen und Gefahren. Um nur ein Beispiel herauszugreifen: Auch verhaltenstherapeutische Autoren betonen in den letzten Jahren vermehrt die Bedeutung der therapeutischen Beziehung für die erzielten Veränderungen in einer Behandlung. Zuweilen sprechen sie dabei von »Übertragungsphänomenen«, ohne aber die entsprechenden Konzepte detailliert zu kennen und damit verbundene klinische Phänomene präzise wahrnehmen zu können. Dadurch besteht die Gefahr einer unprofessionellen Anwendung psychoanalytischer Konzepte in einem nichtpsychoanalytischen, das heißt verhaltenstherapeutischen Kontext. Auf der anderen Seite sprechen auch manche psychoanalytischen Autoren von der Bedeutung »inadäquater Kognitionen«, die durch systematische Strategien »verändert« beziehungsweise einer aktuellen Situation »angepasst werden« sollten. Sie setzen hier zuweilen den psychoanalytischen Begriff der Repräsentanz mit dem verhaltenstherapeutischen der »Kognition« gleich; auch hier liegt eine unprofessionelle Anwendung verhaltenstherapeutischer Begriffe in einem psychoanalytischen Zusammenhang vor. Ein »Wildern« in der Praxis oder den theoretischen Konzepten der anderen Therapieschule scheint mir daher alles andere als wünschenswert.

Das bedeutet allerdings nicht, dass ein kritischer Dialog zwischen Vertretern unterschiedlicher therapeutischer Schulen, wie wir ihn in der Frankfurter Depressionsstudie versuchen, die Beteiligten in ihrem klinischen und theoretischen Denken unbeeinflusst lässt und eine produktive Weiterentwicklung von Behandlungstechnik und Theorien stimulieren kann (vgl. den Beitrag von Hau in diesem Band). Doch erstreben wir in unserer Studie nicht eine unreflektierte Inkorporation fremder Behandlungsstrategien oder Konzeptualisierungen in das Eigene, sondern eine kritische und reflektierte Integration neuer, durch den detaillierten Vergleich mit der jeweils anderen Schulrichtung ermöglichten therapeutischen Erfahrungen in die eigenen (psychoanalytischen oder verhaltenstherapeutischen) Konzeptualisierungen. Um bei dem eben erwähnten Beispiel zu bleiben: Die Relevanz der therapeutischen Beziehung in einer kognitiven Verhaltenstherapie sollte meines Erachtens mit den eigenen Begriffen, in Übereinstimmung mit eigenen Daten, Methoden und bisherigen theoretischen Ansätzen sowie dem eigenen Wissenschaftsverständnis der kognitiven Verhaltenstherapie konzeptualisiert werden. Analog dazu sollte die Wechselwirkung von innerer und äußerer Realität (»Kognition« und »aktuelle Interaktionssituation«) in der Psychoanalyse mit ihrer eigenen Terminologie, den Charakteristika psychoanalytischer Theorien (z. B. dem Repräsentanzenmodell, dem Konzept unbewusster Phantasien und Konflikte, von Übertragung/Gegenübertragung etc.) und dem ihr eigenen Methoden- und Wissenschaftsverständnis erfasst werden (vgl. dazu den aktuellen innerpsychoanalytischen Diskurs zu intersubjektiven Ansätzen in der heutigen Psychoanalyse, Psyche 9/10, 2004). Erst durch eine solche theoretische Weiterentwicklung der eigenen Konzepte und Modelle wird ein methodisch einwandfreier Dialog zwischen den Therapieschulen möglich, der keine theoretische und klinische Entdifferenzierung auf beiden Seiten riskiert.

■ 7. Zwischen Wunsch nach Integration und der Gefahr
   einer vorschnellen Inkorporation und Einbuße der
   schulenspezifischer Professionalität
Integration von kognitiver Verhaltenstherapie und Psychoanalyse?
   Aufgrund solcher Überlegungen scheint mir zur Zeit eine theoretische Integration verhaltenstherapeutischer und psychoanalytischer Theoriesysteme nicht nur verfrüht, sondern wissenschaftlich und klinisch kontraproduktiv. Ich betrachte sie als eine vorschnelle Inkorporation eines fremden Erfahrungs- und Theoriesystems, was, beim genaueren Hinschauen, die schulenspezifische Professionalität auf beiden Seiten bedroht. Dennoch kann, wie eben erwähnt, der vermehrte Austausch zwischen den Therapieschulen für beide Seiten interessant und befruchtend sein, zum Beispiel indem dabei mangelhaft konzeptualisierte Anteile des eigenen Theoriesystems aufgespürt und anschließend – in den eigenen Modellvorstellungen – weiterentwickelt werden können.

Integration neurobiologischer (genetischer) und psychotherapeutischer Erklärungsmodelle?

Rietschel und Stassen berichten in ihren Beiträgen von neueren Ergebnissen der genetischen Forschung zu MDD. Sie verzichten aber auf einen Integrationsversuch ihrer Konzeptualisierungen mit psychotherapeutischen (psychoanalytischen oder verhaltenstherapeutischen) Modellen. Claes und Nemeroff (in Vorb.) haben in ihrer Arbeit »Corticotropin-Releasing Factor (CRF) and Major Depression: Towards an integration of psychology and neurobiology in depression research« einen solchen Integrationsversuch vorgelegt.[12] Sie illustrieren ihn mit einer Grafik (Abb. 1):

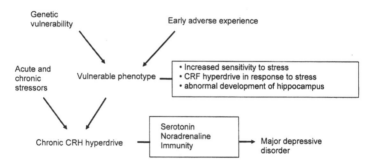

Abbildung 1: »An integrative model. Genetic vulnerability and early life stress (or the interaction between both) lead to persistent dysregulations of the HPA axis (hypothalamus pituitary adrenal: HPA, M. L-B.), characterized by increased stress sensitivity. CRF (cosecrete corticotrophin-releasing factor; M. L.-B.) hyperdrive and neuronal damage in the hippocampus (and possible other brain areas). When individuals with this vulnerable phenotype are confronted with chronic stress or negative life events, the system is prone to further dysregulation and CRF hyperdrive. This will in turn cause changes in other neurobiological systems such as the immune system and neurotransmission by serotonin and norepinephrine. The combination of these neurobiological changes leades to the development of clinical psychiatric disorders such as Major Depression or other stress related disorders« (Claes u. Nemeroff, in Vorb.).

---

12 Der Nobelpreisträger Eric Kandel (1999) hat für eine Integration psychoanalytischer und neurobiologischer Forschung und Konzepte plädiert und damit einen intensiveren Austausch zwischen den beiden Disziplinen initiiert (vgl. u. a. Internationale Organisation und die Zeitschrift »Neuropsychoanalysis«), worauf in diesem Rahmen nur hingewiesen werden kann.

Die Autoren führen detailliert aus, dass ihre Konzeptualisierungen genetischer Befunde gut mit psychoanalytischen Modellen kompatibel sind, die immer schon den prägenden Einfluss früher Beziehungs- und Umwelterfahrungen auf die Entwicklung psychopathologischer Syndrome, auch von schweren Depressionen, betont haben. Daher prognostizieren sie eine faszinierende zukünftige Integration psychologischer und neurobiologischer Faktoren in psychiatrischen Theorien. Sie warnen allerdings gleichzeitig vor einem übertriebenen Optimismus:

»A large and fascinating field for research integrating psychological and neurobiological factors in psychiatry lies before us. It seems appropriate to warn against undue optimism however: This research will require large numbers of patients being investigated by experienced clinicians, neurobiologists and geneticists, and will therefore be laborious, time consuming and expensive. Nevertheless, it is only this kind of scientific approach that can do justice to the complex nature of psychiatric disorders, and will undoubtedly lead to better treatments« for our patients« (Claes u. Nemroff, in Vorb., S. 28).

Dass ein übertriebener Optimismus nicht angezeigt ist, wird dem aufmerksamen Leser dieses Bandes nicht entgehen. So faszinierend und wichtig uns der Austausch zwischen neurobiologischen, genetischen, psychopharmakologischen, verhaltenstherapeutischen und psychoanalytischen Depressionsforschern auch scheint – er ist alles andere als einfach. Oft sprechen wir keine gemeinsame Sprache und teilen nur teilweise unsere wissenschaftlichen und professionellen Überzeugungen. Zudem konfrontiert uns der interdisziplinäre Dialog oft mit Verständigungsschwierigkeiten, deren sorgfältige Klärung Zeit und Toleranz erfordern. Diese Schwierigkeiten und Frustrationen können ein Grund sein, warum ein Rückzug in den Elfenbeinturm der eigenen Disziplin attraktiv erscheint. Auch die Flut wissenschaftlicher Publikationen in Zeiten der internationalen Vernetzungen und der medialen Verfügbarkeit weltweiten Wissens kann eine Versuchung darstellen, damit verbundenen Insuffizienzgefühlen durch eine Flucht in die eigene Fachwelt zu entgegen. Wenigstens im eigenen Fachgebiet kann der einzelne Forscher die wichtigsten Publikationen im Bereich »Depression« kennen und sich als kompetent und »up to date« fühlen! Der Dialog mit den an unserer Studie beteiligten Depressionsforschern verschiedener Disziplinen konfrontiert hingegen die Einzelnen sogleich mit den Grenzen ihres Wissens und ihrer Kompetenz, wohl vorerst einmal für alle eine unangenehme Erfahrung.

Gelingt es allerdings, die eigenen Begrenztheiten und Einschränkungen zu akzeptieren, kann der Dialog mit anderen Schulrichtungen oder wissenschaftlichen Welten Neugier und Interesse wecken und zu einem lohnenswerten Unterfangen werden. Das Fremde wird dann nicht nur als Quelle von Verunsicherung und Unbehagen erlebt, sondern als Bereicherung und notwendige Ergänzung der eigenen, eingeschränkten Perspektiven. Möge sich auch für die Leser der »Blick über den Zaun« trotz aller Vorläufigkeit dieser Publikation als lohnenswerte Expedition in fremde Welten erweisen.

▨ Literatur

Abadi, S. (2003): Between the frontier and the network. Notes for a metapsychology of freedom. International Journal of Psychoanalysis 84: 221–234.

Ahrens, S.; Schneider, W. (2002): Lehrbuch der Psychotherapie und Psychosomatik. 2. Aufl. Stuttgart.

Antonovsky, A. M. (1991): Idealization and the holding of ideals. Contemporary Psychoanalysis 27: 389–404.

Andrews, J. D. W. (1989): Psychotherapy and depression. A self-confirmation model. Psychological Review 96: 576–607.

APA (American Psychiatric Association) (1994): Diagnostic and Statistical Manual of Psychiatric Disorders. 4. Aufl. Washington.

Bateman, A.; Fonagy, P. (2004): Psychotherapy of Borderline Personality Disorder. Mentalization-based Treatment. Oxford.

Beach, S. R. H. (Hg.) (2001): Marital and Family Processes in Depression. A Scientific Foundation for Clinical Practice. Washington.

Beck, A. T. (1983): Cognitive therapy of depression. New perspectives. In: Clayton, P. J.; Barrett, J. E. (Hg.): Treatment of Depression. Old Controversies and New Approaches. New York, S. 265–290.

Beck, A. T. (1999): Cognitive aspects of personality disorders and their relation to syndromal disorders. A psychoevolutionary approach. In: Cloninger, C. R. (Hg.): Personality and Psychopathology. Washington, S. 411–429.

Bibring, E. (1953): Mechanism of depression. In: Greenacre, P. (Hg.): Affective Disorders. New York, S. 13–48.

Blatt, S. J. (1998): Contributions of psychoanalysis to the understanding and treatment of depression. Journal of the American Psychoanalytic Association 46: 722–752.

Blatt, S. J. (2004): Experiences of Depression. Theoretical, Clinical and Research Perspectives. Washington.

Blatt, S. J.; Ford, R. Q. (1994): Therapeutic Change. An Object Relations Perspective. New York.

Blatt, S. J.; Zuroff, D. (1992): Interpersonal relatedness and self-definition. Two prototypes for depression. Clinical Psychology Review 12: 527–562.

Bleichmar, H. (1996): Some subtypes of depression and their implications for psychoanalytic treatment. International Journal of Psycho-Analysis 77: 935–961.

Bleichmar, H. (2003): Some subtypes of depression, their interrelations and implications for psychoanalytic treatment. Paper given at the Joseph Sandler Conference, University College London, March 6, 2003.

Böker, H. (Hg.) (2000): Depression, Manie und schizoaffektive Psychosen. Psychodynamische Theorien, einzelfallorientierte Forschung und Psychotherapie. Gießen.

Böker, H.; Gramigna, R.; Leuzinger-Bohleber, M. (2002): Ist Psychotherapie bei Depressionen wirksam? In: Versorgungsbedarfe und Versorgungsrealitäten. Jahrbuch für Kritische Medizin, Bd. 56. Hamburg, S. 54–75.

Bohleber, W. (2004): Idealität und Destruktivität – zur Psychodynamik terroristischer Gewalt. Vortrag, Berlin, Interdisciplinary Conference on Terror, Violence and Society, June 10–12, 2004.

Brandl, Y. et al. (2004): Psychoanalytische Therapie. Eine Stellungnahme für die wissenschaftliche Öffentlichkeit und für den Wissenschaftlichen Beirat Psychotherapie. Forum der Psychoanalyse 20: 13–125.

Buchheim, P.; Dammann, G. (1997): Zur Einführung: Psychotherapie und/ oder Pharmakotherapie psychischer Störungen – Wandel und neue Perspektiven in Klinik und Forschung. In: Buchheim, P. (Hg.): Psychotherapie und Psychopharmaka. Stuttgart, S. 1–29.

Cardinal, M. (1983): Schattenmund. Berlin.

Claes, S. J.; Nemeroff, C. B. (in Vorb.): Corticotropin-Reseasing Factor (CRF) and Major Depression. Towards an integration of psychology and neurobiology in depression research. In: Corveleyn, J.; Luyten, P.; Blatt, S. (Hg.) (in Vorb.): Theory and Treatment of Depression. Towards Integration? Leuven.

Cohen, M. B.; Baker, G.; Fromm-Reichmann, F.; Weigert, E. V. (1954): An intensive study of twelfe cases of manic depressive psychosis. Psychiatry 17: 103–137.

Corveleyn, J.; Luyten, P.; Blatt, S. (Hg.) (in Vorb.): Theory and Treatment of Depression. Towards Integration? Leuven.

Costello, E. J.; Pine, D. S.; Hammen, C. et al. (2002): Development and natural history of mood disorders. Biological Psychiatry 52: 529–542.

Crown, W. H.; Finkelstein, S.; Berndt, E. L. et al. (2002): The impact of treatment-resistant depression on health care utilization and costs. Journal of Clinical Psychiatry 63: 963–971.

Danckwardt, J. (1984): Kombinierte psychopharmakologische und psychotherapeutische Behandlung der Angst. Anmerkungen aus psychoanalytischer Sicht. In: Götze, P. (Hg.): Leitsymptom Angst. Berlin u. a., S. 38–50.

Demyttenaere, K.; Van Oudenhove, L.; De Fruyt, J. (in Vorb.): The lifecycle of depression. In: Corveleyn, J.; Luyten, P.; Blatt, S. (Hg.) (in Vorb.): Theory and Treatment of Depression. Towards Integration? Leuven.

Ehrenberg, A. (1998): Das erschöpfte Selbst. Depression und Gesellschaft in der Gegenwart. Frankfurt a. M., 2004.

Elkin, I. (1994): The NIMH treatment of depression collaborative research program. In: Bergin, A. E.; Garfield, S. L. (Hg.): Handbook of Psychotherapy and Behaviour Change. New York, S. 114–139.

Fonagy, P. (Hg.) (2001): An Open Door Review of Outcome Studies in Psychoanalysis. 2nd Edition. London.

Fonagy, P.; Gergeley, G.; Jurist, E. L.; Target, M. (2002): Affektregulierung, Mentalisierung und die Entwicklung des Selbst. Stuttgart, 2004.

Frank, E.; Rush, A. J.; Blehar, M. et al. (2002): Skating to where the puck is going to be. A plan for clinical trials and translations research in mood disorders. Biological Psychiatry 52: 631– 654.

Freud, S. (1916–17g): Trauer und Melancholie. G. W. X. Frankfurt a. M., S. 428–446.

Guiffra, L. A.; Risch, N. (1994): Diminished recall and the cohort effect of Major Depression. A simulation study. Psychological Medicine 24: 375–383.

Goodman, S.; Gotlib, I. (2002): Children of depressed Parents. Mechanisms of Risk and Implications for Treatment. Washington.

Habermas, J. (1968): Technik und Wissenschaft als Ideologie. Frankfurt a. M.

Hammen, C. (2003): Interpersonal stress and depression in women. Journal of Affective disorders 74: 49–57.

Hampe, M. (2000): Pluralismus der Erfahrung und Einheit der Vernunft. In: Hampe, M.; Lotter, M.-S. (Hg.): »Die Erfahrungen, die wir machen, sprechen gegen die Erfahrungen, die wir haben«. Über Erfahrung in den Wisenschaften. Berlin, S. 27–39.

Hampe, M. (2003): Pluralität der Wissenschaften und Einheit der Vernunft – Eingie philosophische Anmerkungen zur Psychoanalyse. In: Leuzinger-Bohleber, M.; Deserno, H,; Hau, S. (Hg.): Psychoanalyse als Profession und Wissenschaft. Stuttgart, S. 17–32.

Hasin, D.; Link, B. (1988): Age and recognition of depression. Implications for a cohort effect in Major Depression. Psychological Medicine 18: 683–688.

Hautzinger, M. (1998): Depression. Reihe Fortschritte der Psychotherapie, Bd. 4. Göttingen.

Hollon, S. D.; Munoz, R. F.; Barlow, D. H. et al. (2002): Psychosocial intervention development for the prevention and treatment of depression. Promoting innovation and increasing access. Biological Psychiatry 52: 610–630.

Holzhey, H. (2001): Flug und Fall der Seele – Philosophische Reflexionen in anthropologischer Absicht. In: Stuhr, U.; Leuzinger-Bohleber, M.; Beutel, M. (Hg.) (2001): Langzeit-Psychotherapie. Perspektiven für Therapeuten und Wissenschaftler. Stuttgart, S. 17–37.

Honneth, A. (2004): Vorwort. In: Ehrenberg, A.: Das erschöpfte Selbst. Depression und Gesellschaft in der Gegenwart. Frankfurt a. M., S. vii–ix.

Horkheimer, M.; Adorno, T. W. (1947): Dialektik der Aufklärung. Philosophische Fragmente. Amsterdam.

Jacobson, E. (1964): Das Selbst und die Welt der Objekte. Frankfurt a. M., 1973.

Judd, L. J. (1997): The clinical course of unipolar major depressive disorders. Archives of General Psychiatry 54: 989–991.

Kandel, E. R. (1999): Biology and the future of psychoanalysis. A new intellectual framework for psychiatry revisited. American Journal of Psychiatry 156: 505–524.

Kendler, K. S. (2001): Twin studies of psychiatric illness. An update. Archives of General Psychiatry 58: 1005–1014.

Kiesler, D. J. (1983): The 1982 interpersonal circle. A taxonomy for complementarity in human transactions. Psychological Review 90: 185–214.

Klein, D. N.; Hayden, E. P. (2000): Dysthymic disorder. Current status and future directions. Current Opinion in Psychiatry 13: 171–177.

Klerman, G. L.; Weissman, M. M. (1989): Increasing rates of depression. Journal of the American Medical Association 261: 2229–2235.

Kupfer, D. J.; Frank, E. (2001): The interaction of drug- and psychotherapy in the long-term treatment of depression. Journal of Affective Disorders 62: 131–137.

Kuiper, P. C. (1988): Seelenfinsternis. Die Depression eines Psychiaters. Frankfurt a. M., 1991.

Laux, G. (2003): Affektive Störungen. In: Möller, H. J.; Laux, G.; Kapfhammer, H. P. (Hg.): Psychiatrie und Psychotherapie. 2. Aufl. Heidelberg u. a.

Laub, D. (2004): Collective fantasies and the mind of the terrorist. Vortrag, Berlin, Interdisciplinary Conference on Terror, Violence and Society, June 10–12, 2004.

Lear, J. (1995): The shrink is in. A counterblast in the war of Freud. The New Republic, December 1995.

Leuzinger-Bohleber, M. (2001): The ›Medea fantasy‹. An unconscious determinant of psychogenetic sterility. International Journal of Psychoanalysis 82: 323–345.

Leuzinger-Bohleber, M. (2003): Die langen Schatten von Krieg und Verfolgung. Kriegskinder in Psychoanalysen. Beobachtungen und Berichte aus der DPV-Katamnesestudie. Psyche – Z. Psychoanal. 57: 982–1016.

Leuzinger-Bohleber, M. (2005): Depressionsforschung zwischen Anpassung und Verweigerung. Eine Einführung. In: Busch, H.-J.; Hau, S.; Deserno, H. (Hg.): Depression – zwischen Lebensgefühl und Krankheit. Göttingen.

Leuzinger, M.; Grüntzig, M. (1982): Methodenkombination von psychoanalytischen Verfahren mit Verhaltensmodifikation bei der Behandlung von Patienten mit Prüfungskonflikten. In: Howe, J. (Hg.): Therapieformen im Dialog. München, S. 131–145.

Leuzinger-Bohleber, M.; Pfeifer, R. (2002): Remembering a depressive primary object? Memory in the dialogue between psychoanalysis and cognitive science. International Journal of Psychoanalysis 83: 3–33.

Leuzinger-Bohleber, M.; Bürgin, D. (2003): Generelle Einleitung. In: Leuzinger-Bohleber, M.; Deserno, H.; Hau, S. (Hg.): Psychoanalyse als Profession und Wissenschaft. Stuttgart, S. 3–14.

Leuzinger-Bohleber, M.; Bruns, G. (2004): Präambel zu Brandl, Y. et al.: Psychoanalytische Therapie. Eine Stellungnahme für die wissenschaftliche Öffentlichkeit und für den wissenschaftlichen Beirat Psychotherapie. Forum Psychoanalyse 20: 13–18.

Leuzinger-Bohleber, M.; Fischmann, T.; Rüger, B. (2002): Langzeitwirkungen von Psychoanalysen und Therapien – Ergebnisse im Überblick. In: Leuzinger-Bohleber, M.; Rüger, B.; Stuhr, U.; Beutel, M. (2002): »Forschen und Heilen« in der Psychoanalyse. Ergebnisse und Berichte aus Forschung und Praxis. Stuttgart, S. 75–109.

Leuzinger-Bohleber, M.; Rüger, B.; Stuhr, U.; Beutel, M. (2002): »Forschen und Heilen« in der Psychoanalyse. Ergebnisse und Berichte aus Forschung und Praxis. Stuttgart.

Leuzinger-Bohleber, M.; Stuhr, U.; Rüger, B.; Beutel, M. (2002): Psychoanalytische Forschung und die Pluralität der Wissenschaften. Psychoanalyse in Europa. Bulletin, Nr. 56: 194–220.

Leuzinger-Bohleber, M.; Stuhr, U.; Rüger, B.; Beutel, M. (2003): How to study the »quality of psychoanalytic treatments« and their long-term effects on patients' well-being. A representative, multiperspective follow-up study. International Journal of Psychoanalysis 84: 263–290.

Leuzinger-Bohleber, M.; Dreher, A. U.; Canestri, J. (Hg.) (2003): Pluralism and Unity? Methods of Research in Psychoanalysis. London.

Leuzinger-Bohleber, M.; Deserno, H.; Hau, S. (Hg.) (2004): Psychoanalyse als Profession und Wissenschaft. Die psychoanalytische Methode in Zeiten wissenschaftlicher Pluralität. Stuttgart.

Lindner, R.; Fiedler, G.; Gans, I. et al. (2003): Medikation in der analytisch orientierten Psychotherapie – Ihre Bedeutung bei der Behanldung suizidaler Patienten. In: Goetze, P.; Schaller, S.: Psychotherapie der Suizidalität. Regensburg, S. 152–164.

Luyten, P.; Blatt, S. J.; Corveleyn, J. (in Vorb.): Introduction and epilogue. Towards integration in theory and treatment of depression. The time is now. In: Corveleyn, J.; Luyten, P.; Blatt, S. (Hg.): Theory and Treatment of Depression. Towards Integration? Leuven.

Luyten et al. (in Vorb.): The convergence among psychodynamic and cognitive-behavioral theories of depression. A critical review of empirical research. In: Corveleyn, J.; Luyten, P.; Blatt, S. (Hg.): Theory and Treatment of Depression. Towards Integration? Leuven.

Mitscherlich, A.; Mitscherlich, M. (1967): Die Unfähigkeit zu trauern. Grundlagen kollektiven Verhaltens. München.

Monroe, S.; Hanjiyannakis, K. (2002): The social environment and depression. Focusing on serve life stress. In: Gotlib, I. H.; Hammen, C. L. (Hg.): Handbook of Depression. New York u. a., S. 314–340.

Monroe, S.; Simons, A. D. (1991): Diathesis-stress theories in the context of life stress research. Implications for the depressive disorders. Psychological Bulletin 110: 406–425.

Morgenroth, C. (2004): Von der Eile, die krank macht, und der Zeit, die heilt. Wien.

Mulder, R. T. (2002): Personality pathology and treatment outcome in Major Depression. A review. American Journal of Psychiatry 159: 359–371.

Murray, C. J. L.; Lopez, A. D. (1997): Alternative protections of mortality and disability by cause 1990–2020. Lancet 349: 1498–1504.

Ormel, J.; Oldehinkel, A. J.; Brilman, E. I. (2001): The interplay and etiological continuity of neuroticism, difficulties, and life events in the etiology of major and subsyndromal, first and recurrent depressive episodes in later life. American Journal of Psychiatry 158: 885–891.

NIMH (National Institute of Mental Health) (1999): The effect of depression in the workplace. Online im Internet: URL: http://www.nimh.nih.gov/publicat/workplace.cfm)

Parker, G. (1999): Clinical trials of antidepressant medications are producing meaningless results. British Journal of Psychiatry 157: 1195–1203.

Parker, G. (2000): Classifying depression. Should paradigms lost be regained? American Journal of Psychiatry 157: 1195–1203.

Parker, G.; Roy, K.; Wilhelm, K. et al. (1999a): Sub-grouping non-melancholic depression from manifest clinical feature. Journal of Affective disorders 53: 1–13.

Parker, G.; Roy, K.; Wilhelm, K. et al. (1999b): Sub-grouping non-melancholic Major Depression using both clinical and aetiological features. Australian and New Zealand Journal of Psychiatry 33: 217–225.

Pier, M. P. I.; Hulstijn, W.; Sabbe, B. (2004): Differential patterns of psychomotor functioning in unmedicated melancholic and nonmelancholic depressed patients. Journal of Psychiatric Research 38: 425–435.

Richardson, P. H. (2003): A randomised controlled trial of group interactive art therapy as an adjunctive treatment in chronic schizophrenia. Report to NHSE London R&D Directorate, submitted.

Rudolf, G.; Grande, T.; Dilg, R. et al. (2001): Strukturelle Veränderungen in psychoanalytischen Behandlungen – Zur Praxisstudie analytischer Langzeittherapien (PAL). In: Stuhr, U.; Leuzinger-Bohleber, M.; Beutel, M. (Hg.) (2001): Langzeit-Psychotherapie. Perspektiven für Therapeuten und Wissenschaftler. Stuttgart, S. 238–259.

Rutter, M. (2002): The interplay of nature, nurture, and developmental influences. The challenge ahead for mental health. Archives of General Psychiatry 59: 996–1000.

Safran, J. D. (1990): Towards a refinement of cognitive therapy in light of interpersonal theory. I: Theory. Clinical Psychology Review 10: 87–105.

Sandell, R.; Blomberg, J.; Lazar, A. (1999): Wiederholte Langzeitkatamnesen von Langzeit-Psychotherapien und Psychoanalysen. Zeitschrift für Psychosomatische Medizin und Psychotherapie 45: 43–56.

Sandell, R.; Blomberg, J.; Lazar, A. et al. (2001): Unterschiedliche Langzeitergebnisse von Psychoanalysen und Langzeitpsychotherapien. Psyche – Z. Psychoanal. 55: 277–310.

Saß, H.; Wittchen, H.-U.; Zaudig, M. (2001): Diagnostisches und Statistisches Manual Psychischer Störungen. DSM-IV. 3. Aufl. Göttingen.

Schülein, J. A. (2003): On the logic of psychoanalytic theory. International Journal of Psychoanalysis 84: 315–330.

Segal, Z.V.; Pearson, J. L.; Thase, M. E. (2003): Challenges in preventing relapse in Major Depression. Report of a National Institute of Mental Health Workshop on state of the science of relapse prevention in Major Depression. Journal of Affective Disorders 77: 97–108.

Solms, M. (2003): Preliminaries for an integraion of psychoanalysis and neuroscience. In: Leuzinger-Bohleber, M.; Dreher, A. U.; Canestri, J. (Hg.): Pluralism and Unity? Methods of Research in Psychoanalysis. London, S. 184–206.

Solomon, D. A.; Keller, M. B.; Leon, A. C. et al. (2000): Multiple recurrences of major depressive disorder. American Journal of Psychiatry 157: 229–233.

Stein, R. (2004): Islamic fundamentalism and antisemitism. Vortrag, Berlin, Interdisciplinary Conference on Terror, Violence and Society, June 10–12, 2004.

Stern, D. N. (1995): Die Mutterschaftskonstellation. Eine vergleichende Darstellung verschiedener Formen der Mutter-Kind-Psychotherapie. Stuttgart, 1998.

Stuhr, U. (2001): Methodische Überlegungen zur Kombination qualitativer und quantitativer Methoden in der psychoanalytischen Katamneseforschung und Hinweise zu ihrer Integration. In: Stuhr, U.; Leuzinger-Bohleber, M.; Beutel, M. (Hg.): Langzeit-Psychotherapie. Perspektiven für Therapeuten und Wissenschaftler. Stuttgart, S. 133–148.

Stuhr, U.; Leuzinger-Bohleber, M.; Beutel, M. (Hg.) (2001): Langzeit-Psychotherapie. Perspektiven für Therapeuten und Wissenschaftler. Stuttgart.

Sullivan, P. F.; Neale, M. C.; Kendler, K. A. (2000): The genetic epidemiology of Major Depression. Review and meta-analysis. American Journal of Psychiatry 157: 1552–1562.

Taylor, D. (2003): Thinking, ideomotor mental action and depression as a psychosomatic illness. Paper given at the Joseph Sandler Conference, University College London, March 6, 2003.

Trimborn, W. (2001): »Es gibt keinen Unterschied, Tag und Nacht sind gleich«. Bericht einer analytischen Psychotherapie mit einer Jugendlichen. In: Stuhr, U.; Leuzinger-Bohleber, M.; Beutel, M. (Hg.): Langzeitpsychotherapie. Stuttgart, S. 106–133.

Turner, J. F. (2002): A brief history of illusion. Milner, Winnicott und Rycroft. Inernational Journal of Psychoanalysis 83: 1063–1082.

Varvin, S. (2004): Collective fantasies and the mind of the terrorist. Vortrag, Berlin, Interdisciplinary Conference on Terror, Violence and Society, June 10–12, 2004.

Vliegen, N.; Meurs, P.; Cluckers, G. (in Vorb.): Closed doors and landscapes in the mist. 1. Childhood and adolescent depression in developmental psychopathology. In: Corveleyn, J.; Luyten, P.; Blatt, S (Hg): Theory and Treatment of Depression: Towards Integration? Leuven.

Wachtel, P. L. (1994): Cyclical processes in personality and psychopathology. Journal of Abnormal Psychotherapy 103: 51–66.

Westen, D.; Morrison, K.; Thompson-Brenner, H. (in Vorb.): The empirical status of empirically supported therapies. Assumptions, methods, findings. Psychological Bulletin.

Whiffen, V. E., Aube, J. A. (1999): Personality, interpersonal context and depression in couples. Journal of Social and Personal Relationships 16: 369–383.

Will, H.; Grabenstedt, Y.; Völkl, G.; Banck, G. (1998): Depression. Psychodynamik und Therapie. Stuttgart.

Wittchen, H.-U. (2000): Die Studie »Depression 2000«. Eine bundesweite Depressions-Screening-Studie in Allgemeinarztpraxen. Fortschritte der Medizin 188 (Sonderheft i/1–3).

Wolfersdorf, M. (2002): Depressionen verstehen und bewältigen. 3. Aufl. Berlin u. a.

Zuroff, D. C.; Blatt, S. J. (2002): Vicissitudes of life after the short-term treatment of depression. Roles of stress, social support, and personality. Journal of Social and Clinical Psychology 21: 473–496.

Psychoanalytische Modelle und Therapieansätze

Jo-Anne Carlyle

Die psychoanalytische Behandlung depressiver Patienten

>»Am schlimmsten sind die Qualen,
> die man sich selbst verursacht.«
> (Sophokles, König Ödipus, 1204–5)

>»My dear Kafka,
> when you've had five years of it, not five months,
> five years of an irresistible force meeting an immovable object right in your belly,
> then you'll know about depression.«
> (Philip Larkin 1922–1985)

Die Entwicklung von effektiveren Behandlungsmethoden für Menschen mit chronischen Depressionsformen stellt, wie wir wissen, eine dringende Notwendigkeit dar: Die Depression ist im Begriff, zu einem der größten Probleme in der Gesundheitsversorgung zu werden. Trotzdem haben wir – vielleicht in England noch stärker als in anderen Teilen Europas – die Beiträge verschiedener professioneller Gruppen zum Verständnis chronisch depressiver Zustände eher getrennt voneinander erarbeitet, oftmals sogar eher in einer Situation der Rivalität als in Zusammenarbeit.

Als ich mein Manuskript vorbereitete, war ich mir einer Vielzahl von Dilemmata bewusst. Als Erstes wusste ich, dass ich versuchen musste, das psychoanalytische Verständnis der Depressionsbehandlung einer sehr unterschiedlichen Leserschaft zu präsentieren, bestehend aus Genetikern, Hausärzten, Pharmakologen, Psychiatern, aber auch Experten anderer therapeutischer Richtungen wie vor allem der Verhaltenstherapie. Das allein ist schon schwierig. Oft verstecken sich unsere Schwierigkeiten und Widersprüche, vielleicht auch Unklarheiten in der Theoriebildung, aber auch in der Formulierung der Ergebnisse hinter einer technischen Sprache, die es ermöglicht, dass wir unsere »familiären Differenzen« hinter verschlossener Türe austragen. Es gibt zudem kulturelle Unterschiede sowohl zwischen als auch innerhalb der psychoanalytischen Schulen. In England, und insbesondere an der Tavistock Clinic, ist der Einfluss von Melanie Klein wesentlich größer als in vielen europäischen und nordamerikanischen psychoanalytischen Kreisen. Daher will ich versuchen, die Ideen, die uns bei der Behandlung von Patienten in der randomisierten kontrollierten Studie (randomized controlled trial, RCT) der Tavistock Clinic leiten, nicht nur einer kritischen nichtpsychoanalytischen Leserschaft, sondern auch einer kritischen »nichtkleinianischen« psychoanalytischen Leserschaft zu präsentieren, die sicherlich das Thema aus einer anderen psychoanalytischen Perspektive betrachtet. Daher möchte ich meine Position genauer bestimmen, zumal ich Kritik als einen notwendigen und konstruktiven Prozess ansehe. Es sind unsere Fähigkeiten zum kritischen Denken, die uns befähigen, unser Forschungsprojekt gut durchzuführen sowie Wertvolles für unsere Theorien zu entwickeln.

Im Folgenden beziehe ich mich auf fünf separate Themen, die innerhalb der psychoanalytischen Community leidenschaftlich (im Gegensatz zu kontrovers) in Theorie und Praxis diskutiert werden. Sie betreffen klassische freudianische Ansätze, Hinweise auf Edith Jacobson, Heinz Kohut und die mehr kleinianisch orientierten Auffassungen von Henri Rey und Frances Tustin. Die letzten beiden sind wahrscheinlich meine Haupt-, sicher aber nicht meine einzige Quelle. Ich halte es für sehr wichtig, in dieser Weise interkulturelle Brücken zu schlagen. Indem wir weiter über das Programm eines europäischen Netzwerkes nachdenken, sehen wir die wichtigen kulturellen Faktoren aus einer anderen Perspektive. Wir haben Bei-

träge aus Deutschland, der Schweiz, Österreich, Griechenland,
Schweden, Polen, Großbritannien, der Ukraine und Tschechien. Es
ist nicht nur möglich, dass der »Ausdruck« der depressiven Symptomatik und ihr Verlauf sich in den unterschiedlichen Ländern
und ihren Kulturen unterscheidet, sondern auch, dass Geschichte,
nationale Identitäten und Politik jedes Landes Anteil an dem Wesen
und dem Ausdruck der Depression haben. Es gibt daher nicht nur
eine Heterogenität unter den verschiedenen Depressionsformen innerhalb eines Landes; die Heterogenität kann selbst auch kulturell
geprägt sein, beispielsweise in Ländern, in denen der Ausdruck psychischen und mentalen Schmerzes eher körperlich beschrieben
und erfahren wird: »Mein Herz schmerzt«, »mein Körper wird von
Trauer niedergedrückt«. Mein Beitrag behandelt eher die psychoanalytischen Perspektiven in Großbritannien.

Möglicherweise besteht einer der Gründe, warum wir zusammen kommen, in der zunehmenden Anerkennung, dass es nicht
nur immer mehr Depressionen gibt, sondern dass sie auch die Gesundheit stark beeinflussen. Heutzutage ist die Depression nicht
mehr eine schamhafte Erfahrung; berühmte Persönlichkeiten
sprechen vermehrt über ihre Erfahrungen mit Depressionen, und
es wird immer alltäglicher, dass Personen zugeben, wegen Depressionen behandelt worden zu sein. Auch in unserem Gebiet ist es
eher akzeptiert, wenn man zugibt, dass man depressiv gewesen ist.
So sprach der amtierende Präsident des Royal College of Psychiatrists, Mike Shooter, sehr offen darüber, dass er nicht nur unter
Depression gelitten, sondern sowohl Psychotherapie als auch
Pharmakotherapie als sehr hilfreich empfunden habe. Dieses Beispiel zeigt, dass in der Psychiatrie eine Bewegung zu beobachten
ist, die sich von der herkömmlichen Auffassung, psychisches Leiden distanziert zu betrachten und möglichst experimentell zu untersuchen, entfernt und sich der Auffassung annähert, dass die
Forschung auf diesem Gebiet subjektive Prozesse der Teilhabe ein-
schließt, bei welchen der Beobachter und das zu Beobachtende
sich gegenseitig beeinflussen, was mit sich bringt, dass viele Variablen in komplexen Beziehungen zueinander stehen. Es ist weiterhin bemerkenswert, dass Mike Shooter während seiner Amtszeit
eine Zeitschrift für Narrative Psychiatrie ins Leben rief. Es lässt
sich somit feststellen, dass die Psychiatrie in England etwas von

den randomisiert-kontrollierten Studien und einem reduzierten biologistischen Verständnis des Geistes abrückt. Die Ironie der Geschichte will es, dass wir an der Tavistock Clinic an einem Wandel teilnehmen, der in die entgegengesetzte Richtung geht, hin zu mehr Partizipation in nomothetischen, quantitativ-empirischen Untersuchungen des analytischen Prozesses, weil wir auf diese Weise die Tradition der narrativen Fallstudien und des intensiven Theoretisierens ergänzen und vervollständigen möchten.

Innerhalb dieses weit gefassten Kontextes möchte ich einige Anmerkungen über das psychoanalytische Verständnis chronischer, behandlungsresistenter oder -refraktärer Depressionen ausführen. Zum ersten erscheint es mir wichtig zu bedenken, dass es unbewusste Prozesse sind, die im Zentrum unseres psychoanalytischen Ansatzes stehen, und dass diese Prozesse sich um komplexe Beziehungsmodelle drehen, die oftmals von Enttäuschung, Ärger und anderen komplexen Gefühlen durchdrungen sind, die wir nur ungern wahrhaben möchten. Zum zweiten möchte ich hervorheben, dass »Hilfe«, so wie der Laie sie versteht, nicht dem entspricht, worauf die psychoanalytische Methode abzielt. Das heißt aber nicht, dass kein Behandlungsbündnis angestrebt würde. Es wird ein Bündnis von Analytiker und Patient gebildet, das sich von dem beobachtenden und wertenden Bündnis anderer Therapieformen wesentlich unterscheidet, indem es dazu dient, den Schmerz, der bei der Konfrontation mit dem Unbewussten aufkommt, ertragen zu können, vor allem dann, wenn es um aggressive und destruktive Tendenzen in den unbewussten Beziehungen geht.

Manche halten die Vorstellung von komplexen Prozessen auf unbewusstem Niveau für problematisch. Gern möchte ich jeden, der bezweifelt, dass es Prozesse ohne bewusste Steuerung gibt, auffordern, an die Komplexität mancher Gattungen zu denken, wie sie in ethologischen Untersuchungen festgestellt wurde, an Lebewesen mit Gehirnen, die nur wenig größer als eine Erbse sind, aber derart komplexe »interpersonale« Aufgaben wie Nestbau, Balzverhalten, gemeinsames Aufziehen der Jungen und anderes mehr lösen können. Auch die Zunahme von Erkenntnissen in der kognitiven Neurowissenschaft beziehungsweise Neuropsychologie belegt die erstaunliche Komplexität von Prozessen, die außerhalb der bewussten Wahrnehmung liegen.

Im Folgenden werde ich über den theoretischen Hintergrund der therapeutischen Arbeit mit depressiven Patienten sprechen. Die psychoanalytische Behandlung dieser Patienten hat eine nahezu ebenso lange Geschichte wie die der anderen Störungen, die mit der psychoanalytischen Methode behandelt wurden. Freuds bahnbrechender Text »Trauer und Melancholie«, 1915 geschrieben und 1917 publiziert, ist noch heute hilfreich, wenn wir über depressive Patienten nachdenken. In England wurden Freuds Überlegungen durch die Studien von Karl Abraham, Melanie Klein sowie den zeitgenössischen Kleinianern, aber auch durch Arbeiten von Donald W. Winnicott, William R. D. Fairbairn und John Bowlby weitergeführt, die der so genannten »independant group« englischer Psychoanalytiker angehören.

Die Zusammenfassung der zeitgenössischen psychoanalytischen Perspektive stellt vergleichbare Anforderungen wie das Zusammentreffen derer, die gemeinsam herausfinden möchten, welche Interessensgebiete wir teilen können, indem wir unsere professionellen und disziplinären Rivalitäten beiseite stellen und erkennen, welche Fähigkeiten wir durch Zusammenarbeit sowie durch gemeinsame Erfahrungen und Methoden des Verständnisses in unsere Fragestellung, die Behandlung chronischer Depressionen, einbringen können. Das verlangt uns ab, dass wir Jargon und technische Sprache einschränken und versuchen, unsere Schlüsseltheorien, Konzepte und Falldarstellungen in einer unmittelbar verständlichen Weise zu formulieren.

Es gibt einige psychoanalytische Konzepte, die von allen Psychoanalytikern geteilt werden. Während kognitiv-verhaltenstherapeutische Modelle die bewussten Prozesse der Individuen in den Mittelpunkt rücken und mit der Person arbeiten, um besondere Denkstrukturen zu identifizieren, benutzt die psychoanalytische Psychotherapie ihr Verständnis des Unbewussten sowohl zur Erstellung einer konzeptuellen Landkarte der Depression als auch zur therapeutischen Arbeit mit den unbewussten Konflikten und Abwehrprozessen, die zur Depression beitragen.

Innerhalb der Psychoanalyse und der psychoanalytischen Psychotherapie gehen wir davon aus, dass die Ursachen vieler Störungen in frühen Erfahrungen, insbesondere mit den primären Bezugspersonen liegen. Die entscheidende Realität ist die, dass

menschliche Säuglinge auf die eine oder andere Art »Objektsu-
chende« sind, das heißt, sie sind bereit, eine Beziehung zu anderen
Menschen einzugehen, besonderes zu den elterlichen oder anderen primären Bezugspersonen. Diese Erfahrungen stellen für uns
nicht nur dar, was offenkundig ist, eine Grundlage für soziale
Beziehungen und offenkundiges interpersonales Lernen. Sie sind
zugleich die Grundlage für Prozesse, die in wesentlich tieferen
Schichten unseres Seelenlebens ablaufen. Das heißt, die ersten Beziehungen bilden die Hauptbestandteile für intrapsychische Entwicklungen und Verletzungen; sie nehmen in Bezug auf die unbewussten Prozesse eine Schlüsselstellung ein. Die unbewussten
Prozesse setzen sich zusammen aus lebenssuchenden (life-seeking)
Tätigkeiten einerseits, die auch mit dem Begriff »Libido« versehen
werden können, und aus eher destruktiven Aktionen andererseits,
die auch »Thanatos« genannt werden. In psychoanalytischen Kreisen wird über die Entstehung dieser Aspekte des Erlebens, vor allem über die Existenz und die Rolle des »Todestriebs« heftig debat-
tiert. Mit dem Todestrieb sollen aktive psychische Tendenzen
beschrieben werden, die nach Tod oder Destruktion streben.
Während die kleinianische Theorie solche Prozesse als angeboren
und instinktgesteuert ansieht, betrachten die Selbstpsychologen
die gleichen Aspekte nicht als angeboren, sondern als Nebenpro-
dukte. So sieht Kohut in destruktiven Tendenzen sekundäre Ausdrucksformen eines schwachen und fragmentierten Selbst. Klinisch betrachtet hängt diese Debatte wohl auch mit dem Umstand
zusammen, dass es eben die destruktiven Aspekte in uns selbst
sind, die wir am schwersten erkennen und akzeptieren können. Da
Patienten mit Schmerzen und der Hoffnung, von ihnen befreit zu
werden, zu uns kommen, scheinen lebensbejahende Anstrengungen, zumindest dem Augenschein nach, nahe liegend.

Ob wir die psychoanalytische Idee des Todestriebes annehmen
oder nicht, es besteht kein Zweifel an der Tatsache, dass die Conditio humana sowohl mit aggressiven Anteilen als auch mit lebens-
bestätigenden Tendenzen durchsetzt ist. Wir können klar die
menschlichen Kapazitäten für grausame, aggressive und destruktive Kräfte erkennen, im kollektiven, interpersonalen wie auch im
innerseelischen Bereich. Ich halte das fest, weil eben diese Fähigkeit, sich gegen die eigenen Interessen und Bedürfnisse zu rich-

ten und einen Zustand von Schmerz und Leid aufrechtzuerhalten, gerade bei Personen eine bedeutsame Rolle spielt, die unter wiederkehrenden und chronischen Depression leiden. Es auf diese Weise auszudrücken, wird jedoch oft als personalisierend oder gar verletzend wahrgenommen, als ob wir auf vereinfachende Weise sagen würden, Personen, die depressiv sind, seien für ihren Zustand ganz und gar selbst verantwortlich. Wie wir später sehen werden, sage ich damit nicht, dass diese Beschreibung sich auf Konzepte von Schuld oder auf Opferrollen beruft. Ich sage jedoch, dass das Tolerieren von Verantwortung, Belastbarkeit, von Erfahrungen der Wiedergutmachung sowie die Fähigkeit, sich unerwünschtem Wissen und persönlicher Handlungsfähigkeit zu stellen, für die psychoanalytischen Behandlung resistenter Depressionen unbedingt erforderlich ist. Wir können es auch so sagen: Ebenso wie der Verlust sind auch die Liebe, aber auch der Hass für das Verständnis depressiver Patienten, insbesondere solcher, die chronisch depressiv sind, grundlegend.

In »Trauer und Melancholie« (1916–1917g) verglich Freud den Ablauf einer normalen Trauerreaktion mit dem einer Depression beziehungsweise Melancholie. Er behauptete, dass die meisten Merkmale beiden Störungen gemeinsam seien: Lethargie, Trauer, Verlust der Fähigkeit, Freude zu empfinden, Verlust von Interesse und so weiter, dass aber die »Melancholischen« zusätzlich in ihrer Selbstwahrnehmung vor allem durch Selbsthass und Schuldgefühle beeinträchtigt seien. Durch den Prozess der Trauer müsse derjenige, der den Verlust erlitten habe, seine Libido, mit der zuvor das Liebesobjekt besetzt war, langsam zurückziehen. Wir wissen, dass dies in Phasen geschieht und Zeit braucht. Während wir uns an wichtige Erfahrungen mit unserem Liebesobjekt erinnern und sie erneut durchleben, versuchen wir zugleich, die Realität des Verlusts zu akzeptieren. Angenommen, die Trauerarbeit verläuft angemessen, dann kann unsere Liebesfähigkeit sich von dem Menschen, den wir verloren haben, ablösen. Letztlich wird der Trauernde frei, erneut zu lieben. Freud betonte, beim Melancholischen trete ebenfalls ein bedeutsamer Verlust ein. Dabei könne es sich um einen tatsächlichen Verlust handeln, im Sinne des Todes einer geliebten Person, aber auch um einen psychischen Verlust, beispielsweise den Verlust der Aufmerksamkeit und des Interesses der

Mutter, wenn ein neues Kind (Geschwister) geboren werde. Der Verlust könne auch darin bestehen, dass man fallen gelassen werde, weil der geliebte Mensch sich einem Anderen zuwendet. Freud unterscheidet hier zweierlei Wissen, das Wissen, »wer« es sei, der verloren werde, und »was« es sei, das verloren werde. Es gehe um einen Objektverlust, der außerhalb des Bewusstseins eintrete. Nicht die bewusste Wahrnehmung des Verlusts belaste den Melancholiker, nicht die Welt werde durch den Verlust ärmer, sondern es sei das Ich selbst, das in der Melancholie verarme.

Wie Freud weiter feststellt, beschreibe der Melancholiker Gefühle der Enttäuschung, des Selbsthasses, der Ablehnung und der Schuld. Diese verschiedenartigen Beschwerden sollen aber nicht nur auf das Selbst zutreffen, sondern auch auf das verlorene Objekt. Bei einer gesunden Entwicklung werde die Liebe dem verlorenen oder enttäuschenden Objekt entzogen, womit sich die Möglichkeit eröffne, sich auf eine anderes Objekt einzulassen. Der Melancholiker könne genau das nicht und ziehe sich mit dieser Erfahrung sein Selbst oder Ich zurück, wodurch Letzteres unbewusst mit dem verlassenen Objekt identifiziert werde. So entsteht, was in einem sehr bekannt gewordenen Zitat lautet:

»Der Schatten des Objekts fiel so auf das Ich, welches nun von einer besonderen Instanz wie ein Objekt, wie das verlassene Objekt beurteilt werden konnte. Auf dies Weise hatte sich der Objektverlust in einen Ichverlust verwandelt, der Konflikt zwischen dem Ich und der geliebten Person in einen Zwiespalt zwischen der Ichkritik und dem durch Identifizierung veränderten Ich« (Freud 1916–17g, S. 435).

Es sollte auch erwähnt werden, dass Freud den Rückzug vom Objekt als einen Rückzug versteht, der – wie auch bei der Trauer – nicht in einem einzigen Schritt vollzogen wird, sondern wiederholt, manchmal vollständig, manchmal teilweise und über eine lange Zeitperiode hinweg.

Aus diesen einleitenden Feststellungen lässt sich erkennen, dass die Perspektive des psychoanalytischen Ansatzes etwas vollkommen Anderes bietet – ich würde sogar sagen, etwas Komplementäres – zu dem, was Pharmakotherapie, kognitive Verhaltenstherapie und Genetik anbieten. Der psychoanalytische Ansatz nimmt – anstelle der genetischen Entstehung – psychische Entstehung der Depression in den Blick (psychogenetischer Gesichtspunkt). So wird die Depression eher als ein strukturelles Problem gesehen, das in Teilen der Persönlichkeit existiert. Hier liegt ein Unterschied zum symptomorientierten Ansatz: Die psychoanalytische Auffassung ist, dass Symptome sich entweder auflösen oder wenigstens weniger schmerzhaft und behindernd werden beziehungsweise dass besser mit ihnen umgegangen werden kann, indem man sich strukturellen Dimensionen zuwendet. So gesehen ist die Symptomveränderung nicht das primäre Ziel des psychoanalytischen Ansatzes.

Um den psychoanalytischen Ansatz auszuweiten, möchte ich mich auf die Arbeiten einiger Autoren beziehen, die – wie Henri Rey und Edith Jacobson (1897–1978) – spezifisch über die Depression geschrieben haben. Dann werde ich einige Besonderheiten des Behandlungsmodells aufzeigen, das wir in der Studie verwenden, die wir zurzeit an der Tavistock Clinic durchführen.

Nach Rey (1988) sollen die emotionalen Wurzeln der Depression in der frühen Kindheit liegen. Er geht davon aus, dass das Kind der primären Bezugsperson gegenüber ambivalente Gefühle erlebe – Liebe und Hass. Das Empfinden von zu viel Hass könne zu dem Gefühl führen, die wichtigste Bezugsperson sei beschädigt oder gar zerstört worden. Da das Kind zugleich auch eine starke Abhängigkeit erlebe, würden Beschädigung und Zerstörung als schrecklicher Verlust und immense Verantwortung erlebt. So entstünde der Wunsch, das Objekt wiederherzustellen.

In diesem Szenario können wir mehrere Merkmale von schlüsselhafter Bedeutung erkennen. Wir alle haben schon mit Menschen zu tun gehabt, die wiederholt Verluste und Traumata erlitten haben. Bei ihnen würden wir es nicht nur verständlich finden, wenn sie depressiv erkrankten, wir halten es nahezu für unausweichlich. Ich werde über diese traumatisierten depressiven Patienten in diesem Rahmen nicht weiter sprechen. Wir stoßen aber auch auf Menschen, die keine derartige traumatische Geschichte oder Verlustgeschichte haben, und es ist uns schwer vorstellbar, warum gerade diese Menschen chronisch depressiv werden. Vielleicht lässt sich mit dieser Schwierigkeit die Anziehungskraft von Modellen verstehen, die auf biologischen Erklärungen zurückgehen. Wir haben in solchen Fällen klinisch beobachtet, dass es häufig ein Schlüsselerlebnis gibt, bei dem es um ein tatsächliches Verlassenwerden in frühem Alter geht oder auch um eine entsprechende Wahrnehmung. So zeigten die frühen Beobachtung der Bindungstheoretiker, beispielsweise von Bowlby und Robertson, welche Effekte durch frühe Trennung von Hauptbezugspersonen zustande kommen. In England haben diese Arbeiten zu einem radikalen Wechsel in der Einstellung der Kinderärzte den beteiligten Eltern gegenüber geführt. Wenn heute ein Kind ins Krankenhaus kommt, werden Eltern ermutigt, bei ihm zu bleiben: Ihnen wird nicht mehr wie früher der Kontakt zu ihren hospitalisierten Kindern verboten, weil damals das Personal dachte, der Kontakt mit den Eltern bekümmere die Kinder und störe das Klima auf der Station – einer Station, die, da gibt es für mich keinen Zweifel, auch wegen der Depression der Kinder ruhig war.

Ein weiteres Hauptmerkmal der Depression ist die Entstehung von Schuld und Scham. Wenn das Kind sich auf der unbewussten Ebene nicht nur als verantwortlich, sondern sogar als Täter eines destruktiven Angriffs erlebt, bleibt es mit unlösbaren Gefühlen von Schuld und Scham zurück. Oftmals erleben Kinder auch starke Gefühle von Trauer und Hoffnungslosigkeit darüber, dass ihre primäre Bezugsperson weder die Stärke noch die Fähigkeit besaß, Prozesse wie diese zu verhindern oder zu unterbrechen. Dieser Konflikt liegt im Zentrum des depressiven Erlebens. Schuld und Scham sind Teil dessen, was das Erleben der Depression zu einer chronischen und Langzeiterfahrung machen kann.

Das lässt sich noch genauer fassen. Henri Rey (1988) stellte eine wichtige Entwicklungsphase des Kleinkindes, die für das Verständnis der Depression bedeutsam ist, genau dar. Sie liegt in der Zeit von sechs bis sieben Monaten und geht mit der Entstehung einer »depressiven Phase« einher. Ihre Bedeutung liegt darin, dass hier das Kind erstmals einen klaren Eindruck davon gewinnt, dass die Existenz seiner Mutter oder seiner primären Bezugsperson eine von ihm selbst getrennte und unabhängige ist. Dieses Wissen führt beim Kleinkind zu sehr gemischten Gefühlen von Liebe und Abhängigkeit, aber auch von Hass und Zorn über die Tatsache, dass die Mutter nicht unter seiner Kontrolle steht. Dadurch erfährt das Kleinkind sein Potential für Wut oder Deprivation. Wir wissen, dass es mehrere Wege in die Depression gibt, aber diese Entwick-

lungsphase zu verstehen, ist deshalb wichtig, weil in ihr ambivalente Gefühle – Liebe und Hass – erlebt werden, die für Depressionen entscheidende Gefühlsmischung. Das Ausmaß, in dem ein
Kleinkind in der Lage ist, solche Gefühle auszuhalten und zu bewältigen, vor allem, wenn es durch die Mutter darin unterstützt
wird, ist für die spätere Fähigkeit, Ambivalenz zu tolerieren, von
großer Bedeutung – eine Fähigkeit, die bei chronisch Depressiven
zumeist unterentwickelt oder beschädigt ist.

In der Depression fehlt die Fähigkeit, einen Verlust, sei er ein
faktischer oder ein empfundener, durch Gefühle von Wut und
Enttäuschung zu metabolisieren und zu verstehen. Die Konsequenz können primitive Gefühle von Verantwortung sein, die aus
einer alten Überzeugung herrühren, dass Wut wiederum einen
Verlust nach sich ziehen könnte. Das ist die Erfahrungsgrundlage
sowohl für gesunde als auch für übertriebene Schuldgefühle in der
»Melancholie«. In diesem Kontext können Bedürfnisse und Begehren zu Schuldgefühlen und Enttäuschung führen. In diesem
Zusammenhang werden auch libidinöse Impulse gefährlich, da sie
das Potential von Enttäuschung, Ablehnung und Vernachlässigung
in sich tragen. Als Konsequenz hieraus kann sich die Wut wie ein
Angriff auf das eigene Wünschen oder Begehren richten. Es ist, als
könne der Appetit nicht angemessen bewältigt werden und alles
Begehren müsse unterdrückt werden, gleichviel, ob es sich um Appetit auf Essen, sexuelle Aktivität oder Aktivität im Allgemeinen
handelt. Ein anderer Versuch besteht darin, die Verlust- oder Ent-
behrungsgefühle durch Überaktivität zu maskieren, beispielsweise
durch zu viel Essen oder promiskuitives Verhalten: eine Aktivität,
die letzten Endes unbefriedigend bleibt. Es ist, als könnten Appetit
oder Begehren nicht gesteuert werden; von daher sind weder Misserfolg noch Gelingen zweckmäßig. Misserfolg ist katastrophal,
weil man nichts daraus lernen kann; Erfolg beschert Aufschub,
wenn überhaupt, nur vorübergehend.

Rey (1988) bezieht sich auf Freuds »Trauer und Melancholie«,
um die internalisierte Wahrnehmung des Depressiven zu beschreiben. Er zeigt, wie Wut auf das Objekt und Enttäuschung durch das
Objekt via Identifizierung in das Selbst zurückgeholt werden.
Durch diese Identifizierung fühlt sich das Selbst sowohl beschädigt
als auch geschwächt. Weil das Selbst und der Andere auf diese

Weise nicht voneinander getrennt sind, wird eine Besserung erschwert. So entsteht eine ausweglose Situation. Den Anderen angreifen, heißt zugleich auch das Selbst anzugreifen; daher gibt es keine Befriedigung oder Lösung im Angriff oder im Wunsch nach Rache. Der Patient ist in einem zirkulären Prozess gefangen. Es kann sein, dass der Depressive versucht, etwas Gutes wieder zu finden, indem er ein ideales Objekt identifiziert. Mit der Idealisierung ist aber das Problem verbunden, dass sie ein gewisses Ausmaß an Unehrlichkeit voraussetzt – man muss auf einem Auge blind sein für die wirklichen Fehler von Objekten und ihre Stärken überbewerten. Wenn wir diese Idealisierung als einen Versuch ansehen, das beschädigte Objekt wieder instand zu setzen, können wir an diesem Ablauf auch etwas Allmächtiges feststellen, was uns wiederum helfen kann, die stark moralisierenden Einstellungen mancher Depressiver – ihre Prinzipienreiterei – besser zu verstehen. Um tatsächlich eine Besserung zu erreichen, muss der Depressive einen Weg finden, die Gefühle von Wut und Aggression getrennt für das Selbst und für das Objekt wahrzunehmen; gleichzeitig muss er seine unbewussten Wünsche, die darauf abzielen, Beziehung zwischen Selbst und Objekt zu zerstören, anerkennen. Nur durch diese Entdeckungen und Übergänge können Kummer und Bedauern über die aggressiv-destruktiven Regungen entwickelt werden, als Voraussetzung dafür, dass Wiedergutmachung, Mitgefühl und Vergeben an die Stelle von Rache und Vergeltung treten können.

Dieses Argument spitzt Rey weiter zu, indem er darüber nachdenkt, warum es manchen Patienten unmöglich ist, den beschriebenen Ausweg zu finden. Er meint, dass durch das Herstellen eines, wenn auch ungesunden Gleichgewichts des Misserfolgs sowohl des Anderen wie des Selbst, das Objekt in Gänze oder die Hoffnung in das Objekt niemals wirklich zerstört werde. So lange das Objekt auf irgendeine Art am Leben gehalten werde, bestehe auch die Möglichkeit, es wieder instand zu setzen. Voraussetzung dafür seien allerdings Ich-Bewusstsein und Verantwortung. Durch diese Art der Analyse werden die aggressiven und grausamen mit den hoffnungslosen und verzweifelten Aspekten von Suizidalität in Verbindung gebracht: Im Suizid wird die Hoffnung auf Besserung und Wiedergutmachung aufgegeben; diese Absage an die

Hoffnung ist sowohl ein Angriff auf die eigenen Fähigkeiten als auch auf die des Objekts.

Wie aber behandelt man nun solche Patienten? In unserer Studie haben wir ein Manual zur Therapie dieser Patienten eingeführt. Es leuchtet ein, dass bei der therapieresistenten Depression zusätzlich zu den üblichen psychoanalytischen Werkzeugen noch andere technische Aspekte zu beachten sind. So werden die Gefühle von Nutzlosigkeit, Hoffnungslosigkeit und Verzweiflung, die der Patient empfindet, häufig auf den Therapeuten projiziert. Wie wir wissen, kommen gerade diese Patienten mit einer langen Geschichte von misslungenen Behandlungsversuchen, also mit Misserfolgserlebnissen oder auch dem Gefühl von Sinnlosigkeit von ihren Ärzten zu uns. »Frau X. hatte ein schweres Leben, da gibt es nicht viel, was wir ihr anbieten können«, so oder ähnlich lauten die Formulierungen. Was man einerseits als Introjektion, das heißt das Übernehmen dieser Gefühle durch den Therapeuten, bezeichnen kann, das ist andererseits grundlegend, wenn die aufgezählten Gefühle vom Therapeuten wirklich angemessen verstanden werden sollen, was ihre Beschaffenheit, ihre Ziele, aber auch ihren Ursprung betrifft. Der psychoanalytische Therapeut muss diese Gefühle in sich aufnehmen, sich dann aber von den Fesseln dieser Gefühle befreien, um sowohl Empathie und Verständnis für den Zustand des Patienten vermitteln zu können, aber auch für die Falle und das Dilemma, indem diese Patienten sich befinden. Wir wissen von diesen Patienten, dass gerade die Gefühle von Nutzlosigkeit, Hoffnungslosigkeit und Verzweiflung in ihnen fest verankert und verwurzelt sind. Auch wenn die Patienten deshalb großes Leid und Schuldgefühle ertragen, erleben sie neue Erkenntnisse zumeist als bedrohlich; diese scheinen ihre bisherige Balance auszuhöhlen und zu Gefühlen der Fragmentierung zu führen.

Edith Jacobson (1971) schreibt darüber, wie schwierig es ist, in der Behandlung an diesen Widersprüchen zu arbeiten. Es sei wichtig, mit dem Zustand des Patienten sehr vorsichtig umzugehen und negative Gefühle von Schuld und Selbstkritik, die wie eine schützende Schale fungieren, von dem rohen Schmerz zu unterscheiden, der entsteht, wenn eine Person erneut Angriffe und Grausamkeiten auf das Objekt wahrnimmt und anerkennt. Nach Jacobson beeinträchtigen die Abwehrmechanismen, die depressive

Patienten verwenden, ihre Realitätsprüfung; gleichzeitig wollen diese Patienten mit wichtigen Objekten neue Konfliktlösungen finden. Dieser Hinweis erinnert mich an den Mann, der unter einer Straßenlaterne steht und den Schlüssel, den er verloren hat, sucht. Jemand geht auf ihn zu, um ihm zu helfen. Nach einer Weile gemeinsamen Suchens fragt der hinzugekommene Mann genauer danach, wo der andere seinen Schlüssel verloren habe, und erhält die Antwort: »Ich habe ihn auf der anderen Straßenseite verloren: Da gibt es aber kein Licht und hier kann ich alles sehen.« Das heißt, der Depressive jagt falschen Lösungen hinterher, weil sie nach Art eines Trugbildes unmittelbar vor ihm aufzutauchen scheinen. In diesem Sinn erläutert Jacobson, dass depressive Patienten ihre eigene verlorene Fähigkeit zu lieben und im Leben zurecht zu kommen dadurch wiedergewinnen wollen, indem sie von einem Liebesobjekt magisch geliebt werden. Ich stimme Jacobson zu und denke, wir könnten auch Wahrheit, Bewusstheit und Verständnis hinzufügen beziehungsweise substituieren. Wenn Patienten es nicht schaffen, dies von ihren Objekten zu erhalten, ziehen sie sich mit ihrem Begehren in sich selbst zurück, suchen in sich nach dem, was sie von anderen haben wollen, und werden so doppelt enttäuscht. Trotzdem bleibt manchmal die irrige Annahme bestehen, die einzige Person, auf die man sich verlassen und der man vertrauen könne, sei man selbst.

Die besondere Aufmerksamkeit, der diese Patienten bedürfen, und die reale Gefahr des Suizids zwingen uns zu der Frage, in welchem Ausmaß psychoanalytische Psychotherapeuten von ihrer gewohnten Praxis abweichen sollten, um auf die Bedürfnisse ihrer depressiven Patienten nach aktiver und emotionaler Hilfe, auch wenn sie Teil ihrer Abwehr sind, einzugehen.

Depressive Patienten sind hinsichtlich der Behandlung in unvermeidlicher Weise ambivalent; das ist für die Übertragungsbeziehung von entscheidender Bedeutung. So werden sowohl das Objekt als auch das Selbst konstanten Misserfolgen ausgesetzt, entweder aufgrund der Wahrnehmung, dass man nicht helfen kann oder wegen einer Idealisierung, die eine wirkliche Entwicklung oder Veränderung verhindert.

Jacobson beschreibt, wie sich der emotionale Kontakt mit dem Patienten gestalten lässt, beispielsweise durch Schweigen oder durch häufigeres Ansprechen, durch die Anzahl der Stunden, den Grad der emotionalen Wärme, das Erwarten von Schwierigkeiten. Sie beschreibt es auf eine Art, die mich daran erinnert, wie eine Mutter mit ihrem Baby spricht, besonders dann, wenn es traurig ist: der Versuch, Sicherheit und Gehaltenwerden herzustellen, ohne Einmischung oder Verlassen. Es scheint, als sei Sensibilität für solche Erfahrungen beim Depressiven besonders stark und schmerzhaft, auch wenn diese Patienten für genau diese Erfahrungen eine besonders starke Abwehr besitzen. Nach meinem Eindruck ist das bei Patienten der Fall, die sich auf die Behandlung eingelassen haben, während im Erstinterview oder der diagnostischen Phase eher das Gegenteil der Fall ist.

Dass manche Patienten eine schützende Hülle um sich errichten, habe ich schon erwähnt. Frances Tustin (1981) führt dies auf einen Zeitpunkt der Entwicklung zurück, an dem die sichere illusionäre Einheit mit der primären Bezugsperson zu früh oder abrupt gestört wurde. Sie merkt an, dass viele Patienten dies als einen Zusammenbruch erleben; dass sie aus Angst vor einer Wiederholung dieser Erfahrung sich verstecken beziehungsweise schützen. In diesem Alter haben Kinder oftmals die Phantasie, nicht nur mit der Mutter eins zu sein, sondern auch die Kontrolle über die Beziehung zu besitzen. Wenn es in dieser Zeit zu einem Bruch kommt, kann das Kind wegen des Verlusts und Vermissens der bisherigen Beziehung sehr enttäuscht reagieren. In der Behandlung sieht das später so aus, dass die Patienten dann vom Therapeuten sehr enttäuscht sind, wenn er sich nicht nach ihrer Vorstellung formen lässt.

Unter diesen Umständen können die Patienten sehr aggressiv mit uns umgehen, aber wir müssen dennoch imstande sein, dies ohne Zurückzuschlagen hinzunehmen und den Patienten gleichzeitig unser Verständnis vermitteln, dass diese Gefühle aus einer tiefen Traurigkeit stammen, die der Patient einmal erfahren hat. Das ist nicht einfach. Meist sind diese Patienten sich nicht nur über Gebühr der Schwächen anderer bewusst, sondern auch ihrer eigenen und besitzen wenig Selbstachtung. Bei manchen Patienten ist hinter einer gut erscheinenden Beziehung zur Mutter eine starke Aversion verborgen; die gute Beziehung wird ungeachtet der Mängel aufrechterhalten. Meinem Eindruck nach kämpfen diese

Patienten gegen starke Ängste, vernichtet und vereinnahmt zu werden. Solche Patienten sprechen von einer »normalen« Kindheit; wenn sich ihre Lebensgeschichte entrollt, stoßen wir auf Kindheitserlebnisse, die den Mythos der »normalen« Familie in Frage stellen.

Ich erinnere mich an einen Fall, wo ein als liebevoll geschilderter Vater regelmäßig weg war und die »normale« Mutter, die sich körperlich auf große Distanz hielt, deshalb unbewusst gehasst wurde, weil sie ihren Mann, der mehr Emotionen zeigte, abwertete. In einem anderen Fall schickte die »normale« und »liebevolle« Mutter regelmäßig dann, wenn sie einen Urlaub brauchte, die beiden mittleren von fünf Geschwistern in ein Pflegeheim, ohne jede Vorwarnung und ohne Information, für wie lange sie dort bleiben sollten.

Für manche Patienten liegt darin ein Angriff auf die Fähigkeiten ihres Selbst; die Tatsache, dass nichts und niemand ihren Erwartungen oder Wertvorstellungen genügen kann, vermag die existentiellen suizidalen Krisen auszulösen, unter denen sie leiden.

Vieles, was ich bisher dargestellt habe, weist auf eine besondere Art der therapeutischen Beziehung hin. Wie passt das zum Konzept eines »guten Arbeitsbündnisses« im konventionellen Sinn der Psychotherapieforschung? Meines Wissens gibt es viele Arbeiten darüber, welche Rolle ein gutes Arbeits- oder therapeutisches Bündnis spielt. Die allgemeinen Bedingungen, die von Carl Rogers beschrieben wurden, sind hilfreich, aber wie können wir sie mit der psychoanalytischen Behandlung von therapieresistenten depressiven Patienten verbinden? Gerade die Resistenz lässt sich als Ausdruck von Ambivalenzkonflikten des Patienten gegenüber dem Gesundwerden verstehen. Sich durch neue Erkenntnisse weiterzuentwickeln, wird vom depressiven Patienten als potentielle Gefahr und Verletzung erlebt. Wenn wir in Betracht ziehen, dass viele der Patienten, die wir in unserer Praxis sehen, bereits Kontakt mit ihren Hausärzten, Psychiatern und so weiter hatten, die vermutlich auch vorübergehende Hilfe leisten konnten, können wir dann noch davon ausgehen, dass die von Rogers (1951) angeführten authentischen und respektvollen menschlichen Aktivitäten wirklich ausreichen sollen, wo sie doch von den anderen professionellen Helfern, mit denen die Patienten zuvor Kontakt hatten, auch

schon angeboten wurden? Nein, wir nehmen eher an – und ich
möchte behaupten, dass es bei anderen Störungen wie zum Beispiel den Borderline-Persönlichkeiten auch so ist –, dass der Patient dem Therapeuten gegenüber sehr gemischte Gefühle hegt, vor
allem dann, wenn sein eigenes Konzept der Depression und sein
Festhalten an einen bestimmten emotionalen Zustand infrage gestellt werden. Damit kein falscher Eindruck entsteht: Das Verhindern eines guten Bündnisses zwischen Patient und Therapeuten
liegt jedoch nicht daran, dass die Depression irgendwie wünschenswert wäre, sondern daran, dass die Depression dem Patienten als Zustand weniger bedrohlich erscheint als die Alternative,
gesund zu werden.

In der psychoanalytischen Therapie beinhalten die Elemente eines guten therapeutischen Bündnisses Folgendes: die Erwartung,
dass die Fokussierung auf Konflikte bei den Patienten auch eine
negative therapeutische Reaktion hervorrufen kann; dass Patienten Erfahrungen von Wut, Hass, Misstrauen und Enttäuschung
mit dem ursprünglichen Objekt in einer realen und dynamischen
Art und Weise mit ihrem Therapeuten kennen lernen. Damit meine ich nicht, dass der Therapeut diese Situation provozieren soll,
aber dass sie unumgänglich ist. Der Therapeut muss dann in der
Lage sein, den Hass des Patienten auszuhalten und ihn als real anzuerkennen. Gleichzeitig soll er dem Patienten ein Verständnis für
die Bedeutung des Hasses anbieten können und vielleicht auch etwas über seine Ursprünge. Aus der Forschung über die Beziehung
zwischen Patient und Therapeuten ist bekannt, dass die Fähigkeit
des Therapeuten, auf Brüche in der Beziehung angemessen zu reagieren, eine der wichtigsten Fähigkeiten begabter Therapeuten ist,
durch die sie gute Therapieergebnisse erreichen. Was ich hier beschreibe, geht jedoch darüber hinaus, da ich annehme, dass Unterbrechungen oder Brüche in der Beziehung nicht nur notwendig
sind, sondern auch schmerzhaft real sein sollten, damit ein gutes
Resultat möglich wird.

Viele unserer Patienten hatten Primärobjekte, die den Schmerz
und die Enttäuschung, die sie beim jungen Kind ausgelöst haben,
nicht wahrnehmen konnten – entweder aufgrund ihrer eigenen
mütterlichen Depression oder aufgrund eines Mangels an Empathie oder eigener traumatischen Erfahrungen, vielleicht auch auf-

grund von Neid oder Unfähigkeit. Das Kind konnte daher keine Erfahrung mit einem Objekt machen, das es aushält, eigenen Schmerz, ganz zu schweigen vom Schmerz des Kindes, anzuerkennen.

Fonagy und Target (2003, S. 270ff.) halten die Fähigkeiten der Eltern, zum Beispiel eigenen Schmerz auszuhalten, für die Grundlage, auf der sich beim Kind die Fähigkeit zur Mentalisierung oder zur Reflexion (reflective functioning) entwickelt. Sie ist bei depressiven Patienten sehr oft beschädigt. Die extremsten Beispiele findet man vermutlich bei der psychotischen Depression. Dort können Schuldgefühle derart akut sein, dass die Fähigkeit, das Selbst vom Anderen zu unterscheiden, radikal gefährdet ist.

Ich habe bereits gesagt, dass der Therapeut in der psychoanalytischen Behandlung nicht einfach »hilfreich«, »unterstützend« oder »mitfühlend« ist oder gar lediglich Beruhigung oder Einverständnis anbietet. Gerade deshalb kann das psychoanalytische Behandlungsmodell zumindest auf den ersten Blick so erscheinen, als ignoriere es einige der wichtigsten menschlichen Überzeugungen, was Kontakt, Nähe und die Gestaltung der Beziehung betrifft. Ein psychoanalytischer Therapeut versucht das Verstehen und Identifizieren der Krankheit in der bewussten Wahrnehmung des Patienten zu erreichen, das die Komplexität, Konflikte und Ambivalenzen nicht reduziert, die existieren mögen. Genau das zeigt das folgende kurze Fallbeispiel.

Herr A. stellte sich in unserer Sprechstunde vor und wollte an unserer Studie teilnehmen. Er hatte keinerlei Hoffnung, dass die Behandlung ihm helfen würde, und war schnell dabei, seine Geringschätzung über die Meinung anderer auszudrücken. Nicht nur, dass er andere als dumm und ignorant betrachtete; meistens sah er nicht einmal einen Sinn darin, seine Zeit damit zu verschwenden, mit anderen einen Dialog zu führen. Er hatte hohe Ansprüche an die »Wahrheit« und konnte Dummheit nicht ertragen. Was die Motivation anderer betraf, war er sehr skeptisch. Seine Krankheitsgeschichte von Depression und existentieller Verzweiflung war in Gang gekommen, als seine Mutter durch einen Verkehrsunfall ums Leben gekommen war. Er war in einem durch Krieg zerrissenen Land aufgewachsen, das durch religiöse Konflikte und Dogmen geteilt war. Sein Vater war ein religiöser Mann, der sich aber ihm und seiner Mutter gegenüber dogmatisch und gewalttätig verhielt. Die Familie war nicht gebildet.

Innerhalb des therapeutischen Settings erhob Herr A. den Intellekt über alle Dinge, in dem Glauben, dass die Fähigkeit, logische Debatten zu führen, ihn irgendwie mit Werkzeug ausstatten würde, um seine Herkunft zu überwinden und sich über seinen Vater zu erheben. Der Schmerz über den plötzlichen Tod seiner Mutter hatte vermutlich ein tiefes Erschrecken ausgelöst über die Willkür, mit der ihm der Zugang zu seinen wichtigen Objekten plötzlich verwehrt werden kann. Ziehen wir unsere theoretischen Annahmen in Betracht, führte dieses Erlebnis zu noch etwas anderem. Durch das Eindringen realer schmerzhafter Lebensereignisse kann die Illusion des Depressiven von Kontrolle über die Existenz seines beschädigten Selbst und Objekts, die ja wieder instand gesetzt werden sollen, auf schreckliche Weise zerstört werden, was zu weiteren Zusammenbrüchen führt. Im Fall von Herrn A. verletzte die Willkür vor allem seine Hochschätzung der Verstandeslogik. Das führte zur unbewussten Erkenntnis einer potentiellen Beeinträchtigung: Indem er bewusst das Ziel verfolgte, seinem Vater überlegen zu sein, trauerte er zugleich unbewusst darüber und war enttäuscht, dass er keinen Vater hatte, zu dem er aufblicken konnte. Außerdem wurde ihm klar, dass die einseitige und intolerante Einstellung seines Vaters, die er ablehnte, ein wesentlicher Bestandteil seiner selbst geworden war. Seine unbeugsame Logik bedeutete letztlich, dass er Argumente für die Bedeutungslosigkeit und Nutzlosigkeit menschlichen Handelns hatte, ja sogar für die verführerische Anziehung, die der Tod auf ihn ausübte. Wissen um Abhängigkeit und Verstrickung hätte im Gegenteil dazu geführt, dass Herr A. die emotional gesteuerte Natur menschlicher Beziehungen, ihre Unordnung und Unvollkommenheit, hätte anerkennen müssen.

Zum Schluss fasse ich meine Hauptthemen zusammen: die Wichtigkeit, zwischen und innerhalb verschiedener intellektueller Traditionen Brücken zu schlagen, dass wir uns auf die unbewussten Prozesse bei unseren Patienten einlassen sollten, vor allem dann, wenn sie sich auf menschliche Bereiche beziehen, die wir schwer aushalten, wie zum Beispiel Aggression und Zerstörung, und letztendlich die verschiedenen Arten, durch die Beziehungen hergestellt werden können und die verschiedenen Herangehensweisen, die sich auf unserer Modelle beziehen lassen.

Aus dem Englischen von Nadine Teuber und Heinrich Deserno.

Literatur

Abraham, K. (1912): Ansätze zur Erforschung und Behandlung des manisch-depressiven Irreseins und verwandter Zustände. In: Abraham, K.: Psychoanalytischen Studien II. Frankfurt a. M., 1971, S. 146–162.

Bowlby, J. (1980): Verlust, Trauer und Depression. Frankfurt a.M., 1983.

Fairbairn. W. R. D. (1952): Psychoanalytic Studies of the Personality. London.

Fairbairn, W. R. D. (1954): An Object Relations Theory of Personality. New York.

Fonagy, P.; Target, M. (2003): Psychoanalytic Theories. Perspectives from Developmental Psychopathology. New York.

Freud, S. (1916–1917g): Trauer und Melancholie. G. W. Bd. X. Frankfurt a. M., S. 428–446.

Jacobson, E. (1971): Depression. Eine vergleichende Untersuchung normaler, neurotischer und psychotisch-depressiver Zustände. Frankfurt a. M., 1977.

Klein, M. (1935): Zur Psychogenese der manisch-depessiven Zustände. In: Klein, M.: Das Seelenleben des Kindes und andere Beiträge zur Psychoanalyse. Reinbek bei Hamburg, 1972, S. 45–73.

Kohut, H. (1971): Narzissmus. Eine Theorie der psychoanalytischen Behandlung narzisstischer Persönlichkeitsstörungen. Frankfurt a. M., 1973.

Rey, H. (1988): The psychodynamics of depression. In: Rey, H.: Universals of Psychoanalysis in the Treatment of Psychotic and Borderline States. Factors of Space-Time and Language. London, 1994, S. 190–206.

Robertson, J. (1962): Hospitals and Children. A Parent's Eye View. New York.

Rogers, C. (1951): Die klientzentrierte Gesprächspsychotherapie. Stuttgart, 1973.

Sophokles: König Ödipus. Stuttgart.

Tustin, F. (1981): Autistische Barrieren bei Neurotikern. Frankfurt a. M., 1988.

Heinrich Deserno

Übertragungskonstellationen in der Behandlung von Depressionen und ein beispielhafter Verlauf

Vorbemerkung

Bei dem Versuch, die spezifische Perspektive psychoanalytischer Therapie von depressiven Patienten zu skizzieren, kommt mir ein Lehrbuch der Inneren Medizin in den Sinn, dessen Autor mich als Medizinstudenten in der Einleitung darauf aufmerksam machte, dass der Arzt keine Krankheiten behandelt, sondern Menschen mit Krankheiten. Dieser Hinweis mag uns einfach und selbstverständlich, ja naiv erscheinen; dennoch ist für eine wissenschaftliche Betrachtung nichts verstörender als die Einsicht, dass wir bei dem zu untersuchenden Phänomen, hier die Behandlung der Depression, nicht anders können, als vom erkrankten Einzelnen, also vom Individuellen und Subjektiven auszugehen. Damit akzeptieren wir, dass die Vielfalt der depressiven Erscheinungsbilder nicht von irgendwoher kommt, sondern dass sie mit der Vielfalt menschlicher Subjektivität zusammenhängt, was wiederum hinführt zur Vielfalt von Übertragungsformen in der Behandlung, die für ein Projekt, das insbesondere die Behandlungsmöglichkeit chronifizierender Depressionen untersuchen will, im Mittelpunkt steht.

Zu oft noch wird der interessierten Öffentlichkeit das Bild einer veralteten und therapeutisch eher unwirksamen Psychoanalyse vorgesetzt. Dem widersprechen zur Zeit drei Langzeitstudien, die in der Übersicht von Böker et al. (2002) im Abschnitt »Psychoanalytische Therapie« zusammengefasst werden. Die Autoren folgern daraus: »Die bisher vorliegenden Ergebnisse sprechen dafür, dass Psychoanalyse dauerhafte und zunehmende Symptomreduktion bewirkt und dass diese Wirkung nicht mit Kurzzeitverfahren erreicht wird. Der erzielte Behandlungserfolg ist dabei nicht nur mit einer besseren Lebensanpassung, sondern auch mit einer relevanten Reduktion der Symptomatik verknüpft, die möglicherweise auch zu geringeren Krankenkassenkosten führt« (Böker et al. 2002, S. 67). Inzwischen wurde die diagnosespezifische Auswertung der DPV-Katamnesestudie veröffentlicht (Leuzinger-Bohleber et al. 2002): an zweiter Stelle nach den Persönlichkeitsstörungen litten 27,2 % der Patienten unter affektiven Störungen. Was die Einschätzung des Therapieerfolgs betrifft, unterschieden sich die depressiven Patienten nicht von denen mit anderen Diagnosen: etwa 80 % der ehemaligen Patienten in der von Leuzinger-Bohleber et al. (2002) durchgeführten Katamnesestudie waren durchschnittlich 6,5 Jahre nach Abschluss dieser Behandlungen mit deren Ergebnissen und den erzielten Veränderungen zufrieden (Leuzinger-Bohleber et al. 2002, S. 66; vgl. Leuzinger-Bohleber 2005).

Die Situation einer psychoanalytischen Behandlung mit mehreren Wochenstunden ist äußerlich charakterisierbar durch die Verwendung der Couch, die Stundenfrequenz und die methodische Vorgabe, dass Patient und Analytiker in einer ähnlichen, wenn auch ungleichen Weise von ihren Einfällen Gebrauch machen. Aus einer Innenperspektive ist die analytische Situation eine psychologische Situation eigener und ungewöhnlicher Art, weil sie – methodisch gewollt und gut begründet – überwiegend zum Schauplatz von Übertragung und Gegenübertragung und den entsprechenden Widerständen wird. Bei diesem Vorgehen kommt die innere Realität des Patienten einschließlich ihrer unbewussten Anteile auf diesem Schauplatz, das heißt unter konsequentem Einbeziehen des Analytikers, in Form einer Übertragungsneurose zum Ausdruck. Das gilt für innere Konflikte wie für traumatische Reaktionen. Letztlich ist es in einer psychoanalytischen Therapie die Übertragungsanalyse, die zu einer neuen Differenzierung von Innen und Außen, von Wissen, Fühlen und Handeln führt und die psychische Störung aufhebt. Leider gibt es auch das Stagnieren und Scheitern des psychoanalytischen Prozesses; bei der genannten DPV-Katamnesestudie war dies bei 4 % der Fall. Für die Patienten bedeutet das Scheitern der Behandlung eine Bestätigung ihrer Befürchtung, dass ihr Konflikt unlösbar sei, was bis zur Retraumatisierung reichen kann. Auch der Analytiker ist in Gefahr,

traumatisiert zu werden; zum einen durch Übertragungen trau-
matisierender Qualität in der Behandlung von suizidalen Patienten (vgl. Gabbard 2003; Maltsberger 2004, die aufzeigen, welche
Therapeutenfehler mit zu diesem negativen Ergebnis führen); zum
anderen spricht viel dafür, dass auch so genannte Burn-out-Zu-
stände von Therapeuten mit unerkannten beziehungsweise ver-
leugneten Traumatisierungen zusammenhängen.

Die gegenwärtige psychoanalytische Therapie ist prozessorien-
tiert. Ihr geht es um die sorgfältige Beachtung und Interpretation
von Übergängen. Das heißt für die Analyse von Träumen, dass wir
darauf achten, wie das Träumen die Kluft zwischen Wachsein, Bewusstheit und sprachlich organisiertem Erleben einerseits und
Schlaf, Unbewusstheit, und nichtsprachlichem Erleben andererseits
überbrückt, also einen Übergang zwischen diesen Gegensätzen gestaltet oder an dieser Aufgabe scheitert. Für die Übertragung bedeutet eine prozesshafte Perspektive, sie als eine psychische Aktivität zu
sehen, deren Qualität mehr als ein einseitiges, vom Patienten ausge-
hendes Geschehen ist. Übertragung wird vom Patienten wie vom
Analytiker gestaltet. Um der Durchdringung beider vom unbewussten Geschehen Rechnung zu tragen, ist es sinnvoll, von einem in-
teraktiv-intersubjektiven »System« Übertragung-Gegenübertragung
zu sprechen und in ihm das entscheidende unbewusst organisieren-
de Prinzip des Behandlungsprozesses zu sehen. Es wird, was seine
Möglichkeit der Darstellung und der Intensität betrifft, durch die
Besonderheiten der psychoanalytischen Situation gefördert. Im
deutschen Sprachraum setzte sich schon früh Helmut Thomä für
die von Merton Gill (1982) eröffnete intersubjektive Behandlungs-
perspektive ein, in der bei der Entwicklung der Übertragung grundsätzlich auch der Beitrag des Analytikers berücksichtigt wird (vgl.
Thomä 1984; Thomä u. Kächele 1985, 1988). Nach Thomä wird die
therapeutische Arbeit nicht in erster Linie vom Analytiker als einem
neuen Objekt getragen, »sondern von der Person, vom *Subjekt* des
Psychoanalytikers, das durch seine Mitteilungen den Patienten gerade *nicht* wie ein Spiegel reflektiert ... Das neue Subjekt wirkt auf den
Patienten innovativ« (Thomä 1984, S. 48f.). Mit anderen Worten: In
der psychoanalytischen Behandlung verhilft die lebendige und doch
methodisch »kontrollierte« gebundene Subjektivität des Analytikers
dem Patienten zur Veränderung.

Oft lassen sich die charakteristischen Übertragungstendenzen eines Patienten schon in den ersten Sitzungen erkennen. Sie zu verstehen, ist für den therapeutischen Prozess entscheidend. Deshalb ist eine genaue Beschreibung der Übertragungsmuster ebenso wichtig wie eine differenzierte Diagnostik.

Vier häufige Übertragungsaspekte

Jo-Anne Carlyle hat in ihrem Beitrag mit Recht die Ambivalenz der depressiven Patienten in den Mittelpunkt gerückt. Es ist allerdings zu beachten, dass nicht die Gefühlsambivalenz selbst es ist, die zu Depressionen führt, sondern dass dysfunktionale Verarbeitungen der Ambivalenz für Depressionen disponieren und zu ihrer Chronifizierung beitragen; sie gestalten auch die Übertragung.

Ein erstes typisches Beziehungsmuster, mit dem depressive Patienten ihre Gefühlsambivalenz in Schach halten, ohne sie wirklich anzuerkennen und zu verarbeiten, hängt mit der Idealisierung zusammen. Es geht dabei jedoch nicht nur um Idealisierung als Abwehrmechanismus, sondern um ein spezifisches Beziehungsmuster, in dem die Idealisierung, aber auch ihr Gegenstück, die Entwertung, so zusammenwirken, dass ein *spezifisches Gefälle vom erhöhten Objekt zum erniedrigten Subjekt* entsteht und aufrechterhalten wird. Meines Wissens wurde dieses Beziehungsmuster erstmals von Edith Jacobson in Anlehnung an Arbeiten von Sándor Radó beschrieben (vgl. Jacobson 1971, Kap. 9). Unbewusst »investiert« ein depressiver Patient viel psychische Arbeit, um dieses charakteristische Gefälle in seinen Beziehungen wie auch in der Übertragung zu etablieren. Das ist, wenn man so will, eine »Fehlinvestition«, denn die mit der Gefühlsambivalenz zusammenhängenden Konflikte werden so weder bearbeitet noch gelöst; stattdessen wird ein Ersatzkonflikt geschaffen und bearbeitet. An Stelle der Gefühlsschwankungen zwischen Liebe und Hass ist der Patient anderen Schwankungen ausgesetzt. Veränderungen des Objekts, die seine Idealisierung erschüttern, muss der Depressive kompensieren, zumeist durch den Mechanismus der Verleugnung. Aber auch eigene Erfolge müssen verleugnet werden, da sie die Position als unterlegenes oder weniger wertes Subjekt in Frage stellen.

Auf die differenten Positionen von Objekt und Subjekt, in der Übertragung auf den Therapeuten und den Patienten, können alle Gegensätze verteilt werden, die zugleich für die befürchteten Konsequenzen des vermiedenen Ambivalenzkonflikts stehen: Das Objekt ist begehrenswert, das Subjekt nicht; das Objekt ist vollkommen, das Subjekt nicht; das Objekt ist unschuldig, das Subjekt schuldig, und so weiter. Eine entscheidende Veränderung dieses Beziehungsmusters wird in den meisten Fällen erst dann möglich, wenn *beide* Gefühle, *Liebe und Hass*, in der Übertragung erfahren und die mit ihnen verbundene Gefahren verstanden werden. Dabei geraten viele depressive Patienten in eine schwere, oft auch suizidale Krise, die für den Therapeuten eine große Herausforderung ist: Gelingt es ihm, den Sinn dieser Zuspitzung zu erfassen, die Wiederbelebung einer früheren Krise für eine Veränderung zu nutzen?

Ein zweites Charakteristikum in der psychoanalytischen Behandlung von depressiven Patienten sehe ich, in Anlehnung an die Psychologie der Affekte, in den *aversiven Gegenübertragungen*, die diese Patienten induzieren. Wenn diese Gegenübertragungen nicht sorgfältig reflektiert werden, sind inkonsistente Interventionen die Folge: Der Analytiker versucht, den Patienten zu verstehen, zeigt aber ein von ihm selbst unbemerkt bleibendes, subtil ablehnendes Verhalten. Die genaue Gegenübertragungsanalyse kann zeigen, dass und wie die anhaltende depressive Verstimmung des Patienten den Therapeuten frustriert und zunehmend in negative Gegenübertragungsaffekte verstrickt. Er verliert immer mehr von seiner grundsätzlich offenen, einfühlenden Haltung. Es ist dann sehr aufschlussreich, diese Situation wie folgt zu betrachten: Der Therapeut kann erkennen, dass er in eine unbewusste Symmetrie zu seinem Patienten geraten ist, oder anders ausgedrückt: Der Patient, der bislang Konflikte eher vermied, hat den Therapeuten in genau die Position bringen können, die er selbst nicht aushält. Die subtile Aversion ist ein Signal dafür, dass auch der Therapeut den anstehenden Konflikt meiden möchte, indem bei ihm das, was er sagt, und das, was er fühlt, auseinander fällt. An dieser Kluft von Sprechen, vielleicht sogar verstärktem Appellieren und Zureden einerseits und nonverbaler Ablehnung andererseits kann der Therapeut in sich den in Widersprüchen verharrenden Patienten wiederfinden. Wenn der psychoanalytische Therapeut diese Perspektive entwickelt, kann er sie in hoch spezifischer Weise für die Behandlung verwenden, das heißt, er kann die affektiven Hemmungen seines Patienten erkennen und sprachlich formulieren.

Hier geht es letztlich um das Erkennen einer unbewussten affektiven Beziehungsregulierung (vgl. Reck et al. 2002), die nur durch eine Vorleistung des Therapeuten, mit Hilfe seines Durcharbeitens der Gegenübertragung, von einer »desymbolisierten« in eine »symbolisierte« und damit auch reflexive Form gebracht werden kann. Wenn ich als Psychoanalytiker denken kann, dass der scheiternde depressive Neurotiker, der mein Patient ist, auch ich selbst sein könnte, so ist das keine peinliche Selbstbezogenheit, sondern die sinnvolle Anerkennung eines Potentials, von dem ich nicht wissen kann, ob es sich verwirklichen wird oder nicht. Wenn ich diese Haltung nicht zulassen kann, werde ich den Sinn von scheiternden Kompromissbildungen, wie sie besonders in depressiven Symptomen und Suizidalität vorliegen, nicht erschließen können. Da Carlyle sich auf das Arbeitbündnis in der Behandlung von depressiven Patienten bezieht, möchte ich ihre Ausführungen dahingehend ergänzen, dass gerade in der Behandlung depressiver Patienten sich die Bestätigung finden lässt, dass eine normative oder konventionelle Definition des Arbeitsbündnisses (vgl. Deserno 1990) eher die subtile und aversive Gegenübertragung legitimiert als offen legt. Die Schlussfolgerung meiner früheren Kritik, dass der Analytiker das Arbeitsbündnis in erster Linie mit sich selbst schließe und dass er immer dann, wenn er spürt, dass er Appelle an seinen Patienten richten möchte, zunächst sein Bündnis mit sich selbst durch Gegenübertragungsanalyse beziehungsweise Selbstanalyse erneuert, trifft genau den dargelegten Punkt: Die affektiv-depressiven Circuli vitiosi (wie Ich-Hemmung und Rückzug, Aggression und Autoaggression, Introjektion des ambivalenten Objekts; vgl. Mentzos 1982) kann ein Patient unter Druck nicht aufgeben, sondern nur dann, wenn ihm in der Analyse, durch Einsicht in seine Übertragung, eine Korrektur seiner negativen Erwartungen gelingt, deren Möglichkeit durch die beschriebene Arbeit oder »Vorleistung« des Analytikers eröffnet wird.

Als drittes Charakteristikum der psychoanalytischen Behandlung von Depressionen möchte ich die *Verkehrung von Aktivität in Passivität* nennen. Stärkster Ausdruck dieses Geschehens in der Gegenübertragung ist die wiederholt beschriebene Müdigkeitsreaktion des Analytikers, vor allem in der Anfangsphase der Behandlung (z. B. Deserno 1999, S. 413; Will et al. 1998). In schwacher Ausprägung ist die induzierte Passivität nicht leicht zu bemerken, weil sie vom Analytiker unter seine abwartende, zuhörende, nicht aktiv eingreifende Haltung subsumiert werden kann. Der Patient strengt sich im Rahmen seiner Möglichkeiten an, will ein guter Patient sein, gut mitarbeiten, weiterführende Erinnerungen bringen, selbst Überlegungen anstellen, und der Analytiker ermüdet. Auch diese eigenartige Konstellation lässt sich nur verstehen, wenn man an ein unbewusstes Zusammenspiel denkt, in dem Analytiker und Patient eine Beziehung reproduzieren, in der sie sich ebenso verfehlen wie der Patient früher mit einer wichtigen Bezugsperson. Auch hier ist es wieder der Analytiker, der diesen Zusammenhang zunächst bemerken und dann zu seiner spezifischen Kompetenz und damit Aktivität zurückfinden sollte, in dem er sich vorstellt, dass er die vom Patienten vermiedene und gefürchtete Passivität agiert, während der Patient eher Wachheit und Kontrolliertheit verkörpert.

An den bisherigen drei Besonderheiten in der Behandlung depressiver Patienten ist das Gemeinsame, dass der Fortschritt der Behandlung davon abhängt, ob der Analytiker nicht nur erträgt, dass eine unbewusste Symmetrie entsteht, die mit einer ihn selbst irritierenden, weil die Analyse störenden Gegenübertragung einhergeht, sondern auch daran, dass er an sich etwas vom Patienten erkennt, das dieser nicht wahrhaben kann.

Mein vierter und übergreifender Punkt lautet: *Der depressive Zustand selbst ist widersprüchlich oder paradox.* Während das manifeste Bild einer Depression alle Merkmale von Unlust und psychischem Schmerz zeigt, ist der latente Gehalt der Depression in einem psychischen Zustand *vor* der Gefühlsambivalenz zu suchen, in einer, wenn auch nur illusionär hergestellten, befriedigten Einheit mit dem Objekt, auf das sich keine Ambivalenz richten darf. Bertram D. Lewin (1961) hat die Depression mit einem manifest unlustvollen Traum verglichen, in dem die Erfüllung des latenten narzisstischen Wunsches nach befriedigtem Schlaf an der Brust durch eine Gegentendenz gestört werde. Der Kompromiss des Traums und – in Analogie dazu – der depressiven Symptombildung laufe darauf hinaus, dass die störenden Tendenzen im manifesten unlustvollen Bild zum Ausdruck kämen, gleichwohl aber auch die narzisstische Befriedigung, dass die Vereinigung mit einem nicht ambivalenten Objekt möglich sei (Lewin 1961, S. 156). Auch wenn in der Literatur überwiegend von der Bedeutung der Aggression gesprochen wird, halte ich es für zutreffender, dass wir uns vorstellen, wie sich die Ambivalenz von Liebe und Hass besser in das affektive Leben eines Menschen integrieren lässt. Beide Gefühle müssen symbolisierbar, das heißt erfahrbar und repräsentierbar sein, sollen sie dem Subjekt intentional zur Verfügung stehen. Dem depressiven Patienten stehen beide Gefühle nur unzulänglich zur Verfügung.

Insbesondere der Zusammenhang von Liebe und Depression ist grundsätzlicher Art (Deserno 2005). Hier stimme ich auch nicht mit Carlyle überein, wenn sie abschließend mehr die Bedeutung von Aggression und Destruktion in den Vordergrund rückt. In der psychischen Dynamik der Depression geht es immer um Liebes- und Hassobjekte gleichermaßen, zunächst aber um beträchtliche Hemmungen, jedes dieser Gefühle überhaupt zu spüren. Die depressive Stimmung scheint die Auswirkung einer umfassenden Kontrolle von Emotionen, insbesondere von Liebe und Hass zu sein; alle Differenzierung gehen im empfindungslosen und doch schmerzlichen Dunkel der depressiven Stimmung unter; von Ambivalenz ist keine Spur zu merken.

Die Frage, ab wann in seiner Entwicklung ein Kind depressiv reagieren kann, ist dahingehend zu beantworten: wenn das Kind sein wichtigstes Objekt, das im frühen Alter ohne Zweifel ein Objekt der Liebe ist, als ganzes Objekt wahrnehmen kann, das heißt, wenn es in seinem Vermögen, Symbole zu bilden, so fortgeschritten ist, dass es die Abwesenheit seines Liebesobjekts durch symbolische Anwesenheit erträglich gestalten kann. Das ist einerseits ein Fortschritt, andererseits bringt dieser mit sich, dass Kinder jetzt beides verlieren können: das reale und das symbolische Objekt. Das reale Objekt muss nicht tatsächlich verloren gehen, kann sich aber so verhalten, dass es als symbolisches verloren wird. Mit der

Depression reagieren wir auf unterschiedliche Verluste: durch Trennung, durch Tod, durch den Bruch einer emotionalen Bindung. Auch emotionale Gleichgültigkeit kann einen gefährlichen Verlust heraufbeschwören, gerade deshalb, weil die je besondere Bedeutung eines Objekts verloren wird. Grund für solche Gleichgültigkeit kann wiederum die Gefühlsabwehr des Anderen sein. Spätere Verluste haben, wie die Liebesobjekte selbst, Vorbilder. Um auf die Paradoxie des depressiven Zustands zurückzukommen: Ein Verlust kann auch deshalb nicht verkraftet werden, weil ein verborgenes Festhalten im Spiel ist. Der Depressive lebt sowohl den Schmerz des Verlusts als auch das verborgene Behalten des Liebes- oder Hassobjekts unbewusst aus.

Fallbeispiel

Die Behandlung liegt längere Zeit zurück und wurde von mir als so genannte hochfrequente psychoanalytische Therapie (vier Stunden wöchentlich im Liegen, insgesamt 650 Stunden) einer schweren neurotischen Depression durchgeführt (vgl. frühere Darstellungen in Deserno 1999 unter dem Gesichtspunkt von Traum und Übertragung und 2003 unter dem Aspekt Trauma und Konflikt). Der Patient, Herr Leo S. (Pseudonym), war außerdem damit einverstanden, dass die Analyse für spätere Forschungsvorhaben insgesamt auf Tonband aufgezeichnet wurde. Im Rückblick unterscheide ich das Zustandekommen der Analyse (die Interviewphase), drei Verlaufsphasen und die Katamnese.

Zustandekommen der Analyse – Interviewphase

Angefangen hatte die Analyse damit, dass Herr S. sich zunächst an eine Kollegin wandte. Die Analytikerin, bei der er sich vor allem mit seiner Arbeitsstörung präsentierte, hatte ihn am Ende des Interviews damit konfrontiert, er habe entweder ein Arbeitsproblem oder er sei sehr krank. Mit dem Hinweis, eine Krisenintervention könnte angebracht sein, überwies sie ihn an mich, weil ich Erfahrung mit Arbeitsstörungen hätte. Nimmt man den Ausdruck Arbeitsstörung nicht buchstäblich, sondern weiter gefasst als Störung der psychischen Verarbeitung, dann war das Thema von Herrn S. genau benannt, während es gleichzeitig nicht zu seiner Bearbeitung kam. Über das Weiterschicken zu einem anderen Therapeuten war Herr S. erschrocken. Er fürchtete, dass ich eine schwere psychische Erkrankung feststellen und eine Analyse mit ihm ablehnen würde. Das Zusammentreffen von Verstehen und Nichtzustandekommen der Analyse hatte offenbar Befürchtungen von Herrn S. bestätigt. Unbewusst hatte sich Herr S. von einer Behandlung bei der genannten Kollegin ein besonderes Verständnis für den Aspekt seiner depressiven Problematik vorgestellt, die ich schon als Aufrechterhaltung von Beziehungen mit Gefälle beschrieben habe. Er hatte einen Artikel von ihr gelesen, genauer, nicht wirklich gelesen, sondern war darin auf die Abbildung eines derartigen Beziehungsgefälles gestoßen: eine Kinderzeichnung des vierjährigen Paul Klee mit dem Titel: »Mimi überreicht Madame Grenouillet einen Blumenstrauß« (Eckstaedt 1980).

Herr S. zeigte ein ausgeprägtes und typisches depressives Zustandsbild. Behandlungsanlass war für ihn eine wiederholte schwere depressive Episode (ohne psychotische Symptome). Zu den Beschwerden gehörten gedrückte Stimmungen, Aktivitätshemmung, erhöhte Ermüdbarkeit, verminderte Konzentration, Verlust des Selbstwertgefühls, negative Zukunftsperspektiven, Schlafstörungen und Suizidrisiko (ICD-10-Diagnose F.33.2). Weiter soll die Depression hier nicht beschrieben werden; stattdessen will ich das Beziehungsgeschehen in der Behandlung in den Vordergrund rükken. In den Interviews kam es zu einer szenischen Verdichtung, als ich den Impuls spürte, bei Herrn S. energisch »anklopfen« zu müssen, um ihn emotional zu erreichen. Nachdem ich diese Regung in einer Interpretation formuliert hatte, löste sich die »Erstarrung« von Herrn S. vorübergehend. Emotional sehr bewegt schilderte er mir, dass ich damit eine frühere Situation getroffen hatte, die ihn über Jahre außerordentlich belastet und in seiner Entwicklung beeinträchtigt hatte. In vergleichbarer Weise hatte er mich unbewusst bei sich anklopfen lassen, wie früher die Mutter und er den Vater anklopfen und warten ließen.

Was war geschehen? Herr S. war im Alter von 11 bis 18 Jahren einer ungewöhnlichen familiären Situation ausgesetzt gewesen. Sein Vater litt schon lange unter depressiven Verstimmungen; zusätzlich hatte er eine Abhängigkeit von antriebssteigernden Medikamenten entwickelt. Die Mutter zog aus dem gemeinsamen Elternschlafzimmer aus, belegte das Bett des Bruders, der in ein anderes Zimmer umzog, und schlief ab da bei Herrn S., ihrem jüngeren Sohn. Sehr oft, auch mehrmals nächtlich, geisterte der Vater durch das Haus, verlangte nach Medikamenten, welche die Mutter unter Verschluss hielt, dann aber doch herausgab, wenn ihr Mann lange genug an der Tür klopfte. Als Herr S. 18 Jahre alt war, soll die Familie den Vater, der auch Suizidversuche unternommen hatte, tot aufgefunden haben. Es hieß, er sei an Herzversagen gestorben. Die Mutter zog ins Elternschlafzimmer zurück; Herr S. blieb in seinem Zimmer. Man vermied es, darüber zu sprechen, was mit dem Vater, aber auch mit der ganzen Familie geschehen war. Bei der Beerdigung konnte Herr S. nicht weinen. Ungefähr 15 Jahre später kam er im schon beschriebenen Zustand in die Analyse.

▪ Erste Analysephase – Kontrolliertheit des Patienten und Müdigkeitsreaktion des Analytikers

Im ersten Abschnitt der Analyse brauchte ich einige Zeit, um zu entdecken, dass Herr S. trotz seiner depressiven Verfassung, seiner damit verbundenen Klagen über Müdigkeit und Konzentrationsschwierigkeiten, buchstäblich »zu wach« für die Analyse war. Er erschien nicht direkt kontrolliert, sondern er versuchte angestrengt, der Analyse – oder was er sich darunter vorstellte – gerecht zu werden, worauf ich mit starker, geradezu lähmender und schlagartig einsetzender Müdigkeit reagierte. Herr S. sprach oft von seiner »Schlafneurose«, das heißt von seiner lange bestehenden Besorgnis, zu wenig Schlaf zu bekommen. Er ahnte, dass es nicht allein um die Schlafmenge ging, sondern dass ihm etwas fehlte, was er nicht benennen konnte.

Die auffallend wenigen Traumberichte blieben unbestimmt und waren durchsetzt mit Zweifeln, die sich vor allem auf sein Erinnerungsvermögen bezogen. Als Beispiel mag sein erster Traum nach 20 Stunden gelten, den er erst mit dem Einschlafen zusammenbrachte, dann bezweifelte, ob er richtig geschlafen oder im Halbschlaf phantasiert hätte. Er hatte geträumt: »Ich habe meine Großmutter gesehen, wie wenn sie gerade gestorben wäre, und dann kam noch was von der Beerdigung.« An diesem Traum fallen die Aspekte auf, die für Patienten in depressivem Zustand typisch sind. Als »Negativbildungen« bezeichnet Ermann (1995) unbestimmte Traumelemente, vor allem von der Art »und dann kam noch was von der Beerdigung«. Er sieht in ihnen Gegenstücke zu prägnanten Traumbildern; ihre Unbestimmtheit soll auf eine starke Affektabwehr zurückgehen.

Erst als ich mir vorstellte, dass die Kontrolliertheit von Herrn S. einer übermäßigen Wachheit entsprach, verstand ich, dass meine Müdigkeitsanfälle den unkontrollierten Part der Analyse-Dyade bildeten. Die unbewusste Szene, die ich dann deutete, konnte so gefasst werden: Herr S. bewachte meinen Schlaf im Sinne einer Umkehrung – sein Schlaf war nicht so bewacht gewesen, wie er jetzt meinen bewachte! Erst diese Deutung veränderte die Situation, während unpräzise Interventionen, Widerstände betreffend, sich selbst zu kontrollieren und Ähnliches, nichts Wesentliches verändert hatten.

▪ Zweite oder mittlere Analysephase – Sterben oder Leben?

An diesem Verlaufsabschnitt möchte ich die immer stärker werdende Neigung des Patienten, sich in seinen Gedanken und beim Reden mit Zweifeln zu unterbrechen, und eine suizidale Krise hervorheben. Für das erste Phänomen scheinen die Bezeichnungen »Unterbrechungstendenz« oder »Intervallstruktur« am ehesten zuzutreffen. Ich nehme als Beispiel den Anfang der 290. Stunde; sie wurde inzwischen mit verschiedenen Verfahren untersucht (vgl. Deserno et al. 1998; Hölzer et al. 1998; Herold 1998) und zitiere aus dem Transkript, das der Patient für die Veröffentlichung zur Verfügung gestellt hat und dort auch selbst kommentiert (S. Leo 1998, 268f.):

»Und weil's mir jetzt also grade einfällt äh = ich dacht irgendwie ich müsst das später (lacht etwas) erzählen? ich hab heut nacht wieder was geträumt? Moment jetzt bin ich mir nicht sicher 'nee' heut nacht war das nicht es war gestern, gestern? verteufelt ich weiß es nicht, wieder! so dass ich das nicht genau! erinnern kann aber ich möcht's einfach nicht verschweigen? ich hab auch die ganze Zeit nachgedacht und es ist immer so als würd' man en bisschen mehr? kommt mir en bisschen mehr in Erinnerung dann ist es wieder weg? also ich will's zumindest sagen soweit = ein Traum? – (atmet hörbar aus) bin ich denn blöde also – ich bild mir ein das war so, ich hab geträumt dass! ich geträumt hab, also verstehn Sie? Traum im Traum! – und da war was = mit onanieren? aber das war nicht ich! aber wer war das, ich kann sicher sagen dass ich nicht weiß wer es gewesen ist, aber = derjenige der das war = also kann ich nur im Moment sagen = kenn ich nicht oder also hab ich noch nicht gesehn ich kann also niemand = nennen, – also im Moment denk ich = – es (lacht etwas) war jemand? es hat was mit Ihnen zu tun es hat was mit meinem Vater zu tun = vielleicht hat's auch aber also am allerwenigsten! noch im Moment denk ich mit mir! zu tun also = Kopf Gesicht Figur = kann ich nicht sagen, und da war noch! irgendwas es war noch irgendwas in dem Traum? und das weiß ich nicht mehr das kann ich nicht mehr sagen ich kann nur sagen ich weiß dass es wahr ist es ist das ist also wirklich verrückt das …«.

Für diesen Anfang bietet sich als Metapher »Schachtel« beziehungsweise »Verschachtelung« an, was sich darauf bezieht, dass Herr S. von einem »Traum im Traum« sprach und bei mir eine, mir erst allmählich bewusst werdende, Suchbewegung auslöste, ihn im Gewirr seiner unterbrochenen Gedanken, Einfälle und Bilder ausfindig zu machen. Ich hatte einen eigenen Widerstand subtil aversiver Art ausgebildet, der die induzierte Suchbewegung meinerseits immer wieder unterbrach.

Die stärkste Ausprägung dieser Unterbrechungstendenz – eines Auseinanderfallens von Emotionen einerseits und Gedanken andererseits entstand mit einer suizidalen Krise von Herrn S., die sich über mehrere Wochen hinzog. Ihr ging voraus, dass sich die Freundin von Herrn S. zurückgezogen hatte. Er schien ihr unheimlich geworden zu sein. Kurz blitzte eine mörderische Wut in ihm auf. Wenn er das Brotmesser in der Küche liegen sah, fürchtete er, dass er die Kontrolle über sich verlieren und seine Freundin verletzen könne. So schnell wie sie aufgetaucht war, verschwand die Wut auch wieder. Stattdessen nahm die emotionale Erstarrung

von Herrn S. immer mehr zu. Seine Schlafstörungen, die ihren
Anfang in der Pubertät genommen hatten, wurden stärker. Es fiel
ihm schwer, am Ende der Stunde wegzugehen. Er hatte Angst. So
blieb er einmal auf der Couch sitzen und sagte: »Ich habe Angst,
verrückt zu werden, wenn ich aus der Kontur meines Vaters her-
austrete.« Ein paar Mal blieb er auf seinen Wunsch eine halbe
Stunde länger. Es schien, als seien wir beide in einem »bösen
Traum« gefangen. In diese Phase fielen auch meine Sommerferien.
Herr S. überstand sie, wie mir schien, in einer Art Konservierung –
er war nach den Ferien kaum anders als vorher. Einen Wende-
punkt nahm die Suizidalität erst, als ich mir bis in die letzte Konsequenz hinein klar machte, was es für mich bedeuten würde,
wenn sich mein Patient das Leben nähme. Die Analyse wurde von
mir, wie schon erwähnt, Stunde für Stunde aufgezeichnet. Das war
mit Herrn S. besprochen. Ich wollte nach Beendigung der Analyse
den Verlauf rekonstruieren und mit einer Kombination von quali-
tativen und quantitativen Methoden untersuchen. Jetzt konfron-
tierte ich mich damit, dass ich im Fall eines Suizids bei der geplan-
ten Untersuchung die Worte eines Toten vom Band hören oder in
einem wortwörtlichen Protokoll lesen würde. Ich ahnte, dass mein
zukünftiges Forschungsprojekt potentiell unter einem vergleichbaren »Unstern« stand wie die bisherige Lebensperspektive von
Herrn S.

Als ich diese Gedanken in meine Deutungen aufnahm, schien
Herr S. zu spüren, dass ich bereit war, all das, was er mit sich herumtrug, auch bei mir als Belastung zu akzeptieren. Jetzt vermoch-
ten Herr S. und ich zusammen – und das wird hier sehr verkürzt
dargestellt – mit starker gefühlsmäßiger Beteiligung zu erkennen,
dass die Last, die er mit sich selbst herumtrug, in seinem depres-
siv-suizidalen Vater bestand. Durch eine bislang unbewusste Identifizierung hielt er seinen Vater am Leben, genauer: Er hielt ihn mit
seinem Leben am Leben. Wenn die Analyse durch einen Suizid von
Herrn S. gescheitert wäre, hätte sich auch das Schicksal des Vaters
wiederholt – allerdings mit einer neuen Rollenverteilung, da ich
dann den früheren Platz von Herrn S. hätte einnehmen müssen.

■ Abschlussphase – Wachheit, Initiative und Generativität

Als dritte Phase der Analyse möchte ich zunächst beschreiben, dass Herr S. buchstäblich aufzuwachen schien. Er wurde aktiver und es ging ihm besser, vor allem, weil er sich, wie er betonte, lebendiger fühlte. Er konnte aber auch müde sein. Er träumte und empfand nicht zuletzt Traurigkeit. Seine »Schlafneurose«, wie er seine früheren zwanghaft wirkenden Gedanken um ausreichenden Schlaf benannte, konnte er auf die Angst vor gestörtem Schlaf und allem, was daraus folgt, beziehen. Bei mir trat während der Analysestunden keine Schläfrigkeit mehr auf. Wenn er in den Analysestunden müde war, fühlte ich mich eher entspannt. In vielen Stunden war Herr S. jetzt traurig. Allerdings packten ihn zwischendurch auch Wut und Empörung darüber, dass seine Eltern mit ihren eigenen Schwierigkeiten so sehr in ihn eingedrungen waren. Als er sich erholte, entwickelte er viel Lust an verschiedensten Aktivitäten, im Beruf, im Sport und nicht zuletzt Frauen gegenüber. Was mich betraf, so ging er jetzt weniger »pietätvoll« mit mir um, eine Bezeichnung, die ich gerade nach der suizidalen Krise treffend für seine bisherige Einstellung mir gegenüber empfand.

Zu dieser Zeit überraschte mich Herr S. mit Lageveränderungen auf der Couch; so drehte er sich zur einen Seite, dann zur anderen und blieb seitlich liegen. Als ich ihn fragte, ob er dazu eine Idee hätte, begründete er seine Drehung damit, dass er mir nun, auf der Seite liegend, besser zuhören könne. Das überraschte mich sehr, hatte er mich doch jahrelang gut verstanden, als er auf dem Rücken lag. Dieses Geschehen ist eine gründliche Diskussion wert, denn es stellt ein mit den wenigen Elementen der psychoanalytischen Situation agiertes beziehungsweise inszeniertes Darstellen seiner Pubertätssituation dar. Neben dem Erinnern schloss diese Inszenierung jedoch auch den Aspekt einer Annäherung an mich ein, durchaus im Sinne des »Neubeginns« von Balint (1968). Entsprechend spürte ich eine Befriedigung darüber, dass diese Veränderung mit meiner Hilfe möglich geworden war, durchaus vergleichbar der Situation, einem Kind oder Jugendlichen durch Sicherheit und Beruhigung in einer schwierigen Situation hilfreich gewesen zu sein. Im Alltag schien Herr S. vieles »nachzuholen« – er durfte sich »rechtschaffen« müde fühlen.

Das Ende der Analyse entsprach durchaus Freuds nüchterner und relativierender Formulierung, wonach die Beendigung der Analyse »eine Angelegenheit der Praxis« sei (Freud 1937c, S. 96). Die Lebensumstände von Herrn S. hatten sich verbessert und legten auch wegen äußerer Veränderungsmöglichkeiten die Beendigung der Analyse nahe.

Katamnese – ein besonderer und verzögerter Abschluss?

Drei Jahre später, genau zum gleichen Zeitpunkt, als ich einen Brief formulierte, in dem ich Herrn S. sowohl um die Erlaubnis bitten wollte, ein Stück aus seiner Analyse bei einem Vortrag verwenden zu können, als auch um ein katamnestisches Gespräch mit ihm zu vereinbaren, meldete er sich. Er berichtete, es sei ihm weiterhin besser gegangen, es gebe aber auch ein Gefühl, noch nicht richtig weggegangen zu sein. Da ich mit Herrn S. über die Katamnese und spätere Veröffentlichungen dadurch verbunden geblieben bin, dass er jeweils meine Manuskripte zur Durchsicht erhielt, rechne ich das alles zum analytischen Prozess hinzu. Die Katamnese zeigte insgesamt, dass es Herrn S. ab dem Tiefpunkt der Analyse, der suizidalen Krise, ständig besser ging, mit einer jahrelang anhaltenden Tendenz nach der Analyse. Eine Besonderheit der Katamnese bestand darin, dass wir uns auch die 290. Stunde zusammen anhörten. Einzelne Abschnitte ergaben sich dadurch, dass ich, wann immer Herr S. eine Stelle kommentieren wollte, das Band anhielt und zur Aufnahme seiner wie auch meiner Kommentare ein zweites Band dazu einschaltete. Ich zitiere hier den Kommentar von Herrn S. zum schon wiedergegebenen Anfangsmonolog der 290. Stunde. Ich ergänze, dass ich während der ursprünglichen 290. Stunde die von Herrn S. unbewusst hergestellte Situation als »Verschachtelung« und »Versteck« gedeutet hatte, verbunden mit seinem Wunsch, ich solle ihn suchen, finden und in die hergestellte Verschachtelung beziehungsweise Schachtel eindringen. Zu seinem eigenen Eingangsmonolog sagte er Jahre später:

»Ich denk' schon 'ne ganze Weile, es reicht, es reicht, wer soll das verstehen – Also ich bin schon erstmal froh, dass sich das akustisch erträglich anhört – ich war aufs Schlimmste gefasst – also so schlimm, was stocken und relativieren und ich weiß nicht und da war doch was und so weiter und so fort betrifft – so schlimm hab' ich mich erst mal nicht in Erinnerung beziehungsweise hätte ich mir das auch nicht vorgestellt … ich würde das gern auf einen Begriff bringen, was ich da bisher gehört hab' – mir fällt dazu nur ein: Versteck, Versteck und wie – so 'n Fuchsbau – mit vielen Gängen und Sackgassen – ich muss ganz spontan sagen, ich find's verrückt. Und – ich glaube, ich hab' 'ne Andeutung davon, wie Sie sich gefühlt haben könnten – ich kann dazu nur sagen, wenn ich das jeden Tag und öfters in der Woche so gehört hätte, ich glaube, ich hätte 'nen durchgescheuerten Hosenboden – Kompliment, dass Sie das bis dahin ausgehalten haben – aber wie kann man denn etwas nur so verklausulieren?«

▓ Diskussion des Fallbeispiels

Auf der einen Seite bot mir Herr S. fast durchgehend eine kooperative Beziehung an; auf der anderen Seite brachte er eine »Störung« in unsere Kommunikation, die sich seinen bewussten Absichten, eine gute Analyse zu machen, entgegensetzte. Diese »Störung« war es, an der ich mich während der Analyse zunächst eher intuitiv, dann aber mit zunehmender Evidenz orientieren konnte. Ich habe sie weiter oben, im Zusammenhang mit dem Auszug aus dem Transkript der 290. Stunde, auch als »Unterbrechungstendenz« bezeichnet. Wie eine Erkennungsmelodie, ein Leitmotiv, allerdings von dissonanter Art, führte die Unterbrechungstendenz zur traumatischen Erfahrung von Herrn S. hin, jedoch erst nachdem ich meine Gegenwiderstände überwunden hatte, die zunächst im Versuch einer einfachen Widerstandsanalyse – ohne Verständnis der Übertragung und in anfallsartiger Müdigkeit, ohne Verständnis der Gegenübertragung – bestanden. Die Steigerung der Unterbrechungstendenz in der suizidalen Krise als Beinahe-Unterbrechung der Analyse durch einen Suizid, öffnete auf dramatische Weise den Teufelskreis der unbearbeiteten traumatischen Erfahrung.

Zur externen Bestätigung dafür, dass die geschilderte Dramatik dieser Analyse nicht nur in meiner Sichtweise besteht, gebe ich einen Kommentar wieder, den Herr S. im Nachhinein zur schon zitierten 290. Stunde gegeben hat; er ist deshalb von besonderem Interesse, weil Herr S. sich hier auch auf das Tonband bezieht (S. Leo 1998, S. 273):

> »In der Krise hätte ich dem Analytiker beinahe alle Kassetten ›überlassen‹, und vieles wäre beim ›Bis-dahin-und-nicht-Weiter‹ geblieben, nämlich im Suizid tödlich geendet … Ich habe meine Geschichte auf sein Tonband übertragen, und das Band ist nicht gerissen.«

Nach meiner Interpretation der Fallgeschichte treffen zwei Übertragungsformen zusammen und bringen kumulativ eine dritte hervor:
- eine ungelöste ödipal-inzestuöse Übertragung;
- eine orale Übertragung;
- die Potenzierung beider in der suizidalen Krise zu einer traumatisierenden Übertragung (vgl. Holderegger 1993).

Die Steigerung der ungelösten ödipalen Übertragung und der oralen Regression in Symptombildung und Übertragung zu einer traumatisierenden Übertragung erscheint auf den ersten Blick vielleicht erklärungsbedürftig. Was da geschehen ist, kann einerseits unverwechselbar, also hochspezifisch für Herrn S. und mich, und somit kaum nachvollziehbar sein. Es lässt sich aber beschreiben und mit anderen Verläufen vergleichen. Will et al. (1998) haben die Literatur zur Praxis und Theorie der Depression ausführlich diskutiert. So stimmt sowohl deren Beispiel eines Behandlungsverlaufs als auch die entsprechende Literatur sehr gut mit meiner Verlaufsbeschreibung überein, nicht zuletzt hinsichtlich der Einschätzung der suizidalen Krise als unvermeidlich:

> »Wenn im Verlauf der analytischen Psychotherapie Suizidalität zum Thema wird und den Patienten auch affektiv ergreift, ist die therapeutische Beziehung der wichtigste protektive Faktor … Die Suizidalität wird dann zu einem Beziehungsmodus, in dem er sich ausdrückt und in dem er lebensgeschichtliche Erfahrungen reinszenieren kann. Dies ist therapeutisch bedeutsam und für seine Entwicklung gut … Die wichtigste Reaktion ist, das suizidale Erleben des Patienten wahrzunehmen, aufzunehmen,

zu halten und in der Gegenübertragung zu verarbeiten, und ihm damit
einen Raum der intersubjektiven Bezogenheit zu erhalten, die ihm ein
Durcharbeiten der suizidalen Ängste ermöglicht ... Tritt in der Gegenübertragung Ärger oder Ungeduld mit seiner Suizidalität auf, so kann dies
eine wichtige Wahrnehmung sein, denn sie zeugt von einer Vitalität im
Depressiven, die diesem selbst noch nicht zugänglich ist« (Will et al. 1998,
S. 184).

Will et al. (1998) kommen in Übereinstimmung mit anderen Autoren (Arieti u. Bemporad, Dahl, Green, Jacobson und Klauber,
vgl. Will et al. 1998, S. 137ff.) auch zu einem dreiphasigen Verlauf.
Das zeigt eine bestimmte Verlaufslogik. Der dramatischen Krise
der mittleren Verlaufsphase lassen sich zeitlich zwei Phasen zuordnen, eine vorausgehende Anfangsphase und eine nachfolgende
Abschlussphase. Für die Anfangsphase wird die Vorbereitung der
Krise in der Art beschrieben, dass sie zumeist mit einer idealisie-
renden Übertragung abgewehrt, aber auch ermöglicht wird. Entsprechend ist das behandlungstechnische Vorgehen behutsam und
doch nie zutreffend; angesichts des Idealisierungsbedürfnisses
muss der Analytiker notwendigerweise scheitern. Auch bei Will et
al. fallen in diesen Abschnitt die von mir schon erwähnten »Mü-
digkeitsreaktionen«:

»Ich fand mich rasch und unversehens in einer Art ‚Mitagieren' gefangen,
welches mir große Schuldgefühle bereitete. Während der Erzählungen
von Frau A. wurde ich von einer bleiernen Müdigkeit erfasst, gegen die
ich mich nicht zu wehren vermochte. Ich fühlte mich wie in einen Halbschlaf versetzt, ihre Stimme klang monoton im Hintergrund, ohne dass
ich den Inhalt aufnehmen konnte. Frau A. schien auf diese innere Abwesenheit von mir nicht zu reagieren, und wenn ich aus diesem Nebelschlei-
er wieder auftauchte, ging der Dialog weiter, als wenn nichts geschehen
wäre« (Will et al. 1998, S. 145).

Die Abschlussphase wird erst möglich durch einen »wiedergewon-
nenen triangulären Beziehungsraum« (Will et al. 1998, S. 155), der
eine entidealisierende Auseinandersetzung mit dem Analytiker
gleichsam trägt, die nicht mehr mit destruktiven Selbstentwertun-
gen verknüpft sein muss. Die ödipale Situation wird reorganisiert
und neu erlebt.

Bei Herrn S. kamen die verschiedenen Übertragungsformen »leitmotivisch« in der »Unterbrechungstendenz« zusammen, die unbewusst wiederum meistens mit der traumatisierenden »Zimmersituation« zusammenhing, wie sie von Herrn S. in der Adoleszenz, über mehr als sechs Jahre hinweg erlebt wurde. Diese »Zimmersituation« ist ein ebenso konstantes Element der Fallgeschichte wie die »Unterbrechungstendenz«. Herr S. selbst hatte sie nie vergessen, wie schon der Bericht über die Interviewphase zeigt, und bei mir nahm sie die Funktion einer Folie an; sie stand mehr oder weniger deutlich im Hintergrund. Sie wurde unterschiedlich in der Analyse aktualisiert, das heißt, die mit ihr verbundenen Affekte und Vorstellungen kamen mit Hilfe der Übertragung in eine neue symbolische Verknüpfung und damit Bearbeitung. Diese Aktualisierungen folgten einer Chronologie und Dramaturgie, die Herrn S. selbst nicht bewusst waren und mir auch nicht vorhersehbar.

Zunächst wiederholte er weniger dramatische Aspekte dieser Situation, wie in der ersten Analysephase durch die unbewussten Szenen von Wachsamkeit und Müdigkeit. Nach der suizidalen Krise folgten in der dritten Analysephase Details, wie zum Beispiel die Drehungen auf der Couch im Sinne eines sensomotorischen Erinnerns (vgl. Leuzinger-Bohleber u. Pfeiffer 1995). Vor und nach der suizidalen Krise befürchtete Herr S. immer wieder, er könne das, was er sich neu aneignete, wie Wissen, Fähigkeiten oder eine Beziehung, nicht behalten. Das bedeutete in der Übertragung, ich nähme es ihm weg, weil ich ihn ganz für mich behalten wolle. Nachdem ihm seine passive Erwartung des Verlusts bewusst geworden war, kam ihm meine analytische Passivität – ein wichtiges Merkmal der Analysesituation – nicht mehr so gefährlich und vereinnahmend vor. Dagegen hatte er die frühere Zimmersituation gefährlich und ausweglos erlebt. Nicht nur im Sinne eines Wunsches, sondern auch als Realität hatte er seinen Vater als einen ausgeschlossenen Dritten erlebt. Nacht für Nacht musste er ertragen, dass sein Vater »eindringen« wollte, es aber nicht vermochte. Damals erschien ihm seine Mutter in jeder Hinsicht als die Stärkere, aber weniger darin, wie es auch der Wirklichkeit entsprach: dass sie es war, die tagsüber die Familie und die Berufstätigkeit des Vaters organisierte und aufrechterhielt – das konnte er erst später anerkennen –, sondern vor allem darin, dass sie nachts bestimmte, was mit dem Vater geschah: ob auf ihn reagiert wurde, ob er »Beruhigungsmittel« bekam oder nicht. Mit dieser von seiner Phantasie her »starken« Mutter musste Herr S. das Zimmer teilen. Ich nehme an, dass die Analyse ihn von dieser Phantasie »entwöhnte«, indem Herr S. zunächst diese phantastische Stärke auf mich übertrug und dann mit mir relativierte, bis er erkannte, wo seine Mutter schwach und wo sie stark gewesen war.

Auch wenn man annimmt, dass der Ausschluss des Vaters ihm einen »unverdienten« ödipalen Triumph verschaffte, musste er sich doch selbst als schwach erleben, da die Position der Stärke eindeutig durch die Mutter besetzt war. So geriet er in eine unbewusste Identifizierung mit dem Vater, die er später in der Analyse, am stärksten in der suizidalen Krise, in der Übertragung ausgestaltete. Herr S. erlebte in der Pubertät seine Mutter nicht nur als stark, sondern durch ihre Nähe auch als gefährlich und verführend.

Gleichzeitig reinszenierte Herr S. während der ganzen Analyse verschiedene Formen von Schlaf- und Wachzuständen. Mal schien er, wie schon dargestellt, zu wach zu sein. In der suizidalen Krise schien es, als habe er unbewusst Schlafen und Sterben gleichgesetzt; folglich musste er den Schlaf abwehren. Obgleich er sich in dieser Krise sehr schlecht fühlte, kam er pünktlich zu jeder Analysestunde. Außerdem bat er einige Male darum, länger bleiben zu dürfen, was dann jeweils für eine halbe Stunde mit mir auch vereinbart wurde. Mit Hilfe unserer späteren Untersuchungen (Deserno et al. 1998) stellten wir mit Überraschung fest, dass die hinzugefügten halben Stunden ein aktives Beziehungsmuster auswiesen, das in meisten Stunden offenbar im Hintergrund stand.

Offenbar fühlte Herr S. sich auch deshalb zunehmend sicherer, weil er statt einer inzestuösen Nähe eine haltende Einstellung bei mir bemerkte, mit der ich bereit war, die drohenden Gefahren mit ihm zu teilen. Das war nicht von Anfang an der Fall. Und die suizidale Krise stellte geradezu den Höhepunkt seines unbewussten »Beziehungstests« dar, ob ich ihn einfühlsam akzeptieren oder uneinfühlsam ablehnen und wegschicken würde.

Als entscheidende Veränderung lässt sich feststellen, dass sowohl Sexualität als auch Aggressivität, die zu Beginn der Behandlung affektiv dissoziiert und an die »Zimmersituation« im Sinne eines »zentralen traumatischen Situationsthemas« (vgl. Fischer u. Riedesser 1998, S. 69f.) gebunden und damit unintegriert (oder unrepräsentiert) geblieben waren, allmählich und nachvollziehbar in das interaktive und intersubjektive Feld von Analytiker und Patient integriert werden konnten, womit sie dem Patienten intentional wieder zur Verfügung standen. Diese Veränderung hat sich über verschiedene kritische Situation der Analyse vollzogen, am ausgeprägtesten und riskantesten in der suizidalen Krise. In diesen Situationen sind sehr deutlich auch die drei Momente zu erkennen, die ich im ersten Teil hervorgehoben habe: dass Herr S. unbewusst versuchte, eine Beziehung mit spezifischem Gefälle herzustellen, und in der Gegenübertragung aversive Affekte auslöste und Umkehrungen von Aktivität in Passivität induzierte. Insgesamt fällt auf, dass die entstandenen Veränderungen weniger mit kognitiven Einsichten, sondern mehr mit dem Verstehen der gegenseitigen Affektregulierung als Beziehungsregulierung zusammenhängen (vgl. Reck et al. 2002; eine entsprechende Untersuchung der vorliegenden Transkripte auf Emotions-Abstraktions-Muster bei Patient und Analytiker läuft noch; vgl. Mergenthaler 1997).

Es bleibt mir abschließend noch der Hinweis, dass ich in dieser schon länger zurückliegenden Behandlung intuitiv Momente eines an diesen Fall angepassten Technikverständnisses verwirklichen konnte, die heute meines Erachtens mit Recht im Sinne einer »störungsspezifischen« psychodynamischen Therapie (vgl. Rudolf 2003) in Fortbildungen gelehrt werden sollten.

▓ Literatur

Balint, M. (1968): Therapeutische Aspekte der Regression. Die Theorie der Grundstörung. Stuttgart, 1970.

Böker, H.; Gramigna, R.; Leuzinger-Bohleber, M. (2002): Ist Psychotherapie bei Depressionen wirksam? Jahrbuch für Kritische Medizin 36: 54–75.

Deserno, H. (1990): Die Analyse und das Arbeitsbündnis. Eine Kritik. Frankfurt a. M., 1994.

Deserno, H. (1999): Der Traum im Verhältnis zu Übertragung und Erinnerung. In: Deserno, H. (Hg.): Das Jahrhundert der Traumdeutung. Stuttgart, S. 397–431.

Deserno, H. (2003): Zum Verhältnis von Trauma und Konflikt. In: Leuzinger-Bohleber, M.; Zwiebel, R. (Hg.): Trauma, Beziehung und soziale Realität. Tübingen, S. 33–59.

Deserno, H. (2005): Depression und Liebe. In: Hau, S.; Busch, H.-J.; Deserno, H. (Hg.): Depression – zwischen Lebensgefühl und Krankheit. Göttingen.

Deserno, H.; Hau, S.; Brech, E. et al. (1998): »Wiederholen« der Übertragung? Das zentrale Beziehungskonfliktthema (ZBKT) der 290. Stunde – Fragen, Probleme, Ergebnisse. Psychotherapie, Psychosomatik, Medizinische Psychologie 48: 287-297.

Eckstaedt, A. (1980): »Mimi überreicht Madame Grenouillet einen Blumenstrauß« – eine psychoanalytische Studie über den Weg der Phantasie des vierjährigen Paul Klee anhand einer Kinderzeichnung. Psyche – Z. Psychoanal. 34: 1123-1144.

Ermann, M. (1995): Die Traumerinnerung bei Patienten mit psychogenen Schlafstörungen. In: Traum und Gedächtnis. Materialien aus dem Sigmund-Freud-Institut, 15. Münster, S. 165-187.

Fischer, G.; Riedesser, P. (1998): Lehrbuch der Psychotraumatologie. 2. Aufl. München.

Freud, S. (1937c): Die endliche und die unendliche Analyse. G. W. Bd. XVI. Frankfurt a. M., S. 59-99.

Gabbard, G. O. (2003): Miscarriages of psychoanalytic treatment with suicidal patients. International Journal of Psycho-Analysis 84: 249-261.

Gill, M. M. (1982): Die Übertragungsanalyse. Theorie und Technik. Frankfurt a. M., 1996.

Herold, R. (1998): Eine Partitur der Übertragung – Beziehungserleben in Psychoanalysen. Psychotherapie, Psychosomatik, Medizinische Psychologie 48: 274-286.

Hölzer, M.; Dahl, H.; Kächele, H. (1998): Die Identifikation repetitiver Beziehungsmuster mit Hilfe der Frames-Methode. Psychotherapie, Psychosomatik, Medizinische Psychologie 48: 298-307.

Holderegger, H. (1993): Der Umgang mit dem Trauma. Stuttgart.

Jacobson, E. (1971): Depression. Eine vergleichende Untersuchung normaler, neurotischer und psychotisch-depressiver Zustände. Frankfurt a. M., 1977.

Leuzinger-Bohleber, M. (2005): Depressionsforschung zwischen Anpassung und Verweigerung. In: Hau, S.; Busch, H.-J.; Deserno, H. (Hg.): Depression – zwischen Lebensgefühl und Krankheit. Göttingen.

Leuzinger-Bohleber, M.; Pfeiffer, R. (1995): »Ich warf mich voll Angst auf den Boden ...« Traumdetail einer Analysandin – sensomotorische Aspekte des Gedächtnisses. In: Traum und Gedächtnis. Materialien aus dem Sigmund-Freud-Institut, 15. Münster, S. 55-95.

Leuzinger-Bohleber, M.; Stuhr, U.; Rüger, B.; Beutel, M. (2002): Langzeitwirkungen von Psychoanalysen und Psychotherapien: Eine multiperspektivische, repräsentative Katamnesestudie. Psyche 55: 193-176.

Lewin, B. D. (1961): Reflections on depression. In: Arlow, J. A. (Hg.): Selected Writings of Bertram D. Lewin. New York, 1973, S. 147-157.

Maltsberger, J. T. (2004): The descent into suicide. International Journal of Psychoanalysis 85: 653-668.

Mentzos, S. (1982): Neurotische Konfliktverarbeitung. Einführung in die psychoanalytische Neurosenlehre unter Berücksichtigung neuer Perspektiven. München.

Mergenthaler, E. (1997): Emotions/Abstraktionsmuster in Verbatimprotokollen. Ein Beitrag zur computergestützten lexikalischen Beschreibung des psychotherapeutischen Prozesses. Frankfurt a. M.

Reck, C.; Backenstraß, M.; Mundt, C. (2002): Depression und interaktive Affektregulierung. In: Böker, H.; Hell, D. (Hg.): Therapie der affektiven Störungen. Psychosoziale und neurobiologische Perspektiven. Stuttgart u. a., S. 45-54.

Rudolf, G. (2003): Störungsmodelle und Interventionsstrategien in der psychodynamischen Depressionsbehandlung. Zeitschrift für Psychosomatische Medizin und Psychotherapie 49: 363-376.

S., Leo (1998): »Ich habe geträumt, daß ich geträumt habe. Psychotherapie, Psychosomatik, Medizinische Psychologie 48: 268-273.

Thomä, H. (1984): Der Beitrag des Analytikers zur Übertragung. Psyche 38: 29-62.

Thomä, H.; Kächele, H. (1985, 1988): Lehrbuch der psychoanalytischen Therapie. Bd. 1, 2. Heidelberg u. a.

Will, H.; Grabenstedt, Y.; Völkl, G.; Banck, G. (1998): Depression. Psychodynamik und Therapie. Stuttgart.

■ Melitta Fischer-Kern, Peter Schuster
und Marianne Springer-Kremser

Caring for Depressed Patients

Spezifizierte psychotherapeutische Settings
für depressive Patienten

Während Depression von der Psychiatrie ursprünglich als ein lang andauerndes Leiden mit schweren Folgen angesehen wurde, setzte sich beginnend in den 1970er Jahren bis heute eine entschieden positivere Meinung durch, es handle sich um eine Krankheit, die leicht mittels antidepressiver Medikation behandelbar sei. Mit wachsendem Unbehagen stand die Sichtweise, dass Antidepressiva sicherlich eine hilfreiche, aber begrenzte Wirkung haben, neben dem klinischen Eindruck, dass es deshalb weiterhin Patienten mit anhaltenden und ernsthaften Schwierigkeiten gibt, die von einer medikamentösen Behandlung weitgehend unbeeinflusst bleiben. So fand das »NIMH Collaborative Program of the Psychobiology of Depression« zum Beispiel, dass nur einer von acht Patienten, die man über 15 Jahre untersucht hat, von der ursprünglichen depressiven Episode genesen und danach stabil geblieben war. Wenngleich die Zahlen abhängig von der jeweils untersuchten Stichprobe variieren, kann man sagen, dass circa 10 bis 15 % depressiver Patienten chronisch depressiv sein werden und weitere 50 % ein oder mehrere Rezidive haben werden, zum Teil ohne sich von der Ausgangsdepression erholt zu haben (vgl. Taylor 2002). Aufgrund ihrer Prävalenz, ihrer Chronizität und ihrer Folgen ist die Depression weiterhin eine der weltweit bedeutendsten Ursachen für psychische Behinderung.

Depression ist ein sehr facettenreiches Zustandsbild, das sinnvollerweise von verschiedenen Blickwinkeln untersucht werden kann – dem biochemischen, neurophysiologischen, genetischen, entwicklungspsychologischen, interpersonalen und sozialen. Ein Diskurs, der all diese Ebenen berücksichtigt, scheint wichtig, gerade weil Depression eine besondere Rolle unter all den verschiedenen psychischen Leiden und Erkrankungen einnimmt. Über den Krankheitsaspekt hinaus tangieren die depressiven Symptome die wesentlichen menschlichen Bedürfnisse, so dass der Depression eine nahezu universelle Erlebensqualität zugeschrieben werden kann. Wie schon Freud (1916-17g) in seiner Arbeit »Trauer und Melancholie« aufzeigt, ist Trauer als das Normalvorbild depressiver Störungen anzusehen. »Depression bringt viel mit sich, was uns in ähnlicher Weise aus Erfahrungen unserer eigenen Lebensentwicklung bekannt ist, den uralten sich ewig hinziehenden Kämpfen mit Sehnsucht, Traurigkeit, enttäuschten Hoffnungen und Wünschen, Ärger, Wut und Rebellion, mit seelischem Schmerz, Kummer, dem Kampf mit der Schuld, mit dem Übernehmen moralischer Verantwortung oder den Schuldzuweisungen und den Konflikten zwischen Liebe und Haß, Zerstörungswünschen, Wiedergutmachung und Kreativität. All diese Gefühlszustände und motivationalen Dispositionen gruppieren sich um das Flagschiff Depression« (Taylor 2002).

Freud arbeitet in »Trauer und Melancholie« heraus, dass bei der Trauer das zugrunde liegende Verlusterleben mit zunehmendem Abstand von dem auslösenden Ereignis emotional wie auch kognitiv verarbeitet zu werden vermag, den Depressiven es jedoch nicht möglich ist, ein zugrunde liegendes Verlusterleben, Trennungserleben oder die sie in Schuldgefühle versetzende Gewissensproblematik zu verarbeiten. Nach Freud hat sich im besonderen Karl Abraham mit den eine Depression auslösenden oder aufrechterhaltenden Mechanismen auseinander gesetzt und den Prozess der psychischen Einverleibung und nachfolgenden Identifizierung mit dem verlorenen oder verloren geglaubten Objekt und den daraus resultierenden pathologischen Über-Ich-Strukturen weiter ausgearbeitet. Melanie Klein hat die Ideen Abrahams aufgenommen und mit ihrer Beschreibung der depressiven Position als einer psychischen Errungenschaft, in der die Beschädigung des Objekts anerkannt und Wiedergutmachung geleistet werden kann, weiterentwickelt. Exemplarisch sollen von den nachfolgenden Generationen von Depressionsforschern mit Silvano Arieti, Money-Kyrle, Henry Rey, David Taylor, Hugo Bleichmar und Sidney Blatt einige Vertreter unterschiedlicher psychoanalytischer Richtungen erwähnt werden.

In der heutigen klinischen Praxis gilt es, unterschiedliche behandlungstechnische Gesichtspunkte, seien es psychopharmakologische Behandlungsmöglichkeiten oder psychotherapeutische Techniken anderer Disziplinen, mit unserem psychoanalytischen Wissen um das Krankheitsbild Depression zu verbinden. An der Klinik für Tiefenpsychologie und Psychotherapie, die eingebettet in die Strukturen einer medizinischen Universität vor speziellen Anforderungen steht, ist eine Annäherung an das Problem Depression unter verschiedenen Gesichtspunkten gefordert. Neben einer differentiellen Diagnostik depressiver Zustände und der damit einhergehenden differentiellen Indikationsstellung muss die Behandlung entsprechend jeweils unterschiedlicher Rahmenbedingungen in unterschiedlichen Settings berücksichtigt werden. Diese Indikations- und Behandlungskonzepte sollen im Detail dargestellt werden.

▪ Diagnostik depressiver Zustände

Dabei orientieren wir uns in unseren diagnostischen Gewohnheiten an den Kriterien Kernbergs (1984) zur Klassifizierung von Strukturniveaus in der Persönlichkeitsorganisation (1) neurotische Persönlichkeitsorganisation, (2) Borderline-Persönlichkeitsorganisation, (3) psychotische Persönlichkeitsorganisation. »Depression« entspricht auf jedem dieser Funktionsniveaus ein unterschiedliches subjektives Erleben wie auch eine zu unterscheidende spezifische Psychodynamik. Grob können die folgenden Möglichkeiten einer psychodynamischen Beschreibung von Depression auf den drei Strukturniveaus exemplarisch umrissen werden:

■ Depressive Zustandsbilder auf neurotisch-normalem Strukturniveau

Auf neurotisch-normalem Strukturniveau führt üblicherweise der Verlust (entweder als realer Verlust oder Beziehungsabbruch infolge von Enttäuschung) einer signifikanten Bezugsperson (einer Einzelperson oder auch einer Firma etc.) oder einer bedeutsamen Idee oder eines bedeutsamen Ziels zu einer psychischen Situation, in der im Normalfall dieser Verlust in Form einer normalen Trauerreaktion (Trauerarbeit) überwunden werden kann. Ver- oder behindern äußere oder innere Momente diese zu leistende psychische Arbeit, in deren Verlauf die Ängste und Probleme der depressiven Position bewältigt werden müssen, kommt es zu pathologischen (pathologisch langen oder schweren) Trauerreaktionen. Gewinnt der »Verlust« im Rahmen der bestehenden (unbewussten) Konfliktsituation einen größeren Stellenwert, kann dies zum Ausgangspunkt einer neurotischen Entwicklung werden, die von anhaltenden, scheinbar ohne Anlass auftretenden (depressiven oder dysphorischen) Verstimmungen geprägt sein kann (Dysthymien).

■ Depressive Zustandsbilder auf Borderlineniveau

Schwerwiegende depressive Verstimmungszustände treten infolge der Aktivierung von Objektbeziehungsmustern auf, die unterschiedliche (innere, das heißt als unbewusste Phantasien) Ausgestaltungen von (oft destruktiver) Aggression bedeuten. So kann ein Objektbeziehungsmuster aktiviert werden, das durch ein unerbittliches, böses Objekt gekennzeichnet ist, ein im wahrsten Sinne des Wortes »schlechtes« Gewissen, das das Subjekt mit Vorwürfen verfolgt und es unter dem Vorwand von Moral sadistisch quält.

Die eigene Aggression gegenüber den (inneren oder äußeren) »guten« Objekten kann auch als so wenig beherrschbar und dementsprechend als quälend und in diesem Fall auch zu berechtigten schwersten »Schuldgefühlen« führend erlebt werden. Als Abwehr gegen die drohende Beschädigung des »guten« Objekts kann auch ein Versuch der stärkeren Idealisierung dieses Objekts dergestalt gemacht werden, dass der eigene Wert möglichst tief angesetzt wird. Massive Gefühle von Wertlosigkeit und Minderwertigkeit sind die subjektive Folge.

■ Depressive Zustandsbilder auf psychotischem Strukturniveau

Manisch-depressive Störungen: Die depressive Position ist nicht soweit durchgearbeitet worden, dass die nötige Sicherheit entwickelt werden konnte, bei einem Verlusterlebnis mit damit einhergehenden Verlust des »guten inneren Objekts« die innere Welt wieder aufbauen zu können. Jeder bedeutsame Verlust konfrontiert folglich diesen Menschen mit unerträglicher Hoffnungslosigkeit und Verzweiflung und einem Gewissen, das ihn für den Verlust verantwortlich macht und ihn mit fürchterlichen Vorwürfen quält. Der Versuch, das verlorene (innere »gute«) Objekt durch Introjektion und nachfolgender Identifizierung mit ihm (»der Schatten des Objektes fiel so auf das Ich«, Freud 1916-17g, S. 435) wiederherzustellen, führt lediglich dazu, dass die infolge der zwiespältigen (ambivalenten) Einstellung gegenüber dem verlorenen Objekt vorherrschenden aggressiven Impulse sich nun gegen das eigene Ich richten beziehungsweise zur Ausprägung einer schrecklichen (unbewussten) Phantasie führen, ein totes/sterbendes Objekt im Inneren der eigenen Person zu beherbergen. Die auftretenden typischen Symptome einer voll ausgebildeten Depression können einerseits als (misslingende) Abwehrversuche, andererseits als psychosomatische Folgen der psychischen Situation verstanden werden. Die mehr oder minder erfolgreiche Verleugnung und Umkehrung ins Gegenteil dieser psychophysischen Katastrophe erscheint als manische Verstimmung, die als Umsetzung einer Phantasie von grenzenloser Allmacht, Unabhängigkeit und Freiheit gelebt wird.

Gruppe der schizophrenen Störungen: Im Allgemeinen führt die Fragmentierung und Zerstückelung jeglicher psychischer Momente, eben auch des Gefühlslebens, zu einer Unfähigkeit, depressive Erfahrungen zu empfinden und psychisch zu gestalten.

Im Vordergrund der dennoch auftretenden Verstimmungen stehen eher »Gefühle« der Leere und des Entleertseins beziehungsweise eine Flachheit des emotionalen Lebens. Im Kontakt wird entweder diese Flachheit und Leere spürbar oder, insofern sich der Kranke exzessiver projektiver Identifizierungen bedient, die Verzweiflung, die Ohnmacht und Angst, zu der der Kranke selbst meist keinen Zugang hat (Schuster 2004).

■ Behandlung depressiver Zustände in unterschiedlichen Settings

■ Kontextorientierte Modellentwicklung in der Psychotherapieplanung – KOMEPP

Im Rahmen des Arbeitsschwerpunkts Erstdiagnostik und Psychotherapieplanung war die Klinik für Tiefenpsychologie und Psychotherapie in den letzten Jahren zunehmend mit Patienten befasst, die bereits zahlreiche erfolglose psychiatrisch-psychopharmakologische und psychotherapeutische Behandlungsversuche hinter sich gebracht hatten. Ausgehend von der Frage, inwieweit bei diesen Patienten pathologische Beziehungskonstellationen die Aufnahme oder Aufrechterhaltung einer Erfolg versprechenden Behandlung verhinderten, versuchten wir eine Therapieplanung unter Berücksichtigung dieser Beziehungssysteme zu konzeptualisieren. Das Ergebnis dieser Bestrebungen wurde unter dem Titel »Kontextorientierte Modellentwicklung in der Psychotherapieplanung«, kurz KOMEPP, zusammengefasst. Eine Psychotherapieplanung durch KOMEPP ist am ehesten mit einer auf den Einzelfall abgestimmten Organisationsentwicklung vergleichbar, wobei es darum geht, die Organisation zur Durchführung von Psychotherapie zu schaffen, um diese dann andernorts umsetzen zu können und gegebenenfalls zu koordinieren.

■ Ablauf einer kontextorientierten Therapieplanung

In einem psychoanalytisch-diagnostischen Erstgespräch (strukturelles Interview nach Kernberg 1984) wird zunächst eine Strukturdiagnose anhand der Fähigkeit zur Realitätsprüfung, der Identitätsintegration, der Qualität der Objektbeziehungen sowie der Reife der Abwehrmechanismen erstellt. Anschließend werden in Erweiterung des diagnostischen Prozesses der Patienten-Kontext und der professionelle Kontext definiert. Dabei umfasst der Patienten-Kontext die soziale Situation des Patienten, sein aktuell bedeutsames Beziehungssystem, den Lebenszyklus sowie den Anlass seines Wunsches nach Behandlung. Der professionelle Kontext umfasst alle bisherigen und die derzeit durchgeführten Behandlungen.

In einem nächsten Schritt wird ein diagnostisches Familiengespräch mit dem Patienten und seinen aktuell bedeutsamen Beziehungspersonen (Partner, Familie) vereinbart. Dieses Familiengespräch wird gemeinsam von einer systemischen Familientherapeutin und einem Psychoanalytiker in Anwesenheit eines Beobachters des KOMEPP-Teams geführt. Die Überweiser und bisherige Behandler wohnen dem Gespräch mittels Videoübertragung in einem Nebenraum bei. Anhand dieses Familiengesprächs wird eine Familiendiagnose (systemische Familiendiagnose nach Olson 1990) erstellt.

Unmittelbar danach folgt eine erste Reflexion im KOMEPP-Team unter Einbeziehung der Überweiser und der bisherigen Behandler über die Problemstellung des Patienten innerhalb seines Bezugssystems. In dieses Teamgespräch fließen die intellektuellen und affektiven Reaktionen aller Beteiligten ein. Es sind dies sowohl verschiedene theoretische Ansätze als auch ganz persönliche, von den jeweils unterschiedlichen Erfahrungen der Einzelnen getragene emotionale Eindrücke. Dieser sehr wichtige Prozess kann als eine Art Gegenübertragungsreaktion des professionellen Kontextes auf den Patientenkontext verstanden werden, in dem Hypothesen zur Psychodynamik und deren Implikationen für die Behandlungsplanung erarbeitet werden. Meist sind darüber hinaus noch weitere Teamgespräche oder die Konsultation von externen Fachkollegen zur Berücksichtigung aller relevanten Pathogenese- und Behandlungsmodelle notwendig. Weiters bedarf es oftmals zusätzlicher Familiengespräche, um Verständnis für die Erkrankung und Motivation für eine Behandlung im Patientensystem weiterzuentwickeln.

Erst dann kann ein am individuellen Kontext orientiertes Behandlungsmodell festgelegt werden, in dem multiprofessionelle und methodenpluralistische Gesichtspunkte Berücksichtigung finden; danach kann die Überweisung in die entsprechende Therapie erfolgen.

Eine fortlaufende Kommunikation mit dem hergestellten professionellen Kontext im Sinne eines Therapiemanagements unterstützt durch die Vernetzung der Behandler, Intervision oder eventuelle Abwandlung des Therapieplans die Aufrechterhaltung des therapeutischen Settings.

▧ Fallvignette

Frau A., eine 32-jährige Frau mit seit vielen Jahren chronischer und weitgehend therapierefraktärer Depression wird von ihrem behandelnden Psychiater an unsere Klinik zur Therapieplanung zugewiesen. In einer bäuerlichen Familie als jüngste von vier Geschwistern aufgewachsen, versuchte sich Frau A. – eine intelligente, im Aussehen wenig attraktive Frau – zunächst schulisch und beruflich hinaufzuarbeiten, brach jedoch aufgrund von Versagensängsten zunächst diverse Ausbildungen, nach Abschluss ihrer Physiotherapeutenausbildung diverse Anstellungsverhältnisse immer wieder ab. Nach ihrer Heirat mit einem Gastwirt arbeitete sie fallweise im Betrieb des Gatten und dessen Familie mit. Die Ehe blieb ungewollt kinderlos.

Zum Zeitpunkt des Erstkontakts an unserer Klinik war die Patientin seit sieben Jahren praktisch ununterbrochen in verschiedenen Behandlungen: zahlreiche stationäre Behandlungen in psychiatrischen oder stationär-psychotherapeutischen Einrichtungen, ambulante Verhaltenstherapie, missglückte Versuche einer Paartherapie. Sie litt unter schweren depressiven Phasen, von denen sie niemals vollständig remittierte, war weitgehend arbeitsunfähig, ein Suizidversuch und wiederkehrende Suizidankündigungen belasteten die familiäre Atmosphäre.

Ein psychoanalytisches Erstgespräch bestätigte die Diagnose einer rezidivierenden depressiven Störung bei perfektionistischer, auf reales und vermeintliches Versagen mit depressivem Rückzug und Suizidalität reagierender Charakterstruktur. Das diagnostische Familiengespräch mit der Patientin und dem Ehemann ergab eine rigid verstrickte Familiendiagnose mit sehr unterschiedlichen Familienkulturen in den jeweiligen Herkunftsfamilien des Paars und fehlender Integration der Patientin in die angeheiratete Familie. Bisherige Paartherapien scheiterten daran, dass die Krankheit der Patientin immer im Vordergrund stand, während sich der Ehemann – im Kampf gegen die Anfeindungen seiner Familie ob seiner Partnerwahl, in den Bemühungen, eine Existenzgrundlage zu schaffen, und den Suizidandrohungen seiner Ehefrau ausgesetzt – zu wenig berücksichtigt fühlte. Im Behandlersystem dominierte ebenfalls eine Atmosphäre der Hilflosigkeit: das intensive Bemühen der Therapeuten, die Situation der Patientin zu verbessern, erwies sich als vergeblich, da jede Besserung zu einer Überforderung der Patientin und – mit Suiziddrohungen quittiert – zu Hospitalisierung führte. In der Reflexion im KOMEPP-Team gelang es, diese äußere Situation der Patientin – ihre Interaktion mit der Familie, die Interaktion mit den Therapeuten – mit der inneren Situation der Patientin in Verbindung zu bringen: das Bild einer depressiven Frau, die immer wieder versucht, eine »gute« Welt in sich aufzubauen, darin versagt und sich schließlich mit einer inneren Welt der Zerstörung konfrontiert sieht, die sie durch Suizid auszulöschen versucht. Der unerfüllte Kinderwunsch wird da zu einem äußeren Zeichen dieses Unvermögens, in ihrem Inneren etwas Gutes aufzubauen. Aus diesen Überlegungen ergaben sich für Entwicklung eines Behandlungskonzepts folgende Strategien:

1. Zuweisung zu einer Paartherapie erst nachdem in weiteren Familiengesprächen an der Klinik beim Ehemann eine Motivation für eine Paartherapie geschaffen werden kann, in der nicht »nur« die Erkrankung seiner Frau, sondern genauso seine eigenen Bedürfnisse und Probleme Berücksichtigung finden;

2. Zuweisung der Patientin in eine psychoanalytische Psychotherapie, in der auf die innere Welt der Patientin fokussiert wird und mögliche unverarbeitete Verlusterlebnisse in der Kindheit durchgearbeitet werden können;

3. Eine psychiatrische Betreuung der Patientin, die neben der psychopharmakologischen Behandlung ein Krisenmanagement umfasst, das eine Handhabung der suizidalen Krisen und Suiziddrohungen der Patientin ermöglicht und damit dem Einzeltherapeuten Raum für seine therapeutische Aufgabenstellung als auch dem Ehemann mehr Handlungsraum im alltäglichen Leben gibt;

4. Vernetzung der an der Behandlung beteiligten Therapeuten sowie regelmäßige Besprechungen der Behandler mit dem KOMEPP-Team im Sinne eines Therapiemanagements.

Seit der Ausarbeitung dieses Therapieplans hatten wir mehrmals Gelegenheit, gemeinsam mit den Therapeuten über die Behandlung von Frau A. nachzudenken. Nach zwei Jahren war das Paar weiterhin in Familientherapie. Es kam zur keiner weiteren stationären Aufnahme. Zuletzt besuchte die Patientin eine Fachhochschule. Die Einzeltherapie wurde nach knapp zwei Jahren von der Patientin wegen schulischer Belastungen unterbrochen. Die Therapeutin sah diese Unterbrechung als Ausdruck der Abwehr von Abhängigkeitsgefühlen gegenüber der Therapie und als Zurückweichen davor, die Spaltung in die gute eigene und die ablehnende angeheiratete Familie aufzugeben und sich differenziert mit ihren äußeren und inneren Elternfiguren auseinander zu setzen. Inwieweit die Patientin von dem Angebot, die Einzeltherapie wieder aufzunehmen, Gebrauch machen wird, blieb offen.

Unsere bisherigen Erfahrungen mit KOMEPP haben gezeigt, dass diese methodenpluralistische und multiprofessionell ausgerichtete Psychotherapieplanung bei Patienten mit chronifizierten oder therapierefraktären Depressionen hilfreich sein kann, um die Möglichkeiten einer psychotherapeutischen Behandlung zu verbessern, wenngleich – wie die vorangestellte Fallvignette zeigt – in Grenzen.

■ Psychoanalyse

Ein zweiter Arbeitsschwerpunkt der Universitätsklinik für Tiefenpsychologie und Psychotherapie ist die Durchführung von Psychoanalysen bei Patienten mit schweren Persönlichkeits- und psychotischen Störungen. Während die psychoanalytische Psychosenbehandlung in Amerika (Frieda Fromm-Reichmann) und England (Klein, Rosenfeld, Segal) auf eine lange Tradition zurückblicken kann, wird die Indikation von Psychoanalyse für psychotische Störungen im deutschsprachigen Raum sehr restriktiv gestellt. Eine Universitätsklinik mit den Möglichkeiten einer umfassenden Psychotherapievorbereitung und -planung sowie der räumlichen Nähe zu bettenführenden psychiatrischen Einrichtungen kann sich dieser Aufgabe eher stellen. Eine regelmäßige Supervision mit in diesem Gebiet erfahrenen ausländischen Kollegen – eine »Psychosengruppe« mit Hanna Segal ist seit Jahren an der Klinik installiert – kann das theoretische und behandlungstechnische Verständnis für diese schwierige Aufgabenstellung erweitern. So sind gerade in der Behandlung manisch-depressiver Psychosen in einem klassisch psychonalytischen Setting die bisherigen – hinsichtlich der Fallzahl natürlich beschränkten – Erfahrungen an unserer Klinik erfolgversprechend. Im Folgenden soll aus der Behandlung eines jungen Mannes mit manisch-depressiver Psychose ein spezifisches Symptom – bildlose Träume – und die Bedeutung dieses Symptoms im Kontext der analytischen Behandlung näher untersucht werden.

Der 29-jährige Patient wird wegen einer schweren Identitätsstörung in Psychoanalyse überwiesen. Er ist ständig mit der Frage nach seiner sexuellen Identität beschäftigt, hat wiederkehrende Suizidideen und fühlt sich unfähig, sein Leben zu bewältigen.

Der Patient wuchs in einer bäuerlichen Großfamilie als das jüngste von sieben Kindern auf. Er war ein phantasiebegabtes, ängstliches Kind, sehr an die Mutter gebunden, das Einvernehmen mit dem Vater war schlecht. Als Kind und auch später als Erwachsener lebt er intensiv in seinen Tagträumen, später teilweise abgelöst von stundenlangem Fernsehen. Auch in der Nacht träumt er viel. Überhaupt ist Schlafen und Träumen ein wichtiger Rückzug aus dem überfordernden Leben. Aufwachen bedeutet dann einen Einbruch, Suizidgedanken tauchen auf. Oftmals ist aber auch das Traumleben gestört. Alpträume – meist Absturzträume – begleiten ihn seit seiner Kindheit. Schlimmer als Alpträume sind Träume, in denen er sich an jemanden – oft ist es die Mutter – wendet, die aber enden in einem tonlosen Schrei. Oder er wird überwältigt, von einer Flut von Bildern, die ihn überrollen, unfähig, sie zu ordnen, vor denen er wie ein Zuschauer steht. In anderen Träumen geht jede Ausdrucksmöglichkeit (sowohl die Stimme als auch die visuelle Darstellung) verloren:

»… für mich ist das alles sehr real, was gesagt wird und was ich träume, das beeinflusst mich stark, da sind meine Träume und dann sind diese leeren Nächte, die traumlosen Nächte, und nach so einer Nacht ist die Frage, wie ich den Tag darauf bewältige. Und ich bin dann drauf gekommen, mit meinen Suizidgedanken, ich habe die immer weiter gesponnen, ich bin aufgewacht, da war ein wahnsinnig schlechtes Gefühl und ich wollte mich auflösen … ich habe gemerkt, das ist meine Grundstimmung, es ist mir ein Rätsel. Immer wieder diese dumpfen Träume, ich versuche da wenigsten einen Fetzen zu erwischen.«

Nach solchen Situationen wacht der Patient auf mit einem extremen Gefühl des Unbehagens, dem Wunsch, sterben zu wollen, und dem Bewusstsein, dass da etwas war in der Nacht, das kein Traum war, sondern nur ein schreckliches Gefühl. Oder besser gesagt, er wacht nicht auf:

»Heute ist wieder so ein Tag, wo ich den ganzen Vormittag gebraucht habe, um aufzuwachen, da war wieder etwas in der Nacht. Ich weiß nicht, was da war, aber ich habe so lange gebraucht, um die Gedanken wieder zu ordnen, und diese depressive Stimmung, da sind die Sachen, die mir in den Kopf kommen zu groß. … und in der Früh, da sind die Dinge dann so groß, und das dauert so lange, bis ich die so klein hinkriege, wie sie sind.«

Diese Zustände werden vom Patienten als »Träume« bezeichnet, in der Terminologie der Psychopathologie würden wir sie eher als psychotische Denkstörungen beschreiben, einmal ist es ein überwältigender Ansturm von Gedanken (Bildern), einmal ist es namenlose Leere. Sie sind aber auch auf den Kontext der analytischen Situation übertragbar: »der tonlose Schrei« als Ausdruck seines Unvermögens, in der Analyse mit mir zu kommunizieren, und der damit verbundenen Verzweiflung. Genauso kann der »bildlose Traum« verstanden werden als Beschreibung der Qualität von Analysestunden, auch sie können »unbearbeitete Brocken« sein, die den Patienten in einen Zustand bringen, in dem er sich gefangen und gelähmt fühlt, wenn es dem Analytiker nicht gelingt, diese verfolgenden Eindrücke in Bilder umzuwandeln, gleichsam für den Patienten zu träumen.

Die Erfahrungen, die der Patient verdichtet in dem Satz »Wenn ich nicht träume, geht's mir schlecht« lassen sich theoretisch fassen in dem bionschen Konzept des »undreamable objects«. Bion Zufolge sind Erfahrungen namenloser Angst zu verstehen im Sinne eines Scheiterns der Alpha-Funktion. Wenn es dem Patienten nicht gelingt, seine Sinneseindrücke in Alpha-Elemente umzuwandeln und in einem Traum zu bewältigen (durchzuarbeiten), wenn es ihm nicht einmal gelingt, Beta-Elemente zu bilden und diese durch einen Traum oder eine Halluzination auszuscheiden, wenn das Scheitern also noch einen Schritt weiter geht, so kann die Erfahrung überhaupt nicht mehr im Psychischen gehalten werden und wird zu einer rein körperlichen Erfahrung, nämlich einem schrecklichen Gefühl, das ihn vollständig ausfüllt. In Elemente der Psychoanalyse (1963) beschreibt Bion diese Situation in eindrücklicher Weise:

»Ich gehe also von einem Mischzustand aus, in dem der Patient von Gefühlen der Depression verfolgt und von Gefühlen des Verfolgtwerdens deprimiert wird. Diese Gefühle sind von Körperempfindungen nicht zu unterscheiden. Sie können im Licht des späteren Unterscheidungsvermögens als ‚Dinge an sich‘ bezeichnet werden. Kurzum, Beta-Elemente sind Objekte, die sich aus Dingen an sich, Gefühlen der Depression, des Verfolgtwerdens und der Schuld zusammensetzen, und daher Aspekte der Persönlichkeit, die durch ein Gefühl von Katastrophe verbunden sind« (Bion 1963, S. 71).

Dieses Zitat scheint eine treffende Beschreibung für die Erfahrungen, mit denen der Patient nach diesen »leeren Nächten« in die Analysestunde kommt, in der Hoffnung, dort Unterstützung zu finden, diese Erfahrungen in ein fassbares Narrativ umwandeln zu können.

Es versteht sich von selbst, dass diese Erfahrungen auch den

Analytiker in seinem Erleben der Gegenübertragung vor große und nicht immer bewältigbare Anforderungen stellen.

▓ Psychoanalytische Fokaltherapie

In der Liaisoneinrichtung »Psychosomatische Frauenambulanz« wurden im Rahmen der Evaluierung der Triagefunktion des diagnostischen Erstinterviews die Erstkontakte mit 103 Patientinnen hinsichtlich verschiedener Merkmale untersucht. Bei 38 Patientinnen (35 %) wurde die Diagnose »Anpassungsstörung mit depressiven Merkmalen« (ICD-10: F 43.21 oder 43.22) gestellt (Springer-Kremser et al. 1997). Bei den Anpassungsproblemen handelt es sich um Anforderungen, die im Zusammenhang mit unterschiedlichen Life-events gestellt wurden, zum Beispiel Gewalterfahrungen im sozialen Nahbereich; Verluste, die direkt oder indirekt den weiblichen Körper betrafen: glücklose Schwangerschaften, das heißt Verlust der Vorstellung, ein gesundes und schönes Kind zu haben, Verlust einer Brust wegen eines Mammakarzinoms, Verlust der Potenz/Fruchtbarkeit im Zusammenhang mit menopausalen Beschwerden und anderes mehr.

Neben Somatisierungstendenzen war – je nach persönlicher Vulnerabilität oder auch Dauer der Belastungssituation – die emotionale Beeinträchtigung, die sich vorwiegend in einer depressiven Stimmung, Angst und Besorgnis äußerte, im Vordergrund.

In der Folge wird die Indikationsstellung zu psychoanalytischer Kurzpsychotherapie für eine Patientin mit depressiven Verstimmungszuständen vor dem Hintergrund einer Problematik im sexuell-reproduktiven Bereich beschrieben.

Eine circa 50-jährige Patientin wird von ihrem behandelnden Arzt in die psychosomatische Frauenambulanz mit der Diagnose »Depression« überwiesen. Die Überweisung war für die Patientin nachvollziehbar, sie fand im zeitlichen Zusammenhang mit dem Absetzen einer Hormonsubstitutionstherapie statt. Unter der Hormonersatztherapie hätte die Patientin eine gewisse Verbesserung ihrer seit Monaten bestehenden Niedergeschlagenheit und Antriebslosigkeit verspürt. Allerdings sei die Hormontherapie schon vor 14 Tagen abgesetzt worden und sie habe vor einer

Woche eine schwierige Situation, die von ihr unübliche Aktivitäten verlangte, optimal gemeistert, worüber sie offensichtlich stolz war und den Bericht über ihre Leistung auch mit einem Lächeln begleitete.

Die biographische Anamnese der Patientin ergibt, dass die offenbar konservativ unstillbaren Blutungen, die dann zur Entfernung der Gebärmutter und der Eierstöcke führten, in engem zeitlichen Zusammenhang mit dem Tod ihrer kleinen Tochter stand, die von Geburt an einer progressiven unheilbaren Erkrankung gelitten hatte.

Die Patientin hatte dieses Kind aufopfernd gepflegt, es hatten Zeiten der Spitalspflege mit häuslicher Pflege abgewechselt; immer im Bewusstsein, dass die Lebenserwartung ihrer Tochter extrem begrenzt ist und lebens- und leidensverlängernde Maßnahmen eher im Krankenhaus als zu Hause getroffen werden könnten. Schließlich verstarb ihre kleine Tochter zu Hause.

Manche der Reaktionen der Umwelt vermittelten der Patientin, dass es doch wohl besser so sei, dass das Kind vom Leiden erlöst sei, und so weiter. Sie sollte doch eigentlich erleichtert sein über den Tod des Kindes – er sei ja auch für das Kind eine Erlösung. Es wurde ihr auf diese Weise vom sozialen Umfeld die Trauer extrem schwer gemacht bis untersagt.

Der innere psychische Konflikt der Patientin zwischen dem Wunsch, die extrem belastende Pflege möge einerseits ein Ende nehmen, und andererseits möge das Kind doch nicht sterben, hatte die Patientin jahrelang begleitet. Der Tod des Kindes, über den ihr die Trauer so schwer gemacht wurde, löste natürlich auch Schuldgefühle aus: Hat sie wirklich alles getan, um zu verhindern, dass das Kind stirbt, trotz der schlechten Prognosen? Was hätte sie anderes oder besser machen können, wo hat sie selbst versagt oder ein Versagen des medizinischen Systems zugelassen oder nicht wahrgenommen? Und so weiter.

In allen diesen Gefühlsverwirrungen setzten diese Blutungen ein und es wird die Gebärmutter als »unnützes, störendes oder krankes Organ (das ein krankes Kind produziert)« entfernt. Die Blutungen und die nachfolgende Operation wurden von der Patientin zum Teil auch als gerechte Strafe für ihre Vorstellungen von Schuld und Versagen angesehen.

Im diagnostischen Erstgespräch wurde deutlich, dass die Patientin auf eine Probedeutung, das heißt auf ein Anbieten von möglichen Zusammenhängen zwischen dem doppelten Verlust, diesem partiellen Trauerverbot und ihren Gefühlen von Niedergeschlagenheit und ohnmächtiger Wut, verstehend reagiert. Es sind keinerlei Symptome einer »Major Depression« explorierbar, sehr wohl aber solche einer Anpassungsstörung, zentriert um Angst, Besorgnis, dem Gefühl, nicht zurechtzukommen, und Gefühlen unterdrückter Wut, die auch eine Reaktion auf die oft als mangelhaft empfundene Unterstützung durch ihren Mann waren.

Die Biographie der Patientin wies keine frühen Traumata auf. Es bestand eine etwas distante Beziehung zur Mutter, die offensichtlich viele Selbstbezüge im Reagieren auf andere gezeigt hatte, so auch auf das Schicksal ihrer Tochter und des kranken Enkelkindes.

Die Patientin wünschte keine antidepressive Medikation, hingegen (psychoanalytische) Psychotherapie, um diese »Verwirrung« von Trauer und Depression zu klären, zu verstehen, und dadurch eine weitere Aufhellung der Depression und eine Festigung des noch labilen seelischen Gleichgewichts zu erreichen. Es wurde die Indikation zu einer psychoanalytischen Psychotherapie, 2 Sitzungen pro Woche, Dauer: 12 Wochen, gestellt.

Das therapeutische Prozedere orientierte sich an den Grundlagen der psychoanalytischen Kurzzeittherapie, wie sie von Wolberg (1980) beschrieben wurden. Die »Handhabung initialer Widerstände« war zentriert um ein anfängliches Oszillieren der Patientin zwischen der Akzeptanz einer psychogenen Verursachung ihrer depressiven Zustände einerseits und der Idee einer möglichen überwiegend hormonellen, das heißt präklimakterischen Ätiologie andererseits. Als sie verstehen konnte, dass die Verbalisierung ihrer Gefühle von Im-Stich-gelassen-Sein nicht als Illoyalität ihrer Familie gegenüber gewertet wird, konnten auch negative Gefühle zugelassen werden. Das Fokussieren auf die Gegenwart und ein gleichzeitiges darauf Achtgeben, wie die augenblicklichen Verhaltensmuster in der Vergangenheit verankert sind, welches die Wurzeln sein können, helfen mittels der Technik des Manipulierens individuelle Ressourcen aufzuspüren und zu aktivieren. Das gemeinsame, kontinuierliche »Im-Auge-Behalten der Beendigung

der Therapie« ist bei Patienten mit Neigungen zu dependenten
Zügen zwingend erforderlich. Durch dieses strukturierte, geplante
therapeutische Vorgehen waren bei der Patientin, anlässlich einer
Katamnese nach eineinhalb Jahren, keine Charakteristika einer
Depression explorierbar.

■ Schlussbemerkung

Einer strukturellen Auffassung psychischer Störungen folgend
werden an der Universitätsklinik für Tiefenpsychologie und Psychotherapie den Patienten Therapiemodelle angeboten, die den
zugrunde liegenden psychischen Problemen und Strukturen entsprechen sollen. Auf einem neurotisch-normalen Niveau können
mit psychoanalytischen Techniken entweder eine bestimmte Sym-
ptomkonstellation mit einer Form von psychoanalytischer Kurztherapie – wie in dem Beispiel der Patientin mit depressiver Anpassungsstörung – beseitigt oder neurotische Charakterstörungen
mit einer Psychoanalyse angegangen werden. Auf Borderline-
Strukturniveau sehen wir aufgrund der Chronizität und schweren
Beeinträchtigung berechtigte Chancen für strukturelle Veränderung nur, wenn eine Psychoanalyse oder übertragungsfokussierte
psychoanalytische Psychotherapie zu ermöglichen ist. Psychotische Störungen, insbesondere manisch-depressive Psychosen – wie
im Beispiel des jungen Mannes mit »bildlosen Träumen« –, sind in
Ausnahmefällen ebenfalls einer psychoanalytischen Behandlung
zugänglich.

Es versteht sich von selbst, dass mit zunehmender Schwere der
psychischen Störung – wie im »KOMEPP-Fall« der jungen Frau
mit therapierefraktärer Depression – die Umweltvariablen stärker
in ein direktes Therapiemanagement einbezogen werden müssen,
während unsere gesünderen Patienten diese Aufgabe in ihre Eigen-
verantwortung übernehmen können.

▪ Literatur

Bion, W. (1963): Elemente der Psychoanalyse. Frankfurt a. M., 1992.

Freud, S. (1916–17g): Trauer und Melancholie. G. W. Bd. X. Frankfurt a. M., S. 428-446.

Kernberg, O. F. (1984): Schwere Persönlichkeitsstörungen. Theorie, Diagnose, Behandlungsstrategien. Stuttgart, 1991.

Olson, D. H. (1990): Clinical Rating Scale (CRS) for the Circumplex Model of Marital and Family Systems. Rev. ed. St. Paul.

Schuster, P. (2004): Persönlichkeitsstruktur in Normalität und Pathologie. In: Springer-Kremser, M.; Löffler-Stastka, H.; Kopeinig-Kreissl, M. (Hg.): Psychische Funktionen in Gesundheit und Krankheit. Wien.

Springer-Kremser, M.; Jandl-Jager, E.; Presslich-Titscher, E. (1997): The triage-function of a psychosomatic liaison service for gynecological patients. Journal of Psychosomatic Obstetrics and Gynecology 18: 220-228.

Taylor, D. (2002): Untersuchung der intrapsychischen Faktoren, die mit dem Ansprechen auf Therapie und Therapieresistenz bei chronischen oder rezidivierenden Depressionen assoziiert sind. Vortrag. Stuttgart, Furtbachkrankenhaus.

Wolberg, L. R. (1980): Kurzzeit-Psychotherapie. Stuttgart, 1983.

■ Kognitiv-behaviorale Modelle und Therapieansätze

■ Martin Hautzinger

Kognitive Verhaltenstherapie bei affektiven Störungen

Affektive Störungen sind psychische Beschwerden, bei denen die Veränderung der Stimmung, der Interessen und des Antriebs zentral sind. Depressionen, mit Niedergeschlagenheit, Verlust der Freude, emotionaler Leere, Antriebslosigkeit, Interesseverlust und zahlreichen körperlichen Beschwerden als wesentliche Merkmale, treten Manien auf mit expansiver Stimmung, Gereiztheit, Euphorie, Überaktivität, Unruhe, Ablenkbarkeit und Ideenflucht. Viele der genannten Zustände und Beschwerden kennen jedoch alle Menschen. Sie sind, wenn sie eine bestimmte Dauer oder Intensität nicht überschreiten, normale, gesunde Reaktionen auf die Erfahrungen von zum Beispiel Verlusten, Erfolgen oder Misserfolgen, Belastungen, Zeiten der Ziellosigkeit, der Erfüllung, der Einsamkeit oder der Erschöpfung. Wann und wodurch die Grenze zwischen diesen normalen Reaktionen und den als klinisch auffällig betrachteten Symptomen überschritten wird, gehört unverändert zu den ungelösten Fragen im Zusammenhang mit affektiven Störungen.

Tabelle 1: Diagnostische Kategorien affektiver Störungen nach ICD-10

Manische Episode (F30)
Bipolare Störung (F 31)
    depressive, hypomanische, manische Episode
    mit/ohne psychotische Symptomen
Depressive Episode (F32)
    mit/ohne somatische Symptome
    mit/ohne psychotische Symptome
Rezidivierende depressive Störung (F33)
    mit/ohne somatische Symptome
    mit/ohne psychotische Symptome
Anhaltende affektive Störung (F34)
    Zyklothymia
    Dysthymia
Sonstige affektive Störungen (F38)
Andere affektive Störungen NNB (F39)
Anpassungsstörung (F43.2)
Postpartum-Depression (F53.0)
Organische affektive Störung (F06.3)

Definitionskriterien und Diagnostik

Zur Operationalisierung und Objektivierung der Diagnostik affektiver Störungen wurden in den letzten Jahren verschiedene Kriterien vorgeschlagen. Durch die Weltgesundheitsorganisation wurde das »International Classification of Deseases« überarbeitet, so dass nun die weltweit gültige 10. Revision (ICD-10) vorliegt und hierzulande das verbindliche kategoriale Diagnosesystem ist. Die Tabelle 1 fasst die affektiven Störungen des ICD-10, verschlüsselt als F3-Störungsgruppe, zusammen.

Manien und Depressionen werden demnach definiert durch eine gewisse Anzahl an gleichzeitig vorhandenen Symptome, die über eine gewisse Zeit andauern müssen und nicht durch andere Erkrankungen beziehungsweise Umstände erklärbar sind (Tab. 2).

Tabelle 2: Definition gestörter affektiver Episoden

Manische Episode	Depressive Episode
abnorme, anhaltend gehobene, expansive oder reizbare Stimmung von mindestens 1 Woche Dauer (oder Hospitalisierung) sowie mindestens 3 der folgenden Symptome gleichzeitig:	mindestens 5 der folgenden Symptome, gleichzeitig während eines Zeitraums von mindestens 2 Wochen (depressive Stimmung oder Interesseverlust muss darunter sein):
– gesteigertes Selbstwertgefühl, – Größenideen, – vermindertes Schlafbedürfnis, – redseliger als gewöhnlich, – Drang, weiterzureden, – Ideenflucht, Gedankenjagen, – leichte Ablenkbarkeit, – Aktivitätssteigerung, Unruhe, Verhaltensexzesse, die unangenehme Folgen haben (Geld, Sex, Investitionen usw.)	– depressive Verstimmung, – deutlich vermindertes Interesse oder Freude, – Gewichtszunahme/-verlust, – Schlaflosigkeit, – Unruhe, Hemmung, Verlangsamung, – Müdigkeit, Energieverlust, – Wertlosigkeit, Schuld, – Konzentrationsprobleme, – Todeswunsch, Suizidideen
Bei Hypomanischer Episode werden das Zeitkriterium (es reichen 4 Tage) und die starke Beeinträchtigung der Lebensführung nicht erreicht.	

Endogenität: Die veraltete, nicht länger gebrauchte Diagnose einer »endogenen Depression« wird heute als »Major Depression mit Melancholie« (DSM-IV) oder »Depressive Episode mit somatischen psychotischen Symptomen« (ICD-10) beschrieben. Die folgenden Symptome weisen die höchsten Korrelationen auf und werden zur Charakterisierung herangezogen: psychomotorische Veränderungen (in der Regel Hemmung, gelegentlich aber auch Agitation), schwere depressive Symptomatik und Mangel an Reagibilität, depressive (nihilistische) Wahnideen, Schuld- und Selbstvorwürfe, deutlicher Interesseverlust, (terminale) Schlafstörungen, Morgentief, Appetitverlust. Ob Verlaufskriterien oder Ansprechen auf Behandlung weitere differenzierende Merkmale darstellen, ist umstritten.

Schwere der Depression: Depressive Episoden gelten als »leicht«, wenn 4 bis 5, als »mittelschwer«, wenn 6 bis 7 und als »schwer«, wenn 8 und mehr der in Tabelle 2 aufgelisteten depressiven Symptome gleichzeitig vorliegen.

Unipolare und bipolare Verläufe: Die Einteilung affektiver Störungen in mono- beziehungsweise unipolare und bipolare Verläufe ist heute breit akzeptiert und wissenschaftlich gut begründet. Die seltene Gruppe der unipolar verlaufenden Manien wird heute allgemein den bipolaren affektiven Störungen zugeordnet, im ICD-10 jedoch als eigene Subkategorie geführt. Die unipolar verlaufende Depression (Depressive Episode, Dysthymia) ist die weitaus häufigste Störungsform affektiver Erkrankungen. Zahlreiche Familienstudien, Zwillingsstudien, Adoptionsstudien, biologische Markerstudien, Studien zu lebensgeschichtlichen, soziodemographischen und persönlichkeitsbezogenen Variablen sowie zur Symptomatologie, zum Verlauf, zum Ansprechen auf Behandlungsmaßnahmen und zur Prognose unterstützen die Unterteilung in bipolare und unipolare affektive Störungen.

Psychotische Symptome: Diese zusätzliche Beschreibung einer depressiven Episode oder einer bipolar affektiven Störung erfordert das Vorliegen stimmungskongruenter wahnhafter Symptome. Diese haben im Rahmen einer Depression typischerweise den Inhalt von Schuld, Sünde, Verarmung, Strafe, selten von Verfolgtwerden. Bei Manien herrschen Inhalte der Wichtigkeit, der Einmaligkeit, der Größe, der Unverletzbarkeit, doch auch des Geliebtwerdens vor. Bei stimmungsinkongruenten psychotischen Symptomen und bei zusätzlich formalen Denkstörungen ist die Diagnose einer schizoaffektiven oder einer schizophrenen Störung in Erwägung zu ziehen.

Chronische affektive Störungen: Dysthymien (früher: »neurotische Depression«) sind lang anhaltende, chronische affektive Störungen, deren Symptomatik nicht die Kriterien einer Depressiven Episode erfüllt. Die Abgrenzung zu rezidivierenden depressiven Störungen ergibt sich dadurch, dass dabei depressive Episoden vorliegen, abklingen und erneut auftreten (Rezidiv). Denkbar ist jedoch, dass auf dem Hintergrund einer lang anhaltenden depressiven Störung (Dysthymie) es gelegentlich zu depressiven Krisen kommt, während denen die Kriterien einer depressiven Episode erfüllt werden. Zyklothymien sind lang anhaltende, abgeschwächte bipolare affektive Störungen, bei denen sich Phasen dysphorischer

Beeinträchtigung mit Phasen euphorischer, hypomanischer Symptome abwechseln, ohne dass die Kriterien einer Bipolaren Störung erfüllt werden.

Ergänzende Unterteilungen: Weitere Spezifizierungen depressiver Störungen ergeben sich durch das jahreszeitlich gebundene Auftreten affektiver Störungen (»Winterdepression« bzw. »saisonal abhängige Depression«) und durch das Auftreten einer Depression in engem zeitlichen Zusammenhang mit der Geburt eines Kindes (»Postpartum-Depression«).

▓ Differentialdiagnose

Das Auftreten von Traurigkeit, Euphorie, Selbstzweifel, Resignation, Gereiztheit, Dysphorie und einzelner depressiver oder auch manischer Symptome ist nicht gleichbedeutend mit dem Vorliegen einer affektiven Störung. Auf der anderen Seite gibt es zahlreiche Studien, die zeigen, dass mit körperlichen Erkrankungen (z. B. Schilddrüsenfehlfunktion, neuronale Noxen), Somatisierungsstörungen, Substanzmissbrauch beziehungsweise -abhängigkeit, endokrinen beziehungsweise immunologischen Störungen, zerebralen Abbauprozessen sowie bei neurologischen Erkrankungen affektive Störungen einhergehen. Es gibt Schätzungen, dass 20 % der Patienten in einer Allgemeinarztpraxis an in der Regel nicht erkannten Depressionen leiden, entsprechend nicht oder falsch behandelt werden und so zur Chronifizierung der Störung beigetragen wird.

Stehen depressive Symptome in engem Zusammenhang mit dem Tod einer nahe stehenden, geliebten Person, dann gilt dies als sozial erwartete und normal angesehene »Trauer« und nicht als eine Störung mit Krankheitswert. Erst wenn die Trauerreaktion über viele Monate (ab etwa 6 Monaten) unverändert anhält, gilt dies als abnorm.

Depressionen weisen eine hohe Rate an Komorbidität (bis zu 75 %) auf. Überlappungen beziehungsweise gleichzeitiges Vorkommen von Depressionen mit Angststörungen (Phobien, Sozialen Ängsten, Panikstörung, Generalisierte Angststörung), Zwängen,

Posttraumatischen Belastungsstörungen, Essstörungen, Substanzmissbrauch, Substanzabhängigkeiten, Schlafstörungen, sexuellen Störungen, somatoformen Störungen, psychophysiologischen Störungen, doch auch mit schizophrenen Störungen, hirnorganischen Störungen, zerebralem Abbau sowie verschiedenen Persönlichkeitsstörungen sind üblich.

▨ Epidemiologie und Risikofaktoren

Untersuchungen in Industrienationen und unter Anlegen der Kriterien operationaler Diagnostik (DSM-IV, ICD-10) kommen zu einer Punktprävalenz für depressive Störungen von 5 % (Depressive Episoden und Dysthymien). Die Lebenszeitprävalenzschätzungen derselben Störungen liegen bei 14 %.

Die Inzidenzschätzungen (neue Fälle pro Jahr) für die Diagnose einer depressiven Episode liegen bei 1 bis 2 Neuerkrankungen auf 100 Personen. Die Wahrscheinlichkeit, im Lauf des Lebens eine Depression zu erleiden, liegt bei bis zu 12 % für Männer und bis zu 26 % für Frauen. Mehrere Arbeiten unterstützen diese hohen Schätzungen. In einer repräsentativen Bevölkerungsstichprobe fand sich ein Morbiditätsrisiko für Depression von insgesamt 17 %.

In Bezug auf Risikofaktoren beziehungsweise protektive Faktoren, die Einfluss auf die Erkrankungswahrscheinlichkeit einer unipolaren Depression haben können, liegen erst wenige Ergebnisse aufgrund von aussagekräftigen Längsschnitterhebungen vor.

Frauen weisen in nahezu allen (Quer- und Längsschnitt-)Untersuchungen ein doppelt so hohes Erkrankungsrisiko für unipolare Depressionen wie Männer auf. Neuere Studien, insbesondere unter Berücksichtigung jüngerer Stichproben und mehrerer Indikatoren (Punktprävalenz und Inzidenz), lassen vermuten, dass das Erkrankungsrisiko für Mädchen und junge Frauen früher liegt und außerdem im Jugend- und frühen Erwachsenenalter steiler ansteigt als für Jungen und junge Männer. Frauen weisen zudem eine höhere Rückfallneigung für weitere depressive Phasen auf. Diese Geschlechtsunterschiede werden im mittleren und höheren Lebensalter geringer, das heißt, die Depressionsraten der Geschlechter gleichen sich allmählich an. Bei den bipolaren affektiven Erkrankungen finden sich in der Regel keine bedeutsamen Geschlechtsunterschiede. In vielen Berichten sind jedoch die Stichproben recht klein, so dass keine stabilen Schätzungen vorgenommen werden können.

Depressionen treten in allen Lebensaltern auf. Lag in früheren Untersuchungen der Ersterkrankungsgipfel zwischen dem 30. und 40. Lebensjahr, so zeigen neuere Studien, dass sich dieser Altersgipfel vorverlagert hat, nämlich zwischen das 18. und 25. Lebensjahr. Bei den Dysthymien kann über die Lebensspanne zunächst mit einer stetigen Zunahme, dann jedoch ab dem 30. Lebensjahr eine allmähliche und ab dem 65. Lebensjahr eine deutliche Abnahme festgestellt werden. Für die bipolaren affektiven Störungen ist das typische Ersterkrankungsalter im frühen Erwachsenenalter (16 bis 26 Jahre).

Unter den sozialen Faktoren sind der Familienstand und das Vorhandensein beziehungsweise Fehlen einer vertrauensvollen persönlichen Beziehung als Protektions- beziehungsweise Risikofaktoren bei unipolaren Depressionen gesichert. Getrennte und geschiedene Personen und solche ohne vertraute Personen erkranken eher. Als wichtige protektive Faktoren erwiesen sich positive Sozialbeziehungen, aber auch der Wohn- und berufliche Bereich. Verheiratete Personen, Personen mit höherer Bildung und beruflicher (sicherer) Anstellung sowie ein Wohn- und Lebensraum in eher ländlich-kleinstädtischer Umgebung haben die niedrigsten Depressionsraten.

Alle Verlaufsstudien kommen zu dem Schluss, dass die Verläufe von depressiven und manisch-depressiven Syndromen eine große interindividuelle Variabilität aufweisen. Angesichts dieser großen Variabilität der Krankheitsverläufe und des Fehlens eindeutiger Parameter wird von verschiedenen Fachgesellschaften folgende Einteilung in Abschnitte einer manischen beziehungsweise depressiven Episode vorgeschlagen: »Akutphase« ist definiert durch die Kriterien einer depressiven, manischen beziehungsweise hypomanischen Phase; »Remission« wird definiert als Zustand beziehungsweise kurze Zeitstrecke der (vollständigen oder partiellen) Besserung der jeweiligen Symptomatik; »Recovery« (Genesung) ist eine vollständige Remission über einen längere Zeitstrecke (je nach Kriterium nach 2 bis 6 Monaten), dabei ist der Bezug die aktuelle depressive oder manische Episode; »Rückfall (Relapse)« ist das Wiederauftreten von depressiven oder manischen Symptomen während der Remission, bevor Recovery erreicht und damit die aktuelle Episode abgeschlossen ist; »Wiedererkrankung (Recurrence)« ist das Auftreten einer neuen Episode nach Recovery (vollständige Gesundung). Entsprechend lassen sich therapeutische Interventionen der »Akuttherapie« (Symptomreduktion während der depressiven oder manischen Episode), »Erhaltungstherapie« (bei und während der Remission zur Verhinderung von Rückfällen) und »Prophylaktischen Therapie« (Verhinderung von Wiedererkrankungen und neuen affektiven Episoden) zuordnen.

In Bezug auf den Ausgang beziehungsweise die Prognose depressiver Erkrankungen kann aufgrund der sehr heterogenen und methodisch wenig vergleichbaren Befundlage nur grob geschätzt werden, dass etwa die Hälfte bis zwei Drittel der Patienten so weit gebessert werden, dass sie wieder ihre gewohnte Leistungsfähigkeit besitzen und das alte Selbst hervortritt, oft einzelne Beschwerden dennoch weiter bestehen. Entscheidend für die Beurteilung der Heilungs- und Besserungschancen ist die Länge der Katamnese. Eine Phase ohne Rückfälle von zumindest 5 Jahren fand sich bei knapp 30 % der bipolaren und bei 42 % der unipolaren Patienten. Übereinstimmend wird für etwa 10 bis 20 % der unipolaren und der bipolaren Erkrankungen eine Chronifizierung (Minimaldauer der Beschwerden von zwei Jahren) gefunden.

Der Ausgang Suizid wird auf etwa 15 % geschätzt, liegt also beträchtlich höher als in der Normalbevölkerung und konnte auch durch moderne Behandlungsformen nicht gesenkt werden. Darüber hinaus besteht auch eine gegenüber Nicht-Depressiven erhöhte Mortalität wegen körperlicher Störungen, besonders parallel zu Altersdepressionen. Einer epidemiologischen Arbeit zufolge ist das Risiko Depressiver, folgende Erkrankungen zu erleiden, erhöht: arteriosklerotische Herzerkrankungen, vaskuläre Läsionen des Zentralennervensystems, Asthma bronchiale, Heuschnupfen (Allergien), Ulcus pepticum, Diabetes mellitus, Infektionserkrankungen. Eine Schwächung des Immunsystems wurde für Trauernde nachgewiesen und könnte die Assoziation depressiver und körperlicher/psychosomatischer Erkrankungen erklären.

▪ Störungstheorien und Erklärungsmodelle

Erklärungshypothesen affektiver Störungen lassen sich vereinfacht biologischen und psychologischen Modellvorstellungen zuordnen. Keine dieser Erklärungsansätze kann bislang für sich in Anspruch nehmen, überzeugend kausale Aussagen zu treffen. Es ist angesichts der Heterogenität der affektiven Syndrome vermutlich auch unwahrscheinlich, dass ein Faktor allein für die Entstehung einer Manie oder Depression verantwortlich ist. Die verschiedenen Erklärungskonzepte sind in Hautzinger (1998) zusammenfassend dargestellt. Hilfreich für die pharmakologische und psychologische Behandlung affektiver Störungen sind multifaktorielle Erklärungsmodelle, die jedoch zum Teil auf noch nicht zweifelsfrei belegten Annahmen über die Entstehung von Depressionen und Manien beruhen. Diese Ansätze billigen genetischen und neuroendokrinen Prozessen, dispositionellen Faktoren, innerpsychischen Mechanismen, verändertem unmittelbarem Erleben und Erinnern nach aversiven Erfahrungen sowie sozialen und instrumentellen protektiven Faktoren (wie Unterstützung, Ressourcen), neben kognitiven, interaktionellen und behavioralen Faktoren, eine wichtige Funktion zu.

Bereits in den 1970er Jahren haben Akiskal und McKinney (1975) ein »Final-Common-Pathway« Modell der Depression vorgeschlagen, das postulierte, dass das Auftreten einer Depression oder Manie eine gemeinsame Endstrecke neuronal gestörten Stoffwechsels erfordert. Diese Störung der Neurotransmission oder anderer neuronaler Funktionen kann nun durch die unterschiedlichsten Bedingungen (physikalisch, genetisch, sozial, entwicklungspsychologisch, zwischenmenschlich usw.) und deren multiplen Interaktionen verursacht werden. Entsprechend besteht zwischen sozialen, psychologischen und biologischen »Ursachen« kein Gegensatz, sondern eine Ergänzung. Denkbar ist natürlich auch, dass es unterschiedlichste Entwicklungswege hin zu den gestörten Funktionen einer affektiven Störung gibt. Entsprechend setzen die Behandlungen an unterschiedlichen Stellen an und eine Kombination aus Pharmakotherapie und Psychotherapie wird sinnvoll.

Aldenhoff (1997) fasst neurobiologische und entwicklungspsy-

Frühes Trauma
psychologisch, z. B. Deprivation, Missbrauch, unbekannte
biologisch, z. B. Virusinfektion, Genetik, unbekannte

Biologisches Priming
Narben und Veränderungen in den neuronalen Transmissionen,
der Rezeptorstruktur, den Second-Messenger-Kaskaden usw,

Erste Latenzphase

Reaktivierung
durch psychologische Mechanismen, z. B. Verluste, Misserfolge usw.
durch biologische Ereignisse, z. B. Operation, Unfall, Infektion usw.

Subsyndromale Reaktion (depressiv, hypomanisch)
Inadäquate Bewältigung und Verarbeitung

Zweite Latenzphase

Psychobiologische Stressreaktion
CRH-overdrive, Cortisolanstieg, Zunahme der Beta-Rezeptoren usw.

Depression/Manie

Abbildung 1: Psychobiologisches Modell der Entwicklung affektiver Störungen

chologische Befunde zu einem psychobiologischen Phasenmodell
(s. Abb. 1) zusammen. Er geht davon aus, dass bei den später affektiv erkrankenden Menschen ein *frühes Trauma* vorliegt. Dabei
soll dieser Begriff eine sehr heterogene Ausgangsbedingung darstellen, wie frühkindliche Deprivation, Vernachlässigung, Missbrauch, Veränderungen der Rezeptorenstruktur durch Virusinfektionen, genetische Aberrationen und noch bislang unbekannte
Mechanismen. Die Adaptation an diese Traumata erfolgt im Sinne
eines biologischen »Priming«, das neurobiologische Veränderungen bewirkt, der Depression lange vorausgehen, persönlichkeits-
bildend wirken und an Lebensbedingungen (Lebensereignisse)
Anteil haben. In diesem Anpassungszustand, der über Jahre unbemerkt bestehen kann (Latenzphase), ist das Individuum empfind-
lich für Depression oder Manie auslösende Bedingungen. Durch

entsprechende psychologische oder/und biologische Ereignisse kommt es zu einer Reaktivierung mit einer möglichen ersten, subsyndromalen beziehungsweise unerkannten affektiven Reaktion, die nach inädaquater Bewältigung, damit einhergehender affektiv-kognitiver Dissoziation, in eine zweite Latenzphase mündet. Nun wird das Individuum anfälliger und befindet sich in einem Zustand der »psychobiologischen Stressreaktion« und es kommt episodisch und durch geringfügige Ereignisse ausgelöst zu manischen oder depressiven Phasen, also dem syndromalen Bild einer affektiven Störung.

Deutlich behandlungsbezogener sind Modellvorstellungen von Hautzinger (2003) zur unipolaren Depression beziehungsweise von Meyer und Hautzinger (2003) zu bipolar affektiven Störungen.

Als Heuristik für die Problemanalyse unipolar depressiver Störungen ist es wichtig zu unterscheiden:

- mögliche aktuelle oder chronische Belastungen, kritische Auslöser und aversive Bedingungen,
- objektiv schwierige, unüberwindbar beziehungsweise unveränderbare, persönliche, soziale und kulturelle Hintergrundbedingungen,
- ungeschickte, dysfunktionale Verarbeitungsmuster und negative Kognitionen,
- Defizite im Verhalten, ungeschickte Interaktions-, Kommunikations-, Problemlösungs- und Bewältigungsfertigkeiten,
- wenig verstärkende, einseitige Alltagsstruktur und ein Mangel an positiv verstärkenden Erfahrungen.

Diese Problembereiche interagieren miteinander und schaukeln sich zu einer depressiven Entwicklung auf, die dann selbst wieder als negative Eingangsbedingung auf diesen Prozess zurückwirkt und so die depressive Spirale bedingt (Hautzinger 2001, 2003). Entsprechend bedarf eine erfolgreiche Behandlung der Reduktion beziehungsweise Beseitigung der belastenden Bedingungen, einer Korrektur der dysfunktionalen kognitiven Muster, einer Behebung der Verhaltensdefizite sowie der Steigerung positiver Alltagserfahrungen. Das Modell ist somit die Grundlage einer kognitiv-verhaltenstherapeutischen Depressionsbehandlung.

Zum Verständnis des Verlauf und der Behandlung bipolarer affektiver Störungen haben Meyer und Hautzinger (2003) ein integrierendes Modell vorgeschlagen. Dabei wird deutlich, dass die notwendige medikamentöse Therapie ergänzt werden muss um psychologische Maßnahmen zum Aufbau eines realistischen Krankheitskonzepts, der angemessenen Selbststeuerung und Problembewältigung, der stabilen Alltagsgestaltung sowie zum Abbau von Interaktionskonflikten und dysfunktionaler, überfordernder beziehungsweise überschätzender Kognitionen.

Behandlung depressiver Störungen

Trotz vieler Unklarheiten bezüglich der Ätiologie affektiver Störungen sind die pharmakologischen, physikalischen, psychotherapeutischen und psychosozialen Behandlungsmöglichkeiten vielfältig und erfolgreich. Dabei sind die psychopharmakologischen und psychotherapeutischen Behandlungen, sei es allein oder in Kombination angewendet, die wichtigsten. Zwei psychotherapeutische Ansätze haben sich in den letzten Jahren klinisch durchgesetzt und vor allem überzeugend empirisch bewährt. Das sind die Interpersonelle Psychotherapie (IPT) und die Kognitive Verhaltenstherapie (KVT). Hier soll nun kurz auf die Interpersonelle Psychotherapie und ausführlicher auf die Kognitive Verhaltenstherapie eingegangen werden.

Kognitive Verhaltenstherapie

Diese ist eine problemorientierte, strukturierte, konkrete und spezifische psychologische Behandlung speziell für depressive Störungen. Durch die Kooperationen zwischen Patient und Therapeut geht es darum, Probleme zu identifizieren, die individuellen (kognitiven) Blockaden zu erkennen, Alternativen dazu zusammenzutragen, diese zu prüfen und auszuprobieren. Neben der besonderen Beachtung kognitiver Prozesse gehören verhaltenstherapeutische Elemente wie Aktivierung, Kompetenzerweiterung, Problemlösen,

Übungen in Alltag, Aufbau von Bewältigungsfertigkeiten und Kommunikationsübungen mit zum therapeutischen Repertoire. Behandlungsphasen und therapeutische Hauptelemente der Kognitiven Verhaltenstherapie (Hautzinger 2003) sind in Tabelle 3 zusammengefasst.

Tabelle 3: Phasen und Elemente Kognitiver Verhaltenstherapie bei Depression

---

1. Phase: **Schlüsselprobleme benennen**
Überblick verschaffen, Kriterien: Dringlichkeit, Wichtigkeit, Veränderbarkeit
Aufbau einer therapeutischen Beziehung
Patienten in negativer Sichtweise akzeptieren, Interesse (aktives Zuhören), Professionalität (Kenntnis, Sicherheit), Arbeitsbündnis, empirisches Vorgehen, Erklärungen und Informationen zum Krankheitsbild Depression

2. Phase: **Vermittlung des therapeutischen Modells**
Zusammenhang von Gedanken, Gefühlen und Verhalten anhand der Erlebnisse des Patienten herausarbeiten, Elemente und Struktur der Therapie darstellen

3. Phase: **Aktivitätsaufbau**
Erfolg-Vergnügen-Technik, Wochenplanung, gestuftes Vorgehen, realistische Standards setzten, den Ablauf planen: Wie sieht der erste Schritt aus? Welche Hilfen kann es geben?

4. Phase: **Soziale Kompetenz**
Rollenspiele, klare Instruktionen, Bezug zu Problemen des Patienten (darf nicht nur dem Therapeuten klar sein!), differenzierte, verhaltensbezogene Rückmeldung, erneutes Üben, Transfer

5. Phase: **Kognitive Techniken** (werden meist schon beim Aktivitätsaufbau eingesetzt)
Erfassen von negativen Gedanken und Einstellungen, Zusammenhang von negativen Gedanken, Gefühlen und Verhalten verdeutlichen, Realitätstestung
Reattribution, alternative Erklärungen, Entkatastrophisieren, Pros und Contras, kurzfristige und langfristige Konsequenzen von Einstellungen

6. Phase: **Transfer, Erfolgssicherung und Rückfallverhinderung**
Rückblick und Zusammenschau der angewandten, als hilfreich erlebten Interventionen, Einbau von Interventionen, Materialien in den Alltag, Erkennen von Krisen, Frühsymptomen, Verschlechterungen, Notfall- und Krisenplanung, Auffrischungs- und Stabilisierungssitzungen

---

Diese Therapie kann im Einzel- und im Gruppensetting mit Erfolg durchgeführt werden. Die Behandlungen dauern, in Abhängigkeit von der Schwere der Depression, zwischen 20 und 40 Sitzungen, anfangs meist zweimal oder einmal wöchentlich, später dann seltener (zweiwöchentlich, monatlich). Zur Verhinderung von Rückfällen und zur raschen Krisenbewältigung haben sich Auffrischungssitzungen und Kurzkontakte bewährt.

■ Behandlungsheuristik

Grundgedanke der Kognitiven Verhaltenstherapie ist der Zusammenhang von Stimmung (Fühlen), Denken und Handeln, wie er aus den Schilderungen und Erfahrungen der Patienten herausgearbeitet wird. Dabei geht es nicht um kausale, sondern um korrelative Beziehungen. Die drei Eckpunkte stehen alle in wechselseitiger Beziehung zueinander, so dass eine negative Stimmung die Aktivitäten herunterziehen und das Denken einengen, doch auch eine bestimmte Handlung die Stimmung und das Denken verändern oder ein Gedanke (z. B. eine schlechte Erinnerung) das Verhalten lähmen und die Emotionen niederdrücken kann. Aus den Schilderungen von Patienten lassen sich in der Regel zahlreiche Beispiele für diese Zusammenhänge finden, die auch als nach unten gerichtete Spirale einer sich immer weiter einengenden, trüben, negativen Verfassung aufgefasst werden können. Ziel und Aufgabe der Kognitiven Verhaltenstherapie ist es, diese depressive Spirale zu stoppen, umzukehren und eine konstruktive Entwicklung einzuleiten. In Umkehrung der Spirale, die in die Depression führt, gilt es, durch die KVT auf der Handlungs- und der kognitiven Ebene Veränderungen zu erzielen, die aus der dysphorischen Stimmung herausführen.

Grundlegende therapeutische Merkmale dieses problemorientierten Ansatzes sind Interesse, Bemühen, Neugier, Echtheit und Aufrichtigkeit, Empathie und Verständnis, Akzeptanz und Wärme, doch auch fachliche Kompetenz und professionell-entspanntes Verhalten in der Interaktion. Therapeut und Patient arbeiten zusammen an der Lösung bestimmter Probleme. Dazu strukturiert der Therapeut den therapeutischen Rahmen, den Inhalt und die Sitzungszeit. Wiederholt fasst er zusammen, lenkt das Gespräch auf zentrale Aspekte und Probleme, gibt Rückmeldungen und

achtet darauf, dass Übungen, Hausaufgaben und konkrete Übertragung in der Realität die Sitzung beziehungsweise ein Thema be-
schließen. Beim Arbeiten an kognitiven Mustern verwirklicht der
Therapeut den so genannten »sokratischen Fragestil«, eine Interaktionsform, die aus gelenkten, offenen Fragen besteht, um den
Patienten selbst dazu zu bringen, Widersprüche und den Überzeugungen zuwiderlaufende Erfahrungen zu berichten, zu erkennen
und zuzulassen. Dadurch werden Patienten dazu gebracht, selbstständig alternative Sichtweisen und Lösungswege zu überlegen
und für eine nachfolgende Prüfung, Erprobung und Einübung bereit zu haben.

■ Verhaltenstherapeutische Elemente
Es kommen verhaltenstherapeutische Elemente zum Einsatz,
durch die eine direkte Verhaltensbeeinflussung, unmittelbare Hilfe, rasche Veränderungen und Erleichterungen, vermehrte positive
Erfahrungen und die Behebung von Verhaltensdefiziten erreicht
werden sollen. Ziele, die mit diesen Elementen verfolgt werden,
sind:
– Durchbrechen des Teufelskreises von Inaktivität, Passivität, Rückzug und depressiven Symptomen,
– Umsetzung bestimmter Handlungen und Aktivitäten,
– Unterbrechung und Ablenkung von Grübeleien und Gedan-
  kenkreisen,
– Erwerb von neuen Fertigkeiten und Bewältigungsressourcen,
  um depressives Verhalten und Rückfälle weniger wahrscheinlich zu machen,
– Rollenspiele, Aktivitätsaufbau und verhaltensorientierte Aufgaben liefern in Form von »Experimenten« und »Realitätsprüfun-
  gen« wichtige Informationen für die kognitiven Interventionen.

■ Aktivitätsaufbau
Zu den ersten therapeutischen Maßnahmen bei depressiven Patienten gehört es, auf der konkreten Handlungsebene erste Versuche
der Aktivierung zu starten, um damit früh positive Erfahrungen
und Verstärkung durch die Therapie zu erreichen. Beim Aktivitätsaufbau geht es einerseits um die Steigerung beziehungsweise
den Wiederaufbau positiver Erfahrungen und Aktivitäten, ande-

rerseits um die Reduktion eines Übermaßes an negativen, belastenden Erfahrungen. Wichtigstes Instrument dabei ist der Wochenplan. Wird der Patient in einer Anfangsphase gebeten, in Form einer täglichen Selbstbeobachtung der Aktivitäten und Ereignisse dieses Protokoll auszufüllen, so dient es später auch dazu, die Tage zu strukturieren und Aktivitäten zu planen.

Mehrfach am Tag (etwa alle 4 Stunden) sollen die Patienten stichwortartig die Ereignisse, die Aktivitäten und Handlungen während einer Stunde in die Kästchen fortlaufend über den Tag eintragen. Dazu sollen sie außerdem ihre Stimmung während jeder Stunde zum Beispiel mittels ++ für sehr gute Stimmung, + für gute Stimmung, – für schlechte Stimmung, – – für sehr schlechte Stimmung und +/– für eine Weder-noch-Stimmung markieren. Auf diese Art und Weise gelingt es, Stimmungsvariationen, Muster bei den Stimmungstiefs sowie den Einfluss, den Aktivitäten und Ereignisse auf das Befinden haben, zu erkennen.

Konnte mit den Patienten gemeinsam anhand der Aufzeichnungen im Wochenplan der Zusammenhang von Handeln, Tun und Befinden sowie Stimmung herausgearbeitet werden, dann gilt es als Nächstes, persönlich wichtige, verstärkende Aktivitäten zusammenzutragen, damit diese vermehrt in den Alltag eingebaut werden können.

Eine Liste möglicher Verstärker und angenehmer Aktivitäten (es sind zahlreiche Listen im Umlauf beziehungsweise in den Therapiemanualen zu finden) hilft, in dieser Phase genügend Ideen und Anregungen für diese allmähliche, sukzessive Steigerung der Aktivitäten verfügbar zu haben. Ziel dieser Sammlung ist es, eine ganz persönliche Liste verstärkender, angenehmer Aktivitäten zusammenzustellen und diese dann allmählich in den Alltag einzubauen. Patienten, die trotz ihrer Depression einen »vollen« Tag haben, muss oft erst geholfen werden zu erkennen, dass die bisherigen Aktivitäten »Pflichten«, wenig geliebte, nicht verstärkende Handlungen sind, die eingeschränkt und reduziert werden müssen, um Platz für verstärkende, stimmungsaufhellende Aktivitäten zu schaffen.

■ Verbesserung interaktioneller Fertigkeiten

Die mitmenschlichen Beziehungen sind bei depressiven Patienten häufig belastet. Soziale Kontakte sind verkümmert, soziales Verhalten ist gehemmt und reduziert. Bei vielen Patienten reicht allein die Behebung der Depression nicht aus, um dieses Brachliegen der sozialen Interaktionen und Interaktionsfähigkeiten zu überwinden. Der Aufbau und die Verbesserung von sozialer Sicherheit, Kontaktverhalten, Kommunikationsfertigkeiten und partnerschaftlichen Problembewältigungsfertigkeiten gehören daher auch zu einer Erfolg versprechenden kognitiven Verhaltenstherapie. Die wesentlichen Mittel dabei sind das Rollenspiel und die Verhaltensübung, die Einbeziehung des Partners und der Familie.

Durch dieses Behandlungselement sollen die Patienten in die Lage versetzt werden, ihre persönlichen Wünsche und Ansprüche in der sozialen Umwelt angemessen durchzusetzen. Dazu gehört, dass die Patienten eigene Wünsche und Ansprüche erkennen, benennen und akzeptieren lernen. Es ist ferner nötig, auch die Bedürfnisse der Sozialpartner oder die Besonderheiten einer sozialen Situation wahrzunehmen, anzuerkennen und mit in die Handlungsplanung einzubeziehen. Da depressive Patienten sich selbst und ihrer Umwelt häufig sehr negativ und verbittert gegenüberstehen und keine positive Äußerungen fertig bringen, ist es zunächst nötig, mit den Patienten positive selbstbezogene und partnerbezogene Äußerungen (z. B. Komplimente, Selbstlob, Äußern positiver Gefühle) zu trainieren. Ähnlich wichtig ist die Fähigkeit, soziale Kontakte, Gespräche und Aktivitäten selbstständig zu initiieren, aufrechtzuerhalten, eigene Interessen einzubringen und zu gestalten. Wiederholte, zunächst vorsichtig beginnende und sich allmählich steigernde Rollenspiele (mit Videoaufzeichnung) sind hier das zentrale therapeutische Vorgehen.

Das Rollenspiel einer bestimmten Situation wird mit der ständigen Verstärkung und den erforderlichen Korrekturen solange geübt, bis das vorher festgelegte Ziel erreicht ist. Elemente sozial kompetenten Verhaltens sind in Tabelle 3 (4. Phase) zusammengefasst. Schon bei der Herausarbeitung einer im Rollenspiel zu übenden Situation sollte darauf geachtet werden, dass die Verhaltensweisen später in die Realität übertragen werden können. In-vivo-Übungen sind daher eine wichtige Ergänzung der Rollenspiele. Die Übertragung in die Realität stellt oft eine große Hürde dar. Bei den anfänglichen Übungen in der Lebenswelt der Patienten ist auf eine nicht überfordernde, zu Misserfolgen führende Aufgabenstellung zu achten. Mögliche Hindernisse und Schwierigkeiten sind vorab zu klären. Nur die im Rollenspiel bereits gut beherrschten Verhaltensweisen in Situationen, bei denen die Sozialpartner eher mit Zustimmung als mit Ablehnung reagieren, sollten Gegenstand der Hausaufgaben werden.

▓ Verbesserung partnerschaftlicher Kommunikation
Probleme im Bereich sozialer Interaktionen ergeben sich häufig durch Schwierigkeiten im Umgang mit engen Sozialpartnern, der Familie und dem Ehepartner. So sind Menschen mit Depressionen im Umgang mit engen Bezugspersonen häufig verbittert, reizbar, ablehnend, passiv, klagsam, pessimistisch, lustlos, äußern negative Zukunftserwartungen. Das führt leicht zu Entmutigung, Rückzug und Entfremdung zwischen den Partnern und Familienangehörigen. Es ist daher im Rahmen einer Depressionstherapie oft nötig – unter Einbeziehung der Angehörigen –, das Interaktions- und Kommunikationsverhalten zwischen Familienmitgliedern und Partnern zu bearbeiten. Auch hier hat sich das Üben an konkreten Situationen und Verhaltensweisen bewährt. Wichtige Bestandteile partnerschaftlicher Gespräche sind

– aktives, aufmerksames und akzeptierendes, verstärkendes Zuhören,
– richtiges Verstehen, Wahrnehmungsprüfungen, Informationssuche durch Rückfragen,
– Paraphrasieren (ohne zu analysieren bzw. zu interpretieren),
– Wiederholen der Partneräußerungen mit eigenen Worten,
– Mitteilung der eigenen Gefühle und Empfindungen in Bezug auf die Partneräußerungen,
– Verstärkung von positivem Verhalten, Aufbau von positiven Kommunikations- und Interaktionselementen,
– Äußern von Störungen, Kritik ohne Vorwurf,
– Kompromisse herausarbeiten.

Diese Übungen sind durch häufigen Rollenwechsel der Partner beziehungsweise der Familienangehörigen gekennzeichnet.

■ Kognitive Methoden

Vorbereitend für die Anwendung kognitiver Methoden ist eine verständliche und an den persönlichen Erfahrungen des Patienten ansetzende Information und Erklärung dessen, was Kognitionen sind, welche Rolle sie spielen und welche Auswirkungen sie für das emotionale Erleben und Verhalten haben. Grundsätzlich ungünstig ist es, den depressiven Patienten unterstellen zu wollen, dass sie falsch oder irrational denken. Die automatisch ablaufenden kognitiven Prozesse sind das Ergebnis von Lernen und Sozialisation, nicht der Ausdruck von Absicht oder Unvermögen. Trotz allem kann man bei genauer Analyse zu dem Urteil kommen, dass bestimmte kognitive Mechanismen unlogisch, verzerrt und situationsunangemessen sind.

Depressiven unterlaufen aufgrund ihrer Krankheit und aufgrund der persönlichen Lerngeschichte in bestimmten Lebensbereichen unterschiedliche gedankliche Verzerrungen. Es ist therapeutisch hilfreich, mit den Patienten für sie zutreffenden Verzerrungen zu benennen und ihnen so eine Hilfe an die Hand zu geben, im Alltag emotionale Einbrüche auf die kognitiven Blockaden zurückzuführen. Wesentlich ist dann, die Art und Weise des Denkens in ganz konkreten Zusammenhängen zu erkennen, die Verbindung des Denkens zu den Gefühlen und körperlichen Symptomen herauszufinden und immer wieder die Adäquatheit und den Realitätsgehalt der Gedanken zu hinterfragen beziehungsweise zu testen.

Der erste Schritt zur Bearbeitung kognitiver Prozesse ist daher die Entdeckung, das Beobachten und Protokollieren von automatischen Gedanken in relevanten und zentralen Problembereichen. Ausgangspunkt dabei sind die Empfindungen, Gefühle und Stimmungen, auch Beschwerden in einem konkreten Zusammenhang, etwa einer Situation oder einer Sensation, also interne und externe Auslösern. Der Patient soll sich die auslösende Bedingung nochmals genau vorstellen und seine Gefühle zurückerinnern. Während dies geschieht, bitten die Therapeuten die Patienten alles zu äußern, was ihnen zu dieser Vorstellung einfällt, durch den Kopf geht, bildhaft erscheint und so weiter. Bevorzugt benutzt man für das Festhalten dieser Kognitionen das »Protokoll negativer Gedanken«, das aus fünf Spalten besteht:

- Auslösender Reiz, Situation,
- Gefühle, Empfindungen,
- automatische Gedanken,
- alternative, angemessene Gedanken,
- erneutes Gefühlsurteil aufgrund der Alternativen, der angemessenen automatischen Gedanken.

Das anfängliche Beobachten und Protokollieren automatischer Gedanken füllt die ersten drei Spalten dieses Arbeitsblatts. Patient und Therapeut lernen auf diese Weise zu erkennen und zu benennen, welche automatischen Gedanken, welche kognitiven Fehler und immer wiederkehrenden Themen im Zusammenhang mit bestimmten Auslösern auftreten.

Eine Vielzahl von kognitiven Techniken ist vorgeschlagen worden, um die so zu Tage tretenden automatischen Gedanken und Themen, später auch die Grundüberzeugungen zu beeinflussen. Grundlage all dieser Strategien ist immer das geleitete Entdecken durch geschicktes Fragen des sokratischen Dialogs. Wesentliche Methoden für die Änderung kognitiver Muster sind: Überprüfung und Realitätstesten, Experimentieren, Reattribuierung, kognitives Neubenennen, Alternativen finden, Rollentausch, Kriterien prüfen, Was-ist-wenn-Technik, Übertreiben, Entkatastrophisieren, Vorteile-Nachteile benennen und so weiter.

■ Rückfallprophylaxe

Patienten sollen durch die kognitive Verhaltenstherapie in die Lage versetzt werden, mit zukünftigen depressiven Beschwerden, Krisen und möglichen Rezidiven selbstständig umzugehen. Dazu werden gegen Therapieende die Patienten darauf vorbereitet. Es wird trainiert, das bislang Gelernte verfügbar zu haben und bei Belastungen anzuwenden. Es werden wahrscheinliche Belastungen und Krisen angesprochen und die Möglichkeit der eigengesteuerten Überwindung durchgesprochen. Entscheidend ist es, den Patienten die in der Therapie verwendeten Materialien mitzugeben, um sie als zukünftige Hilfsmittel verfügbar zu haben.

Als günstig erwiesen hat sich ferner, die Therapiekontakte allmählich auszublenden, immer größere Abstände zwischen den Sitzungen zu wählen und über einen Zeitraum von einem Jahr (oder länger) bei Krisen, Stimmungseinbrüchen des Patienten verfügbar zu sein. Durch diese »Booster«-Sitzungen können aktuelle Rückschläge bearbeitet und mit den bereits erworbenen Strategien bewältigt werden. Oft reicht die therapeutische Unterstützung, die gemeinsame Problemanalyse und Planung der Problembewältigung in einer Sitzung aus, um auf den neuen, nichtdepressiven Weg zurückzufinden.

◼ Gruppentherapie

Ein Beispiel für ein kognitiv-verhaltenstherapeutisches Gruppenprogramm für leichtere Depressionen ist in Tabelle 4 dargestellt. Bewährt hat sich, dass die therapeutischen Materialien den Patienten ausgehändigt und zur Beibehaltung empfohlen werden.

Tabelle 4: Überblick über die Inhalte der einzelnen Therapiesitzungen eines kognitiv-verhaltenstherapeutischen Gruppenprogramms (nach Hautzinger 2001, 2003)

Sitzung	Inhalt	Hausaufgabe	Material
Einzel-gespräch	Informationen über den Ablauf der Gruppe und Aufklärung über die Entstehung von Depression: – Symptome – Ursachen und Entstehung – Handeln – Denken – Fühlen	– Lesen der Aufklärungs-broschüre – je nach Stand der Gruppe	– Broschüre – Multifakto-rielles Erklärungsmodell – Stressmodell – Dreiecks-modell
Sitzung 1	Der Zusammenhang zwischen Aktivität und Stimmung: – Die Stimmungsspirale – Der Zusammenhang von Stimmung und Aktivitäten – Angenehme Aktivitäten	– Wochenplan – Liste angenehmer Aktivitäten – Angenehme Aktivität durchführen	– Liste angenehmer Aktivitäten – Waagemodell – Wochenplan

Sitzung 2	Die Selbstverstärkung – Besprechen der Liste angenehmer Aktivitäten, Schwierigkeiten mit Wochenplan – Verstärkung und Selbstverstärkung	– Individuelle Liste angenehmer Aktivitäten – Für eine oder mehrere Tätigkeiten belohnen – Wochenplan	– Modell der operanten Konditionierung
Sitzung 3	Vertiefung des Aktivitätsaufbaus – Wiederholung – Pausenmanagement	– Angenehme Aktivität durchführen – Wochenplan	– Individuelle Liste angenehmer Aktivitäten – Wochenplan
Sitzung 4	Das kognitive Modell – Der Einfluss von Gedanken auf die Stimmung	– Protokollierung von Gedanken mit Hilfe 3-Spalten-Technik	– 3-Spalten-Technik – Projektive Kurzgeschichte
Sitzung 5	Andere Sichtweisen: Technik und Alternativgedanken – Spaltentechnik Erweiterung um zwei Spalten	– 5-Spalten-Technik	– 5-Spalten-Technik
Sitzung 6	Vertiefung der Spaltentechnik – 5-Spalten-Technik	– 5-Spalten-Technik – Rollenspiele	– 5-Spalten-Technik
Sitzung 7	Soziale Kompetenzen: Einführung und Situationstyp »Recht durchsetzen« – Definition soziale Kompetenz – Kriterien »Recht durchsetzen«	– In-vivo-Übung: Recht durchsetzen	– Kriterien für sicheres, unsicheres und aggressives Verhalten
Sitzung 8	Situationstyp »Beziehungssituationen« – Kriterien »Beziehungssituationen«	– In-vivo Übung: Ein Gefühl äußern	– Arbeitsblatt »Beziehungssituationen«

Sitzung 9	Situationstyp »Sympathie gewinnen« – Kriterien »Sympathie gewinnen« – Gespräche führen – Nonverbale Faktoren und Verstärker	– In Vivo Übung: Ein Gespräch beginnen – Wochenplan	– Arbeitsblatt »Sympathie gewinnen« – Arbeitsblatt »Gespräche führen«

■ Kognitive Verhaltenstherapie bei Bipolaren Störungen

Zur Behandlung bipolar affektiver Störungen wurden ähnliche kognitiv-verhaltenstherapeutische Konzepte vorgeschlagen (Meyer u. Hautzinger 2003). Ausgehend von dem in Tabelle 4 dargestellten Modell werden über einen Zeitraum von mehreren Monaten nach erfolgter Symptomreduktion und zuverlässiger Medikation folgende vier Behandlungsaspekte umgesetzt: Motivation und Information (zur Krankheit, zum Krankheitsverlauf, zur Notwendigkeit der Medikation), Beobachtung und Problemanalyse (Stimmungstagebuch, Analyse der Bedingungen der Stimmungsveränderung, Wahrnehmen von Frühwarnsymptomen), Verhalten und Kognitionen (feste und stabile Alltagsstruktur, Tagesplanung, Erkennen und Verändern dysphorischer, euphorischer beziehungsweise übersteigerter und dysfunktionaler Gedanken), Problemlösen und kompetentes Verhalten (Problem- und Energiekuchen, Umgang mit Problemen, richtiges Problemlösen, Verbesserung der Kommunikation und partnerschaftlichen Interaktion, Verhinderung von sozialen Eskalationen). Als Methoden kommen Verhaltensübungen, Rollenspiele, Einsatz von Materialien, Protokollblättern (z. B. Life Chart, Wochenplan, Spaltenprotokoll, Vorteile-Nachteile-Liste usw.) zur Anwendung.

■ Interpersonelle Psychotherapie

Dieses Behandlungskonzept geht davon aus, dass Depressionen, ungeachtet psychobiologischer Vulnerabilität, stets in einem psychosozialen und interpersonellen Kontext auftreten. Das der Interpersonellen Psychotherapie zugrunde liegende Depressionskonzept postuliert drei an der Entstehung beteiligte Prozesse: die Symptombildung, die sozialen und interpersonellen Beziehungen sowie (dependente) Persönlichkeitsfaktoren. Das Ziel der Therapie ist die Linderung der depressiven Symptomatik und die Verbesserung der zwischenmenschlichen Beziehungen (Schramm 2001).

Der therapeutische Prozess umfasst zwischen 12 und 20 wöchentliche Einzelsitzungen. In der initialen Phase geht es in erster Linie um die Symptombewältigung. Dabei verwendete therapeutische Strategien dienen hauptsächlich der Entlastung und der Psychoedukation des Patienten. Die Anlage als fokale Kurztherapie erlaubt nur die Bearbeitung von zwei der möglichen interpersonellen Problembereiche: Verluste und Trauer, interpersonelle Auseinandersetzungen (Partnerkonflikte), Rollenwechsel (Transition), interpersonelle Defizite (Isolation), die dann in der mittleren Therapiephase im Mittelpunkt stehen. In der Beendigungsphase wird der Abschluss der Behandlung explizit als Trauer- und Abschiedsprozess (auch mit Wut, Ärger) thematisiert und bearbeitet. Ferner wird resümiert, was der Patient gelernt, erreicht und verändert hat.

Zur Behandlung bipolar affektiver Störungen wurde das Interpersonelle Vorgehen zur »Interpersonellen und Sozialen Rhythmus-Therapie« erweitert. Es geht zusätzlich um die Normalisierung des Lebens- und sozialen Rhythmus der Patienten. Dazu führen die Patienten detaillierte Selbstbeobachtungen durch. Ziel ist die Symptombewältigung und die angemessene Anpassung an die Krankheit.

Psychotherapieforschung bei Depressionen

Nach dem gegenwärtigen Stand vergleichender Therapieforschung bei Depressionen lässt sich mit zunehmender Sicherheit sagen, dass die kurzfristigen Erfolge (Prä-Post-Vergleiche) mit den Effekten einer Pharmakotherapie beziehungsweise einer Kombination von Psychotherapie und Pharmakotherapie vergleichbar sind. Zwischen den untersuchten Psychotherapien ergeben sich kaum Unterschiede. Bei der längerfristigen Beurteilung (Katamnesen bis zu 2 Jahren) schneiden die Psychotherapien gut und besser ab als die Pharmakotherapie. Kombiniert man die Pharmakotherapie mit einer Psychotherapie, dann zeigen sich langfristig gute, zum Teil sogar größere Effekte als bei den Monotherapien. Die Anzahl weiterhin symptomfreier Patienten ist bei den Psychotherapien und bei der Kombinationsbehandlung größer. Es gibt weniger Rückfälle und eine deutlich bessere Compliance (geringe Abbruchraten), außerdem erweist sich die Psychotherapie beziehungsweise die Kombinationsbehandlung langfristig kostengünstiger (siehe dazu den Beitrag von Risch u. Stangier in diesem Band).

Aufgrund dieser empirischen Evidenzen haben verschiedene Autoren folgende therapeutische Vorgehensweisen als entscheidend im Umgang mit depressiven Patienten bezeichnet: Das Therapeutenverhalten ist aktiv, strukturiert, bemüht, geduldig, sicher, beruhigend, doch direktiv; es geht um die Analyse und Bewältigung von (Alltags-)Problemen sowie deren konsequente Bearbeitung aufgrund klarer Ziele; Erarbeitung eines für den Patienten überzeugendes und ihn betreffendes Erklärungsmodells; gestuftes Vorgehen, ausgerichtet auf Möglichkeiten des Patienten und die formulierten Ziele; Anwendung von Materialien, Techniken und Übungen; Rückschläge und Krisen sind normal und werden entsprechend vorbereitet; Einbezug von Familie und Lebenspartner ist wichtig.

Psychotherapie als Ergänzung der Pharmakotherapie bei bipolaren Störungen wurde bislang unzureichend empirisch evaluiert (Meyer u. Hautzinger 2000). Es liegen keine 10 Originalarbeiten zu diesem Thema vor. Einige Studien zur Kognitiven Verhaltenstherapie, auch zur Interpersonellen und Sozialen Rhythmus-Therapie und der Familientherapie (vgl. Meyer u. Hautzinger 2003) sind in Arbeit. Insgesamt legen unsere Erfahrungen und die Studien nahe, dass begleitende psychotherapeutische Maßnahmen bei bipolaren Patienten sinnvoll und wirksam sind. Die chronischen Krankheitsverläufe sind deutlich günstiger, mit weniger Rückfällen und massiven depressiven oder manischen Krisen.

▓ Indikation zur Kognitiven Verhaltenstherapie

Für die Versorgung depressiver Patienten lässt sich aufgrund der wissenschaftlichen Befunde und klinischen Erfahrungen folgern: Bei leichten bis mittelschweren unipolaren Depressionen ist eine Behandlung durch einen Psychiater und durch ein Psychopharmakon nicht erforderlich. Strukturierte, fokussierte Psychotherapie (Kognitive Verhaltenstherapie, Interpersonelle Psychotherapie) ist hier vor allem langfristig die bessere Wahl. Bei schweren Depressionen ist die Behandlung mit einem antidepressiv wirkenden Medikament indiziert. Jedoch ist Psychotherapie (allein oder in Kombination mit Medikation) eine wirksame Alternative. Kognitive Verhaltenstherapie hat sich unter dem Gesichtspunkt längerfristiger Erfolge bislang am besten bewährt und stellt somit die entscheidende Intervention, in Kombination mit einem Medikament auch bei schweren Depressionen dar.

Bei besonders schweren Depressionen, die zusätzlich die Kriterien des somatischen Syndroms erfüllen, ist zunächst nicht an den Einsatz von Psychotherapie zu denken. Diese Patienten sind durch ihre Erkrankung für diese Interventionen zunächst kaum zugänglich. Hier steht die entlastende, unterstützende und medikamentöse Behandlung anfangs im Vordergrund. Im weiteren Verlauf sollte eine Kombinationsbehandlung unter Einsatz von Psychotherapie verwirklicht werden. Längerfristig erweist sich bei diesen depressiven Störungen diese Therapie als effizienter.

Bei bipolar affektiven Störungen ist die Kognitive Verhaltenstherapie oder die Interpersonelle Soziale und Rhythmus-Therapie immer nur eine Ergänzung zu einer stimmungsstabilisierenden Langzeitmedikation. Der Erkenntnisstand zur Bedeutung von Psychotherapie bei bipolar affektiven Störungen ist nach wie vor lückenhaft (Meyer u. Hautzinger 2003).

▓ Literatur

Akiskal, H. S.; McKinney, W. T. (1975): Overview of recent research in depression. Archives of General Psychiatry 32: 285-295.

Aldenhoff, J. (1997): Überlegungen zur Psychobiologie der Depression. Nervenarzt 68: 379-389.

Hautzinger, M. (1998): Depression. Reihe Fortschritte der Psychotherapie. Göttingen.

Hautzinger, M. (2001): Depression im Alter. Weinheim.

Hautzinger, M. (2003): Kognitive Verhaltenstherapie bei Depression. 6. Aufl. Weinheim.

Meyer, T. D.; Hautzinger, M. (2000): Psychotherapie bei bipolar affektiven Störungen. Ein Überblick über den Stand der Forschung. Verhaltenstherapie 10: 177-186.

Meyer, T. D.; Hautzinger, M. (2003): Kognitive Verhaltenstherapie bei Bipolaren Störungen. Weinheim.

Schramm, E. (2001): Interpersonelle Psychotherapie. 2. Aufl. Stuttgart.

Anne Katrin Risch und Ulrich Stangier

Modifikationen in der Kognitiven Verhaltenstherapie – Rückfallprophylaxe bei unipolaren depressiven Episoden

In den letzten Jahren wächst die Erkenntnis, dass neben der wirksamen Akutbehandlung auch die Erhaltungstherapie bei depressiven Erkrankungen von großer Bedeutung ist. Sah man die Major Depression zunächst als eine akute und zeitlich begrenzte psychische Störung an, so ist mittlerweile klar geworden, dass sie für viele Betroffene eine lebenslange Beeinträchtigung darstellt. Depressionen treten eher selten als einmalige Episoden auf. Bei 60 bis 80 % der Patienten ist mit einem Rückfall zu rechnen, wobei sich die Wahrscheinlichkeit einer weiteren Episode mit der Anzahl der bereits eingetretenen erhöht (Kessler 2002). Zudem erreicht die medikamentöse oder psychotherapeutische Akutbehandlung bei vielen Patienten nur eine teilweise Besserung der Symptome (American Psychiatric Association, APA 2000). Eine unvollständige Genesung ist aber ein zusätzlicher Risikofaktor für einen erneuten Rückfall (Boland u. Keller 2002). Aus diesem Grund wurden innerhalb der Kognitiven Verhaltenstherapie einige neue Ansätze entwickelt, die nach einer Akutbehandlung als Erhaltungstherapie zur Rückfallprävention einsetzbar sind.

In diesem Kapitel geht es zunächst um die Wirksamkeit der Kognitiven Verhaltenstherapie bei unipolaren Depressionen generell. Im Anschluss daran sollen zum einen Forschungsergebnisse vorgestellt werden, die die Wirksamkeit der Kognitiven Verhaltenstherapie bei verschiedenen Verlaufsformen der unipolaren Depression untersucht haben, zum anderen werden drei neuere Therapieansätze zur Rückfallprophylaxe im Sinne der Fortsetzungs- und Erhaltungstherapie näher beschrieben.

▓ Wie wirksam ist die Kognitive Verhaltenstherapie in der Behandlung von Depression?

Die Kognitive Verhaltenstherapie[1] ist eine der am häufigsten untersuchten Behandlungsformen für Depression (APA 2000). Ihre Wirksamkeit konnte in über 80 randomisierten und kontrollierten Therapiestudien nachgewiesen werden. Zudem zeigte sie sich als mindestens genauso so effektiv wie andere Behandlungsansätze (Gaffan et al. 1995). Gloaguen et al. (1998) fanden in ihrer Metaanalyse eine Überlegenheit der Kognitiven Verhaltenstherapie gegenüber anderen Formen der Psychotherapie bei milden bis mittelschweren Depressionen. Allerdings sind diese Ergebnisse aufgrund der geringen Homogenität der Studien mit Vorsicht zu interpretieren. In einer Re-Analyse der Daten wurden die »anderen Behandlungsformen« in Bona-fide- und Nicht-bona-fide-Psychotherapien unterschieden. Es fand sich keine Überlegenheit der Kognitiven Verhaltenstherapie gegenüber anderen Bona-fide-Psychotherapien. Dagegen war sie deutlich den Nicht-bona-fide-Behandlungsformen überlegen (Wampold et al. 2002). Zudem scheint die Kognitive Verhaltenstherapie auch über das Ende der Behandlung hinaus anhaltende Effekte zu haben, und zwar unabhängig davon, ob sie in der Akut- oder Erhaltungsphase und mit oder ohne Medikation durchgeführt wurde (Hollon u. Shelton 2001). Darüber hinaus gibt es Anhaltspunkte dafür, dass die Kognitive Verhaltenstherapie bei Personen mit erhöhtem Risiko auch präventiv eine erste Episode verhindern kann (Gillham et al. 2000; Clarke et al. 2001).

▓ Psychotherapie oder Medikamente? Die Effektivität der Kognitiven Verhaltenstherapie im Vergleich zur medikamentösen Behandlung

Uneinigkeit besteht bislang in der Frage, ob die Kognitive Verhaltenstherapie der medikamentösen Behandlung bei Depressionen überlegen ist oder nicht. Zwei frühere Studien, die eine Überlegen-

---

1 Zur näheren Beschreibung der Kognitiven Verhaltenstherapie bei Depressionen siehe den Beitrag von Hautzinger in diesem Band.

heit der Kognitiven Verhaltenstherapie gegenüber der Behandlung mit Antidepressiva fanden, haben eindeutige Schwächen hinsichtlich der Dosierung und Dauer der Medikation (Rush et al. 1977; Blackburn et al. 1981). Andere Untersuchungen, die eine adäquate medikamentöse Behandlung durchführten, ergaben, dass die Kognitive Verhaltenstherapie und eine gut durchgeführte medikamentöse Behandlung in etwa gleich effektiv waren (Murphy et al. 1984; Hollon et al. 1992). In der Metaanalyse von Gloaguen et al. (1998) zeigte sich die Kognitive Verhaltenstherapie der medikamentösen Behandlung bei milden bis mittelschweren Depressionen sogar eindeutig überlegen. Ebenfalls in einer Metaanalyse fanden Hensley et al. (2004), dass die protektive Langzeitwirkung der Kognitiven Verhaltenstherapie die Wirkung trizyklischer Antidepressiva übertrifft.

Die Studie des National Institute of Mental Health (NIMH) Treatment of Depression Collaborative Research Project (TDCRP) ist bislang die *einzige* Untersuchung, die darauf hindeutet, dass bei Patienten mit schweren Depressionen eine medikamentöse Behandlung effektiver ist als eine kognitiv-verhaltenstherapeutische (Elkin et al. 1989). Dennoch hatte gerade diese Studie einen maßgeblichen Einfluss auf die Behandlungsleitlinien bei schwer depressiven Patienten (APA 2000; Depression Guideline Panel 1993). In der NIMH-Studie wurden antidepressive Medikation plus strukturierte Patientenberatung (Structured Clinical Management) verglichen mit einer medikamentösen Placebo-Bedingung plus Clinical Management, Kognitiver Verhaltenstherapie oder Interpersonaler Therapie. Während sich im Bereich der schwachen bis mittelschweren Depression die Kognitive Verhaltenstherapie als eine effektive Behandlungsmethode zeigte, schnitt sie bei schweren Depressionen im Vergleich zur Placebo-Bedingung nicht besser ab (Elkin et al. 1995). Vertreter der Kognitiven Verhaltenstherapie kritisierten, dass die Ergebnisse unter Umständen durch das unterschiedliche Ausmaß an Vorerfahrung mit Kognitiver Verhaltenstherapie in den Therapieeinrichtungen beeinflusst worden war (Jacobson u. Hollon 1996a). In zwei Einrichtungen, die weniger erfahren in der Durchführung von Kognitiver Verhaltenstherapie waren, schnitt diese nicht besser ab als die Placebo-Bedingung, während in der Einrichtung mit größerer Erfahrung die Kognitive Verhaltenstherapie ebenso effektiv war wie die Behandlung mit Antidepressiva (Jacobson u. Hollon 1996b). Für diese Argumentation spricht, dass in einer ähnlichen Studie ebenfalls keine Überlegenheit der medikamentösen Bedingung über die Kognitive Verhaltenstherapie gefunden wurde (Hollon et al. 1992). Auch die Ergebnisse einer Metaanalyse von DeRubeis et al. (1990), die die Daten der TDCRP und drei weiterer randomisierter Studien (Hollon et al. 1992; Rush et al. 1977; Murphy et al. 1984) einbezog, zeigten, dass die Kognitive Verhaltenstherapie nicht weniger effektiv war als die medikamentöse Behandlung. In zwei weiteren Studien, allerdings ohne Placebo-Bedingung, wurden keine Unterschiede zwischen medikamentöser und kognitiv-verhaltenstherapeutischer Behandlung bei schwerer Depression gefunden (Blackburn u. Moore 1997; Hautzinger et al. 1996). In Studien von Jarrett et al. (1999) und Hollon et al. (2002) konnten jedoch auch vergleichbare Effekte von medikamentöser Behandlung und Kognitiver Verhaltenstherapie und eine Überlegenheit beider gegenüber der Placebo-Bedingung nachgewiesen werden. Ingesamt scheint die Kognitive Verhaltenstherapie auch bei schweren Depressionen eine wirksame Behandlungsform zu sein und hierin medikamentösen Behandlungsformen durchaus vergleichbar.

■ Erhöht die Kombination der Kognitiven Verhaltenstherapie mit Medikamenten den Effekt?

Obwohl in vielen Fällen zusätzlich zu einer Psychotherapie auch antidepressive Medikamente verabreicht werden, ist bisher nicht völlig klar, ob Medikamente notwendigerweise die Effekte der Psychotherapie verbessern. Es scheint zwar, dass zumindest in einigen Fällen Patienten nach erfolgloser psychotherapeutischer Behandlung positiv auf Medikamente ansprechen (Stewart et al. 1993), allerdings gibt es umgekehrt auch Patienten, die nicht ausreichend positiv auf Medikamente, wohl aber auf Psychotherapie reagieren (Paykel et al. 1999). Die meisten Leitlinien empfehlen mittlerweile die zusätzliche Behandlung mit Medikamenten oder Psychotherapie, wenn mit einer Behandlungsform alleine nach sechs bis acht Wochen keine eindeutige Symptomverbesserung erreicht wurde

(APA 2000; Depression Guideline Panel 1993). Hinsichtlich der Frage, ob eine Kombinationsbehandlung günstiger ist als Kognitive Verhaltenstherapie oder Pharmakotherapie allein, sind die Studienergebnisse eher inkonsistent. Teilweise wurde eine Überlegenheit der Kombination bei schweren, nicht jedoch bei leichten bis mittelschweren Depressionen gefunden (Thase 1999), teilweise zeigten sich jedoch auch bei schweren Depressionen keine Unterschiede zwischen den einzelnen Therapieansätzen (Hautzinger et al. 1996; de Jong-Meyer et al. 1996).

Zusätzliche Vorteile könnte die kombinierte Behandlung wohl vor allem bei Patienten mit komplexen Krankheitsverläufen haben, wie schweren, therapieresistenten und chronischen Depressionen oder Depressionen mit komorbiden Achse-I- oder -II-Störungen. So fanden Keller et al. (2000) für Patienten mit chronischen Depressionen, dass die Kombination von Antidepressiva mit einer weiterentwickelten Form der Kognitiven Verhaltenstherapie (cognitive-behavioural analysis system for psychotherapy) effektiver war als die Behandlung mit nur einer der beiden Behandlungsformen.

◼ Wie wirkt die Kognitive Verhaltenstherapie?

Obwohl es klare Hinweise auf die Effektivität der Kognitiven Verhaltenstherapie bei akuten depressiven Erkrankungen gibt, ist die Frage, welche Wirkfaktoren zu einer Verbesserung beitragen, noch nicht abschließend geklärt (Scott 2001). So fanden Jacobson et al. (2001), dass die Komponente des Aktivitätsaufbaus (Behavioral Activation Programm) hinsichtlich des Behandlungsergebnisses ähnlich effektiv war wie die gesamte Kognitive Verhaltenstherapie. Das Aktivierungsprogramm allein bewirkte schon eine deutliche Veränderung der negativen Gedanken und des dysfunktionalen Attributionsstils.

Zudem fanden DeRubeis und Feeley (1990), dass das frühe Einsetzen von kognitiven und verhaltensbezogenen Strategien zu einer stärkeren Veränderung in der Depression führte als eine Fokussierung auf die Qualität der therapeutischen Beziehung. Eine gute therapeutische Allianz entwickelte sich erst nach den ersten sichtbaren Erfolgen und dem damit einhergehenden Vertrauen des Patienten in den Therapeuten, ist also eher eine Folge der Stimmungsverbesserung als deren Ursache (Feeley et al. 1999).

Die kognitive Theorie geht davon aus, dass der Abbau von negativen Erwartungen ein effektiver Weg ist, akuten Stress zu reduzieren. Allerdings scheint eine Veränderung der negativen Erwartungen nicht spezifisch für die kognitive Therapie zu sein. So zeigen Patienten sowohl nach einer (erfolgreichen) Behandlung mit Medikamenten als auch nach Kognitiver Verhaltenstherapie positivere Erwartungen (Hollon et al. 1990). Allerdings ist die Abfolge der Veränderungen in den beiden Therapiebedingungen verschieden: Unter der Behandlung mit Kognitiver Verhaltenstherapie führte die Veränderung in den Erwartungen zu einer Veränderung in der Depression, während unter medikamentöser Behandlung eine Verbesserung der Stimmung zu einer Veränderung der negativen Erwartungen führte (DeRubeis u. Feeley 1990). Insofern scheint die Veränderung negativer Erwartungen eine zentrale Rolle als Mediator von Veränderungen der Stimmung in der kognitiven Therapie zu spielen.

Hollon et al. (1990) fanden, dass Veränderungen des kognitiven Stils vor allem ein Prädiktor für die Rückfallprophylaxe waren. Während Veränderungen in den negativen Erwartungen nicht spezifisch für die kognitive Therapie waren und vor allem zu Therapiebeginn stattfanden, erfolgten Veränderungen im Erklärungs- und Denkstil nur bei der kognitiven Therapie und zu einem späteren Zeitpunkt der Therapie. Das lässt darauf schließen, dass eine Veränderung in diesen Bereichen nicht nötig für die Reduktion der anfänglichen Symptome war, sondern dafür, eine Wiederkehr der Symptome zu unterbinden. Auch Teasdale et al. (2001) fanden, dass die kognitive Therapie die Rückfallrate vor allem über eine Veränderung der Denkstile senkte. Die Reduktion von verallgemeinerndem oder dichotomisierendem Denken führte zu einer geringeren Rückfallrate. Es scheint also, dass die Kognitive Verhaltenstherapie akuten Stress über einen Mechanismus (Entkräftung der negativen Erwartungen) reduziert und über einen anderen Mechanismus (Veränderung des Erklärungsstils) rückfallprophylaktisch wirkt. Ungeklärt bleibt allerdings die Frage, ob der therapeutische Prozess die zugrunde liegenden Kognitionen wirklich ändert oder ob er nur kompensatorische Fähigkeiten vermittelt, die den Patienten erlauben, mit einzelnen depressiven Symptomen umzugehen, bevor sie sich zu einer depressiven Episode auswachsen.

▪ Kognitive Verhaltenstherapie bei verschiedenen Subtypen und Verlaufsformen von unipolarer Depression

Die Heterogenität der unipolaren Depression in ihrem Verlauf macht es mitunter schwierig, Entscheidungen hinsichtlich der günstigsten Behandlungsform zu treffen. Im DSM-IV wird deshalb versucht, durch Zusatzkodierungen homogenere Subgruppen zu bilden, um damit die Reliabilität zu erhöhen und die Wahl der wirksamsten Behandlungsmethode zu erleichtern (DSM-IV 2001). Die meisten Therapiestudien liegen für die rezidivierende Major Depression vor. Hier ist man insbesondere an der Wirksamkeit der kognitiver Akut- und Erhaltungstherapie bei der Rückfallprävention interessiert.

In diesem Abschnitt soll auf einige Verlaufsformen der unipolaren Depression näher eingegangen und die Forschungsergebnisse hinsichtlich der Wirksamkeit der Kognitiven Verhaltenstherapie bei diesen Verlaufsformen dargestellt werden.

▪ Rezidivierende Major Depression

Kriterien: Als rezidivierend wird eine Major Depression dann angesehen, wenn zwei oder mehr voneinander abgrenzbare Episoden einer Major Depression vorhanden sind. Zwischen den beiden Episoden dürfen mindestens zwei Monate lang die Kriterien für eine Major Depression nicht erfüllt gewesen sein. Zudem dürfen die Episoden nicht besser durch eine Schizoaffektive Störung erklärt werden und nicht eine Schizophrenie, Schizophrenieforme, Wahnhafte oder nicht näher bezeichnete Psychotische Störung überlagern. Auch sollte es in der Vorgeschichte keine Manische, Gemischte oder Hypomane Episode gegeben haben, außer sie sind substanz- oder behandlungsinduziert oder direkte Folge eines medizinischen Krankheitsfaktors (DSM-IV 2001).

Erst in den letzten 20 Jahren ist durch Langzeitstudien deutlich geworden, dass ein wesentliches Merkmal der Major Depression ihr rezidivierender Verlauf ist. In verschiedenen Katamnesestudien, die Zeiträume von 1 bis zu 13 Jahren abdeckten, hatten nur circa 25 % der Patienten *kein* Rezidiv (Rao u. Nammalvar 1977; Weissmann u. Kasl 1976; Angst 1992). In der Colaborative Depression Study (CDS, vgl. Katz u. Klermann 1979), einer prospektiven Langzeitstudie, fand man Rückfallraten von 25 bis 40 % nach 2 Jahren; von 60 % nach 5 Jahren; von 75 % nach 10 Jahren und von 85 % nach 15 Jahren (Keller u. Boland 1998). Diese Ergebnisse sprechen dafür, dass selbst nach 5 oder sogar 10 Jahren das Risiko eines Rückfalls sehr hoch bleibt und sogar ansteigt (Boland u. Keller 2002). Allerdings zeigte sich auch, dass die Rückfallraten von der Anzahl der Residualsymptome nach der Symptomverbesserung abhingen. Patienten, die nach einer Episode von Major Depression keine Residualsymptome mehr zeigten, hatten geringere Rückfallraten (66 %) als diejenigen, bei denen noch eine Residualsymptomatik bestand (87 %). Das traf auch auf die Zeiträume zwischen den Episoden zu. In der Gruppe der vollständig remittierten Patienten waren die Zeiträume bis zur nächsten Episode wesentlich länger (durchschnittlich drei bis vier Jahre) als bei der Gruppe mit Residualsymptomen (durchschnittlich 33 Wochen) (Boland u. Keller 2002). Dennoch ist bei beiden Untergruppen depressiver Patienten die Rückfallgefahr hoch. Hieraus leitet sich die Erkenntnis ab, dass die Rückfallprävention ein grundsätzlich wichtiger Bestandteil der Therapie von unipolaren Depressionen ist.

■ Die Erhaltungstherapie
Im Bereich der medikamentösen Behandlung ist die Erhaltungstherapie (Continous and Maintenance Treatment) mit Antidepressiva, obgleich in der Versorgung noch nicht Routine, aus wissenschaftlicher Sicht seit langem schon Standard (Deutsche Gesellschaft für Psychiatrie, Psychotherapie und Nervenheilkunde, DGPPN 2000; American Psychiatric Association, APA 2000).

Wenn ein Patient in der akuten Phase auf ein Antidepressivum mit einer Verbesserung der Symptomatik reagiert, dann sollte die Behandlung mit diesem Medikament weitergeführt werden. Die Erhaltungstherapie besteht aus zwei Phasen: Zunächst geht es um eine Fortführung der Medikation (continuation treatment), um eine erneute Verschlechterung nach Ansprechen auf die Therapie (relapse), das heißt, eine Verlängerung der augenblicklichen Episode zu vermeiden. Empfohlen wird hier eine Zeitspanne von entweder bis zu sechs Monaten nach der ersten Verbesserung oder bis zu vier Monate nach der völligen Symptomfreiheit (Paykel 2001). Darauf folgt die Aufrechterhaltungsphase (maintenance treatment), die dazu dienen soll, einen Rückfall (recurrence) zu vermeiden, das heißt, eine erneute Episode zu verhindern. Einige Studien mit medikamentöser Behandlung sprechen dafür, dass diese mindestens drei Jahre fortgeführt werden sollte, denn noch nach drei Jahren fanden sich bei Patienten, die mit Imipramin behandelt worden waren, Rückfallraten von 67 % innerhalb der folgenden zwei Jahre. Angesichts möglicher unerwünschter Nebenwirkungen von Psychopharmaka und der Neigung der Patienten zum Absetzen der Medikamente bei Besserung (Scott 2001) ist jedoch das Interesse an wirksamen psychotherapeutischen Ansätzen zur Rückfallprophylaxe noch mehr gewachsen.

■ Kognitive Verhaltenstherapie bei rezidivierenden Depressionen

Im Bereich der Psychotherapie ist eine präventive Nachbehandlung bisher noch nicht allgemeiner Standard. Dabei belegen mittlerweile eine Reihe kontrollierter Studien die Erfolge der Kognitiven Verhaltenstherapie (KVT) bei der Verbesserung der Residualsymptomatik und der Verhinderung erneuter Episoden von Major Depression (vgl. Paykel 2001). Schon in der NIMH-Depressionsstudie zeigte sich, dass eine Behandlung mit Kognitiver Verhaltenstherapie die Rückfallrate senkte (Shea et al. 1992). In einer Follow-up-Untersuchung nach 12 Monaten hatten die Patienten, die mit Kognitiver Verhaltenstherapie behandelt worden waren, ein Drittel weniger Rückfälle (9 %) als diejenigen, die Antidepressiva und begleitende Patientenberatung (Clinical Management) bekommen hatten (28 %).

Fava et al. (1998a) fanden, dass die Kognitive Verhaltenstherapie sowohl die Anzahl der depressiven Residualsymptome als auch
die Rückfallrate senkte. An ihrer Untersuchung nahmen 40 Patienten mit einer rezidivierenden Major Depression teil, die erfolgreich mit Antidepressiva behandelt worden waren. Die Patienten
wurden randomisiert einer von zwei Gruppen zugewiesen: Entweder erhielten sie eine modifizierte Form der Kognitiven Verhaltenstherapie (KVT) zur Behandlung der Residualsymptome plus
Pharmakotherapie oder herkömmliche Beratung (Clinical Management) plus Pharmakotherapie. In beiden Fällen wurde die
Medikation langsam verringert, so dass in den letzten beiden Sitzungen kein Patient mehr Medikamente einnahm. Die Gruppe
mit Kognitiver Verhaltenstherapie zeigte signifikant weniger Residualsymptome als die Gruppe mit begleitender Beratung. In einer
Follow-up-Untersuchung nach zwei Jahren hatte die KVT-Gruppe
eine signifikant geringere Rückfallrate (25 %) als die Beratungs-
gruppe (80 %). Diese protektiven Effekte der Kognitiven Verhaltenstherapie waren auch in einer weiteren Follow-up-Untersuchung nach vier Jahren noch signifikant. Nach sechs Jahren war
der protektive Effekt hinsichtlich eines erneuten Rückfalls zwar
nicht mehr signifikant, die Rückfallrate innerhalb der sechs Jahre
war aber insgesamt in der KVT-Gruppe signifikant geringer als in
der Beratungs-Gruppe (Fava et al. 1998b). Dabei scheint ein wichtiger Ansatzpunkt der Kognitiven Verhaltenstherapie in der Veränderung der Residualsymptome zu bestehen, die für eine erneuten
Rückfall beziehungsweise eine Verschlechterung der Symptome
verantwortlich sind. Bei ungefähr 30 % der Patienten mit Major
Depression bleiben Irritierbarkeit, geringes Selbstvertrauen, Pessimismus, extreme Empfindlichkeit gegenüber sozialen Stressoren
auch nach medikamentöser Behandlung bestehen, die gegenüber
einer weiteren medikamentösen Behandlung »resistent« bleiben
(Scott et al. 2000).

In einer weiteren, unfangreicheren und kontrollierten Studie
konnten ebenfalls positive Effekte der Kognitiven Verhaltenstherapie auf die Residualsymptomatik und die Rückfallrate nachgewiesen werden (Paykel et al. 1999; Scott et al. 2000). Alle Patienten erhielten mittlere Dosen Antidepressiva während der gesamten
Untersuchung von 17 Monaten, die Hälfte der Patienten erhielt

zusätzlich über fünf Monate eine standardisierte Kognitive Verhaltenstherapie nach Beck et al. (1979). Die Gruppe mit zusätzlicher Kognitiver Verhaltenstherapie (KVT) hatte nach 17 Monaten eine signifikant geringere Rate an Rückfällen (29 %) als die Gruppe ohne KVT (47 %). Zudem gab es in der Gruppe mit KVT signifikant mehr Remissionen als in der Medikamentengruppe (24 % vs. 11 %), wenn auch insgesamt die Anzahl der völligen Remissionen in beiden Gruppen sehr gering war.

Während die bisher genannten Studien die Wirksamkeit der KVT als Erhaltungstherapie nach einer medikamentösen Behandlung untersuchten, verglichen Jarrett et al. (2001) die Wirksamkeit einer rein kognitiven Akutbehandlung mit und ohne anschließende kognitive Erhaltungstherapie bei Patienten mit rezidivierender Major Depression. Sie fanden, dass eine achtmonatige kognitive Erhaltungstherapie mit dem Schwerpunkt auf die Residualsymptome, Rückfallprophylaxe und Verfestigung von bestimmten Kompetenzen (Jarrett 1989) zu einer signifikanten Verringerung der Rückfallrate im Vergleich zur Kontrollgruppe (keine kognitive Erhaltungstherapie) führte (10 % vs. 31 %). Nach 24 Monaten zeigte eine erneute Untersuchung der Patienten, dass bei denjenigen mit erhöhtem Rückfallrisiko (das heißt frühe erste Episode, instabile Remission in der späten Akutphase) die kognitive Erhaltungstherapie auch nach Therapieende zu signifikant geringeren Rückfallraten führte (37 % vs. 67 %). Das impliziert, dass bei Patientengruppen mit hohem Rückfallrisiko die kognitive Erhaltungstherapie auch über das Therapieende hinaus einen protektiven Effekt hinsichtlich der Rückfallwahrscheinlichkeit hat. Diese Ergebnisse könnten ein Anhaltspunkt dafür sein, dass die langfristigen Effekte der Kognitiven Verhaltenstherapie denen der rein medikamentösen Therapie überlegen sind.

In dieselbe Richtung weisen die Ergebnisse einer Pilotstudie von Fava et al. (2002) an 10 Patienten mit rezidivierender Major Depression, die während der medikamentösen Therapie rückfällig wurden. Die Patienten wurden zufällig zwei Behandlungsformen zugeteilt: Fünf Patienten bekamen höhere Dosen des Antidepressivums plus Clinical Management, die anderen fünf bekamen die gleiche Dosis Antidepressiva wie vorher und zusätzlich KVT. Vier der fünf Patienten reagierten auf die Dosissteigerung mit einer

Verbesserung der Symptomatik, hatten aber alle innerhalb des ersten Jahres, trotz erhöhter Dosis, einen Rückfall. Vier der fünf Patienten aus der anderen Gruppe reagierten mit Symptomverbesserung auf die KVT, von ihnen hatte nur einer einen Rückfall innerhalb des ersten Jahres. Natürlich sind die Aussagen dieser Studie aufgrund der sehr geringen Fallzahl begrenzt. Dennoch geben sie einen Hinweis auf die präventive Effektivität der Kognitiven Verhaltenstherapie im Vergleich zur medikamentösen Behandlung bei rezidivierender Depression.

Aus den hier präsentierten Untersuchungen kann die Schlussfolgerung gezogen werden, dass spezifische Maßnahmen der Kognitiven Verhaltenstherapie zur Rückfallprophylaxe bei rezidivierenden Depressionen das Rückfallrisiko deutlich senken können. Abbildung 1 zeigt die Phasen der Akut- und Nachbehandlung.

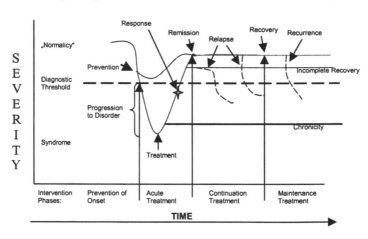

Abbildung 1: Phasen der Akut- und Nachbehandlung Kognitiver Verhaltenstherapie zur Rückfallprophylaxe bei rezidivierenden Depressionen (nach Kupfer 1991)

Aus den unterschiedlichen Stadien der Behandlung lassen sich jeweils spezifische Inhalte, Ziele und eine unterschiedliche Behandlungsintensität ableiten:

− *Akutphase:* In dieser Phase steht vor allem der Aktivitätsaufbau (Lejuez et al. 2001) im Vordergrund. Es geht um die Anregung positiver, verstärkender Aktivitäten in kleinen Schritten (Hautzinger 2000). Insbesondere bei Patienten mit motivationalen Hemmungen, Passivität, Anhedonie und schweren Depressionen ist der Aktivitätsaufbau indiziert. Ziel ist, dass der Patient durch die genaue Beobachtung seiner Aktivitäten Zusammenhänge zwischen seinem Handeln und Befinden erkennt, die Anzahl positiver, antidepressiver Tätigkeiten steigert und lernt, seine Stimmungsschwankungen, die im Zusammenhang mit Rückzug und Passivität stehen, hierdurch zu beeinflussen (Zimmer 2001). In dieser Phase ist eher eine intensivere, hochfrequente Behandlung (z. B. 2 Termine pro Woche über 2 Monate, anschließend wöchentliche Termine) erforderlich.

– *Fortsetzungstherapie:* Wird in der Akutphase eine Reduktion der Antriebshemmung und der depressiven Stimmung erreicht, so folgt in der nächsten Phase die kognitive Umstrukturierung. Hier werden verzerrte Wahrnehmungs- und Bewertungsmuster bezüglich Selbst, Umwelt und Zukunft identifiziert. Ziel ist es, die fehlerhaften Denkweisen zu erkennen, zu korrigieren und funktionalere Denkweisen selbstständig anzuwenden (Hautzinger 2000). Unter Umständen sind auch die Kompetenzen zur Bewältigung von Belastungssituationen zu verbessern. In dieser Phase sollten die Therapieintervalle vergrößert werden (z. B. alle 14 Tage über drei Monate).

– *Erhaltungstherapie:* Ziel der Therapie ist nun die Veränderung von Faktoren, die zu Rückfällen beitragen. Die Maßnahmen konzentrieren sich nun auf die langfristige Beibehaltung des Therapieerfolgs, wie zum Beispiel durch die Vertiefung und Anwendung der gelernten zentralen kognitiven Kompetenzen (Jarrett et al. 1998) oder die Stärkung von zentralen Bereichen des Selbst, die mit dem psychischen Wohlbefinden zusammenhängen (Fava 1999). Wichtig ist, dass der Patient lernt, die erworbenen Strategien auch unabhängig vom Therapeuten anzuwenden. In dieser Phase sind monatliche Termine sinnvoll, etwa über einen Zeitraum von eineinhalb bis zwei Jahren.

◼ Chronische Depression

Kriterien: Als chronische Depressionen werden im Allgemeinen depressive Störungen bezeichnet, die zwei Jahre oder länger andauern und ohne längerfristige Verbesserung der Symptomatik verlaufen. Chronisch kann auf die aktuelle oder letzte Depressive Episode einer Major Depression und Bipolar-I- oder -II-Störung nur angewendet werden, wenn dies gleichzeitig die zuletzt aufgetretene affektive Episode ist (DSM-IV 2001).

– Die chronische Depression kann als eine breite Kategorie angesehen werden, innerhalb derer es wiederum verschiedene Subtypen gibt, die jeweils einen recht unterschiedlichen Störungsverlauf haben können (McCullough et al. 2003). Das DSM-IV (1994) unterscheidet vier Typen chronischer depressiver Störungen:

– *Chronische Major Depressive Episode (MDE):* Bei 15 bis 20 % der Patienten mit einer Major Depression bestehen die Symptome für zwei Jahre oder länger. Bei 12 % der Patienten bis zu fünf Jahren (Kocsis 2000).

– *Dysthyme Störung:* Bei dieser mindestens zwei Jahre anhaltenden chronisch depressiven Verstimmung reicht die Ausprägung der Symptome nicht für die Diagnose einer MDE.

– *Dysthyme Störung mit MDE (Double Depression):* Über 50 % der Patienten mit einer dysthymen Störung entwickeln im späteren Verlauf zusätzlich eine Episode einer Major Depression (Keller et al. 1995).

– *MDE mit unvollständiger Remission zwischen den Episoden:* Hier bleiben Residualsymptome (Irritierbarkeit, geringes Selbstvertrauen, Pessimismus, extreme Empfindlichkeit gegenüber sozialen Stressoren) über mindestens zwei Jahre bestehen. Diese Patienten sind anfälliger für Rückfälle (s. vorherigen Abschnitt).

Kritisch anzumerken ist, dass die Validität der Subtypen, die auf der Anzahl, der Dauer und dem Verlauf der Symptome basiert, bisher nicht abschließend geklärt ist. In verschiedenen Untersuchungen wurden kaum Unterschiede zwischen den Subtypen gefunden. Signifikante Unterschiede gab es in der Anzahl von Patienten mit komorbiden Störungen auf Achse I (Benazzi 1999).

Patienten mit chronischer MDE hatten weniger häufig komorbide Achse I Störungen als die anderen Subtypen, dafür war ihre Depression schwerer (McCullough et al. 2001).

In den 1990er Jahren wurde für die chronische Depression eine Punktprävalenz von circa 3 bis 5 % angegeben. Der Anteil der chronischen Depressionen an den depressiven Erkrankungen allgemein liegt bei 20 bis 30 % (Trivedi u. Kleiber 2001; Scott 2001). Chronische Verlaufsformen der Major Depressionen gehen im Vergleich zu akuten Depressionen mit verstärkten Beeinträchtigungen im psychosozialen, beruflichen und gesundheitlichen Bereich einher. Chronisch depressive Patienten begehen häufiger Suizidversuche und werden öfter stationär betreut. Chronische Verlaufsformen beginnen meist früher im Leben der Betroffenen und bestehen häufig lebenslang (Keller et al. 2000). Chronisch Depressive Patienten zeigen häufig Symptome einer depressiven Persönlichkeitsstörung (Markowitz 1994) sowie eine hohe Komorbidität mit Persönlichkeitsstörungen generell, die auch mit einem schlechteren und langsameren Ansprechen auf Pharmako- und Psychotherapie assoziiert ist (Dunner 2001). In der Literatur werden einige Risikofaktoren für eine chronische Verlaufsform der Depression genannt: Ein höheres Risiko haben weibliche Patienten, insbesondere mit höheren Neurotizismus-Werten sowie Personen mit unipolarer Depression, Personen mit familiärer Vorbelastung hinsichtlich depressiver Erkrankungen, Personen mit langer Dauer der Erkrankung vor der ersten Behandlung und mit inadäquater Behandlung (Scott 1988).

■ Kognitive Verhaltenstherapie bei chronischen Depressionen
Bei Patienten mit chronischer Depression ist die langfristige Wirkung von rein medikamentöser Behandlung nicht befriedigend (Scott 2001). Weniger als 50 % der Patienten weisen eine völlige Remission bei rein medikamentöser Behandlung auf (Kocsis 2000). In den Praktischen Richtlinien für Major Depression empfiehlt die American Psychiatric Association (APA 2000) für die Behandlung von chronischen Depressionen deshalb eine Kombinationsbehandlung aus Pharmako- und Psychotherapie. Allerdings haben erst wenige Untersuchungsergebnisse diese Empfehlungen empirisch untermauert, da die meisten früheren Studien eine

kombinierte Behandlung vor allem an relativ unkomplizierten ambulanten Patienten untersuchten (Thase 1999). Dennoch gibt es einige Studien, deren Ergebnisse aufschlussreich sein könnten. So fand Bowers (1990) an einer Gruppe von stationär behandelten Patienten, dass in der Patientengruppe, die Kognitive Verhaltenstherapie und eine antidepressive Medikation bekamen, die Remissionsrate nach Therapieende signifikant höher war als in den Gruppen, die entweder nur ein Antidepressivum oder Antidepressivum und Entspannungstraining erhalten hatten. Keller et al. (2000) verglichen die Wirkungen eines Antidepressivums (Nefazodone) mit der einer modifizierten Form der Kognitiven Verhaltenstherapie (Cognitive Behavioural-Analysis System Psychotherapy) und einer Kombination beider Behandlungsarten an 650 Patienten mit chronischer Depression. Die Behandlungen wurden über die akute Behandlungsphase hinaus als Erhaltungstherapien fortgeführt. Nach 12 Wochen erzielte die kombinierte Behandlung eine signifikant höhere Reduktion der depressiven Symptome als nur Nefazodon oder nur Psychotherapie, und auch die Zahl der Remissionen war deutlich höher (42 % gegenüber 20 % bzw. 24 %). Vorläufige Auswertungen der Erhaltungstherapiephase zeigten, dass die Erhaltungstherapie nicht nur Schutz vor Rückfällen bot, sondern auch Verbesserungen bei zunächst nur teilremittierten Patienten bewirkte (Dunner 2001).

Die dysthyme Störung wird als Subtyp der chronischen Depression angesehen, da sie oftmals einen frühen und schleichenden Beginn hat (z. B. in der Kindheit, Adoleszenz oder frühen Erwachsenenalter) und zumeist einen chronischen Verlauf annimmt (DSM-IV 2001). Bisher gibt es nur wenige Studien, die die Effektivität von Psychotherapie und medikamentöser Behandlung bei Dysthymien miteinander verglichen. Kognitive Therapieansätze zeigten nur mäßig positive Ergebnisse (Markowitz 1994), während die Mehrzahl der Patienten vor allem positiv auf Pharmakotherapien reagierten (Thase et al. 1996; Arnow u. Constantino 2003). So fanden Ravindran et al. (1999) in einer Untersuchung an 97 Patienten mit primärer Dysthymie und ohne komorbide Störung, dass die alleinige medikamentöse Behandlung mit Sertralin sowohl der Kombination als auch der kognitiven Gruppentherapie (über drei Monate) signifikant überlegen war. Bei einigen Patienten, die auf die kognitive Gruppentherapie sehr günstig reagierten, zeigten sich zusätzliche Verbesserungen bei der kombinierten Behandlung mit Sertralin, die aber nicht signifikant von der rein medikamentösen Behandlung abwichen.

Bei Double Depression erwies sich eine kombinierte Behandlung von Antidepressiva plus Kognitive Verhaltenstherapie als die wirkungsvollste Behandlung (Miller et al. 1999). Die kombinierte Behandlung führte zu einer signifikant stärkeren Verringerung depressiver Symptome und zu einem höheren sozialen Funktionsniveau als die Behandlung mit reiner Pharmakotherapie. Allerdings wurden in einem sechs- und einem zwölfmonatigen Follow-up keine signifikanten Unterschiede zwischen den Behandlungsgruppen gefunden. Angesichts der geringen Zahl von Studien und der kleinen Stichprobenumfänge sind die Ergebnisse der Therapiestudien bei dysthymen Störungen als sehr vorläufig anzusehen. Möglicherweise ist eine individuelle, längere und speziell auf dysthyme Störungen zugeschnittene Kognitive Verhaltenstherapie effizienter als die meist relativ kurzen Behandlungen, die in den Untersuchungen angeboten wurden.

■ Therapieresistente Depression

Es gibt in der Literatur höchst unterschiedliche Definitionen für therapieresistente Depressionen (z. B. Thase u. Rush 1997; Souery et al. 1999; Nickel 2003), die in anderen Beiträgen dieses Buches dargestellt und daher hier nicht weiter ausgeführt werden. Zudem ist die Abgrenzung der therapieresistenten Depression von der chronischen Depression schwierig, da sie auf retrospektiven Angaben zum Störungsverlauf und Ansprechen auf die Behandlung beruht.

Bei der Wahl des therapeutischen Vorgehens ist zunächst die Frage zu beantworten, gegenüber welcher Behandlungsmethode sich der Patient bisher als »resistent« gezeigt hat. Besteht eine Resistenz gegenüber medikamentöser Behandlung, so kann der Wechsel der Medikation oder die Kombination verschiedener Substanzen sinnvoll sein (Bonner u. Howard 1995). Allerdings ist auch diese Maßnahme nicht immer wirksam (Fava et al. 1994).

■ Kognitive Verhaltenstherapie bei therapieresistenten Depressionen

In den Leitlinien der Agency for Health Care Policy and Research (Depression Guideline Panel 1993) und der DGPPN (2000) wird empfohlen, bei komplexeren depressiven Störungen, wie zum Beispiel therapieresistenter Depression eine Kombinationstherapie aus Psycho- und Pharmakotherapie anzuwenden. Eine Durchsicht der Literatur zeigt, dass es einen eklatanten Mangel an Studien gibt, die sich auf therapieresistente Depressionen beziehen. In den meisten Studien handelt es sich letztlich um Patienten mit chronischen Depressionen und behandlungsresistenten Residualsymptomen (z. B. Paykel et al. 1999). Einzig Bonner und Howard (1995) legten genauere Kriterien für eine retrospektive Einschätzung von Therapieresistenz zugrunde und fanden, dass die Kombination von Kognitiver Verhaltenstherapie mit trizyklischen Antidepressiva gegenüber den jeweiligen Einzeltherapien (Dauer jeweils sechs bis zehn Monate) überlegen war.

Angesichts des Mangels an aussagekräftigen Studien lassen sich keine konkreten Aussagen über die Effektivität der Kognitiven Verhaltenstherapie bei therapieresistenten Depressionen machen. Berücksichtigt man jedoch Untersuchungsergebnisse, die die eindeutige Wirksamkeit der Kognitiven Verhaltenstherapie bei der Behandlung von behandlungsresistenten Residualsymptomen belegen (Fava et al. 1998a; Paykel et al. 1999), so scheint die Annahme, dass die Kognitive Verhaltenstherapie auch bei therapieresistenten depressiven Erkrankungen zu einer Verbesserung der Symptome führen könnte, plausibel. Dies zu überprüfen ist eine dringende Aufgabe zukünftiger Forschung.

■ Atypische Depression

Kriterien: Die Hauptmerkmale einer Major Depression mit atypischen Merkmalen sind die Aufhellbarkeit der Stimmung durch tatsächliche oder erwartete positive Ereignisse (Kriterium A) und das Vorhandensein von mindestens zwei der folgenden Symptome (Kriterium B): Vermehrter Appetit oder Gewichtszunahme; Hypersomnie; bleierne Schwere in Armen oder Beinen; eine lang anhaltende Überempfindlichkeit gegenüber subjektiv empfundener Zurückweisung. Diese Symptome überwiegen im letzten Zwei-Wochen-Zeitraum (bzw. bei Dysthymer-Störung mindestens Zwei-Jahres-Zeitraum).

Es dürfen nicht die Kriterien für »Mit melancholischen oder mit katatonen Merkmalen während derselben Episode« erfüllt sein.

(DSM-IV 2001)

Ungefähr 13 bis 36 % der depressiven Patienten weisen atypische Merkmale auf (Levitan 2000). Diese kommen häufiger bei Frauen und Personen mit komorbiden Störungen wie Angststörungen und Substanzabhängigkeit vor. Die allgemeine Beeinträchtigung durch eine atypische Depression scheint höher zu sein als die durch eine typische Depression. So wird beispielsweise von einer höheren Suizidgefahr bei Patienten mit atypischer Depression berichtet (Simon u. Stern 2003).

Bei der medikamentösen Behandlung von Patienten mit atypischer Depression ist die Gefahr eines Rückfalls groß (80 bis 90 %), wenn nach einer Akutbehandlung keine Erhaltungstherapie folgt (Thase et al. 1995). Stewart et al. (1997) konnten zeigen, dass nach einer sechsmonatigen erfolgreichen Behandlung mit Phenelzin die Rückfallrate bei 87 % lag, wenn die Patienten in der Erhaltungstherapie ein Placebo bekamen, jedoch nur bei 23 % lag, wenn die Behandlung mit Phenelzin fortgeführt wurde. Ein Problem der medikamentösen Behandlung sind unerwünschte Nebeneffekte wie zum Beispiel Bluthochdruck, Schwindelanfälle, Ödeme, sexuelle Funktionsstörungen, Müdigkeit oder Gewichtszunahme (Thase et al. 1995). Diese Nebenwirkungen verringern die Compliance des Patienten und führen möglicherweise zu frühzeitigem Absetzen der Medikamente. Eine weitere Gefahr ist die Entwicklung einer Toleranz gegenüber einigen Medikamenten (v. a. Monoaminoxidase-Hemmern) (Cohen u. Baldessarini 1985). Aus diesen Gründen ist es also notwendig, Behandlungsformen zu finden, die effektiv und für den Patienten tolerabel sind.

■ Kognitive Verhaltenstherapie bei atypischen Depressionen
Es gibt nur wenige Untersuchungen hinsichtlich der Wirksamkeit von Psychotherapie bei atypischer Depression. In einer Reanalyse der Daten aus dem NIMH Treatment of Depression Collaborative Research Program fanden Stewart et al. (1998), dass Patienten mit

atypischer Depression positiv auf die Behandlung mit Kognitiver Verhaltenstherapie reagierten. Zudem konnten Jarrett et al. (1999) zeigen, dass die Behandlung mit Kognitiver Verhaltenstherapie in der Akutphase die Symptome der Patienten mit atypischer Depression ebenso reduzierte wie die Behandlung mit Phenelzin in Kombination mit Patientenberatung und signifikant mehr Effekte hatte als die Placebo-Bedingung. In einer weiteren Studie an einer Teilstichprobe untersuchten Jarrett et al. (2000), inwieweit eine kognitive Akut- und Erhaltungstherapie Rückfälle bei Patienten mit atypischer Depression verhindert. Ambulante Patienten mit atypischer Depression, die in der Akutphase auf Kognitive Verhaltenstherapie, Phenelzin plus Patientenberatung oder Placebo ansprachen, wurden randomisiert verschiedenen Bedingungen zugeordnet: medikamentöse Erhaltungstherapie, kognitive Erhaltungstherapie (beide jeweils über acht Monate hinweg) oder keine weitere Behandlung. Die Ergebnisse zeigten, dass sowohl die kognitive als auch die medikamentöse Erhaltungstherapie im Vergleich zu keiner Erhaltungstherapie die Rückfallrate nach 24 Monaten signifikant um 14 bis 30 % verringerte. Die Rückfallraten betrugen bei der medikamentösen Erhaltungstherapie 57 %, bei der kognitiven Erhaltungstherapie 40 %. Obwohl die Studie nur eine kleine Stichprobe hatte (n = 31) und eher den Charakter einer Pilotstudie hatte, untermauert dieses Ergebnis dennoch die Notwendigkeit langfristig angelegter Behandlung und zeigt zudem, dass die Kognitive Verhaltenstherapie effektiv dazu beiträgt, Rückfälle zu verhindern.

■ Fazit

Die Kognitive Verhaltenstherapie allein oder in Kombination mit medikamentöser Behandlung erzielt bei den meisten Verlaufsformen von Depressionen nachgewiesenermaßen gute Effekte. Insbesondere bei der Behandlung von Residualsymptomen und damit als Rückfallprophylaxe ist die KVT eine gute Alternative zur medikamentösen Nachbehandlung. Wünschenswert wäre es, wenn sich die Psychotherapieforschung in Zukunft noch verstärkt mit der Evaluation von Kognitiver Verhaltenstherapie bei der Behandlung der verschiedenen Verlaufsformen von unipolarer Depression beschäftigen würde. Insbesondere bezüglich der therapieresistenten Depression und der dysthymen Störung mangelt es an gut kontrollierten Effektivitätsstudien.

■ Weiterentwicklungen in der Kognitiven Verhaltenstherapie bei der Behandlung von unipolarer Depression

Obwohl bereits viele Fortschritte in der Behandlung von unipolaren Depressionen gemacht wurden, sind die langfristigen Behandlungsergebnisse noch nicht zufrieden stellend. Sowohl bei der medikamentösen als auch bei der psychotherapeutischen Behandlung tritt bei der Mehrzahl der Patienten nur eine teilweise Besserung ein (APA 2000). Eine unvollständige Genesung ist jedoch ein Risikofaktor für einen erneuten Rückfall (Boland u. Keller 2002). Zudem ist auch bei Patienten, die nach einer depressiven Episode keine Residualsymptome zeigen, die Wahrscheinlichkeit eines Rückfalls erhöht (Boland u. Keller 2002). Aus diesem Grund besteht großer Bedarf an rückfallpräventiven Behandlungsstrategien.

In den letzten Jahren sind mehrere Ansätze der Rückfallprävention bei unipolarer Depression entwickelt worden, die sich auf spezifische kognitive Risikofaktoren konzentrieren und nach der behavioristischen Phase und der kognitiven Wende eine »dritte Welle« verhaltenstherapeutischer Methoden bilden. Auf drei ressourcenorientierte Behandlungsansätze, die *Well-Being Therapy* von Fava, die *Cognitive-Continuation Therapy* von Jarrett und die *Mindfullness-Based Cognitive Therapy for Depression* von Segal, Williams und Teasdale, soll nun näher eingegangen werden.

■ G. Fava: Well-Being Therapy (WBT)

Die WBT ist ein therapeutischer Ansatz, der aus dem Umfeld der Positiven Psychologie stammt (Fava u. Ruini 2003). Anders als die traditionelle Psychopathologie, die Gesundheit vor allem als Abwesenheit von Krankheit sieht, betont die Positive Psychologie die Stärkung des Wohlbefindens und die Förderung individueller Ressourcen als zentral für die Erhaltung psychischer Gesundheit. Ryff und Singer (1996) wiesen darauf hin, dass das Fehlen von Wohlbefinden verletzlich gegenüber den Widrigkeiten des Lebens mache und dass psychische Gesundheit nicht nur über die Milderung des Negativen, sondern auch über die Stärkung des Positiven zu erreichen sei.

Die WBT basiert auf Carol Ryffs Modell des Psychologischen Wohlbefindens. Dieses Modell umfasst sechs Bereiche, in denen sich bei depressiven Patienten auch nach einer Remission der depressiven Episode noch deutliche Beeinträchtigungen zeigen (Rafanelli et al. 2000). Diese Bereiche sind: Autonomie, persönliches Wachstum, Kontrollierbarkeit der Umwelt, Sinnhaftigkeit des Lebens, positive Beziehungen zu anderen und Selbstakzeptanz (s. Tab. 1). Zentral in der WBT ist die Entdeckung von Momenten des Wohlbefindens und der automatischen negativen Gedanken, die diese Momente zerstören. Die dysfunktionalen Gedanken werden in der Therapie identifiziert, diskutiert und schließlich im Sinne der sechs Dimensionen des Wohlbefindens modifiziert.

■ Struktur und Anwendung der WBT

Die WBT ist eine psychotherapeutische Kurzzeitstrategie, die mit acht Sitzungen in wöchentlichem oder zweiwöchentlichem Abstand durchgeführt wird. In schwierigen Fällen kann die Therapie natürlich auch mehr Sitzungen in Anspruch nehmen. Die Dauer einer Sitzung variiert zwischen 30 und 50 Minuten, wobei kürzere Sitzungen und längere Abstände als positiv im Sinne von größerer Eigenständigkeit des Patienten angesehen werden. Die Betonung der WBT liegt auf Selbstbeobachtung, zu deren Zweck ein strukturiertes Tagebuch geführt wird (Fava u. Ruini 2003).

Die WBT ist als psychotherapeutische Strategie in der Residualphase der Depression konzipiert (Fava 1999). Bei akut depressiven Patienten, ist die Behandlung dagegen eher als problematisch anzusehen. Die WBT kann auch als Teil eines kognitiv-verhaltenstherapeutischen Therapiepakets eingesetzt werden. Allerdings fehlt es hier noch an kontrollierten Studien dazu, welchen Effekt die WBT über die Kognitive Verhaltenstherapie hinaus hat.

In der Anfangsphase (Sitzung 1 und 2) geht es primär um die Identifikation von Momenten des Wohlbefindens mit Hilfe des strukturierten Tagebuches. Der Patient wird gebeten, die Umstände des Wohlbefindens, unabhängig davon, wie kurz sie waren, aufzuzeichnen und die Intensität des Wohlbefindens auf einer Ratingskala von 0–100 (mit 0 als Abwesenheit von Wohlbefinden und 100 als dem Maximum von Wohlbefinden) zu werten (Fava 1999). Es kann zu Anfang nützlich sein, die Patienten darauf hinzuweisen, dass es auch in ihrem Leben Momente des Wohlbefindens gibt, dass diese Momente jedoch meist unbemerkt bleiben. Wie viele Sitzungen in der Anfangsphase benötigt werden, hängt letztlich davon ab, wie bereitwillig der Patient das strukturierte Tagebuch führt.

In der Mittleren Phase (Sitzungen 3, 4 und 5), wenn der Patient soweit ist, dass er Momente des Wohlbefindens erkennt, wird er ermutigt, die automatischen Gedanken und Annahmen zu identifizieren, die zu einer vorzeitigen Unterbrechung des Wohlbefindens führen. Diese Gedanken werden ebenfalls im Tagebuch niedergeschrieben (Fava u. Ruini 2003). Im Konzept der unterbrechenden negativen Gedanken wird die Nähe zu den automatischen Gedanken von Beck deutlich (Beck et al. 1979). Allerdings liegt der Fokus der WBT auf dem unterbrochenen Wohlbefinden und nicht auf den ausgelösten negativen Emotionen.

Die Dauer dieser Phase hängt ebenfalls von der Fähigkeit und Mitarbeit des Patienten bei der Identifikation der negativen Gedanken ab.

In der Abschlussphase (Sitzungen 6, 7 und 8) geht es um kognitive Restrukturierung und darum, alternative Interpretationen zu finden, die die negativen Gedanken ersetzen sollen. Anhand der vorhergehenden Aufzeichnung der Momente des Wohlbefindens lassen sich die individuellen Problembereiche des Patienten erkennen und werden anhand des Modells von Ryff den sechs Bereichen zugeordnet. Zusätzliche Informationen können auch mit einem 84-Item-Fragebogen Psychological Well-Being (PWB) (Ryff 1989; dt. Übersetzung vgl. Risch et al. 2004) erhoben werden. Dem Patient werden die sechs Dimensionen schrittweise vorgestellt, bis er lernt, das gesammelte Material selbst zuzuordnen (Fava u. Ruini

Tabelle 1: Von einem beeinträchtigten zu einem optimalen Niveau auf den sechs Dimensionen

Dimension	Beeinträchtigung	Optimales Niveau
Kontrollierbarkeit der Umwelt	Bewältigung alltäglicher Probleme fällt schwer Gefühl der Unfähigkeit, die Situation zu verändern Auswege werden nicht erkannt	Gefühl von Kompetenz und Kontrolle über Umwelt Möglichkeiten werden genutzt
Persönliches Wachstum	Gefühl der Stagnation Verbesserung wird nicht wahrgenommen Fühlt Langeweile und Desinteresse	Gefühl der kontinuierlichen Weiterentwicklung Gefühl persönlichen Wachstums Offenheit für neue Erfahrungen
Sinnhaftigkeit des Lebens	Fehlender Lebenssinn Fehlende Ziele Sieht keinen Sinn in Vergangenheit	Fühlt Sinn im Leben Hat Ziele Sieht Sinn in früherem Leben
Autonomie	Überbewertung der Meinung anderer Abhängigkeit von Entscheidungen anderer Übertriebene Konformität	Selbstbestimmung und Unabhängigkeit Bewertet sich selbst nach eigenen Maßstäben Widersteht sozialem Druck
Selbstakzeptanz	Unzufriedenheit mit sich selbst Wunsch, anders zu sein Enttäuschung über bisheriges Leben	Positive Selbstbewertung Akzeptanz von eigenen Schwächen und Stärken Zufriedenheit mit bisherigem Leben
Positive Beziehungen zu anderen	Wenig enge Beziehungen Probleme, sich zu öffnen Ist nicht bereit zu Kompromissen Isolation und Frustration in Beziehungen zu anderen	Warme, vertrauensvolle Beziehungen Empathie Verständnis von gegenseitigem Geben und Nehmen

(Übersetzung der Autoren, nach Ryff 1989)

2003). Die kognitive Restrukturierung in der WBT orientiert sich an Ryffs Modell. Ziel ist es, dass der Patient von einem beeinträchtigten zu einem optimalen Niveau auf den sechs Dimensionen gelangt (s. Tab. 1). Die Techniken, die dafür verwendet werden, können neben der kognitiven Umstrukturierung (Veränderung automatischer oder irrationaler Gedanken) auch Aktivitätsaufbau, Selbstbehauptungstraining und Problemlösungstraining umfassen, je nachdem wo die Defizite des Patienten liegen.

■ Empirische Ergebnisse zur WBT

Es gibt mehrere Untersuchungen, die darauf hinweisen, dass die WBT eine effektive Methode zur Rückfallprophylaxe sein könnte. So fanden Fava et al. (1998c) in einer kontrollierten Studie, dass die WBT die Anzahl der Residualsymptome signifikant senkte. Untersucht wurden 20 Patienten mit affektiven Störungen (Major Depression, Angststörungen), die erfolgreich mit Verhaltenstherapie (Angststörungen) oder Pharmakotherapie (Major Depression) behandelt worden waren. Die Patienten bekamen randomisiert entweder WBT oder Kognitive Verhaltenstherapie zur Behandlung der Residualsymptome. Beide Behandlungsformen führten zu einer signifikanten Verringerung der Residualsymptome, gemessen mit dem Clinical Interview for Depression (CID) (Paykel 1985) und dem PWB (Ryff 1989). Bei einem Vergleich der beiden Behandlungsgruppen hinsichtlich ihres psychologischen Wohlbefindens zeigte sich die Gruppe, die mit WBT behandelt worden war, der Gruppe mit Kognitiver Verhaltenstherapie deutlich überlegen. Insbesondere auf der Dimension »Persönliches Wachstum« kam es zu einer starken Verbesserung. Allerdings erlaubt die geringe Stichprobenzahl nur eine vorsichtige Interpretation der Ergebnisse und legt weitere Untersuchungen mit größeren Patientengruppen nahe.

In einer anderen Untersuchung konnten Fava et al. (1998a) zeigen, dass die WBT in Kombination mit Kognitiver Verhaltenstherapie sowohl die Anzahl der depressiven Residualsymptome als auch die Rückfallrate senkte. 40 Patienten mit rezidivierender Major Depression (das heißt mindestens drei Episoden unipolarer Depression), die erfolgreich mit Antidepressiva behandelt worden waren, wurden randomisiert einer von zwei Gruppen zugewiesen: Entweder erhielten sie eine modifizierte Form der Kognitiven Verhaltenstherapie (KVT, WBT und Lifestyle Modification) zur Behandlung der Residualsymptome plus Pharmakotherapie oder herkömmliche Patientenberatung plus Pharmakotherapie. In beiden Fällen wurde die Medikation langsam verringert, so dass in den letzten beiden Sitzungen kein Patient mehr Medikamente einnahm. Die Gruppe mit Kognitiver Verhaltenstherapie zeigte signifikant weniger Residualsymptome als die Gruppe mit Patientenberatung. In einer Follow-up-Untersuchung nach zwei Jahren hatte die KVT-Gruppe eine signifikant geringere Rückfallrate (25 %) als die Beratungsgruppe (80 %). Diese protektiven Effekte der Kognitiven Verhaltenstherapie waren auch in einer weiteren Follow-up-Untersuchung nach vier Jahren noch signifikant. Nach sechs Jahren wurde der protektive Effekt hinsichtlich eines erneuten Rückfalls zwar nicht mehr signifikant, die Rückfallrate innerhalb der sechs Jahre war aber insgesamt in der KVT-Gruppe signifikant geringer als in der Beratungsgruppe (Fava et al. 1998a).

In einer weiteren Pilotstudie (Fava et al. 2002) bekamen zehn Patienten mit rezidivierender Major Depression, die unter medikamentöser Behandlung einen Rückfall erlitten hatten, randomisiert entweder eine Dosissteigerung oder Kognitive Verhaltenstherapie (bestehend aus kognitiver Umstrukturierung dysfunktionaler Gedanken, Exposition für phobische Symptome, Lifestyle Modification und WBT). Ein Follow-up nach einem Jahr ergab, dass vier der fünf Patienten mit Dosissteigerung zunächst eine Verbesserung zeigten, aber alle innerhalb eines Jahres einen Rückfall erlitten. Bei den Patienten, die Kognitive Verhaltenstherapie erhalten hatten, zeigte sich bei vier von fünf Patienten eine Verbesserung und nur ein Patient hatte einen Rückfall. Da die WBT in den letzten beiden Untersuchungen nur Teil eines therapeutischen Gesamtpakets ist, lassen sich die Effekte nicht eindeutig auf die WBT zurückführen. Die Effektivität der WBT ist somit noch nicht ausreichend gesichert. Es fehlen noch kontrollierte Studien an großen Patientengruppen. Dennoch sprechen erste Ergebnisse dafür, dass die WBT eine Alternative zur medikamentösen Rückfallprophylaxe sein könnte.

▪ R. B. Jarrett: Cognitiv-Continuation Therapy (C-CT)

Die C-CT wurde als Fortsetzungs- beziehungsweise Erhaltungstherapie nach einer erfolgreichen kognitiven Akutbehandlung der unipolaren Depression konzipiert (Jarrett 1989). Sie entstand aus der Annahme, dass Rückfälle vor allem dann wahrscheinlich sind, wenn der Patient in der Akutbehandlung zentrale kognitive Kompetenzen nur unvollständig lernt und mit Situationen konfrontiert wird, die depressive Überzeugungen aktivieren, bei denen die Umstrukturierung noch nicht abgeschlossen ist oder die erlernten Kompetenzen nicht weiter einsetzt.

Aus diesem Grund ist das primäre Ziel der C-CT eine Generalisierung der in der Akuttherapie erlernten Kompetenzen über Situationen, Reaktionen und Zeit zu sichern. Zu Beginn der C-CT sollte die Depression voll remittiert sein. Der Patient sollte im Rahmen der akuten Behandlung die zentralen Strategien der kognitiven Therapie kennen gelernt haben:

– Die Beziehung zwischen Kognitionen und Verhalten verstehen,
– Selbstbeobachtung von Emotionen und Kognitionen,
– Umstrukturierung automatischer Gedanken mittels logischer Analyse,
– Umstrukturierung automatischer Gedanken mittels Hypothesen-Testen,
– Identifizierung von Schemata,
– Umstrukturierung von Schemata durch logische Analyse,
– Testen von alternativen Schemata mittels Experimenten.

In Verhaltensexperimenten wird nun die Umsetzung der Strategien in kritischen Situationen (sog. »Belastungstests«) eingeübt. Um eine bessere Generalisierung auf Situationen außerhalb der Therapie zu gewährleisten, sind folgende Aspekte der C-CT wichtig:

– Der Abstand zwischen den Sitzungen wird im Vergleich zur Akutbehandlung vergrößert;
– der Therapeut ermutigt Patienten zunehmend, selbstständig zu entscheiden, welche Tagesordnung und welche Hausaufgabe für ihn sinnvoll wären;
– Bedingungen in der natürlichen Umwelt, die die Umsetzung

der Kompetenzen behindern, werden reduziert und solche, die die Umsetzung fördern, werden erhöht;
- Kompetenzen, die der Patient am besten beherrscht und am häufigsten gebraucht, werden in besonders kritischen Situationen geübt;
- der Patient lernt kurzlebige depressive Symptome von depressiven Symptomen, die einen Rückfall bedeuten, zu unterscheiden.

■　Struktur und Anwendung der C-CT

Die C-CT läuft über 10 Sitzungen, deren Abstände jedoch größer sind als bei der Therapie in der Akutphase. Die Sitzungen 1 bis 4 finden zunächst alle zwei Wochen statt, die Sitzungen 5 bis 10 nur noch einmal im Monat. Insgesamt läuft die C-CT somit über acht Monate. Für jede Sitzung sind ein bis eineinhalb Stunden vorgesehen, wobei vor allem bei voll remittierten Patienten oft weniger Zeit pro Sitzung benötigt wird.

Jarrett (1989) nennt vier allgemeine Problembereiche, die je nach individuellen Bedürfnissen des Patienten bearbeitet werden:
- rezidivierende depressive Symptome,
- wiederkehrende dysfunktionale Verhaltensweisen oder Gedanken,
- wiederkehrende dysfunktionale Grundüberzeugungen,
- Vermittlung oder Verstärkung von Kompetenzen, die in der Akutbehandlung erlernt wurden und deren Anwendung auf antizipierte oder erlebte Probleme, Symptome oder Grundüberzeugungen.

In jedem dieser Bereiche wird die Anwendung der zentralen Strategien der Kognitiven Therapie trainiert und der Zusammenhang zwischen Gedanken und Gefühlen/Symptomen verdeutlicht.

Zentrale Bestandteile der Behandlung sind dabei (Jarrett 1989):

Identifizierung von Gefühlsschwankungen

Gefühlsschwankungen in der Fortsetzungs- beziehungsweise Erhaltungstherapie sind für den Patienten eine Erinnerung daran, die dysfunktionalen und automatischen Gedanken zu prüfen, die mit negativen Gefühlen einhergehen. Die negativen Gefühle sollen im Sinne eines »Warnsystems« verstanden werden, das daran erinnert, die eigenen Kognitionen zu beobachten und zu analysieren.

Um die Gefühlsschwankungen zu erfassen, hat der Patient während der gesamten C-CT die fortlaufende Hausaufgabe, ein Tagebuch zu führen, sobald er positive oder negative emotionale Stimmungsschwankungen erlebt. Wichtig ist, dass sowohl die Situation, in der die Stimmungsschwankung auftritt, als auch die begleitenden Gedanken und grundlegenden Überzeugungen notiert werden.

Auslösung und Selbstbeobachtung von Kognitionen

In der Fortsetzungs- beziehungsweise Erhaltungstherapie wird die Beziehung zwischen Kognition und Emotion erneut betont. Es wird deutlich gemacht, dass negative Gedanken schwer »abzuschalten« sind, da sie automatisch entstehen, dass sie auf niedrigem Selbstwertgefühl basieren und nicht rational, sondern dysfunktional und ungenau sind, auch wenn sie plausibel erscheinen. Je mehr man von ihnen überzeugt ist, desto unangenehmer wird das Gefühl. Wichtig ist, dass der Patient die automatischen Gedanken nicht zensiert, sondern in dem Moment aufschreibt, in dem die Emotionen erlebt werden.

Identifizieren und Überprüfen depressiver Grundüberzeugungen

Während der C-CT beobachten Therapeut und Patient die dysfunktionalen Grundüberzeugungen, die der Patient in Bezug auf sich selbst, seine Umwelt und die Zukunft hat. Der Therapeut betont, wie wichtig es ist, diese Grundüberzeugungen zu erkennen, da sie die erneute Entstehung einer Depression begünstigen können. Um sie zu identifizieren, müssen die automatischen Gedanken beobachtet und erkannt werden (Beispiel: der automatische Gedanke »Ich bin unfähig, etwas gut zu machen«). Sie sollen vom Patienten im Tagebuch festgehalten werden. Danach werden die zugrunde liegenden Überzeugungen abgeleitet und deren Grundthema bestimmt, zum Beispiel Leistung und perfektionistische Maßstäbe (Beispiel: die Grundannahme: »Mein Wert hängt davon ab, wie gut ich arbeite«). Die Grundannahmen werden hinsichtlich ihrer Vor- und Nachteile und ihrer kurz- und langfristigen Konsequenzen überprüft. Wichtig ist auch herauszufinden, wie schwierig es ist, die Grundannahmen aufzugeben, und wie nützlich alternative Grundannahmen wären.

»Belastungstests«

Therapeut und Patient antizipieren Situationen, in denen depressive Symptome zu erwarten sind. Der Patient versucht, mit der Situation einhergehende Kognitionen und Emotionen vorwegzunehmen und in Rollenspielen Bewältigungsstrategien einzuüben. Diese bestehen vor allem in der logischen Analyse, der Korrektur logischer Fehler und im Testen von Hypothesen. Bei der logischen Analyse werden die automatischen Gedanken bewertet (Beispiel: »Was für Beweise für oder gegen den Gedanken gibt es?«) und danach im Bedarfsfall umstrukturiert, das heißt durch einen schlüssigeren Gedanken ersetzt. Bei der Korrektur logischer Fehler und dem Hypothesentesten wird wie in der Kognitiven Verhaltenstherapie nach Beck et al. (1979) vorgegangen.[2]

Die »Belastungstests« sind eine der Hauptinterventionen der C-CT, um die Generalisierung der Kompetenzen zu fördern.

Konkretes Vorgehen bei einem Rückfall

In jeder Therapiesitzung beurteilt der Therapeut den diagnostischen Status und die Symptomschwere. Wenn der Patient Gefahr läuft, einen Rückfall zu erleiden, wird ein zusätzlicher Folgekontakt mit dem Patienten innerhalb von zwei Wochen nach dem Einsetzen der Symptome vereinbart. Die Patienten werden ermutigt, mit dem Therapeuten telefonischen Kontakt aufzunehmen, wenn a) depressive Symptome länger als eine Woche andauern oder b) schwere depressive Symptome zum Beispiel Suizidgedanken oder -absichten erlebt werden.

■   Empirische Ergebnisse zur C-CT

In zwei Pilotstudien untersuchten Jarrett et al. (1998) die Rückfallraten depressiver Patienten, bei denen die Behandlung mit Kognitiver Verhaltenstherapie in der Akutphase erfolgreich gewesen war. Die 60 Patienten der ersten Studie erhielten nach der Akutphase kei-

---

2   Zur näheren Beschreibung dieses Verfahrens vgl. den Beitrag von Hautzinger in diesem Band.

ne weitere Therapie und wurden nur monatlich bezüglich der depressiven Symptomatik untersucht. Ihre Rückfallraten betrugen nach sechs Monaten 40 %, nach acht Monaten 45 %, nach zwölf Monaten 50 %, nach 18 Monaten 67 % und nach zwei Jahren 74 %. In der zweiten Studie erhielten 34 Patienten nach der Akutphase zehn Sitzungen C-CT innerhalb von acht Monaten. Hier lagen die Rückfallraten nach sechs und acht Monaten bei 20 %, nach zwölf Monaten bei 27 %, nach 18 und 24 Monaten bei 36 %.

In einer weiteren Untersuchung verglichen Jarrett et al. (2001) an 156 Patienten mit rezidivierender Major Depression die Wirksamkeit einer rein kognitiven Akutbehandlung mit und ohne anschließende kognitive Erhaltungstherapie. Auch hier zeigte sich, dass eine achtmonatige C-CT zu einer signifikanten Verringerung der Rückfallrate im Vergleich zur Kontrollgruppe (keine C-CT) führte (10 % vs. 31 %). Auch nach 24 Monaten zeigten sich signifikant geringere Rückfallraten bei den Patienten, die C-CT erhalten hatten (37 % vs. 67 %). Die größten Effekte zeigten sich dabei in der Subgruppe derer, die eigentlich die schlechtesten Prognosen gehabt hatten, nämlich bei Patienten mit frühem Beginn der depressiven Erkrankung und mit schlechterer Remission.

Darüber hinaus untersuchten Jarrett et al. (2000), inwieweit C-CT im Vergleich zu medikamentöser Monotherapie Rückfälle bei Patienten mit atypischer Depression verhinderte. Ambulante Patienten mit atypischer Depression, die in der Akutphase auf Kognitive Verhaltenstherapie, Phenelzine plus Patientenberatung oder Placebo ansprachen, wurden randomisiert verschiedenen Bedingungen zugeordnet. Entweder sie bekamen über acht Monate eine medikamentöse Erhaltungstherapie, C-CT oder keine weitere Behandlung. Die Ergebnisse zeigten, dass sowohl die C-CT als auch die medikamentöse Erhaltungstherapie die Rückfallrate nach 24 Monaten signifikant um 14 bis 30 % verringerte im Vergleich zu denjenigen Patienten, die keine Erhaltungstherapie bekommen hatten. Die Rückfallraten betrugen bei der medikamentösen Erhaltungstherapie 57 %, bei der C-CT 40 %. Obwohl diese Studie aufgrund der kleinen Stichprobe (n = 31) eher den Charakter einer Pilotstudie hatte, untermauert sie zusammen mit den anderen Studienergebnissen, dass die C-CT eine effektive Form der Rückfallprophylaxe ist.

■ Segal, Williams und Teasdale: Mindfulness-Based
Cognitive Therapy for Depression (MBCT)

Die MBCT ist ein rückfallprophylaktischer Ansatz bei unipolaren
Depressionen, der in der Gruppe durchgeführt wird und der entwickelt wurde, um die Rückfallwahrscheinlichkeit bei Patienten
mit rezidivierenden depressiven Erkrankungen zu senken. Sie beruht auf der Beobachtung, dass viele Patienten trotz erfolgreicher
pharmakologischer und/oder psychotherapeutischer Behandlung
einer depressiven Episode nach einiger Zeit einen Rückfall erleiden
(Weston u. Morrison 2001). Erklärt wird dies mit der wiederholten Assoziation von depressiver Stimmung mit Mustern negativen,
selbst abwertenden und hoffnungslosen Denkens während einer
depressiven Episode, die mit der Zeit zu einer Veränderung auf kognitiver und neuronaler Ebene führt. Das hat zur Folge, dass Personen mit aktuell abgeklungenen depressiven Episoden bei Zu-
ständen leichter Niedergeschlagenheit schneller wieder negative
Denkmuster aktivieren, die dann ihrerseits die Stimmung ver-
schlechtern. Somit beginnt ein Kreislauf, der letztlich zu einer erneuten depressiven Episode führen kann (Teasdale 1988). Ausgehend von diesem Erklärungsmodell sollte sich das Risiko eines
Rückfalls verringern, wenn Personen nach einer depressiven Episode negative Gedanken und Gefühle bewusster wahrnehmen und
lernen, sich von dem bisherigen Reaktionsmuster zu distanzieren
(Nolen-Hoeksma 1991). Die MBCT verbindet zu diesem Zweck
Elemente der Kognitiven Verhaltenstherapie (Beck et al. 1979) mit
Elementen des »Mindfullness-Based Stress Reduction Programm«
(MBSR), dass von Kabat-Zinn und Kollegen entwickelt wurde
(Kabat-Zinn 1990). Während in der Kognitiven Verhaltensthera-
pie vor allem am Inhalt der Gedanken gearbeitet wird, geht es bei
MBCT eher um eine Veränderung der Aufmerksamkeit und der
Beziehung zu den Gedanken. Zentrales Element der MBCT ist die
»Mindfullness« (Achtsamkeit). Darunter ist eine besondere Form
der Aufmerksamkeitslenkung zu verstehen, die aus der buddhisti-
schen Meditationspraxis stammt. Bei der Aufmerksamkeitslen-
kung geht es darum, eine Haltung einzunehmen, die auf *aktuelle*
Erlebnisinhalte gerichtet *bewusst/absichtsvoll* und *nicht wertend* ist.
Normalerweise werden die meisten Handlungen im »Autopiloten-

modus« durchgeführt, was bedeutet, dass man bei alltäglichen Handlungsabläufen gedanklich mit völlig anderen Dingen zum Beispiel der Planung des Tages beschäftigt ist. Ziel der Aufmerksamkeitslenkung ist es, sich auf den *aktuellen Moment* zu konzentrieren und nicht in Erinnerungen oder Grübeleien über die Zukunft gefangen zu sein. *Bewusst/absichtsvoll* ist diese Haltung, weil die Aufmerksamkeit bewusst in allen Lebensbereichen auf den Augenblick gerichtet ist. *Nicht wertend* ist sie, weil die Bewusstseinsinhalte nicht kategorisiert (z. B. positiv/negativ, angenehm/unangenehm), sondern nur bewusst wahrgenommen werden sollen. Fehlende Achtsamkeit wird mit ungünstigen Prozessen, zum Beispiel Grübeln, einem übergeneralisierten autobiographischen Gedächtnis oder ungünstigen metakognitiven Prozessen in Verbindung gebracht (Teasdale et al. 2000; Williams et al. 2000).

Obwohl klassische verhaltenstherapeutische Ansätze und Achtsamkeit sehr unterschiedliche historische Wurzeln haben, gibt es doch einige Gemeinsamkeiten (Heidenreich u. Michalak 2003). So werden beispielsweise Patienten in der Kognitiven Verhaltenstherapie dazu angehalten, ihr Erleben und Verhalten auf kognitiver, emotionaler, motorischer und physiologischer Ebene zu beobachten und in einem Tagebuch zu notieren. Dem entspricht das Prinzip der willentlich gerichteten Aufmerksamkeit in der MBCT. Zudem geht es in der MBCT um größtmögliche Offenheit gegenüber Gedanken, Gefühlen, Erinnerungen. Sie werden betrachtet, ohne sie festhalten oder verdrängen zu wollen. Das lässt sich mit der in-vivo-Reizkonfrontation vergleichen. Es gibt aber auch grundsätzliche Unterschiede zwischen Kognitiver Verhaltenstherapie und MBCT: Während in der verhaltenstherapeutischen Therapie das Ziel Veränderung ist, betont die MBCT das Prinzip der Akzeptanz von Gedanken oder Gefühlen, die nicht verändert werden können. Ihnen gegenüber wird eine achtsame akzeptierende Haltung gefördert, was zusammen mit Desidentifikation die Fortsetzung der Depressionsspirale unterbinden und langfristig zu einer Auflösung der Gedanken führen soll. Ein weiterer Unterschied besteht in der Rolle, die dem Körper zukommt. Während in der Kognitiven Verhaltenstherapie der Körper vor allem Ziel therapeutischer Interventionen ist (z. B. bei Entspannungsverfahren) oder als Informationsquelle in der Problemanalyse dient, kommt dem Körper in der MBCT eine wesentlich zentralere Rolle zu. Der Achtsamkeit gegenüber körperlichem Erleben, dem »im Kontakt mit dem eigenen Körper sein«, wird eine eigene therapeutische Funktion zugesprochen.

▓ Struktur und Anwendung der MBCT
Die MBCT umfasst acht Sitzungen, die im wöchentlichen Abstand stattfinden. Die Gruppengröße liegt bei maximal zwölf Patienten, die mindestens eine depressive Episode erlebt haben müssen und zu Beginn der MBCT nicht akut depressiv sein sollten. In den Sitzungen werden einzelne achtsamkeitsbezogene Methoden eingeübt und spezielle Themen besprochen, wie zum Beispiel das Phänomen des »Autopiloten«. Achtsamkeitsbezogene Methoden sind zum Beispiel der Body-Scan, bei dem die einzelnen Körperteile aufmerksam nacheinander wahrgenommen werden, oder Atemmeditation (die eingesetzte Methoden entsprechen denen der MBSR). In den ersten Sitzungen liegt der Behandlungsschwerpunkt auf dem Erlernen und Üben von Achtsamkeit, während im zweiten Teil der Behandlung auch kognitive Interventionen wie Psychoedukation zur Depression und der Umgang mit automatischen Gedanken eingesetzt werden (Segal et al. 2002).

▓ Empirische Ergebnisse zur MBCT
Zur MBCT liegen bereits erste empirische Ergebnisse vor. Teasdale et al. (2000) verglichen in einer randomisierten und kontrollierten Studie an 145 Patienten mit der Diagnose rezidivierende Major Depression, die mindestens zwei Episoden erlebt hatten, die Effekte von entweder Routinebehandlung oder MBCT. In der Routinebehandlung erhielten die Patienten Hilfe bei ihrem Hausarzt oder anderen üblichen Behandlern. Zudem wurden sie zweimal wöchentlich über den Follow-up-Zeitraum untersucht. Die andere Patientengruppe erhielt acht Sitzungen MBCT. Die Ergebnisse zeigten, dass die mit MBCT behandelte Gruppe über einen Zeitraum von 60 Wochen 50 % weniger Rückfälle aufwiesen als die TAU-Gruppe. Allerdings fand sich dieser Effekt interessanterweise nur bei Patienten, die bereits drei oder mehr Rückfälle erlitten hatten (70 % der Stichprobe). Bei Patienten mit nur zwei vorherigen Episoden zeigte sich kein Effekt. An derselben Stichprobe konnten

Williams et al. (2000) zeigen, dass die MBCT zu einer Reduktion des übergeneralisierten autobiographischen Gedächtnisses führt, das bei Depressiven beobachtbar ist und als ein ätiologischer Faktor für die Erkrankung und für Rückfälle angesehen wird. Angesichts der vielversprechenden Ergebnisse hat sich die MBCT derzeit zu einem zunehmend populären, sich rasch verbreitenden neuen Ansatz innerhalb der Kognitiven Verhaltenstherapie entwickelt.

Literatur

APA (American Psychiatric Association) (2000): Practice guideline for the treatment of patients with major depressive disorder (revision). American Journal of Psychiatry 157 (Suppl. 4): 1–45.

Angst, J. (1992): How recurrent and predictable is depressive illness? In: Montgomery, S.; Rouillon, F. (Hg.): Long-Term Treatment of Depression. New York, S. 1–15.

Arnow, B. A.; Constantino, M. J. (2003): Effectiveness of psychotherapy and combination treatment for chronic depression. Journal of Clinical Psychology 59: 893–905.

Beck, A. T.; Rush, A. J.; Shaw, B. F.; Emery, G. (1979): Cognitive Therapy of Depression. New York.

Benazzi, F. (1999): Chronic depression subtypes. A 257 case study. Depression and Anxiety 10: 81–84.

Blackburn, I. M.; Moore, R. G. (1997): Controlled acute and follow-up trial of cognitive therapy and pharmacotherapy in outpatients with recurrent depression. British Journal of Psychiatry 171: 328–334.

Blackburn, I. M.; Bishop, S.; Glen, A. I. M. et al. (1981): The efficacy of cognitive therapy in depression: A treatment trial using cognitive therapy and pharmacotherapy each alone and in combination. British Journal of Psychiatry 139: 181–189.

Boland, R. J.; Keller, M. B. (2002): Course and outcome of depression. In: Gotlib, I. H.; Hammen, C. L. (Hg.): Handbook of Depression. New York, S. 43–60.

Bonner, D.; Howard, R. (1995): Treatment resistant depression in the elderly. International Journal of Geriatric Psychiatry 10: 259–264.

Bowers, W. A. (1990): Treatment of depressed in-patients cognitive therapy plus medication, relaxation plus medication, and medication alone. British Journal of Psychiatry 156: 73–78.

Clarke, G. N.; Hornbrook, M.; Lynch, F.; Polen, M. (2001): A randomized trial of a group cognitive intervention for preventing depression in adolescent offspring of depressed parents. Archives of General Psychiatry 58: 1127–1134.

Cohen, B. M.; Baldessarini, R. J. (1985): Tolerance to therapeutic effects of antidepressants. American Journal of Psychiatry 142: 489–490.

Depression Guideline Panel (1993): Depression in Primary Care. Vol. 2: Treatment of Major Depression. Clinical Practice Guideline No. 5, AHCPR Publication No. 93–0551. Rockville.

DeRubeis, R. J.; Feeley, M. (1990): Determinants of change in cognitive therapy for depression. Cognitive Therapy and Research 14: 469–482.

DeRubeis, R. J.; Evans, M. D.; Hollon, S. D. et al. (1990): How does cognitive therapy work? Cognitive change and symptom change in cognitive therapy and pharmacotherapy for depression. Journal of Consulting and Clinical Psychology 58: 862–869.

DGPPN (Deutsche Gesellschaft für Psychiatrie, Psychotherapie und Nervenheilkunde) (2000): Behandlungsleitlinien Affektive Erkrankungen. Bd. 5. Darmstadt.

DSM-IV (1994): Diagnostic and Statistical Manual of Mental Disorders. 4. Aufl. Washington.

DSM-IV (2001): Diagnostisches und statistisches Manual psychischer Störungen. Göttingen u.a.

Dunner, D. L. (2001): Acute and maintenance treatment of chronic depression. Journal of Clinical Psychiatry 62 (Suppl. 6): 10–16.

Elkin, I.; Shea, M. T.; Watkins, A. (1989): National Institute of Mental Health Treatment of Depression Collaborative Research Programme. General effectiveness of treatment. Archives of General Psychiatry 46: 971–982.

Elkin, I.; Gibbons, R. D.; Shea, T.; Sotsky, S. M. (1995): Initial severity and differential treatment outcome in the National Institute of Mental Health treatment of depression collaborative research programme. Journal of Consulting and Clinical Psychology 63: 841–847.

Fava, G. A. (1999): Well-being therapy. Conceptual and technical issues. Psychotherapy and Psychosomatics 68: 171–179.

Fava, G. A.; Ruini, C. (2003): Development and characteristics of a well-being enhancing psychotherapeutic strategy. Well-being therapy. Journal of Behaviour Therapy and Experimental Psychiatry 34: 45–63.

Fava, G. A.; Grandi, S.; Zielezny, M. et al. (1994): Cognitive behavioural treatment of residual symptoms in primary major depressive disorder. American Journal of Psychiatry 151: 1295–1299.

Fava, G. A.; Rafanelli, C.; Grandi, S. et al. (1998a): Prevention of recurrent depression with cognitive behavioural therapy. Preliminary findings. Archives of General Psychiatry 55: 816–820.

Fava, G. A.; Rafanelli, C.; Grandi, S. et al. (1998b): Six-year outcome for cognitive behavioural treatment of residual symptoms in major depression. American Journal of Psychiatry 155: 1443–1445.

Fava, G. A.; Rafanelli, C.; Cazzaro, M. et al. (1998c): Well-being therapy. A novel psychotherapeutic approach for residual symptoms of affective disorders. Psychological Medicine 28: 475–480.

Fava, A. G.; Ruini, C.; Rafanelli, C.; Grandi, S. (2002): Cognitive behaviour approach to loss of clinical effect during long-term antidepressant treatment. A pilot study. American Journal of Psychiatry 159: 2094–2095.

Feeley, M.; DeRubeis, R. J.; Gelfand, L. A. (1999): The temporal relation adherence and alliance to symptom change in cognitive therapy for depression. Journal of Consulting and Clinical Psychology 67: 578–582.

Gaffan, E. A.; Tsaousis, I.; Kemp-Wheeler, S. M. (1995): Researcher alliance and meta-analysis. The case of cognitive therapy for depression. Journal of Consulting and Clinical Psychology 63: 966–980.

Gillham, J. E.; Shatte, A. J.; Freres, D. R. (2000): Preventing depression. A review of cognitive-behavioural and family interventions. Applied and Preventive Psychology 9: 63–88.

Gloaguen, V.; Cottraux, J.; Cucherat, M.; Blackburn, I.-M. (1998): A meta-analysis of the effects of cognitive therapy in depressed patients. Journal of Affective Disorders 49: 59–72.

Hautzinger, M. (2000): Kognitive Verhaltenstherapie bei Depressionen. Behandlungsanleitungen und Materialien. Weinheim.

Hautzinger, M.; Jong-Meyer, R. de; Treiber, R.; Rudolf, G. A. (1996): Wirksamkeit Kognitiver Verhaltenstherapie, Pharmakotherapie und deren Kombination bei nicht-endogenen, unipolaren Depressionen. Zeitschrift für Klinische Psychologie und Psychotherapie 25: 130–145.

Heidenreich, T.; Michalak, J. (2003): Achtsamkeit (»Mindfullness«) als Therapieprinzip in Verhaltenstherapie und Verhaltensmedizin. Verhaltenstherapie 13: 264–274.

Hensley, P. L.; Nadiga, D.; Uhlenhut, E. H. (2004): Long-term effectiveness of cognitive therapy in major depressive disorder. Depression and Anxiety 20: 1–7.

Hollon, S. D.; Shelton, R. C. (2001): Treatment guidelines for major depressive disorder. Behaviour Therapy 32: 235–258.

Hollon, S. D.; Evans, M. D.; DeRubeis, R. J. (1990): Cognitive mediation of relapse prevention following treatment for depression. Implications of differential risk. In: Ingram, R. E. (Hg.): Psychological Aspects of Depression. New York, S. 114–136.

Hollon, S. D.; DeRubeis, R. J.; Evans, M. D. (1992): Cognitive therapy and pharmacotherapy for depression. Singly or in combination. Archives of General Psychiatry 49: 774–781.

Hollon, S. D.; Haman, L. K.; Brown, L. L. (2002): Cognitive-behavioural treatment of depression. In: Gotlieb, I. H.; Hammen, C. L. (Hg.): Handbook of Depression. New York, S. 383–403.

Jacobson, N. S.; Hollon, S. D. (1996a): Cognitive-behaviour therapy versus pharmacotherapy. Now that the jury's returned its verdict, its time to present the rest of the evidence. Journal of Consulting and Clinical Psychology 64: 74–80.

Jacobson, N. S; Hollon, S. D. (1996b): Prospects for future comparisons between drugs and psychotherapy. Lessons from the CBT-versus-pharmacotherapy exchange. Journal of Consulting and Clinical Psychology 64: 104–108.

Jacobson, N. S., Martell, C. R.; Dimidjian, S. (2001): Behavioural activation treatment for depression. Returning to contextual roots. Clinical Psychology 8: 255–270.

Jarrett, R. B. (1989): Cognitive Therapy for recurrent unipolar major depressive disorder. The continuation/maintenance phase. Unveröff. Manuskript.

Jarrett, R. B.; Basco, M. R.; Risser, R.; Ramanan, J. (1998): Is there a role for continuation phase cognitive therapy for depressed outpatients? Journal of Consulting and Clinical Psychology 66: 1036–1040.

Jarrett, R. B.; Schaffer, M.; McIntire, D.; Witt-Browder, A. (1999): Treatment of atypical depression with cognitive therapy or phenelzine. A double-blind, placebo-controlled trial. Archives of General Psychiatry 56: 431–437.

Jarrett, R. B.; Kraft, D.; Schaffer, M. et al. (2000): Reducing relapse in depressed outpatients with atypical features. A pilot study. Psychotherapy and Psychosomatics 69: 232–239.

Jarrett, R. B.; Kraft, D.; Doyle, J. et al. (2001): Preventing recurrent depression using cognitive therapy with and without a continuation phase. Archives of General Psychiatry 58: 381–388.

Jong-Meyer, R. de; Hautzinger, M.; Rudolf, G. A. et al. (1996): Die Überprüfung der Wirksamkeit einer Kombination von Antidepressiva- und Verhaltenstherapie bei endogen depressiven Patienten. Varianzanalytische Ergebnisse zu den Haupt- und Nebenkriterien des Therapieerfolgs. Zeitschrift für klinische Psychologie 25: 93–109.

Kabat-Zinn, J. (1990): Full Catastrophe Living. The Program of the Stress Reduction Clinic at the University of Massachusetts Medical Center. New York.

Katz, M.; Klermann, G. L. (1979): Introduction. Overview of the clinical studies program. American Journal of Psychiatry 136: 49–51.

Keller, M. B.; Boland, R. J. (1998): Implications of failing to achieve successful long-term maintenance treatment of recurrent unipolar major depression. Biological Psychiatry 44: 348–360.

Keller, M. B.; Klein, D. N.; Hirschfeld, R. M. (1995): Results of the DSM-IV mood disorder field trial. American Journal of Psychiatry 152: 843–849.

Keller, M. B.; McCullough, J. P.; Klein, D. N. (2000): A comparison of Nefazodone, the cognitive behavioural-analysis system of psychotherapy, and their combination for the treatment of chronic depression. The New England Journal of Medicine 342: 1462–1469.

Kessler, R. C. (2002): Epidemiology of depression. In: Gotlib, I. H.; Hammen, C. L. (Hg.): Handbook of Depression. New York, S. 23–42.

Kocsis, J. H. (2000): New strategies for treating chronic depression. Journal of Clinical Psychiatry 61 (Suppl. 11): 42–45.

Kupfer, D. J. (1991): Long-term treatment of depression. Journal of Clinical Psychiatry 52: 28–42.

Lejuez, C. W.; Hopko, D. R.; Hopko, S. D. (2001): A brief behavioural activation treatment for depression. Treatment manual. Behaviour Modifikation 25: 255–286.

Levitan, R. D. (2000): Treatment of atypical depression with cognitive therapy or phenelzine. Archives of General Psychiatry 57: 1084–1085.

Markowitz, J. C. (1994): Psychotherapy of dysthymia. American Journal of Psychiatry 151: 1114–1121.

McCullough, J. P.; Klein, D. N.; Keller, M. B. et al. (2001): Comparison of DSM-III-R chronic major depression and major depression superimposed on dysthymia (double depression). Validity of the distinction. Journal of Abnormal Psychology 109: 419–427.

McCullough, J. P.; Klein, D. N.; Borian, F. E. et al. (2003): Group comparisons of DSM-IV subtypes of chronic depression. Validity of the distinctions, part 2. Journal of Abnormal Psychology 112: 614–622.

Miller, I. W.; Norman, W. H.; Keitner, G. I. (1999): Combined treatment for patients with double depression. Psychotherapy and Psychosomatics 68: 180–185.

Murphy, G. E.; Simons, A. D.; Wetzel, R. D.; Lustman, P. J. (1984): Cognitive therapy and pharmacotherapy, singly and together, in the treatment of depression. Archives of General Psychiatry 41: 33–41.

Nickel, T. (2003): Tagklinik bei therapieresistenter Depression. Ausweg aus dem Dilemma? NeuroTransmitter 4: 68–72.

Nolen-Hoeksma, S. (1991): Responses to depression and their effects on the duration of depressive episodes. Journal of Abnormal Psychology 100: 569–582.

Paykel, E. S. (1985): The clinical interview for depression. Journal of Affective Disorders 9: 85–96.

Paykel, E. S. (2001): Continuation and maintenance therapy in depression. British Medical Bulletin 57: 145–159.

Paykel, E. S.; Scott, J.; Teasdale, J. D.; Johnson, A. L. (1999). Prevention of relapse in residual depression by cognitive therapy. A controlled trial. Archives of General Psychiatry 56: 829–835.

Rafanelli, C.; Park, S. K.; Ruini, C. et al. (2000): Rating well-being and distress. Stress Medicine 16: 55–61.

Rao, A. V.; Nammalvar, N. (1977): The course and outcome in depressive illness. A follow-up study of 122 cases in Madurai, India. British Journal of Psychiatry 130: 392–396.

Ravindran, A. V.; Anisman, H.; Merali, Z.; Charbonneau, M. D. (1999): Treatment of primary dysthymia with group cognitive therapy and pharmakotherapy. Clinical symptoms and functional impairments. American Journal of Psychiatry 156: 1608–1617.

Risch, A. K.; Stangier, U.; Strohmeier, C. (2004): Deutsche Version des »Well-Being Questionnaire«. Unveröffentlichtes Manuskript. Universität Jena, Institut für Psychologie.

Rush, A. J.; Beck, A. T.; Kovacs, M.; Hollon, S. D. (1977): Comparative efficacy of cognitive therapy and pharmacotherapy in the treatment of depressed outpatients. Cognitive Therapy and Research 1: 17–38.

Ryff, C. D. (1989): Happiness is everything, or is it? Exploration on the meaning of psychological well-being. Journal of Personality and Social Psychology 6: 1069–1081.

Ryff, C. D.; Singer, B. H. (1996): Psychological well-being. Meaning, measurement, and implications for psychotherapy research. Psychotherapy and Psychosomatics 65: 14–23.

Scott, J. (1988): Chronic depression. British Journal of Psychiatry 153: 287–297.

Scott, J. (2001): Cognitive therapy for depression. British Medical Bulletin 57: 101–113.

Scott, J.; Teasdale, J. D.; Paykel, E. S. (2000): Effects of cognitive therapy on psychological symptoms and social functioning in residual depression. British Journal of Psychiatry 177: 440–446.

Segal, Z.; Williams, M.; Teasdale, J. (2002): Mindfullness-Based Cognitive Therapy for Depression. A New Approach to Preventing Relapse. New York.

Shea, M. T.; Elkin, I.; Imber, S. D.; Sotsky, M. (1992). Course of depressive symptoms over follow-up. Findings from the National Institute for Mental Health Treatment of Depression Collaborative Research Program. Archives of General Psychiatry 49: 782–787.

Simon, H.; Stern, T. A. (2003): Depression Annual Report, 1–25.

Souery, D.; Amsterdam, J.; de Montigny, C. et al. (1999): Treatment resistant depression. Methodological overview and operational criteria. European Neuropsychopharmacology 9: 83–91.

Stewart, J. W.; McGrath, P. J.; Rabkin, J. G. et al. (1993): Atypical depression. A valid clinical entity? Psychiatric Clinic of North America 16: 479–495.

Stewart, J. W.; Tricamo, E.; McGrath, P. J.; Quitkin, F. M. (1997): Prophylactic efficacy of Phenelzine and Imipramine in chronic atypical depression Likelihood of recurrence on discontinuation after 6 month remission. American Journal of Psychiatry 154: 31–36.

Stewart, J. W.; Garfinkel, R.; Nunes, E. B. et al. (1998): Atypical features and treatment response in the National Institute of Mental Health Treatment of Depression Collaborative Research Program. Journal of Clinical Psychopharmacology 18: 429–434.

Teasdale, J. D. (1988): Cognitive vulnerability to persistent depression. Cognition and Emotion 2: 247–274.

Teasdale, J. D.; Segal, Z. V.; Williams, J. M. et al. (2000): Prevention of relapse/recurrence in major depression by mindfulness-based cognitive therapy. Journal of Consulting and Clinical Psychology 68: 615–623.

Teasdale, J. D.; Scott, J.; Moore, R. G. et al. (2001): How does cognitive therapy prevent relapse in residual depression-evidence from a controlled trial. Journal of Consulting and Clinical Psychology 69: 347–357.

Thase, M. E. (1999): When are psychotherapy and pharmacotherapy combinations the treatment of choice for major depressive disorder? Psychiatric Quarterly 70: 333–346.

Thase, M. E.; Rush, A. J. (1997): When at first you don't succeed. Sequential strategies for antidepressant nonresponders. Journal of Clinical Psychiatry 58 (Suppl. 13), 23–29.

Thase, M. E.; Trivedi, M. H.; Rush, A. J. (1995): MAOIs in the contemporary treatment of depression. Neuropsychopharmacology 12:185–219.

Thase, M. E.; Fava, M.; Halbreich, U. et al. (1996): A placebo-controlled, randomized trial comparing sertraline and imioramine for the treatment of dysthymia. Archives of General Psychiatry 53: 777–784.

Thase, M. E.; Greenhouse, J. B.; Frank, E.; Reynolds, C. F. (1997): Treatment of major depression with psychotherapy or psychotherapy-pharmacotherapy combinations. Archives of General Psychiatry 54: 1009–1015.

Trivedi, M. H.; Kleiber, B. A. (2001): Algorithm for the treatment of chronic depression. Journal of Clinical Psychiatry 62 (Suppl. 6): 22–29.

Wampold, B. E.; Minami, T.; Baskin, T. W.; Callen Tierney, S. (2002): A meta(re)analysis of the effects of cognitive therapy versus «other therapies« for depression. Journal of Affective Disorders 68: 159–165.

Weissmann, M. M.; Kasl, S. V. (1976): Help-seeking in depressed out-patients following maintenance therapy. British Journal of Psychiatry 129: 252–260.

Weston, D.; Morrison, K. (2001): A multidimensional meta-analysis of treatments for depression, panic, and generalized anxiety disorder. An empirical examination of the status of empirically supported therapies. Journal of Consulting and Clinical Psychology 69: 875–899.

Williams, J. M.; Teasdale, J. D.; Segal, Z. V.; Soulsby, J. (2000): Mindfullness-based cognitive therapy reduces overgeneral autobiographical memory in formerly depressed patients. Journal of Abnormal Psychology 109: 150–155.

Zimmer, F. T. (2001): Verhaltenstherapie bei depressiven Störungen. Psychotherapie im Dialog 4: 408–417.

■ Psychopharmakologische Behandlung

■ Gerd Laux

Psychopharmakologische Behandlung nicht respondierender depressiver Patienten

Bis zu 30 % der depressiven Patienten sprechen nicht auf die Behandlung mit einem Antidepressivum an (Dinan 1993; Burrows et al. 1994; Thase u. Rush 1995). Eine Metaanalyse von 36 klinischen Studien kam zu dem Ergebnis, dass die Häufigkeit von Teil- und Non-Response auf Antidepressiva 36 % betrug (Fava u. Davidson 1996). US-amerikanische Autoren berichteten, dass 20 % der ersterkrankten Patienten mit einer depressiven Episode keine Vollremission erreichten und diese Patienten mit residualer Symptomatik im weiteren Krankheitsverlauf häufiger Rezidive und insgesamt einen ungünstigeren Verlauf in der nachfolgenden 12-Jahres-Katamnese hatten (Judd et al. 2000). In einer anderen prospektiven Follow-up-Studie waren ebenfalls 20 % der Patienten mit majoren Depressionen nach zwei Jahren nicht geheilt (Keller et al. 1986). Bei etwa 15 % der Depressiven kommt es zur Entwicklung einer chronischen/chronifizierten Depression, das heißt, trotz verschiedener Behandlungsversuche zu einer persistierenden Symptomatik (Laux 1986; Scott 1988). Die vielfältigen Chronizitätsfaktoren sind in Abbildung 1 wiedergegeben:

Abbildung 1: Chronizitätsfaktoren von Depressionen (Laux 1986)

Definition von Therapieresistenz

Die definitorischen Probleme sind bislang ungelöst, es gibt keine allgemein akzeptierte Definition der Therapieresistenz (Burrows et al. 1994; Phillips u. Nierenberg 1994; Sackeim 2001; Hirschfeld et al. 2002). Response auf Antidepressiva wird häufig definiert als eine 50 %ige Reduktion des Ausgangswerts einer Depressionsskala, zum Beispiel der Hamilton-Depressionsskala. Weitere definitorische Begriffe umfassen die Teilresponse, Residualsymptomatik sowie die Remission. Klinisch-pragmatisch wird das Nicht-Ansprechen auf die Behandlung mit zwei Antidepressiva mit unterschiedlichen Wirkungsschwerpunkten in adäquater Dosierung und in adäquater Dauer als Therapieresistenz bezeichnet (Tab. 1).

Tabelle 1: Definition therapieresistente Depression (TRD)

- Response: > 50 % Reduktion HAMD oder MADRS oder CGI-I
- Partial-Response: 26–49 % Besserung
- Non-Response: < 25 % Besserung
- Response mit Residualsymptomen
- Keine ausreichende Besserung auf mindestens 2 Antidepressiva mit unterschiedlichen Wirkungsschwerpunkten in ausreichender Dosierung und Therapiedauer (z. B. 150 mg TZA über mindestens 3 Wochen)
- Remission: HAMD < 7 (Symptomfreiheit)

Diese Definition ist allerdings rein pharmakologisch orientiert, hinsichtlich der »ausreichenden oder adäquaten Dosierung« sowie »ausreichender Therapiedauer« werden weltweit zum Teil deutlich unterschiedliche Positionen bezogen.

Behandlungsoptionen und Stufenplanstrategien

Die biologischen Behandlungsoptionen bei therapieresistenten Depressionen (TRD) sind in Tabelle 2 zusammengefasst:

Tabelle 2: Biologische Behandlungsoptionen bei TRD

- Antidepressiva
  - Optimierung
  - Sequentielle Strategie (Umstellung/Switch)
  - Kombination
  - Augmentation
- EKT
- Transcraniale Magnetstimulation (TMS) (?)
- Vagus Nervstimulation (VNS) (?)

Im Zentrum steht die psychopharmakologische Behandlung mit Antidepressiva, die nach den Kriterien der Evidenz-basierten Medizin differenziert erfolgen sollte. In den letzten Jahren wurden klinische Stufenplanstrategien sowie möglichst genaue operationalisierte Definitionen von Therapieresistenz entwickelt. Als prominente Beispiele seien das »Staging« nach Thase und Rush (1997; Tabelle 3) sowie der »Berliner Stufenplan« (Helmchen 1990; Linden et al. 1994) genannt. Im Sinne einer auf Interventionsschritte bezogenen Definition wird somit die Therapieresistenz exakter konzeptualisiert (Souery et al. 1999).

Tabelle 3: Staging von TRD (nach Thase u. Rush 1997)

– Stage 0: no single adequate trial of medication
– Stage 1: nonresponse to an adequate trial of 1 medication
– Stage 2: failure to respond to 2 different adequate monotherapy trials of medications from different classes
– Stage 3: stage 2 plus failure to respond to 1 augmenation strategy
– Stage 4: stage 3 plus a failure to respond to a second augmentation strategy
– Stage 5: stage 4 plus failure to respond to ECT

Eine Übersicht zur Vorgehensweise bei TRD gibt Tabelle 4.

Tabelle 4: Procedere bei TRD (Laux 2003)

1. Ausschluss Pseudotherapieresistenz
   • Compliancekontrolle (TZA : TDM)
   • Optimierung: Dosisanpassung (Erhöhung)
   • Eruierung negativer Interaktionen (Metabolisierung, Co-Medikation)
   • Absetzen depressiogener Medikamente
   • DD: somatische Erkrankungen (z. B. Hypothyreose, Anämie)
2. Dosiserhöhung, evtl. Infusionstherapie, 4–6 Wochen
3. Zusätzlich Schlafentzug
4. Präparatwechsel (Umstellung, Switch)
5. Augmentierung (Lithium)
6. Kombination
   • zwei verschiedene Antidepressiva
   • Antidepressivum und (atypisches) Neuroleptkum
   • AD und kognitive Verhaltenstherapie
7. Elektrokonvulsionstherapie

Initial gilt es, eine *Pseudotherapieresistenz* auszuschließen. Hierzu gehören die Non-Compliance (ambulant bis zu 50 % der Behandlungsfälle!) sowie die aufgeführten weiteren Faktoren. Durch Plasmaspiegelbestimmungen wird überprüft, ob der Patient compliant ist und die Dosierung ausreicht, um einen therapeutisch wirksamen Serumspiegel zu erreichen. Für die klassischen trizyklischen Antidepressiva, insbesondere für Nortriptylin, Amitriptylin und Clomipramin liegen Richtgrößen für einen therapeutisch optimalen Plasmakonzentrationsbereich vor, neuerdings auch für einige SSRIs (Hiemke u. Laux 2002).

Zur Optimierung der Behandlung gehört die Überprüfung der Vorgeschichte und der Diagnose, die Subtypisierung der Depression, zum Beispiel das Vorliegen einer psychotischen, einer so genannten atypischen oder einer bipolaren Depression oder aber einer Dysthymie – dies impliziert unter Umständen unterschiedliche therapeutische Ansätze wie zum Beispiel den Einsatz von atypischen Neuroleptika oder Monoaminoxidasehemmern – sowie die Hochdosierung (Amsterdam u. Berwish 1989).

Die derzeit in Deutschland verfügbaren 26 verschiedenen Antidepressiva lassen sich nach ihrem Wirkmechanismus unterteilen (Tab. 5).

Tabelle 5: Antidepressiva-Einteilung nach Wirkmechanismen

– NA- und 5-HT-Wiederaufnahmehemmung sowie Effekte auf verschiedene andere Rezeptoren	→ Trizyklika/NSMRI
– 5-HT-Wiederaufnahmehemmung	→ SSRIs
– NA-Wiederaufnahmehemmung	→ Reboxetin
– 5-HT- und NA-Wiederaufnahmehemmung	→ Venlafaxin, Duloxetin
– α- und $5\text{-HT}_{2\,u.\,3}$-Rezeptorblockade	→ Mirtazapin
– Monoaminoxidasehemmung:	
• nicht selektive und irreversible	→ Tranylcypromin
• selektiv (MAO-A) und reversibel (RIMA)	→ Moclobemind
Aminpräkursoren: L-Tryptophan, Oxitriptan	
Dopaminagonismus: Sulpirid, Flupentixol (niedrig dosiert)	

Die Unterdosierung von Antidepressiva ist bei weitem der häufigste Behandlungsfehler. Wiederholte inadäquate Behandlungsversuche können per se zu therapieresistenten Depressionen führen. Mit jedem erfolglosen Behandlungsversuch nimmt die Wahrscheinlichkeit, auf ein Antidepressivum zu respondieren, um circa 15 bis 20 % ab. Als ausreichende Behandlungsdauer werden heute 6 – 8 Wochen angegeben, wenngleich neue Studien zeigen, dass ein völliges Nicht-Ansprechen innerhalb der ersten zwei Behandlungswochen offenbar prädiktiv für Non-Response auf die betreffende Substanz ist (Szegedi et al. 2003).

Der rationale Einsatz von Antidepressiva anhand ihres pharmakologischen Wirkmechanismus ist essentiell für die unten aufge-

führten sequentiellen Behandlungsstrategien. Zu den pharmako-
therapeutischen Behandlungsstrategien von TRD zählen:
- Wahl des potentesten Antidepressivums inklusive Hochdosis-
  strategie,
- sequentielle Behandlung (Wechsel des Antidepressivums,
  »Switch«),
- Kombinationstherapie,
- Augmentation.

Von Klinikern wird nicht selten die Position vertreten, dass trizyklische Antidepressiva – insbesondere Clomipramin – wirksamer
und potenter seien als die SSRIs. Das wurde unter anderem von
der Danish University Antidepressant Group (DUAG 1990) durch
kontrollierte Vergleichsstudien von verschiedenen SSRIs mit Clomipramin (Roose et al. 1994) sowie durch Metaanalysen von Anderson (2000) bestätigt. Auch für die neueren »dual«, also selektiv-
noradrenerg und serotonerg wirkenden Substanzen Mirtazapin
und Venlafaxin wurde eine Überlegenheit gegenüber anderen Antidepressiva (insbesondere SSRIs) beschrieben (Thase et al. 2001,
2004). Kontrollierte Studien bei definierten therapieresistenten
Depressionen stehen allerdings noch aus.

Von einigen Autoren wird bei »oralen Non-Respondern« die
Infusionstherapie mit Antidepressiva empfohlen (Übersicht: Laux
et al. 1997), die in Anbetracht ihrer guten Verträglichkeit auch
hoch dosiert durchgeführt werden kann.

In praxi kommt heute der sequentiellen sowie der Kombinations-
beziehungsweise Augmentationsbehandlungsstrategie die größte Bedeutung zu.

▪ Sequentielle Behandlung mit verschiedenen Antidepressiva

Eine sequentielle Behandlung beinhaltet das Absetzen des bisherigen Medikaments und den Wechsel zu einem Antidepressivum bevorzugt einer anderen Medikamentenklasse. So kann nach einem
serotonin-selektiven Antidepressivum (SSRI) ein selektiver No-

radrenalin-Wiederaufnahmehemmer (z. B. Reboxetin) eingesetzt werden. Eine erfolgreiche derartige Studie wurde zum Beispiel von Fava (2000) durchgeführt.

Der Wechsel von einem SSRI auf ein Trizyklikum (TZA) wurde empirisch wenig untersucht, verschiedene Studien der erwähnten »Danish University Antidepressant Group« (DUAG 1993) sprechen ebenso wie die Metaanalysen von Anderson (2000) für eine höhere Wirksamkeit von TZA gegenüber SSRIs vor allem bei stationär behandelten, schwerkranken Patienten.

Bei Patienten, die auf trizyklische Antidepressiva, SSRIs oder andere Monoamin-Wiederaufnahmehemmer nicht ansprechen, sollte auf jeden Fall ein Therapieversuch mit einem Monoaminoxidasehemmer angeschlossen werden. Nolen et al. (1994) konnten den erfolgreichen Einsatz des irreversiblen MAOH Tranylcypromin in einer methodisch anspruchsvollen kontrollierten Studie bei in verschiedenen Vorbehandlungen therapieresistenten Depressionen belegen.

Kombinationstherapien

Die Kombination verschiedener Antidepressiva bei Therapieresistenz erscheint unter theoretischen Gesichtspunkten plausibel, Ergebnisse aus kontrollierten Studien fehlen hierzu allerdings weitgehend. Die Kombination von vorwiegend noradrenergen Substanzen mit SSRIs kann als sinnvoll angesehen werden (Seth et al. 1992; Nelson 1998a, 1998b; Devarajan u. Dursun 2000), die neuen dualen Antidepressiva stellen eine derartige »fixe« Kombination dar (Poirier u. Boyer 1999; Fava et al. 2001). Die Kombination von trizyklischen Antidepressiva mit MAO-Hemmern wurde kontrovers diskutiert, inzwischen liegen einige kontrollierte Studien vor, die zeigten, dass diese Kombination effektiv und bei ausreichender Vorsicht unter Verträglichkeitsaspekten vertretbar ist. Hierzu gehört die sorgfältige Einhaltung einer tyraminarmen Diät, die Beachtung von Interaktionen mit anderen Medikamenten und Blutdruckkontrollen (Schmauss 2002).

Zumindest klinisch etabliert ist die Kombination von Antidepressiva mit (atypischen) Neuroleptika bei psychotischen Depressionen.

Augmentationsstrategien

Die Augmentationstherapie beinhaltet die Zugabe eines zweiten Medikaments, das nicht zur Gruppe der Antidepressiva gehört. Unter diesen Strategien ist die *Lithiumaugmentation* die mit Abstand am besten belegte Therapiestrategie für TRD. Eine Metaanalyse über neun Placebo-kontrollierte Studien bestätigte, dass Lithiumaugmentation mit einer durchschnittlichen Responserate von circa 40 bis 50 % Placebo in allen Studien überlegen war (Bauer u. Dopfmer 1999). Die Lithiumaugmentation sollte für 2 bis 4 Wochen durchgeführt werden, die empfohlene Dosis erreicht Spiegel von wie üblich 0,6 bis 0,8 mmol/l. Die Verträglichkeit ist im Allgemeinen gut, allerdings sollte bei einer Kombination mit einem SSRI auf die Frühsymptome eines Serotonin-Syndroms geachtet werden.

Basierend auf dem Befund, dass sich bei Patienten mit TRD gehäuft eine subklinische Hypothyreose findet und unter der Behandlung mit Antidepressiva zum Teil ein Absinken der Schilddrüsenhormone im Serum zu verzeichnen ist, wurde niedrig dosiertes *Trijodthyronin (T3)* einem Antidepressivum zugegeben. Nicht alle kontrollierten Doppelblindstudien zeigten allerdings signifikante Ergebnisse zugunsten von T3, auch eine Metaanalyse fand keine einheitlichen Ergebnisse (Aronson et al. 1996).

Zur Augmentation wurden außerdem Psychostimulantien, Pindolol, Buspiron und Lamotrigin eingesetzt. Die Evidenz-basierte Datenlage ist hier nicht ausreichend, um den Einsatz zu empfehlen.

Jüngst wurde über positive Resultate einer Kombination von Olanzapin beziehungsweise Risperidon mit einem SSRI bei TRD berichtet, erste Placebo-kontrollierte Doppelblindstudien scheinen das zu bestätigen (Shelton 2003).

Die Vor- und Nachteile der verschiedenen Therapiestrategien sind in Tabelle 6 zusammengefasst.

Tabelle 6: Vor- und Nachteile der verschiedenen Therapiestrategien

- Umstellung (Switch)
  + : Monotherapie, keine Interaktionen
  − : Verlust partieller Wirksamkeit des initialen Antidepressivums,
      Zeitfaktor, evtl. wash out
- Kombination
  + : komplementäre Wirkmechanismen (synergistisch)
  − : Interaktionsrisiken (Nebenwirkungen), Kosten
- Augmentierung
  + : rascher Effekt

Algorithmen

Durch die Entwicklung von systematischen Behandlungsplänen (Algorithmen) wird erwartet, dass ein klar definierter Gesamtbehandlungsplan die Entwicklung von Therapieresistenz reduziert beziehungsweise die Chancen der erfolgreichen Überwindung einer Therapieresistenz erhöht.

Von Seiten der World Federation of Societies of Biological Psychiatry (Bauer et al. 2002a, 2002b) sowie vom Texas Medication Algorithm Projekt (TMAP, Rush et al. 1999) wurden Behandlungsstrategien beziehungsweise -algorithmen für TRD vorgeschlagen; sie sind in Tabelle 7 und Abbildung 2 wiedergegeben:

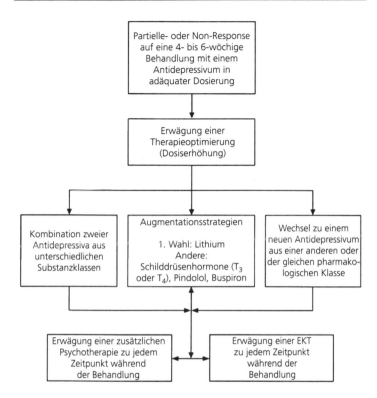

Abbildung 2: Therapeutische Möglichkeiten bei teilweisem oder keinem Ansprechen auf eine Monotherapie mit Antidepressiva (nach Bauer et al. 2002a)

Tabelle 7: Behandlungsstrategien beziehungsweise -algorithmen für TRD

- Stage 1: SSRI, Nefazodon, Venlafaxin, Mirtazapin oder Psychotherapie
  → Augmentation (Lithium, T3)
- Stage 2: TZA → Augmentation
- Stage 3: Kombination 2 Antidepressiva (z. B. TZA + SSRI oder SSRI + Mirtazapin), Antidepressivum und Antipsychotikum (z. B. SSRI + Olanzapin) oder Antidepressivum und Psychotherapie
- Stage 4: EKT
- Stage 5: Kombination noch nicht versucht
- Stage 6: Neuartige Therapieansätze (VNS, rTMS)
»Each step with selected critical decision points (CDPs)«

Von Seiten des Kompetenznetzes Depression wird deutschland-
weit eine große Algorithmusstudie durchgeführt; das Design ist in
Abbildung 3 wiedergegeben:

ÜBERSICHT ÜBER DIE STUFENPLANARME
Behandlungsgruppen I/1 bis I/3

Woche	Gruppe I/1		Gruppe I/2		Gruppe I/3	
0	Absetzperiode					
1 2 3 4	Antidepressiva-Monotherapie					
5 6 7 8	Lithiumaugmentation		Hochdosierte Antidepressiva-Monotherapie		Medikamentenwechsel: Antidepressiva-Monotherapie	
9 10	Lithiummonotherapie		Lithiumaugmentation		Lithiumaugmentation	
11 12	MAO-Hemmer-Monotherapie		Lithiummonotherapie		Lithiummonotherapie	
13 14	Hochdosierte MAO-Hemmer-Monotherapie		MAO-Hemmer-Monotherapie		MAO-Hemmer-Monotherapie	
15 16	EKT	Alternativ: Höchstdosierte MAO-Hemmer-Monotherapie	Hochdosierte MAO-Hemmer-Monotherapie		Hochdosierte MAO-Hemmer-Monotherapie	
17 18		T3-Augmentation	EKT	Alternativ: Höchstdosierte MAO-Hemmer-Monotherapie	EKT	Alternativ: Höchstdosierte MAO-Hemmer-Monotherapie
19 20				T3-Augmentation		T3-Augmentation

Bedarfsmedikation: Lorazepam, Propranolol   Nicht-Benzodiazepin-Hypnotika,   Dihydroergotamin,

Zusatzmedikation bei psychotischen Symptomen:
Risperidon bis 4 mg/d oder Olanzapin bis 15 mg/d

Abbildung 3: Studie des Kompetenznetzes Depression/Suizidalität zur Therapie von TRD (BMBF)

Basierend auf den eigenen langjährigen klinischen Erfahrungen mit TRD sei die eigene Vorgehensweise wie folgt skizziert (Tabelle 8):

Tabelle 8: Eigenes klinisches Procedere bei so genannten TRD

- Infusionstherapie (Clomipramin, Mirtazapin)
- SSRI ➜ TZA oder Reboxetin oder duales AD
- Reboxetin ➜ SSRI/duales AD
- Schwere Melancholie: TZA
- Zwangssymptomatik: Clomipramin, SSRI
- Wahnsymptomatik: zusätzlich Neuroleptikum
- MAOH (Tranylcypromin) [atypische Depression]
- Augmentation (Lithium, T3)
- Elektrokonvulsionstherapie

◼ Ausblick: Kombination Pharmakotherapie und Psychotherapie

Abschließend sei darauf hingewiesen, dass gerade bei TRD der kombinierte Einsatz von Pharmakotherapie und störungsspezifischer Psychotherapie als via regia anzusehen ist (Segal et al. 2001). Kontrollierte Studien der letzten Jahre konnten belegen, dass insbesondere bei schweren Depressionen, aber auch bei Dysthymie medikamentöse und psychologische Kombinationsbehandlungen der jeweiligen Einzeltherapie überlegen waren (s. Abb. 4 und 5) (Thase et al. 2001).

Sertralin vs. kognitive Verhaltenstherapie (CBT) und Plazebo bei primärer Dysthymie
12-wöchige Studie mit ambulanten Patienten: Responder[a]

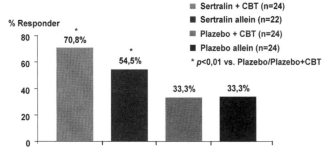

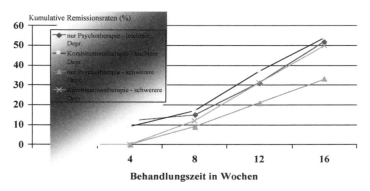

Abbildung 4: Kontrollierte Studie Mono- versus Kombinationstherapie bei Dysthymie

Abbildung 5: Kombinationsbehandlung Antidepressivum + Psychotherapie versus Psychotherapie alleine

Aus klinisch-therapeutischer Sicht stellen vor allem die in Tabelle 9 aufgeführten Faktoren Indikationen für eine Kombinationstherapie von Antidepressivum mit störungsspezifischer Psychotherapie dar:

Tabelle 9: Indikationen für Kombinationstherapie Antidepressivum – störungsspezifische Psychotherapie

- Neurotische Persönlichkeitsstruktur
- Mangel an sozialer Adaption
- Stark ausgeprägte Konflikte
- Gestörte Patient-Partner-Interaktion
- Sekundärer Krankheitsgewinn
- Rollenverlust durch länger bestehende Depression

So genannten therapieresistenten Depressionen kommt aufgrund ihrer Häufigkeit hohe Bedeutung in der Behandlungspraxis zu. Die gesundheitsökonomische Relevanz kann nicht hoch genug eingeschätzt werden (Greden 2001; Pincus u. Pettit 2001). Sie sind eine große Herausforderung für die fachliche Kompetenz, die Empathie und die Persönlichkeit des Therapeuten, nicht zuletzt angesichts der Notwendigkeit eines unerschütterlichen Kampfes gegen die Hoffnungslosigkeit.

▉ Literatur

Amsterdam, J.; Berwish, N. (1989): High dose tranylcypromine therapy for refractory depression. Pharmacopsychiatry 22: 21-25.

Anderson, I. (2000): Selective serotonin reuptake inhibitors versus tricyclic antidepressants. A meta-analysis of efficacy and tolerability. J. Affect Disord. 58: 19-36.

Aronson, R.; Offman, H. J.; Joffe, R. T. et al. (1996):Trijodthyronine augmentation in the treatment of refractory depression. A meta-analysis. Arch. Gen. Psychiatry 53: 842-848.

Bauer, M.; Dopfmer, S. (1999): Lithium augmentation in treatment-resistant depression. Meta-analysis of placebo-controlled studies. J. Clin. Psychopharmacol. 19: 427-434.

Bauer, M.; Whybrow, P. C.; Angst, J. et al. (2002a): World Federation of Societies of Biological Psychiatry (WFSBP). Guidelines for biological treatment of unipolar depressive disorders, part 1: Acute and continuation treatment of major depressive disorders. World J. Biol. Psychiatry 3: 5-43.

Bauer, M.; Whybrow, P. C.; Angst, J. et al. (2002b): World Federation of Societies of Biological Psychiatry (WFSBP). Guidelines for biological treatment of unipolar depressive disorders, part 2: Maitenance treatment of major depressive disorder and treatment of chronic depressive disorders and sub-threshold depressions. World J. Biol. Psychiatry 3: 69-86.

Burrows, G. D.; Norman, T. R.; Judd, F. K. (1994): Definition and differential diagnosis of treatment-resistant depression. Int. Clin. Psychopharmacol. 9 (Suppl. 2): 5-10.

Devarajan, S.; Dursun, S. (2000): Citalopram plus reboxetine in treatment-resistant depression. Can. J. Psychiatry 45: 489-490.

Dinan, T. G. (1993): A rational approach to the non-responding depressed patient. Int. Clin. Psychopharmacol. 8: 221-223.

DUAG (Danish University Antidepressant Group) (1990): Paroxetine. A selective serotonin reuptake inhibitor showing better tolerance, but weaker antidepressant effect than clomipramine in a controlled multicenter study. J. Affect Disord 18: 289-299.

DUAG (Danish University Antidepressant Group) (1993): Moclobemide. A reversible MAO-A-inhibitor showing weaker antidepressant effect than clomipramine in a controlled multicenter study. J. Affect Disord. 28: 105-116.

Fava, M. (2000): New approaches to the treatment of refractory depression. J. Clin. Psychiatry 61 (Suppl. 1): 26-32.

Fava, M.; Davidson, K. G. (1996): Definition and epidemiology of treatment-resistant depression. Psychiatr. Clin. North Am. 19: 179-200.

Fava, M.; Dunner, D.; Greist, J. et al. (2001): Efficacy and safety of mirtazapine in major depressive disorder patients after SSRI treatment failure. An open-label trial. J. Clin. Psychiatry 62: 413-420.

Greden, J. (2001): The burden of disease for treatment-resistant depression. J. Clin. Psychiatry 62 (Suppl. 16): 26-31.

Helmchen, H. (1990): Gestuftes Vorgehen bei Resistenz gegen Antidepressiva-Therapie. In: Möller, H. J. (Hg.): Therapieresistenz unter Antidepressiva-Behandlung. Heidelberg, S. 237-250.

Hiemke, C.; Laux, G. (2002): Therapeutisches Drug-Monitoring von Antidepressiva. In: Riederer, P.; Pöldinger, W. (Hg.): Neuro-Psychopharmaka. 2. Aufl. Wien, S. 911-922.

Hirschfeld, R. M. A.; Montgomery, S. A.; Aguglia, E. et al. (2002): Partial response and nonresponse to antidepressant therapy. Current approaches and treatment options. J. Clin. Psychiatry 63: 826-837.

Judd, L. L.; Paulus, M. J.; Schettler, P. J. et al. (2000): Does incomplete recovery from first lifetime major depressive episode herald a chronic course of illness? Am. J. Psychiatry 157: 1501-1504.

Keller, M. B.; Lavori, P. W.; Rice, J.; Coryell, W.; Hirschfeld, R. M. A. (1986): The persistent risk of chronicity in recurrent episodes of nonbipolar major depressive disorder: a prospective follow-up. Am. J. Psychiatry 143: 24–28.

Keller, M. B.; McCullough, J. P.; Klein, D. N. et al. (2000): A comparison of nefazodone, the cognitive behavioral-analysis system of psychotherapy, and their combination for the treatment of chronic depression. N. Engl. J. Med. 342: 1462-1470.

Laux, G. (1986): Chronifizierte Depressionen. Stuttgart.

Laux, G.; König, W.; Baumann, P. (1997): Infusionstherapie bei Depressionen. 4. Aufl. Stuttgart.

Linden, M.; Helmchen, H.; Mackert, A. et al. (1994): Structure and feasability of a standardized stepwise drug treatment regimen (SSTR) for depressed inpatients. Pharmacopsychiatry 27 (Suppl. 1): 51-53.

Nelson, J. C. (1998a): Treatment of antidepressant nonresponders: augmentation or switch? J. Clin. Psychiatry 59 (Suppl. 15): 35-41

Nelson, J. C. (1998b): Augmentation strategies with serotonergic-noradrenergic combinations. J. Clin. Psychiatry 59: 65-68.

Nolen, W.; Hoencamp, I.; Haffmans, P. M. J. et al. (1994): Classical and selective monoamine oxidase inhibitors in refractory major depression. In: Nolen, W.; Zohar, J.; Roose, S. P. et al. (Hg.) (1994): Refractory Depression. Current Strategies and Future Directions. New York, S. 59-68.

Phillips, K. A.; Nierenberg, A. A. (1994): The assessment and treatment of refractory depression. J. Clin. Psychiatry 55 (Suppl.): 20-26.

Pincus, H. A.; Pettit, A. R. (2001): The societal costs of chronic major depression. J. Clin. Psychiatry 62 (Suppl. 6): 5-9.

Poirier, M.; Boyer, P. (1999): Venlafaxine and paroxetine in treatment-resistant depression. Double-blind randomised comparison. Br. J. Psychiatry 175: 12-16.

Roose, S.; Glassman, A.; Attia, E. et al. (1994): Comparative efficacy of selective serotonin reuptake inhibitors and tricyclics in the treatment of melancholia. Am. J. Psychiatry 151: 1735-1739.

Rush, A.; Rago, W. V.; Crismon, M. L. et al. (1999): Medication treatment for the severly and persistently ill. The Texas medication algorithm project. J. Clin. Psychiatry 60: 284-291.

Sackeim, H. (2001): The definition and meaning of treatment-resistant depression. J. Clin. Psychiatry 62 (Suppl. 16): 10-17.

Schmauss, M. (2002): Kombinationstherapie nicht-selektiver Monoamin-Rückaufnahme-Inhibitoren (»trizyklischer Antidepressiva«) mit MAO-Hemmern. In: Riederer, P.; Laux, G.; Pöldinger, W. (Hg.): Neuro-Psychopharmaka. Bd. 3: Antidepressiva. 2. Aufl. Wien, S. 551-557.

Scott, J. (1988): Chronic depression. Br. J. Psychiatry 153: 287-297.

Segal, Z.; Kennedy, S. H.; Cohen, N. L.; The CANMAT Depression Work Group (2001): Clinical guidelines for the treatment of depressive disorders. V. Combining psychotherapy and pharmacotherapy. Can. J. Psychiatry 46 (Suppl. 1): 59S-62S.

Seth, R.; Jennings, A. L.; Bindman, J. et al. (1992): Combination treatment with noradrenaline and serotonin reuptake inhibitors in resistant depression. Br. J. Psychiatry 161: 562-565.

Shelton, R. C. (2003): The combination of olanzapine and fluoxetine in mood disorders. Expert Opin Pharmacother. 4: 1175-1183.

Souery, D.; Amsterdam, J. D.; de Montigny, C. et al. (1999): Treatment resistant depression: methodological overview and operational criteria. Eur. Neuropsychopharmacol. 9: 83-91.

Szegedi, A.; Muller, M. J.; Anghelescu, I. et al. (2003): Early improvement under mirtazapine and paroxetine predicts later stable response and remission with high sensitivity in patients with major depression. J. Clin. Psychiatry 64 (4): 413–420.

Thase, M. E.; Rush, A. J. (1995): Treatment-resistant depression. In: Bloom, F. E.; Kupfer, D. J. (Hg.): Psychopharmacology. The Fourth Generation of Progress. New York, S. 1081-1098.

Thase, M. E.; Rush, A. J. (1997): When at first you don't succeed: sequential strategies for antidepressant nonresponders. J. Clin. Psychiatry 58 (suppl. 13): 23–29.

Thase, M. E.; Friedman, E. S.; Howland, R. H. (2001): Management of treatment-resistant depression. Psychotherapeutic perspectives. J. of Clin. Psychiatry 62 (Suppl. 18): 18-24.

Thase, M. E.; Schutte, A. J.; van der Flier, S. et al. (2004): Remission with mirtazapine versus SSRIs: A meta-analysis on data of more than 2500 depressed patients treated in randomized controlled trials. J. Affective Disord. 1 (Suppl. 78): 136.

Genetik und Depression

Marcella Rietschel

Genetik affektiver Störungen

Formalgenetische Ergebnisse

Affektive Störungen zählen weltweit zu den Hauptursachen gesundheitlicher Beeinträchtigung (Murray u. Lopez 1996). Der Krankheitsverlauf ist häufig chronisch-rezidivierend und in schweren Fällen mit einer hohen Mortalität verbunden. Bei den affektiven Störungen werden unipolar depressive von bipolaren Störungen unterschieden, wobei Patienten mit einer bipolaren Störung neben depressiven auch manische Phasen aufweisen. In Abhängigkeit vom Schweregrad der Manie unterscheidet das moderne Diagnosesystem DSM-IV zwischen einer Bipolar-I-Störung mit einer klinisch stark ausgeprägten manischen Symptomatik, die auch wahnhafte Symptome beinhalten kann, und einer Bipolar-II-Störung mit schwächer ausgeprägten, so genannten hypomanen Symptomen. Mit einer Lebenszeitprävalenz von circa 10 % sind unipolar depressive Störungen weitaus häufiger als bipolar affektive Störungen, die eine Lebenszeitprävalenz von circa 1 % haben.

Das Risiko, an einer bipolaren Störung zu erkranken, liegt unabhängig vom Geschlecht bei circa 3-10 % (relatives Risiko von 7), wenn ein Angehöriger ersten Grades von einer bipolar-affektiven

Störung betroffen ist. Es finden sich in diesen Familien auch alle anderen Varianten bipolarer Störungen häufiger als in der Allgemeinbevölkerung: Zyklothymien, Hypomanien (Winokur et al. 1995) und schizoaffektive Störungen mit manischen Episoden (Maier et al. 1992). Das Lebenszeitrisiko für unipolar depressive Störungen ist ebenfalls erhöht und liegt bei etwa 20 %. Auch bei Verwandten von Patienten mit unipolaren Depressionen ist das Risiko für unipolar depressive Störungen erhöht, allerdings nicht für bipolare Störungen. Interessant ist, dass – wie in der Allgemeinbevölkerung – alle Varianten von unipolaren Depressionen bei weiblichen Angehörigen doppelt so häufig auftreten wie bei männlichen Angehörigen. Eine klinische Differenzierung von unipolaren Depressionen, die in einem familiären Zusammenhang mit bipolar-affektiven beziehungsweise unipolaren Störungen stehen, ist derzeit nicht möglich. Auch wenn die depressiven Episoden bei bipolaren und unipolaren Störungen klinisch nicht zu unterscheiden sind, deuten der Verlauf, die Behandlung und die formalgenetischen Befunde darauf hin, dass es sinnvoll ist, bipolare und unipolare Störungen getrennt zu betrachten.

Zwillingsstudien zeigen, dass das Ausmaß der Heritabilität bei bipolar-affektiven Störungen bei cirka 50 bis 80 %, bei unipolar affektiven Störungen bei circa 30 bis 50 % liegt, wobei bei Annahme einer minimalen Episodendauer von zwei Wochen die maximale Heritabilität resultiert (Kendler et al. 1992). Einzelne Studien belegen die These, dass mit Reduktion des Schweregrads unipolarer Depressionen die Heritabilität sinkt (Torgersen 1986). Die zu beobachtende unvollständige Konkordanz von monozygoten Zwillingen weist auf den Einfluss von Umweltfaktoren hin. Als mögliche (jedenfalls teilweise) nichtgenetische Ursachenfaktoren werden Geburtskomplikationen (vor allem bei bipolaren Störungen; vgl. Kinney et al. 1993) und kritische Lebensereignisse sowie familiäre Faktoren wie Erziehungsstile, Vernachlässigung durch Eltern und Konflikte zwischen Eltern (vor allem bei unipolaren Depressionen; vgl. Angst u. Wicki 1990; McGuffin et al. 1988; Murray u. Sines 1996) diskutiert. Außerdem gibt es Hinweise für Interaktionen zwischen genetischer Vulnerabilität und Umgebungsfaktoren (Kendler u. Karkowski-Shuman 1997).

Molekulargenetische Forschung bei affektiven Störungen

Die molekulargenetische Forschung bei Krankheiten ist Ursachenforschung. Das bisherige Verständnis hinsichtlich genetischer Vererbung beruht auf Krankheiten, die entsprechend den Mendel'schen Regeln einem *monogenen* Erbgang folgen (wie z. B. Hämophilie, Zystische Fibrose, Muskeldystrophie Duchenne). Das bedeutet, dass in einer Familie eine Mutation in einem einzelnen Gen kausal für das Entstehen der jeweiligen Erkrankung verantwortlich ist. Bei den monogen vererbten Krankheiten war die Identifikation der ursächlichen Gene und ihrer Mutationen außerordentlich erfolgreich. Etwa 1800 verschiedene monogene Krankheiten können heute auf Mutationen in jeweils einem Gen zurückgeführt werden. Durch dieses Wissen können die Genprodukte identifiziert und die Pathophysiologie der betreffenden Krankheiten aufgeklärt werden.

Dieses Verständnis muss im Hinblick auf genetisch *komplexe* Erkrankungen modifiziert werden, zu denen die affektiven Störungen so wie andere Volkskrankheiten (Bluthochdruck, Diabetes mellitus, Krebserkrankungen und die meisten psychischen Störungen) zählen.

Das Besondere an komplexen genetischen Erkrankungen ist, dass zwar insgesamt eine familiäre Häufung beobachtet wird, sich aber in der Regel in den meisten Familien keine weiteren Betroffenen finden. Diese Krankheiten kommen sehr wahrscheinlich dadurch zustande, dass bei einer Person Mutationen in mehreren Genen gleichzeitig vorliegen. Es resultiert eine Krankheitsdisposition, die unter dem Einfluss umweltbedingter Faktoren in eine manifeste Krankheit umschlagen kann. Man geht davon aus, dass diese Mutationen in den so genannten Dispositionsgenen in der Bevölkerung sehr häufig sind, wobei jedes einzelne Dispositionsgen für sich nur einen kleinen Teil zur Krankheitsdisposition beiträgt. Es ist dabei wichtig zu bedenken, dass diese Gene in einem anderen Kontext wahrscheinlich auch günstige Funktionen haben können.

■ Identifikation von Dispositionsgenen bei affektiven Störungen

Die Identifikation von Dispositionsgenen für genetisch komplexe Krankheiten ist eine außerordentlich methodische und logistische Herausforderung. Grundsätzlich gibt es zwei Vorgehensweisen, um solche Dispositionsgene zu finden: Kandidatengen- und Kopplungsuntersuchungen.

Die beiden Untersuchungsstrategien sind im praktischen Vorgehen miteinander verwoben. So kommt zum Beispiel einem Kandidatengen, das in einer chromosomalen Region mit positiven Kopplungshinweisen lokalisiert ist, eine hohe Plausibilität zu.

■ Kandidatengenuntersuchungen

Als Kandidatengene werden Erbanlagen bezeichnet, von denen man aufgrund funktioneller Überlegungen oder Hypothesen vermutet, dass sie in der Pathophysiologie der betreffenden Krankheit eine Rolle spielen, zum Beispiel Gene für bestimmte Rezeptoren, Enzyme, Transporter. Meist werden die Untersuchungen als Fall-Kontroll-Studien durchgeführt, indem die Häufigkeit von Genvarianten eines Kandidatengens in beiden Kollektiven verglichen wird.

Diese Aufgabenstellung klingt zunächst »überschaubar«, wird aber durch die Vielzahl der möglichen Kandidatengene bei schizophrenen Störungen zu einer immensen Herausforderung. Die Anzahl möglicher Kandidatengene ist kaum begrenzbar. Das erklärt sich daraus, dass es sehr viele denkbare biologische Mechanismen gibt, die zur Erkrankung beitragen könnten. Selbst wenn all die hierdurch definierten Kandidatengene untersucht werden könnten, würde dies nicht zwangsläufig zum Erfolg führen, da die heutigen Hypothesen zur Entstehung der Erkrankung noch sehr unsicher sind und somit vielleicht die falschen Kandidatengene ausgewählt würden.

Die Zahl der bislang veröffentlichten Kandidatengenuntersuchungen ist außerordentlich groß und eine einfache Interpretation der Befunde schwierig, da sich die Befunde nicht eindeutig replizieren ließen (Übersicht in Maier et al. 2003). Viele Kandidaten-genuntersuchungen haben den Nachteil, dass die untersuchten Kollektive relativ klein sind und dass die entsprechenden Kandidatengene nicht ausreichend systematisch untersucht wurden. So wurden vielfach nur einzelne genetische Varianten (Polymorphismen) zur Untersuchung herangezogen, anstelle nebeneinander liegende Polymorphismen und deren Kombinationen (Haplotypanalysen) systematisch zu untersuchen.

Am erfolgversprechendsten wäre es, wenn man *alle* wesentlichen genetischen Unterschiede zwischen Betroffenen und Nicht-Betroffenen vergleichen könnte (genomweite Assoziationsuntersuchungen) und die Befunde dann in unabhängigen Kollektiven überprüfen könnte. Solche Untersuchungen sind momentan aber noch nicht möglich, da bis jetzt nicht alle genetischen Unterschiede ausreichend bekannt sind und die für solche Untersuchungen notwenigen großen und homogen charakterisierten Patientenkollektive noch nicht vollständig zur Verfügung stehen. Aller Voraussicht nach werden solche Untersuchungen in nicht allzu weiter Zukunft aber möglich sein.

▪ Kopplungsuntersuchungen

Das Prinzip der genomweiten Kopplungsuntersuchung besteht darin, dass in Familien mit mehreren Betroffenen überprüft wird, ob ein genetischer Marker überzufällig häufig zusammen mit der Erkrankung übertragen wird. Ein Vorteil dieser Untersuchungsstrategie besteht darin, dass sie völlig unabhängig von pathophysiologischen Hypothesen ist. Kopplungsuntersuchungen waren und sind bei der Identifizierung monogener Erkrankungen äußerst erfolgreich.

Bei komplexen Erkrankungen ist die Anwendung klassischer Kopplungsuntersuchungen allerdings nicht ganz so unproblematisch, da hierfür das Wissen über folgende Parameter notwendig ist: die Penetranz des Krankheitsgens (Rate der Dispositionsgenträger, die tatsächlich erkranken), den Erbgang, die Phänokopierate (Rate der Krankheitsfälle, die nicht durch das Dispositionsgen bedingt sind). Da sich bei komplexen Erkrankungen diese Anga-

ben nicht aus formalgenetischen Beobachtungen ableiten lassen,
müssen hierüber Annahmen gemacht werden, was die Aussagekraft natürlich einschränkt.

Die Mehrzahl der Kopplungsuntersuchungen bei affektiven
Störungen konzentrieren sich auf Untersuchungen von Familien,
in denen auch Mitglieder mit bipolaren Störungen vorhanden
sind. So berichtete bereits zu einer Zeit, als noch nicht die Möglichkeit bestand, mit molekulargenetischen Markern Kopplungsuntersuchungen durchzuführen, die Arbeitsgruppe von Mendlewicz et
al. (1980) über Kopplung von bipolaren Störungen mit dem Auftreten von Rot-Grün-Blindheit beziehungsweise mit Glucose-6-
Phosphatdehydrogenase-Mangel in entsprechenden Familien. Diese Befunde, die noch auf dem Konzept der monogenen Vererbung
von Erkrankungen basierten, konnten im weiteren Verlauf, als zunehmend mehr molekulargenetische Marker zur Verfügung standen, nicht eindeutig bestätigt werden (Mendelbaum et al. 1995).
Ähnlich verhielt es sich mit den ersten positiven Kopplungsbefun-
den, die mittels einiger weniger molekulargenetischer Marker in
der »Old Order Amish Familie« berichtet wurden. Auch diese Befunde (Egeland et al. 1987; Kelsoe et al. 1989) mussten später teilweise erheblich eingeschränkt werden.

Mit Hilfe neu entwickelter Methoden ist es in den letzten Jahren jedoch gelungen, chromosomale Regionen einzugrenzen, in
denen sich mit hoher Wahrscheinlichkeit Dispositionsgene befinden. Allerdings gibt es keine Region, die konsistent in allen Studi-
en nachgewiesen werden konnte. Das dürfte einerseits die große
Zahl der beteiligten Gene reflektieren (Locus-Heterogenität), andererseits die Variabilität der einzelnen Studien hinsichtlich der
Phänotypdefinition, Stichprobengröße und Dichte und Art der
verwendeten genetischen Marker.

Seit kurzem liegen Metaanalysen zu bipolaren Störungen vor,
die alle bis dahin durchgeführten systematischen Kopplungsuntersuchungen (Genom-Scans) zusammenfassen (Badner u. Gershon
2002; Segurado et al. 2003; Lewis et al. 2003). Bei unipolar depressiven Störungen ist wegen der kleinen Zahl berichteter Kopplungsuntersuchungen bislang noch keine Metaanalyse durchgeführt
worden. Die Metaanalysen schlagen eine Reihe von chromosomalen Regionen vor, in denen sehr wahrscheinlich Krankheitsgene

gelegen sind. Interessanterweise gibt es zwischen den Regionen für schizophrene und bipolar affektive Störungen gewisse Überlappungen. Das könnte darauf hindeuten, dass es Gene gibt, die einen Beitrag zu beiden Störungen leisten.

Durch weitere intensive Untersuchungen dieser Regionen konnte bisher auf Chromosom 13 (Region 13q33) der Locus G72/G30 sowohl mit schizophrenen als auch mit bipolaren Störungen assoziiert werden (Chumakov et al. 2002; Schumacher et al. 2004). Das an diesem Locus kodierte Gen ist allerdings noch nicht zweifelsfrei festgestellt. Zudem konnten wir in nachfolgenden Untersuchungen zeigen, dass der Befund bei bipolaren Störungen hauptsächlich durch die Patienten, die im Lauf ihrer Erkrankung an »Verfolgungswahn« litten, bedingt wurde (Schulze et al., in Vorb.). Dieser Befund ist nicht überraschend, wird doch eine Überlappung der bipolaren und schizophrenen Störungen und deren Ursachen schon seit Beginn der Klassifikation psychischer Störungen diskutiert. Allerdings gab es bislang keine Möglichkeit, die kontroversen Argumente biologisch zu untermauern. Bislang basieren die psychiatrischen Diagnosen auf der Beobachtung klinischer Symptome. Durch die Kenntnis der beitragenden Gene wird es möglich, ätiologische Mechanismen in diagnostischen Konzepten zu berücksichtigen. Die diagnostische Aussagekraft einer einzelnen Genvariante wird allerdings immer begrenzt sein, und auch bei Kenntnis aller beitragenden Gene wird die diagnostische Aussagekraft nie über den gesamtgenetischen Beitrag an der Entstehung der Erkrankung hinausgehen.

Ausblick

Durch die Identifizierung der Krankheitsgene wird auch die Grundlage für ein besseres Verständnis für Genotyp-Umwelt-Interaktionen gelegt werden. Welcher Art diese Interaktionen sein werden, ist noch unbekannt. So ist es möglich, dass genetische Faktoren die Empfindlichkeit gegenüber Umwelteinflüssen sowie das Expositionsverhalten beeinflussen können. Der wichtigste Beitrag der molekularen psychiatrischen Genetik wird in den Erkenntnissen über die biologischen Grundlagen der Erkrankungen liegen. Das Verständnis der pathophysiologischen Mechanismen wird die Basis für die Entwicklung neuer medikamentöser Behandlungsstrategien sein.

Die Fortschritte auf dem Gebiet der Genetik sind enorm. Deutschland hat seine Forschung mit der Beteiligung am Humanen Genomforschungsprojekt (seit 1994) und den im Jahr 2001 initiierten Nationalen Genomforschungsnetzen verstärkt. Bis zur Entschlüsselung aller krankheitsrelevanten Gene und der Aufklärung ihrer komplexen Wirkzusammenhänge ist es aber noch ein weiter Weg. Gerade wenn heute schon vielfach die »Postgenomische Ära« heraufbeschworen wird, ist dies eher als Ausdruck überschwänglicher Hoffnungen zu sehen, als dass es die Realität widerspiegelt. Hier muss man vorsichtig sein, um unrealistische Hoffnungen und Befürchtungen der Bevölkerung nicht noch zu verstärken. Repräsentative Umfragen haben ergeben, dass die Bevölkerung im Allgemeinen eine positive, wenn auch kritische Einstellung gegenüber dieser Forschung vertritt (Illes et al. 2003). Das ist eine gute Voraussetzung für eine offene Auseinandersetzung mit den im Rahmen der molekulargenetischen Forschung auftretenden ethischen Konflikten beziehungsweise Fragestellungen.

Literatur

Angst, J.; Wicki, W. (1990): The Zurich study XI: Is dysthymia a separate form of depression? Results of the Zurich cohort study. Eur. Arch. Psychiatry Clin. Neurosci. 240: 349-354.

Badner, J. A.; Gershon, E. S. (2002): Meta-analysis of whole-genome linkage scans of bipolar disorder and schizophrenia. Mol. Psychiatry 7: 405-411.

Chumakov, I.; Blumenfeld, M.; Guerassimenko, O. et al. (2002): Genetic and physiological data implicating the new human gene G72 and the gene for D-amino acid oxidase in schizophrenia. Proc. Natl. Acad. Sci. USA 99: 13675-13680.

Egeland, J. A.; Gerhard, D.; Pauls, D. L. et al. (1987): Bipolar affective disorders linked to DNA markers on chromosome 11. Nature 325: 783-87.

Illes, F.; Rietz, C.; Fuchs, M. et al. (2003): Einstellung zu psychiatrisch-genetischer Forschung und prädiktiver Diagnostik. Hoffnungen und Befürchtungen von Patienten, Angehörigen und der Allgemeinbevölkerung in Deutschland. Ethik in der Medizin 15: 268-281.

Kelsoe, J. R.; Ginn, E. I. et al. (1989): Reevaluation of the linkage relationship between chromosome 11p loci and the gene for bipolar affective disorder in the Old Order Amish. Nature 342: 238-243.

Kendler, K. S.; Karkowski-Shuman, L. (1997): Stressful life events and genetic liability to major depression. Genetic control of exposure to the environment? Psychol. Med. 27: 539-547.

Kendler, K. S.; Neale, M. C.; Kessler, R. C. et al. (1992): A population-based twin study of major depression im women. The impact of varying definitions of illness. Arch. Gen. Psychiatry 49: 257-266.

Kinney, D. K.; Yurgelun-Todd, D. A.; Levy, D. L. et al. (1993): Obstetrical complications in patients with bipolar disorder and their siblings. Psychiatry Res. 48: 47-56.

Lewis, C. M.; Levinson, D. F.; Wise, L. H. et al. (2003): Genome scan meta-analysis of schizophrenia and bipolar disorder, part II: Schizophrenia. Am. J. Hum. Genet. 73: 34-48.

McGuffin, P.; Katz, R.; Aldrich, J. et al. (1988): The Camberwell collaborative depression study. II: Investigation of family members. Br. J. Psychiatry 152: 766-774.

Maier, W.; Lichtermann, D.; Minges, J. et al. (1992): Schizoaffective disorder and affective disorders with mood-incongruent psychotic features. Keep separate or combine? Evidence from a family study. Am. J. Psychiatry 149: 1666-1673.

Maier, W.; Zobel, A.; Rietschel, M. (2003): Genetics of schizophrenia and affective disorders. Pharmacopsychiatry 36: 195-202.

Mendelbaum, K.; Sevy, S.; Souery, D. et al. (1995): Manic-depressive illness and linkage reanalysis in the Xq27-Xq28 region of chromosome X. Neuropsychobiology 31: 58-63.

Mendlewicz, J.; Linkowski, P.; Wilmote, J. (1980): Linkage between glucose-6-phosphate dehydrogenase deficiency and manic-depressive psychosis. Br. J. Psychiatry 137: 337-342.

Murray, C. J. L.; Lopez, A. D. (Hg.) (1996): The Global Burden of Disease. A Comprehensive Assessment of Mortality and Disability from Diseases, Injuries, and Risk Factors in 1990 and Projected to 2020. Cambridge.

Murray, K. T.; Sines, J. O. (1996): Parsing the genetic and nongenetic variance in children's depressive behavior. J. Affective Disord. 38: 23-34.

Schulze, T.; Ohlraun, S.; Czerski, P. et al. (in Vorb.): Genotype-phenotype studies in bipolar disorder show association between the DAOA/G30 locus and persecutory delusions. A first step towards a molecular genetic classification of psychiatric phenotypes. Am. J. Psychiatry.

Schumacher, J.; Abou Jamra, R.; Freudenberg, J. et al. (2004): Examination of G72 and D-amino acid oxidase as genetic risk factors for schizophrenia and bipolar affective disorder. Mol Psychiatry 9: 203-207.

Segurado, R.; Detera-Wadleigh, S. D.; Levinson, D. F. et al. (2003): Genome scan meta-analysis of schizophrenia and bipolar disorder, part III: Bipolar disorder. Am. J. Hum. Genet. 73: 49-62.

Torgersen, S. (1986): Genetic factors in moderately severe and mild affective disorders. Arch Gen Psychiatry 43: 222-226.

Winokur, G.; Coryell, W.; Endicott, J. et al. (1995): Familial depression versus depression identified in a control group. Are they the same? Psychol. Med. 25: 797-806.

Hans H. Stassen, Jules Angst und
Christian Scharfetter

Genetik affektiver Störungen – der quantitative Ansatz Syndrom-orientierter Modelle

Übersicht

Die klinischen Bilder schwerer psychiatrischer Störungen wie der *Schizophrenien, schizoaffektiver Erkrankungen, psychotischer/nichtpsychotischer Depressionen, manisch-depressiver Erkrankungen* oder der *atypischen Psychosen* sind zwar im Lauf der vergangenen Jahrzehnte durch die operationalen Kriterien diagnostischer Systeme (z. B. ICD-10, DSM-IV) voneinander abgegrenzt worden, gleichwohl bestehen aber doch beträchtliche Überschneidungen zwischen diesen diagnostischen Entitäten, was die involvierten klinischen Syndrome betrifft (Stassen et al. 1988; Maier et al. 1993; Faraone et al. 1995; Maziade et al. 1995; Scharfetter u. Stassen 1995; Loftus et al. 1998; Maier et al. 1999; Wildenauer et al. 1999; Berrettini 2000; Pulver et al. 2000; Vogt et al. 2000; Vuoristo et al. 2000; Maziade et al. 2001; Bailer et al. 2002; Glatt et al. 2003; Schurhoff et al. 2003; Maier et al. 2003; Möller 2003, Berretini 2004). Bezüglich der Lebenszeitprävalenzen bei Schizophrenien und manisch-depressiven Erkrankungen (bipolar-I) zeigen alle empirische Studien, dass jeweils 1 % der Allgemeinbevölkerung betroffen ist. Interessanterweise haben sich diese Zahlen als weitgehend unabhängig von ethnischem Hintergrund und sozialem Umfeld herausgestellt, wie insbesondere das Programm der Weltgesundheitsorganisation (WHO) zum Verlauf schwerer psychischer Störungen ergeben hat (Jablensky et al. 1992) oder das Epidemiologische »Catchment Area« Programm (ECA), das die Verteilung psychiatrischer Erkrankungen in speziell ausgewählten Regionen der USA mit großer genetischer Diversität untersuchte (Weissmann et al. 1988). Allerdings scheinen Umwelt und sozio-

kulturelles Umfeld den Verlauf schwerer psychischer Störungen
doch irgendwie zu beeinflussen, da Patienten in Entwicklungs-
ländern im Mittel einen günstigeren Verlauf mit weniger schwerer
Symptomatik zeigen als Patienten der westlichen Welt (Leff et al.
1992).

Praktisch alle psychischen Störungen sind durch einen ausgeprägten Verlust funktioneller Aktivität gekennzeichnet, wobei vor
allem die Fähigkeiten betroffen sind, die es ermöglichen, eine
»normale« Bandbreite affektiver Reaktionen zu erleben, ein »nor-
males« Familienleben zu führen, zu denken und sich zu erinnern,
sich zu konzentrieren, Ideen zu entwickeln oder sich in der »normalen« Arbeitswelt zurechtzufinden. Man spricht in diesem Zusammenhang von »kognitiven Beeinträchtigungen«, die sich experimentell sehr gut bestätigen lassen. Darüber hinaus ist die
Mortalität unter psychiatrischen Patienten signifikant erhöht. Dieser Sachverhalt ist in erster Linie auf eine im Vergleich zur
Normalbevölkerung dramatisch erhöhte Suizidrate zurückzuführen, die zwischen 10 % und 15 % liegt, weitgehend unabhängig
von der klinischen Subdiagnose. »Andere« Todesursachen sind
aber ebenfalls überproportional vertreten, zum einen durch ein
stark erhöhtes Unfallrisiko im täglichen Lebensumfeld und zum
anderen durch eine unterdurchschnittliche Bereitschaft, ärztliche
Hilfe bei somatischen Erkrankungen in Anspruch zu nehmen oder
an Programmen zur Gesundheitsprävention teilzunehmen. Etwa
ein Drittel aller psychischen Erkrankungen nimmt einen chronischen Verlauf mit zunehmender Verschlechterung nicht nur bei
der krankheitsspezifischen Symptomatik, sondern auch der Fähigkeit, ein eigenständiges Leben zu führen. Damit zählen schwere
psychische Störungen zu den schlimmsten und langwierigsten Erkrankungen, welche die Menschheit kennt.

Über die Ätiologie psychischer Erkrankungen ist so gut wie
nichts bekannt, insbesondere fehlen biologische Marker und objektive Labormethoden zur diagnostischen Differenzierung. Aus
diesem Grund ist es nicht sonderlich überraschend, dass es bis
zum heutigen Tag keine kausalen Behandlungsmethoden gibt
und dass eine Heilung in der Mehrzahl der Fälle nicht erreicht
werden kann. Die pharmakologische Behandlung, obwohl wirksam, scheint ausgesprochen unspezifisch zu sein in dem Sinne,

dass (1) Substanzen, die große Unterschiede in ihren biochemischen und pharmakologischen Effekten aufweisen, praktisch die gleiche Wirksamkeit zeigen, was den Anteil der Patienten betrifft, in denen eine therapeutische Response induziert wird, (2) ein beträchtlicher Anteil der Patienten (35 % bis 45 %) eine persistierende klinische Form der Erkrankung entwickelt, die jeder Behandlung unzugänglich bleibt, und (3) die Frage, ob und wann ein bestimmter Patient auf eine bestimmte Behandlung ansprechen wird, für die derzeit bekannten Antidepressiva und Antipsychotika nicht beantwortbar ist.

Ergebnisse aus einer großen Zahl von Zwillings-, Familien- und Adoptionsstudien legen den Schluss nahe, dass letztlich genetische Marker die wichtigsten Determinanten für die Entwicklung und den Verlauf psychischer Erkrankungen sein könnten (Heston 1966; Kety et al. 1971; Gottesman u. Shields 1977; Mendlewicz u. Rainer 1977; Cadoret 1978; Cadoret et al. 1985; Kendler et al. 1985; Wender et al. 1986; Faraone u. Tsuang 1988; Kety 1988; Gottesman u. Bertelsen 1989; Goldstein et al. 1995; Toomey et al. 1998; Kaufmann et al. 1998; Levinson et al. 1998; Schwab et al. 1998; Nothen et al. 1999; Brzustowicz et al. 1999; Bailer et al. 2000; Brzustowicz et al. 2000; Foroud et al. 2000; Levinson et al. 2000; Lichtermann et al. 2000; Mowry et al. 2000; Nurnberger u. Foroud 2000; Rietschel et al. 2000; Schwab et al. 2000; Cichon et al 2001; Freedman et al. 2001a, 2001b; Greenwood et al. 2001; Gurling et al. 2001; Kelsoe et al. 2001; Nurnberger et al. 2001; Paunio et al. 2001; Badner u. Gershon 2002; DeLisi et al. 2002; Faraone et al. 2002; Stefansson et al. 2002; Dick et al. 2003; Lewis et al. 2003; Segurado et al. 2003; Stassen et al. 2004a). Allerdings erklärt die aus solchen Studien geschätzte genetische Prädisposition nicht mehr als 10 bis 60 % der beobachteten phänotypischen Varianz, wobei die Größe der genetischen Komponente vom Ersterkrankungsalter, von der Schwere der Erkrankung sowie dem Langzeitverlauf der klinischen Syndrome abzuhängen scheint. Man hat daher genetische Prädisposition schon vor geraumer Zeit im Sinne einer diagnose-unspezifischen *Vulnerabilität* konzeptualisiert, die für die Entwicklung eines bestimmten Krankheitsbildes weder notwendig noch hinreichend ist (vgl. Zubin u. Spring 1977; Zubin et al. 1983).

Hohe Komorbiditätsraten unterstützen das Konzept einer unspezifischen Vulnerabilität eindrücklich, da mehr als die Hälfte aller psychiatrisch behandelten Fälle mehr als eine Diagnose erhält (Wolf et al. 1999). Besonders hoch ist hier der Anteil der Patienten mit Alkoholabhängigkeit, hohem Nikotinkonsum oder Substanzmissbrauch, wobei in den vergangenen Jahrzehnten die Drogenabhängigkeit dramatisch zugenommen hat. Verschiedene Studien weisen darauf hin, dass Komorbidität in der Krankheitsphase die Behandlung erschweren und dass Langzeitkomorbidität zu einem ungünstigeren Verlauf der primären psychischen Störung führen kann (Boyd et al. 1984; Bukstein et al. 1989; DeMilio 1989; Keitner et al. 1991; Blazer et al. 1994; Kessler et al. 1994). Substanzmissbrauch führt in der Regel zu erheblichen Problemen bei der Behandlung der primären psychischen Erkrankung wegen der Vielzahl unkontrollierbarer pharmakologischer Wechselwirkungen zwischen den applizierten Substanzen.

Forschungsaktivitäten im Gebiet der psychischen Erkrankungen sind zwar in erster Linie durch den Mangel an erfolgreichen Behandlungsmethoden motiviert, sie haben aber auch eine sozioökonomische Dimension. Tatsächlich ermöglichen repräsentative epidemiologische Daten, zusammen mit detaillierten Zahlen zur ärztlichen Versorgung, eine Schätzung der direkten Kosten, die bei der Behandlung psychiatrischer Patienten anfallen. Wichtiger sind jedoch die indirekten Kosten, die der Allgemeinheit durch krankheitsbedingte Abwesenheit vom Arbeitsplatz, krankheitsbedingte Arbeitslosigkeit oder krankheitsbedingte Gewährung von Sozialhilfe entstehen. Weitere Kosten entstehen der Allgemeinheit durch Unfälle, Kriminalität oder Gerichtsverfahren. Insgesamt erreichen alle indirekten Kosten das Dreifache der direkten Kosten (Murray u. Lopez 1996).

Psychopathologie und diagnostische Systeme

Wissenschaftliche Untersuchungen auf dem Gebiet psychischer Störungen erfordern die zweifelsfreie Identifizierung von echten »Fällen«, das heißt, die Definition von Kriterien, die es jederzeit ermöglichen, Personen reproduzierbar als »an einer psychischen Störung erkrankt« zu klassifizieren. Bis heute konnten jedoch keine »objektiven«, durch chemische, anatomische, physiologische oder psychologische Methoden abgesicherten Tests gefunden werden. In Ergänzung zur Suche nach objektiven Tests hat die wissenschaftliche *Psychopathologie* schon im vergangenen Jahrhundert damit begonnen, ein Instrumentarium zu entwickeln, das geeignet ist, das klinische Bild psychischer Störungen in einer detaillierten Weise zu erfassen. Ziel ist es dabei, die Anwendbarkeit des Instrumentariums über die eigentliche Zielpopulation psychiatrischer Patienten hinaus auch auf die Allgemeinbevölkerung zu erweitern, um so zu Merkmalen zu gelangen, die echte Fälle von Personen mit milden oder subklinischen Formen unterscheiden.

Ein weiteres Ziel der wissenschaftlichen Psychopathologie ist es, diejenigen Syndrome oder diejenigen Untergruppen von Patienten ausfindig zu machen, die sich in ihrer Ätiologie unterscheiden und möglicherweise das individuell höchst unterschiedliche Ansprechen auf therapeutische Maßnahmen erklären.

Alle diese Anstrengungen haben schließlich zu standardisierten Instrumenten geführt, wie zum Beispiel die »Schedule for Affective Disorders and Schizophrenia« (SADS) (Endicott u. Spitzer 1978) oder die »Syndrome Check List« (SSCL-16) (Angst et al. 1988), die auf sehr reproduzierbare Weise das klinische Bild psychischer Erkrankungen bei Patienten und in der Allgemeinbevölkerung erfassen. Die Aussagekraft solcher Instrumente hinsichtlich Prognose und Therapie ist im Einzelfall aber sehr bescheiden, obwohl die standardisierte psychopathologische Erfassung einer Person nicht nur eine detaillierte Phänomenologie und Symptomatologie beinhaltet, sondern auch eine Dokumentation der Entwicklungsgeschichte dieser Person vor der Erkrankung, das Ersterkrankungsalter, den bisherigen Verlauf, die Familienanamnese sowie soziodemographische Variablen, einschließlich möglicher auslösender Faktoren.

Es stellt sich somit zum einen das Problem der *inhaltlichen Validität* solcher Instrumente, das heißt, die Frage nach der Korrektheit und Vollständigkeit eines Instruments, und zum andern das Problem der *externen Validität* der Instrumente, das heißt, die Frage inwieweit ein Zusammenhang zwischen den gewählten Beschreibungsgrößen und den individuellen Eigenschaften der psychischen Erkrankung hinsichtlich familiärer Belastung, Ausbruch der Erkrankung, Verlauf und Therapie besteht. Zur Lösung dieser beiden Probleme hat sich die wissenschaftliche Psychopathologie eingehend befasst mit der Konzeptualisierung (1) der Dauer der Symptomatologie, (2) des bisherigen Verlaufes unter besonderer Berücksichtigung allfälliger Fluktuation in der Symptomatologie, (3) des Verlaufs der Besserung in Abhängigkeit von der Therapie und unter besonderer Berücksichtigung von Geschwindigkeit und Vollständigkeit, (3) der Phasenhaftigkeit bei wiederholten Erkrankungen und (4) den Auswirkungen der Erkrankung bei den Betroffenen unter besonderer Berücksichtigung kognitiver Beeinträchtigungen und Einschränkungen der Arbeitsfähigkeit.

Trotz eindeutiger Fortschritte bei der reproduzierbaren Erfassung psychopathologischer Zustandsbilder mittels strukturierter Explorationen und standardisierter Instrumente gibt es bis heute keine allgemein akzeptierten Kriterien, die das Problem der Identifizierung echter Fälle (»Caseness«) lösen würden (Wing et al. 1981). Als direkte Folge hiervon werden Quervergleiche zwischen epidemiologischen Studien sehr schwierig. Gleiches gilt auch für den Quervergleich zwischen Familienstudien, deren Rekrutierung über Indexfälle erfolgt. Dazu kommt, dass die Wahl der Kriterien einen großen Einfluss nicht nur auf die empirischen Prävalenzen in der Allgemeinbevölkerung, sondern auch auf das Verteilungsmuster der Krankheiten innerhalb der Familien haben. Tatsächlich ist eine Verdopplung der beobachteten Häufigkeiten je nach verwendete Kriterien durchaus möglich. Speziell problematisch ist diese Situation bei »genetischen« Familienstudien, wenn kleine Änderungen in den Kriterien zu signifikanten Änderungen im Verteilungsmuster der Erkrankungen innerhalb der untersuchten Familien führen. Auf diese Weise wird die Unterscheidung zwischen sporadischen Fällen (so genannten Phänokopien) und familiären Fällen sehr erschwert, während die Suche nach Vererbungsgängen mittels Segregationsanalysen weitgehend verunmöglicht ist. Vor diesem Hintergrund wird verständlich, warum, trotz klarer Hinweise aus Zwillings-, Familien- und Adoptionsstudien auf die Existenz einer signifikanten genetischen Komponente in der Ätiologie psychischer Erkrankungen, alle bisherigen Segregationsanalysen auf der Basis von Tausenden von Familien in keinem Fall einen eindeutigen Erbgang ergeben haben.

Ähnlich unbefriedigend ist die Situation auch bei *nosologischen Ansätzen* und den diagnostischen Systemen für psychiatrische Erkrankungen, obwohl allgemeingültige Standards für solche Systeme bereits seit mehr als 20 Jahren existieren (Robins et al. 1982). Die entsprechenden Standards beinhalten (1) Erfassung der klinischen Merkmale der Erkrankung auf der Basis von Symptomen und spezifischen Krankheitszeichen, (2) Dokumentation der Entwicklung vor der Erkrankung, des Ersterkrankungsalters, des bisherigen Verlaufs, soziodemographischer Variablen einschließlich auslösender Faktoren, (3) Überprüfung bekannter Ursachen mittels Labortests, (4) Auswertung der Familienanamnese, da viele psychiatrische Erkrankungen in Familien gehäuft auftreten, so dass eine erhöhte Prävalenz für die gleiche klinische Phänomenologie zur externen Validierung diagnostischer Entitäten herangezogen werden kann, (5) Überprüfung der diagnostischen Entitäten bezüglich Besserung und Remission, einschließlich des Ansprechens auf eine bestimmte Therapie[1], und (6) Abgrenzung der aktuellen diagnostischen Entität von allen übrigen Entitäten, mit denen eine gewisse Überlappung hinsichtlich Symptomen, Krankheitszeichen oder weiterer Merkmale besteht.

Angesichts dieser vorgegebenen Standards hat man in den vergangenen Jahrzehnten ein besonderes Augenmerk auf die Entwicklung *operationaler Kriterien* für psychiatrische Diagnosen gelegt. Operationale Kriterien beinhalten einen genau spezifizierten klinischen Algorithmus, der mit Hilfe eindeutiger Operationen alle vorhandenen Informationen verknüpft und auswertet, so dass auf diesem Weg eine explizite Definition psychiatrischer Erkrankungen entsteht, und zwar unabhängig davon, ob die zugrunde liegende Pathologie bekannt ist oder nicht. Dieser methodische Ansatz hat die Reproduzierbarkeit psychiatrischer Diagnosen wesentlich verbessert und die Inter-Rater Reliabilität bei der Klassifi-

---

1 In diesem Zusammenhang wird implizit davon ausgegangen, dass Erkrankungen der gleichen diagnostischen Entität einen ähnlichen Verlauf nehmen und dass bestimmte diagnostische Untergruppen einen speziell schlechten oder guten Verlauf im Vergleich zu anderen Untergruppen haben.

zierung psychiatrischer Patienten auf der Basis diagnostischer Systeme signifikant erhöht. *Verbesserte Reproduzierbarkeit bedeutet aber, wie wir sehen werden, nicht notwendigerweise auch verbesserte Validität.* Tatsächlich bieten psychiatrische Diagnosen, die mittels operationaler Kriterien erstellt wurden, für den einzelnen Patienten keinerlei Vorteil im Vergleich zu traditionellen diagnostischen Systemen oder psychopathologischen Instrumenten, weder in Bezug auf die Vorhersagbarkeit des Ansprechens auf eine bestimmte Therapie noch hinsichtlich der Schwere der akuten Erkrankung, des Eintritts der Remission oder des Langzeitverlaufs. Eine Tatsache, der die Autoren des DSM-IV-Systems dadurch Rechnung getragen haben, dass sie im Vorwort ausdrücklich festhalten: »*The specified diagnostic criteria for each mental disorder are offered as guidelines for making diagnoses, since it has been demonstrated that the use of such criteria enhances agreement among clinicians and researchers*« (DSM-IV, 1994).

Ein weiterer kritischer Punkt in diesem Zusammenhang ist das Krankheitskonzept der Psychiatrie, das zwei komplementäre Denkschemata für die Entwicklung psychischer Erkrankungen beinhaltet. Zum einen wird davon ausgegangen, dass Symptome und andere Merkmale der Erkrankung in der Allgemeinbevölkerung allgegenwärtig sind, und zwar in einer milden Ausprägung. Dadurch ist es systembedingt grundsätzlich schwierig oder gar unmöglich, eine Trennlinie zwischen gesundem Zustand, subklinischen Formen und echten Manifestationen der Krankheit zu ziehen. In diesem Szenario kann eine Zunahme des Schweregrads oder der Intensität einzelner Symptome unter bestimmten Randbedingungen dazu führen, dass die betreffende Person einen Schwellenwert überschreitet und dann ein Prozess einsetzt, der zum Ausbruch der eigentlichen Erkrankung führt. Das methodische Hauptproblem bei der Konzeptualisierung dieses Kontinuum-Ansatzes liegt in der Frage, mit welcher Methode man normale Fluktuationen unterscheiden kann von signifikanten Veränderungen im Schweregrad oder in der Intensität von Symptomen, die das Über- oder Unterschreiten eines Schwellenwertes bedeuten.

Das komplementäre Krankheitskonzept der Psychiatrie geht davon aus, dass Gruppen von Symptomen dort entstehen können, wo vorher keine waren – aus welchen Gründen auch immer. Wenn dann weitere Symptome schrittweise derart hinzukommen, dass schließlich eine bestimmte Konfiguration von Symptomen und Merkmalen entsteht, wird die betroffene Person unter gewissen Randbedingungen eine psychische Krankheit entwickeln. Das methodische Hauptproblem bei der Konzeptualisierung dieses Ansatzes liegt in der Frage, mit welcher Methode man über das Vorhandensein von Symptomen entscheiden kann. Zweifelsohne würde eine Verknüpfung der beiden Ansätze zu einem umfassenderen Modell zur Entstehung und zum Verlauf psychiatrischer Erkrankungen führen, dies allerdings auf Kosten einer erheblich komplexeren Methodik. In diesem Zusammenhang ist nämlich zu berücksichtigen, dass zur optimalen Realisierung eines theoretischen Konzepts nicht nur das Konzept selbst in all seinen Implikationen und Limitierungen bekannt sein muss, sondern dass es auch Messgrößen zu finden gilt, die für die Realisierung des Konzepts geeignet und in der Praxis hinlänglich genau und verlässlich erfassbar sind.

Angesichts der bisherigen negativen Ergebnisse bei der Suche nach psychiatrischen *Krankheitskonzepten mit externer Validität* sowie des Fehlens klarer, extern valider Standards für Entscheidungen darüber, ob es sich bei einem bestimmten Patienten um einen »echten« Fall handelt, stellt sich ernsthaft die Frage nach der Angemessenheit des diagnostischen Ja-Nein-Modells im Zusammenhang mit Untersuchungen zur familiären Häufung psychischer Störungen oder der Bestimmung von Prävalenzen in der Normalbevölkerung. Syndrom-orientierte Ansätze der wissenschaftlichen Psychopathologie vermeiden die Ja-Nein-Dichotomie diagnostischer Schemata, indem sie die individuelle Entwicklung und den individuellen Verlauf psychischer Störungen mittels quantitativer Größen (»Syndrome«) zu erfassen suchen. Es liegt auf der Hand, dass quantitative Größen besser geeignet sind, subtile Unterschiede und Abstufungen psychopathologischer Merkmale innerhalb und zwischen Familien zu erfassen, insbesondere auch Unterschiede und Abstufungen von Merkmalen, die von offensichtlicher klinischer Relevanz sind, aber unterhalb diagnostischer Schwellen bleiben. Quantitative syndrom-orientierte Ansätze vermeiden den Informationsverlust diagnostischer Klassifikationssysteme, welcher bei jeder Ja-Nein-Entscheidung über das Vorhandensein oder Fehlen einer Diagnose zwangsläufig in Kauf genommen werden muss.

▓ Quantitative Syndrom-orientierte Ansätze

Psychische Erkrankungen, wie auch die meisten komplexen Erkrankungen, bei denen multiple genetische und nichtgenetische Faktoren in der Pathogenese involviert sind, treten in Familien zwar gehäuft auf, sie segregieren aber nicht, wenn man »Fälle« mittels psychiatrischer Diagnosen identifiziert. Das heißt, die genetische Prädisposition zu diesen Erkrankungen – wie sie durch psychiatrische Diagnosen definiert sind – folgt nicht einem einfachen mendelschen Erbgang. Keines der zur Diagnose beitragenden Symptome oder Merkmale scheint, für sich allein genommen, notwendig oder hinreichend für die Entwicklung der Erkrankung zu sein. Aus diesem Grund ist die Brauchbarkeit diagnostischer Entitäten für genetische Studien doch recht eingeschränkt, insbesondere auch deshalb, weil diagnostische Entitäten nur sehr unvollkommen prodromale Phase, Ersterkrankungsalter, Langzeitverlauf und Grad der Beeinträchtigung im Einzelfall zu begründen vermögen. Und, was für die klinische Praxis am gravierendsten ist: Psychiatrische Diagnosen liefern so gut wie keine Anhaltspunkte über das Ansprechen eines Patienten auf eine bestimmte Therapie und seine Prognose (Parker 1996; Stassen u. Angst 1998).

Quantitative, Syndrom-orientierte Ansätze der wissenschaftlichen Psychopathologie erweitern die ICD-10 und DSM-IV Definitionen auf sehr natürliche Weise, indem sie die Dichotomie diagnostischer Systeme durch dimensionale Größen ersetzen. Solche dimensionale Größen ermöglichen es, nicht nur die »psychopathologische Ähnlichkeit« zwischen Personen zu quantifizieren, sondern auch intrafamiliäre psychopathologische Muster reproduzierbar zu erfassen (Stassen et al. 1988; Faraone et al. 1995; Maziade et al. 1995; Scharfetter u. Stassen 1995; Grigoroiu-Serbanescu et al. 1998; Loftus et al. 1998; Maier et al. 1999; Berrettini 2000; Pulver et al. 2000; Stassen et al. 2000; Seretti et al. 2001; Kendler 2003;

O'Donovan et al. 2003; Schurhoff et al. 2003). Ausgehend von methodologischen Entwicklungen, die auf unsere Untersuchungen zur Familiarität multidimensionaler Syndrom-Muster zurückgehen, haben wir vor mehr als 15 Jahren zwei Syndrom-orientierte Instrumente (SSCL-16) zur quantitativen Erfassung psychischer Störungen eingeführt, welche 16 Syndrome umfassen und später durch ein Supplement zur Erfassung der Achse V ergänzt wurden (Angst et al. 1988). Diese Instrumente führen zu einer Darstellung des individuellen psychopathologischen Zustandsbildes der Patienten, Angehörigen und Personen der Normalbevölkerung mittels 16-dimensionaler, quantitativer »Syndrom-Vektoren« (Stassen et al. 1988). Solche multidimensionale »Merkmalsvektoren« sind die Ausgangsgrößen für Verfahren der computerisierten »Mustererkennung«, die sich in vielen Bereichen hervorragend bewährt haben, wenn es um das Aufdecken von Strukturen und Gesetzmäßigkeiten in empirischen Daten geht. In genetischen Studien führen multidimensionale Merkmalsvektoren zu hochauflösenden quantitativen Phänotypen, die direkt mit Multilocus-Variationen auf der Geno-Ebene korreliert werden können.

Die Züricher Familien-Studie

In einer prospektiven Familien-Studie, die 269 Indexfälle mit der Diagnose einer funktionellen Psychose (d. h. Patienten mit einer schizophrenen, schizoaffektiven oder manisch-depressiven Erkrankung) und 1501 Verwandte ersten und zweiten Grades umfasste – sowie eine 20-Jahres-Nachuntersuchung einschließlich der Erfassung von 105 Nachkommen der Indexfälle –, haben wir multidimensionale, Syndrom-orientierte Verfahren angewendet, um ein quantitatives Maß für die Schwere der Erkrankung zu entwikkeln und um den Versuch zu unternehmen, die Stichprobe in »natürliche« Untergruppen aufzutrennen. Weiterhin konzentrierte sich unser Interesse auf die folgenden Fragen: (1) Nimmt die Schwere der Erkrankung in aufeinander folgenden Generationen sukzessive zu mit früherem Ersterkrankungsalter (»Anticipation«)? (2) Gibt es Unterschiede in der Schwere der Erkrankung in

Abhängigkeit davon, ob die Erkrankung ihren Ursprung auf der mütterlichen oder väterlichen Seite hat (»Genomic Imprinting«)? (3) Verschiebt sich das Ersterkrankungsalter in aufeinander folgenden Generationen in Richtung eines früheren Beginns (»Secular Trends«)?

Alle diese Fragen sind negativ beantwortet worden. Was jedoch die Existenz »natürlicher« Untergruppen betrifft, so ergaben unsere Strukturanalysen klar erkennbare Gruppierungen, die sich bezüglich der familiären Häufung der Syndrom-Muster und bezüglich des Langzeitverlaufs unterschieden, wobei sich die Gruppierungen in sehr ähnlicher Form sowohl bei den Indexfällen als auch bei den Verwandten ersten Grades nachweisen ließen (Stassen et al. 1988; Scharfetter u. Stassen 1995; Stassen et al. 1997; Scharfetter et al. 1999). Bei dieser Untersuchung haben wir zwei unabhängige Cluster-Analysen auf der Basis der 16-dimensionalen quantitativen SSCL Syndrom-Vektoren durchgeführt, und zwar getrennt (1) für die Stichprobe der Indexfälle (alle mit der Diagnose einer schizophrenen, schizoaffektiven oder manisch-depressiven Erkrankung) und (2) die Stichprobe derjenigen 350 Verwandten ersten Grades, welche psychopathologische Merkmale in den quantitativen SSCL Syndromen zeigten, und zwar unabhängig davon, ob diese Merkmale die diagnostische Schwelle erreichten oder nicht. Dabei suchten wir nach »natürlichen« Gruppierungen, die gleichermaßen bei den Indexfällen und den Verwandten ersten Grades auftraten.

Die Analysen führten zu drei Hauptgruppen, welche in sehr ähnlicher Form in den beiden untersuchten Stichproben zu finden waren und die sich nicht mit den ursprünglichen diagnostischen Entitäten deckten. Das heißt, es fanden sich (in unterschiedlicher Zusammensetzung) Indexfälle mit der Diagnose einer schizophrenen, schizoaffektiven oder manisch-depressiven Erkrankung in allen drei Hauptgruppen. In den Abbildungen 1a und 1b ist die deutlich ins Auge springende Ähnlichkeit zwischen den Syndrom-Mustern der Indexfälle (n = 136) und der Verwandten ersten Grades (n = 116) für die größte Gruppierung dargestellt.

Die Tatsache, dass die gleichen Syndrom-Muster bei Indexfällen und Verwandten ersten Grades mittels unabhängiger Cluster-Analysen gefunden wurden, unterstreicht nicht nur die offensichtliche

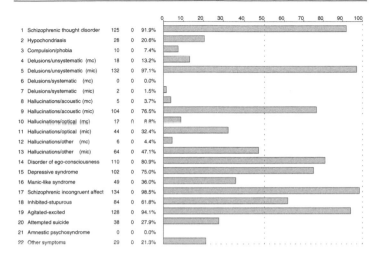

Abbildung 1a: Übereinstimmung zwischen den quantitativen Syndrom-Mustern der Indexfälle (n = 136) und der Verwandten ersten Grades (n = 116), wie sie sich als Ergebnis einer multivariaten Cluster-Analyse der SSCL Syndrome präsentiert (hier: Indexfälle).

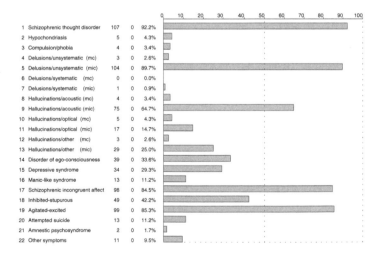

Abbildung 1b: Übereinstimmung zwischen den quantitativen Syndrom-Mustern der Indexfälle (n = 136) und der Verwandten ersten Grades (n = 116), wie sie sich als Ergebnis einer multivariaten Cluster-Analyse der SSCL Syndrome präsentiert (hier: Verwandte ersten Grades).

Brauchbarkeit, sondern auch die Leistungsfähigkeit des quantitativen Syndrom-orientierten Ansatzes. Dies ist bei genetischen Studien von großer praktischer Relevanz, wenn es um die Erfassung intrafamiliärer Ähnlichkeiten von psychopathologischen Mustern geht, die in einer Vielzahl von Fällen die diagnostische Schwelle nicht erreichen und damit in den eigentlichen genetischen Analysen unberücksichtigt bleiben. Aus den obigen Ergebnissen lässt sich zudem schließen, dass der Syndrom-orientierte Ansatz tatsächlich eine hohe Auflösung bezüglich der komplexen Phänotypen im Bereich psychischer Erkrankungen besitzt und dass sich die daraus abgeleiteten quantitativen Größen direkt mit den quantitativen Größen der Geno-Ebene korrelieren lassen.

Hinweise auf gemeinsame neurobiologische Basis?

In den letzten Jahren hat eine ganze Reihe von Untersuchungen substanzielle Hinweise dafür geliefert, dass das Gen, das für den a7-Nikotinrezeptor codiert, eine Rolle in der Pathogenese schizophrener Erkrankungen spielen könnte und möglicherweise eine Erklärung dafür liefert, warum sich unter den Patienten mit der Diagnose einer schizophrenen Erkrankung fast dreimal so viele schwere Raucher finden wie in der Normalbevölkerung (Leonard et al. 1998, 2001; DeLeon et al. 2002; Lyons et al. 2002; Poirier et al. 2002; Simosky et al. 2002; Fergusson et al. 2003; Freedman et al. 2003; Gault et al. 2003; Tsoh et al. 2003; Vanable et al. 2003; Audrain-McGovern et al. 2004; DeLuca et al. 2004; Etter et al. 2004; Faraone et al. 2004; Ripoll et al. 2004). Um dieser Frage nachzugehen, haben wir vor einiger Zeit eine Studie an 129 gesunden Kontrollpersonen und 127 Patienten mit der Diagnose einer schizophrenen, schizoaffektiven oder manisch-depressiven Erkrankung durchgeführt. Ziel war es, (1) die mögliche Assoziation zwischen schizophrenen Erkrankungen und dem a7-Nikotinrezeptor zu verifizieren, (2) die diagnostische Spezifität des a7-Nikotinrezeptors hinsichtlich psychiatrischer Diagnosen zu überprüfen und (3) mögliche Unterschiede des a7-Nikotinrezeptors zwischen Rauchern und Nichtrauchern unter den gesunden Kontrollpersonen aufzudecken. Unsere Analysen basierten auf den beiden Dinucleotid-Polymorphismen D15S1360 und L76630, die in dem gleichen genomischen Abschnitt auf Chromosom 15 lokalisiert sind, wo sich das a7-Nikotinrezeptor Gen CHRNA7 befindet. Es ergaben sich hochsignifikante Unterschiede ($p < 0.0001$) zwischen den Allel-Verteilungen der Patienten und der gesunden Kontrollpersonen. Interessanterweise trugen alle drei diagnostischen Gruppen zu diesen Unterschieden bei. Eine zweite unabhängige Stichprobe mit 24 Patienten replizierte diese Befunde.

Unsere Ergebnisse deuteten auf eine diagnose-unspezifische, a7-bezogene Vulnerabilität für funktionelle Psychosen hin, wobei diese Vulnerabiliät zudem vom Schweregrad der Erkrankung (erfasst durch die quantitativen Syndrome des SSCL 16) abhing, jedoch keinerlei Zusammenhang mit den diagnostischen Entitäten erkennen ließ. Die postulierte Vulnerabilität war am niedrigsten bei den Patienten mit der Diagnose einer schizophrenen Erkrankung, von mittlerer Ausprägung bei den Patienten mit der Diagnose einer manisch-depressiven Erkrankung und am höchsten bei den Patienten mit der Diagnose einer schizoaffektiven Erkrankung (Tab. 1. u. 2).

Tabelle 1: Allel-Verteilungen der Marker D15S1360 und L76630 bei Patienten mit einer schizophrenen, manisch-depressiven oder schizoaffektiven Erkrankung im Vergleich zu gesunden Kontrollen.

	N	D15S1360		L76630	
		112 bp	116 bp	174 bp	172 bp
Gesunde Kontrollen	129	22.0 %	27.6 %	26.6 %	18.0 %
Schizophrene	50	34.3 %	16.7 %	30.2 %	16.7 %
Bipolare	48	41.7 %	17.7 %	35.1 %	10.6 %
Schizoaffektive	29	51.8 %	7.1 %	42.6 %	0.0 %

Bei den gesunden Kontrollpersonen fanden wir keinen Zusammenhang zwischen a7-Nikotinrezeptor und Tabakkonsum. Mit andere Worten, wir fanden keinen Hinweis darauf, dass die Unterschiede zwischen Patienten und Kontrollpersonen in erster Linie auf eine genetische Prädisposition zum Tabakkonsum zurückzuführen seien. Mit großer Wahrscheinlichkeit sind die beobachteten Unterschiede also mehr als eine reine Raucher-Nichtraucher-Unterscheidung (Stassen et al. 2000).

Tabelle 2: Allel-Verteilung des Dinucleotid-Polymorphismus D15S1360 im Vergleich zwischen Patienten und gesunden Kontrollpersonen, wie auch zwischen diagnostische Untergruppen

| | Fragmentgrößen des Dinucleotids D15S1360 | | | | | |
	108bp	110bp	112bp	114bp	116bp	118bp
Kontrollen	1/0.4%	0	56/22.0%	122/48.0%	70/27.6%	5/2.0%
Patienten	0	4/1.6%	104/40.9%	104/40.9%	38/15.0%	4/1.6%
Patienten (repl)	0	0	7/15.9%	26/59.1%	11/25.0%	0
Schizophrene	0	1/1.0%	35/34.3%	46/45.1%	17/16.7%	3/2.9%
Bipolare	0	3/3.1%	40/41.7%	35/36.5%	17/17.7%	1/1.0%
Schizoaffektive	0	0	29/51.8%	23/41.1%	4/7.1%	0
Raucher	0	0	15/25.0%	24/40.0%	20/33.3%	1/1.7%
Nichtraucher	1/0.6%	0	38/21.1%	90/50.0%	47/26.1%	4/2.2%

Was den Schweregrad der Erkrankung betrifft, so fanden wir eine signifikante Korrelation ($p < 0.001$) zwischen dem Genotyp und der Gesamtpsychopathologie, wie sie durch hohe, gemeinsam auftretende Syndromwerte des SSCL-16 zum Ausdruck kommt. In einem weiteren Schritt hatten wir die beiden untersuchten Polymorphismen zu einem 2-dimensionalen Genotyp zusammengefasst und einer multiplen Diskriminanzanalyse unterworfen. Es zeigte sich, dass Patienten und Kontrollen im genetischen Raum ein Kontinuum bildeten, wobei sich erkrankte und nicht erkrankte Individuen durch eine »Linie« ganz passabel trennen ließen. Die gefundene Trennung lag bei 62 % korrekt klassifizierten Kontrollpersonen und 69 % korrekt klassifizierten Patienten (Stassen et al. 2000). Diese Resultate legen nahe, dass die von uns verwendeten quantitativen, Syndrom-orientierten Messgrößen eine biologische Komponente besitzen, die nicht nur eine externe Validierung des methodischen Ansatzes ermöglicht, sondern auch eine Schätzung des Anteils derjenigen phänotypischen Varianz erlaubt, der durch eine vorgegebene Konfiguration von genotypischen Größen erklärt wird.

■ Ethnizitätsunabhängige Vulnerabilität

Eine Vielzahl epidemiologischer Studien hat für sehr unterschiedliche Ethnizitäten weltweit sehr ähnliche Populationsprävalenzen
für schizophrene, schizoaffektive und manisch-depressive Erkrankungen (bipolar-I) ergeben, die zudem von sozialen Verhältnissen
und politischen Systemen praktisch unabhängig waren. Diese Fakten haben letztlich zu der Hypothese geführt, dass es sich bei den
funktionellen Psychosen um evolutionär sehr alte Krankheiten
handelt, die in jeder Population unserer Erde gleichermaßen
präsent sind. Um diese Hypothese mittels quantitativer Methoden
zu überprüfen, haben wir eine molekulargenetische Studie auf der
Basis einer ethnisch diversen Population von afroamerikanische
und nicht afroamerikanische Familien durchgeführt. Die Familien
waren durch Indexfälle mit einer schizophrenen, schizoaffektiven
oder manisch-depressiven Diagnose rekrutiert worden (NIMH
Human Genetics Initiative: 77 Kernfamilien; 396 genotypisierte
Personen; 10 cM Genome Scan mit 430 Marker Loci) (Stassen et
al. 2004a). Unser quantitativer Ansatz zur Erfassung der »Ethnizität« und von Unterschieden zwischen »Ethnizitäten« wertet die
genotypischen Unterschiede zwischen Individuen mit Hilfe einer
genetischen Ähnlichkeitsfunktion aus. Hierzu verwenden wir 20-
dimensionale »Merkmalsvektoren«, die aus den Allel-Kombinatio-
nen von 20 polymorphen, unkorrelierten Markern aufgebaut sind
(»Ethnicity Markers«). Die *genetische Ähnlichkeit* zwischen Verwandten ersten Grades ist dann »0.5«, zwischen Verwandten zweiten Grades »0.25« und zwischen nichtverwandten Personen der
gleichen Ethnizität höher als diejenige zwischen nichtverwandten
Personen aus verschiedenen Ethnizitäten. Mittels dieser genetischen Ähnlichkeitsfunktion ist es insbesondere auch möglich, eine
ethnisch diverse Population in genetisch homogenere Untergruppen so aufzuteilen, dass in einem passend konstruierten genetischen »Vektorraum« genetisch ähnliche Individuen näher zueinander positioniert sind und zur gleichen Untergruppe gehören,
während genetisch weniger ähnliche Individuen verschiedenen
Untergruppen angehören (Stassen et al. 2003a). Die Möglichkeit
der Unterteilung einer genetisch diversen Population in genetisch
homogene Untergruppen führte somit auf sehr natürliche Weise

zum quantitativen Konzept der »biologischen« Ethnizität und zur
Lösung des Problems der »genomic control« in genetischen Assoziationsstudien (Slatkin 1995; Zhivotovsky u. Feldman 1995; Jorde
et al. 1997; Pritchard u. Rosenberg 1999; Devlin et al. 2001; Scharfetter et al. 2004).

Nach Etablierung des Konzepts der »biologischen« Ethnizität
haben wir uns mit der Frage der Abhängigkeit genomischer Polymorphismen von der jeweiligen Ethnizität befasst. Detaillierte
Analysen der Allel-Variabilität an den von uns untersuchten 430
genomischen Loci ergaben signifikante Unterschiede bezüglich
der beobachteten mittleren Anzahl von Allelkombinationen zwischen den afroamerikanischen Familien (Mittelwert 4.82 ± 5.29;
n = 141 nichtverwandte Personen) und den nicht afroamerikanischen Familien (Mittelwert 5.89 ±5.67; n = 111 nichtverwandte
Personen). Die um etwa 20 % höhere genetische Diversität unter
den nicht afroamerikanischen Familien (vgl. Collins-Schramm et
al. 2002) unterstreicht die Bedeutung der USA als »Schmelztiegel«
der Nationen. Keine solchen Unterschiede ergaben sich bei der
Analyse unserer genetisch homogeneren schweizerdeutschen Kon-
trollpopulation (n = 256) (Stassen et al. 1999b).

Angesichts der genetischen Unterschiede zwischen der afroamerikanischen und der nicht afroamerikanischen Stichprobe er-
staunt es nicht weiter, dass diese beiden Populationen mittels Dis-
kriminanzanalysen auf der Basis genetischer Merkmalsvektoren
voneinander getrennt werden konnten (bei einer Trennschärfe von
> 70 % mit 20 Polymorphismen), während diese Trennung zwi-
schen der nicht afroamerikanischen Stichprobe und den schweizerdeutschen Kontrollen weit weniger gut gelang. Die erfolgreiche
diskriminanzanalytische Trennung zwischen der afroamerikanischen und der nicht afroamerikanischen Population unterstrich
die Brauchbarkeit der beiden Stichproben für den Nachweis ethnizitätsunabhängiger Vulnerabilitätsfaktoren.

In einem nächsten Schritt sind wir dann die Frage der ethnizitätsunabhängigen Vulnerabilität für schizophrene, schizoaffektive
und manisch-depressive Erkrankungen methodisch so angegangen, dass wir die afroamerikanischen Familien als Lernstichprobe
verwendet haben, während die genetisch verschiedenen nicht afroamerikanischen Familien als unabhängige Teststichprobe diente.

Wir suchten dabei nach einer Konfiguration von genomischen Vulnerabilitäts-Loci, für welche in einer genügend großen Zahl von Geschwisterpaaren die genetische Ähnlichkeit zwischen erkrankten Geschwistern vom Erwartungswert »0.5« abwich. In diesem Zusammenhang geht man von der Annahme aus, dass beim Vorliegen einer genetischen Prädisposition die genetische Ähnlichkeit zwischen erkrankten Geschwistern größer ist als der erwartete Wert von »0.5«, wenn die zur Berechnung der genetischen Ähnlichkeit herangezogene Konfiguration genomischer Loci mindestens einen Marker enthält, der genügend nahe an einem zur Vulnerabilität beitragenden Gen liegt. *Mit anderen Worten, man erwartet, dass erkrankte Geschwister gleiche Allele an einem Vulnerabilitäts-Locus besitzen.* Der für solche Auswertungen erforderliche Referenzwert »0.5« kann dabei aus der genetischen Eltern-Kind Ähnlichkeit bestimmt werden, welche immer den Wert »0.5« hat, unabhängig vom Erkrankungsstatus der Eltern und der Kinder.

Die genetische Ähnlichkeitsfunktion, die in unserem neu entwickelten multivariaten Suchalgorithmus zum Einsatz kam, wurde speziell konstruiert, um die interindividuelle genetische Ähnlichkeit $d(x_i, x_j)$ zwischen den Allel-Mustern x_i, x_j zweier Personen i, j für eine vorgegebenen Anzahl »n« (n $\pounds$ 35) genomischer Loci $l_1, l_2, .. l_n$ simultan auszuwerten. Bei der Suche ergab sich eine Konfiguration von 12 Vulnerabilitäts-Loci (lokalisiert auf den Chromosomen 1, 4, 5, 6, 13, 14, 18 und 20), die wir in beiden Stichproben fanden. Dieses Ergebnis stützte nicht nur die Existenz einer ethnizitätsunabhängigen, oligogenen Vulnerabilität funktioneller Psychosen, sondern lieferte auch Hinweise auf mögliche universelle pharmakologische Ansatzpunkte.

Die erhöhte Vulnerabilität schien jedoch *Diagnose-unspezifisch* zu sein und sich vor allem dahingehend auszuwirken, dass exogene Faktoren eine größere Chancen haben, den Ausbruch funktioneller Psychosen, oder psychiatrischer Störungen ganz allgemein, zu triggern. Diese Interpretation der Ergebnisse stützt sich auf die Tatsache ab, dass mehrere der durch die Studie identifizierten genomischen Regionen bereits früher mit anderen psychiatrischen und somatischen Erkrankungen in Verbindung gebracht worden sind, so zum Beispiel mit Alkoholabhängigkeit (Stassen et al.

2004b) oder Psoriasis vulgaris. Letzteres Ergebnis ist speziell interessant vor dem Hintergrund von Berichten anderer Autoren über eine Verbindung zwischen schizophrenen Erkrankungen und Psoriasis vulgaris (Miyaoka et al. 2000) wie auch über eine Olanzepine-induzierte (Ascari-Raccagni et al. 2000; Latini u. Carducci 2003), SSRI-induzierte (Gupta u. Guptat 2001) und Alkohol-induzierte (Wolf et al. 1999) Psoriasis. Alles in allem ergab unsere Studie deutliche Hinweise auf die Existenz ethnizitätsunabhängiger Vulnerabilitätsfaktoren bei funktionellen Psychosen. Der relativ bescheidene Anteil von etwas mehr als 20 % erklärter phänotypischer Varianz machte jedoch auch klar, dass noch viele andere Faktoren genetischer und nichtgenetischer Natur in der Pathogenese psychischer Erkrankungen eine Rolle spielen müssen.

Medikamentöse Behandlung mit Antidepressiva

Trotz Jahrzehnten intensiver Forschung und einer Fülle neu entwickelter antidepressiv wirkender Substanzen ist es bis heute nicht möglich vorauszusagen, ob ein bestimmter Patient auf die Behandlung mit einem bestimmten Präparat ansprechen wird. Auch führt bei wiederholten Erkrankungen eines Patienten das gleiche Präparat nicht notwendigerweise erneut zum Erfolg. Diese unbefriedigende Situation ist in erster Linie darauf zurückzuführen, dass die Pathophysiologie affektiver Erkrankungen nach wie vor unbekannt ist und dass die Wirkungsmechanismen, die bei den unterschiedlichen Klassen von Antidepressiva letztlich zur Zurückbildung der Symptome beitragen, höchstens ansatzweise verstanden sind.

Besonders irritierend sind die Ergebnisse von Analysen des »mittleren« Verlaufs der Besserung unter psychopharmakologischen Therapien, die insgesamt recht bescheidene Wirkungsunterschiede zwischen aktiven Substanzen und Placebo zeigen. Tatsächlich erreichen die Vorteile aktiver Substanzen über Placebo in den meisten publizierten Studien kaum einmal die 20 %-Marke, wenn man den Anteil der Patienten betrachtet, bei denen eine Therapieresponse induziert wird. Mehr noch, in kontrollierten Studien spricht ein ziemlich großer Anteil von Patienten (40 bis 50 %) nicht oder nur teilweise auf die Behandlung an, während direkte Vergleiche zwischen aktiven Substanzen und Placebo suggerieren, dass nur ein relativ kleiner Teil der Patienten (15 bis 25 %) von der Behandlung mit Antidepressiva tatsächlich profitiert, insbesondere bei milden Formen, während die Verhältnisse bei schweren Fällen günstiger sind (Stassen et al. 1994).

So ergaben beispielsweise kürzlich durchgeführte Analysen mit Daten der amerikanischen FDA aus 52 Doppelblindstudien und insgesamt 10.030 Patienten in weniger als der Hälfte der Studien einen statistisch signifikanten Unterschied zwischen den aktiven Substanzen und Placebo. Die mittlere Symptomreduktion war 47,9 % unter den Prüfsubstanzen, 47,5 % unter den aktiven Vergleichssubstanzen und 35,5 % unter Placebo (Khan et al. 2001a, 2002). Ähnlich ist die Situation mit Neuroleptika, wo Analysen der FDA Daten von 10.118 psychotischen Patienten, die entweder mit neuen Antipsychotika (n = 7.630), etablierten Antipsychotika (n = 1.851) oder Placebo (n = 637) behandelt wurden, ergaben, dass die mittlere Änderung in der Symptomatik (z. B. gemessen durch BPRS-Summenwerte) nach sechswöchiger Behandlung nur 17,3 % oder weniger betrug (Khan et al. 2001b).

Befasst man sich eingehender mit der Wirkung von Antidepressiva, so stellt man überrascht fest, dass Präparate mit sehr unterschiedlichen biochemischen und pharmakologischen Eigenschaften sehr ähnliche Wirkungsprofile aufweisen. Trizyklika (TCAs), Monoaminooxidase-Hemmer (MAOIs), selektive Serotonin-Wiederaufnahme-Hemmer (SSRIs), Serotonin-Noradrenalin-Wiederaufnahme-Hemmer (SNRIs) und noradrenerg-spezifisch-serotonerge Antidepressiva (NaSSAs) unterscheiden sich nur marginal in Bezug auf den prozentualen Anteil der Patienten, bei denen ein therapeutischer Effekt induziert wird, oder in Bezug auf den Zeitpunkt, an dem ein statistisch signifikanter Unterschied zu Placebo-behandelten Patienten auftritt. Die Wirksamkeitsunterschiede zwischen Antidepressiva und Placebo sind bei milden Depressionen sogar meist nicht nachweisbar. Große Unterschiede existieren jedoch bezüglich vorzeitiger Therapieabbrüche, Toxizität und Nebenwirkungen.

Unsere Untersuchungen zum zeitlichen Verlauf der Besserung

unter Psychopharmaka (Stassen u. Angst 1998; Stassen et al.
1998a, 1998b; Angst 1999; Stassen et al. 1999a; Angst u. Stassen
2001; Stassen u. Angst 2002; Stassen et al. 2003b; Szegedi et al.
2003a, 2003b) umfassten 3.045 Patienten, die mit Antidepressiva,
Antipsychotika oder Placebo behandelt wurden. In diesen Untersuchungen fanden wir, dass *wirksame Psychopharmaka nicht direkt
einzelne Symptome zurückbilden, sondern Bedingungen erzeugen
und aufrechterhalten, die für eine Besserung notwendig sind.* Der
Zeitpunkt des Eintritts der Besserung (Schätzwert für den Zeitpunkt des »Wirkungseintritts«), wurde definiert durch eine 20 %
Abnahme des HAMD[2] oder PANSS[3] Ausgangswertes und stellte
sich als angenähert normalverteilt heraus, mit einem Mittelwert/
Median um den Tag 12 unter allen Substanzen. Diese empirisch
gefundene, leicht linksschiefe Normalverteilung machte deutlich,
dass der Zeitpunkt des Eintritts der Besserung bei der Mehrzahl
der Patienten um den Tag 12 erfolgt, individuell aber sehr verschieden ist, und dass es Patienten mit einem sehr frühen oder einem sehr späten Wirkungseintritt gibt. Unterschiede in der Wirksamkeit zwischen aktiven Substanzen, wie auch zwischen aktiven
Substanzen und Placebo, ergaben sich nur für *den Anteil der Patienten, bei denen eine Besserung oder eine Therapieresponse beobachtet wurde. Der zeitliche Verlauf der Besserung hingegen erwies sich,
wenn er einmal angestoßen und in Gang gekommen war, unter allen
aktiven Substanzen und Placebo als praktisch identisch,* und zwar
unabhängig vom Geschlecht der Patienten.

Die obigen Ergebnisse legten den Schluss nahe, dass Patienten
möglicherweise eine biologische Prädisposition besitzen, die den
zeitlichen Verlauf der Besserung unter Antidepressiva und Antipsychotika beeinflusst, nicht aber das Ansprechen auf eine bestimmte Substanz oder ein bestimmtes Medikament. Die Wirkung
der derzeit erhältlichen Antidepressiva und Antipsychotika scheint
daher zu einem wesentlichen Teil durch eine hinsichtlich Psychopharmaka unspezifischen »Remissions-genetischen« Komponente
bestimmt zu sein, welche weitgehend unabhängig von diagnostischen Entitäten ist. Tatsächlich scheinen Psychopharmaka zu ei-

---

2 Hamilton Depression Scale (Hamilton 1960).
3 Positive and Negative Syndrome Scale (Kay et al. 1987).

nem gewissen Grad »polyvalent« zu sein, und zwar in dem Sinne, dass sie eine therapeutische Response unter recht verschiedenen klinischen Indikationen induzieren können. Beispielsweise wirken Antidepressiva auch bei Angsterkrankungen, und Neuroleptika werden erfolgreich bei der Behandlung von manisch-depressiven Erkrankungen eingesetzt.

Wenn wirksame Psychopharmaka nicht direkt einzelne Symptome zurückbilden, sondern Diagnose-übergreifende Bedingungen erzeugen und aufrechterhalten, die für eine Besserung notwendig sind, und wenn der zeitliche Verlauf der Besserung unter allen Psychopharmaka sehr ähnlich ist, dann sollten die betroffenen Patienten eine biologische, vermutlich genetisch determinierte Prädisposition besitzen, welche die Zeitcharakteristika der Remission zu einem größeren Teil bestimmt. Die von uns gefundenen, angenähert normalverteilten Zeitpunkte des Eintritts der Besserung unter den verschiedensten Psychopharmaka suggerieren die Existenz einer genetischen Basis, die diesen Normalverteilungen zugrunde liegt. Andererseits erscheint es eher unwahrscheinlich zu sein, dass ein einzelnes Gen die Verteilung dieser Zeiten kontrolliert. Wir haben deshalb ein oligogenes Modell entwickelt, das eine Konfiguration von Genen mit signifikanten Interaktionen zwischen den Genen vorsieht, wobei keines der beteiligten Gene für sich genommen, notwendig oder hinreichend für die Entwicklung des Phänotyps zu sein braucht. Im Einzelnen beinhaltet unser Modell, dass Response unter Psychopharmaka zu einem größeren Teil durch eine »Remissions-genetische« Komponente bestimmt ist, die den zeitlichen Verlauf der Besserung kontrolliert, von der pharmakologisch wirksamen Substanz unabhängig ist, Ethnizitäts-unabhängig ist – man findet die gleichen Verläuf und Response-Raten in verschiedenen Ethnizitäten – und von sehr unterschiedlichen exogenen und endogenen Faktoren getriggert werden kann. Eine kleinere, Ethnizitäts-abhängige »pharmako-genetische« Komponente ist dagegen für die interindividuellen Unterschiede in Dosierung und Nebenwirkungen verantwortlich. Dieses Modell erweitert konventionelle pharmakologische Hypothesen, die Response auf Psychopharmaka auf einzelne, für jede Substanz spezifische Gene zurückführen (vgl. Brockmoller et al. 2002; Baumann et al. 2004; Correll u. Malhotra 2004; Grasmader et al. 2004; Kirchheiner et al. 2004).

Um Leistungsfähigkeit und biologische Relevanz des »Remissions-genetischen« Modells in Bezug auf Wirkungseintritt und Wirkungsmechanismen von Psychopharmaka zu überprüfen, haben
wir eine molekulargenetische Pilotstudie durchgeführt mit (1) 105
mit Antidepressiva behandelte Patienten mit der Diagnose einer
»Major Depressive Disorder« (Lernstichprobe) und (2) 152 mit
Neuroleptika behandelte Patienten mit der Diagnose einer funktionellen Psychose (Teststichprobe). Bei der systematischen Suche
nach genomischen Loci, die mit der Verteilung der Zeit bis zum
Wirkungseintritt korreliert sind, fanden wir in der »depressiven«
Lernstichprobe eine oligogene Konfiguration von 23 Genen – aus
einem Pool von 72 Kandidatengenen mit a-priori-Evidenz aus Untersuchungen anderer Autoren –, die eine maximale Korrelation
mit dem quantitativen Phänotyp »Eintritt der Besserung« zeigte.
Mit Tag 14 als Grenze zwischen »früher« und »später« Besserung
war es in dem von den 23 Genen aufgespannten Vektorraum
(Stassen et al. 2003a) bei einer Sicherheit von > 75 % korrekt klassifizierten Patienten möglich, zwischen Patienten mit »früher«
Besserung, »später« Besserung und keiner Besserung zu unterscheiden. Keiner der genomischen Loci, für sich allein genommen,
erwies sich als notwendig oder hinreichend für die Entwicklung
des untersuchten Phänotyps, denn der Ausschluss jedes einzelnen
Locus aus der Konfiguration änderte die Klassifikation der Patienten praktisch nicht, sondern reduzierte lediglich die Stärke der
Korrelation zwischen Genotyp und Phänotyp.

Die gleiche Konfiguration von 23 genomischen Loci ergab für die
»psychotische« Teststichprobe ebenfalls eine signifikante Korrelation mit den individuellen Zeiten bis zum Eintritt der Besserung. Die
Rate der hinsichtlich früher und später Besserung korrekt klassifizierten Patienten unter Neuroleptika war nur geringfügig schlechter
als diejenige unter Antidepressiva: 70 % total, 58,7 % bei den nicht
gebesserten, 85,4 % bei den früh gebesserten und 65,9 % bei den
spät gebesserten Patienten. Der mit Abstand interessanteste Befund
war jedoch, dass es eine gewisse *Überlappung* zwischen den genomischen Loci derjenigen Gene gab, die zur *Remissions-genetischen
Komponente* unter Psychopharmaka beitrugen und jener genomischen Regionen, die in früheren Studien mit *Vulnerabilitätsfaktoren
funktioneller Psychosen* in Verbindung gebracht wurden.

Konsequenzen

Was ist die Bedeutung dieser Befunde hinsichtlich der Genetik affektiver Störungen? Zunächst einmal ist festzuhalten, dass alle bisherigen Familien und Assoziationsstudien zeigen, dass »Genetik« bestenfalls die Hälfte der beobachteten phänotypischen Varianz erklären kann. Es erscheint deshalb angebracht, die Genetik affektiver Störungen im Sinne einer Vulnerabilität zu konzeptualisieren und sich nicht auf den traditionellen genetischen Ansatz »krank machender« Allele einzelner Gene abzustützen. Das ist umso wichtiger, als die beobachteten Verteilungen affektiver Störungen innerhalb von Familien deutlich machen, dass genetische Prädisposition keine hinreichende Bedingung für die Entwicklung des Phänotyps ist. Aufgrund der sehr unterschiedlichen Verteilungen von Syndrom-Mustern innerhalb von Familien kann man zudem mit großer Wahrscheinlichkeit unterschiedliche genetische Prädispositionen annehmen, die zur Entwicklung des gleichen Phänotyps führen. Dazu kommen spontane Erkrankungen (»Phänokopien«), bei denen genetische Prädisposition keine oder nur eine untergeordnete Rolle spielt.

Kommen wir zum Phänotyp, der von der traditionellen Genetik mit Hilfe klinischer Diagnosen definiert wird. Zweifelsohne liegt die Stärke der modernen diagnostischen Systeme der Psychiatrie (z. B. ICD-10, DSM-IV) in der Nosologie, das heißt, hier ist auf sehr systematische Weise jenes Wissen zusammengetragen worden, das zur Beschreibung und Differenzierung der komplexen Phänomene erforderlich ist, die sich als psychische Störungen manifestieren. Trotzdem ist bis heute jeder Versuch einer externen Validierung der diagnostischen Systeme der Psychiatrie mittels »objektiver« Methoden erfolglos geblieben. Darüber hinaus bieten diese Systeme dem Kliniker keine verlässlichen Anhaltspunkte hinsichtlich Therapie und Prognose im Einzelfall. Wenn es beispielsweise um die Vorhersage des Behandlungserfolges unter Psychopharmaka geht, stehen ausschließlich statistische Informationen zur Verfügung, so dass es derzeit nicht möglich ist, vorauszusagen, ob und wann ein bestimmter Patient auf eine bestimmte Therapie ansprechen wird. Dies ist zwar in erster Linie darauf zurückzuführen, dass die Pathophysiologie affektiver Störungen – beziehungsweise psychischer Erkrankungen ganz allgemein – nicht oder nur sehr rudimentär bekannt ist. Andererseits stellen affektive Störungen und die damit verknüpften Diagnosen sicherlich jedoch keine Entitäten bezüglich ihrer Ätiologie dar. Weiterhin ist zu beachten, dass affektive Symptome und Symptomkomplexe (»Syndrome«) oftmals in Kombination mit anderen psychischen Syndromen auftreten, man sie also nicht isoliert betrachten sollte. So gibt es bei schizophrenen Erkrankungen fast immer auch eine affektive Komponente, die zwar von akuten produktiven Symptomen vollständig überdeckt werden kann, die aber deutlich erkennbar wird, sobald die akute Symptomatik nicht mehr im Vordergrund steht.

Spezielle methodische Probleme für genetische Studien entstehen aus der Variabilität der genetischen Komponente affektiver Störungen. Diese genetische Komponente erklärt zwischen 10 % und höchstens 60 % der beobachteten Varianz, je nach Schweregrad der Erkrankung, wobei »Schweregrad« definiert wird durch (1) die Anzahl und die Ausprägung der gemeinsam auftretenden Syndrome, (2) das Ersterkrankungsalter, das in schweren Fällen früher liegt als in milden, und (3) einen prodromalen Beginn und residuale Symptome im weiteren Verlauf. Ein weiteres Problem für genetische Studien sind milde Formen der Erkrankung, die zu einem wesentlichen Teil von exogenen Faktoren bestimmt und durch diese getriggert werden (genetische Komponente 10 bis 20 %). Sie sind ubiqitär und viel häufiger als die schwereren Formen, von diesen nicht immer abgrenzbar, und ebenfalls familiär gehäuft.

Die Bestimmung der intrafamiliären Verteilung von Symptomen und Symptomkomplexen ist mittels diagnostischem Ansatz nicht verlässlich durchführbar, da heißt oft willkürlich und schlecht reproduzierbar, insbesondere dann, wenn solche Merkmale zwar präsent sind, die diagnostische Schwelle aber nur knapp erreichen. Die Bestimmung der intrafamiliären Verteilungen affektiver Symptome und Symptomkomplexe ist aber eine wesentliche Voraussetzung für Untersuchungen zum Erbgang einer affektiven Störung wie auch für Kopplungsanalysen zur Detektion genetischer Faktoren. In unseren Studien zur Genetik psychischer Erkrankungen und zur Response unter Psychopharmaka haben wir deshalb einen multidimensionalen, quantitativen Ansatz zur

Erfassung der Psychopathologie und zur Phänotypdefinition verwendet, um den Informationsverlust der diagnostischen Ja-Nein-Klassifizierung zu vermeiden, und um das Problem der ätiologischen Heterogenität anzugehen.

Dieser Syndrom-orientierte Ansatz konnte durch eine große Familienstudie dahingehend validiert werden, dass identische Untergruppen sowohl in der Population der schwer erkrankten Indexfälle wie auch in der Population der Verwandten ersten Grades gefunden wurden, deren Symptomkomplexe nicht notwendigerweise die diagnostische Schwelle erreichten. Da sich die gefundenen Untergruppen gegeneinander aufgrund der Unterschiede in den Syndrom-Mustern abgrenzen ließen, diese Muster bei Indexfällen und Verwandten ersten Grades aber einen hohen Grad an Übereinstimmung zeigten, lag der Schluss nahe, dass die verwendeten Syndrome im Sinne von elementaren Grundbausteinen zur verlässlichen, Diagnose-übergreifenden Phänotyp-Definition herangezogen werden können. Im Gegensatz zum diagnostischen Ja-Nein-Modell wirken sich im Syndrom-orientierten Ansatz Fehleinschätzungen in der Ausprägung einzelner Symptome nicht gravierend aus. Das Verfahren besitzt also auch eine gute Robustheit bei Routineanwendungen im klinischen Alltag. Die Ergebnisse unserer Familienstudie haben zur Hypothese geführt, dass sich die genetisch bedingte Vulnerabilität psychischer Störungen in den elementaren Grundelementen der Psychopathologie, den Syndromen, manifestiert.

Unsere molekulargenetische Pilotstudie zur Rolle des a7-Nikotinrezeptors in der Pathogenese psychischer Störungen hat nicht nur die Bedeutung der Syndrome als eng mit der Genetik verknüpfte Grundbausteine der Psychopathologie bestätigt, sondern auch ihre Leistungsfähigkeit im Zusammenhang mit Untersuchungen von Phänotyp-Genotyp-Assoziationen unterstrichen. Die Ergebnisse der Studie legen zudem den Schluss nahe, dass psychische Störungen ein multidimensionales Kontinuum bilden, dessen Unterteilung in klinische oder phänotypische Untergruppen eher quantitativer als qualitativer Art ist. Die mit den Syndromen verknüpfte genetische Prädisposition ist ebenfalls quantitativer Natur und wegen der Existenz sporadischer Fälle weder hinreichend noch notwendig für die Entwicklung des Phänotyps oder

für das Ausbrechen der Krankheit im engeren Sinne. Es ist daher
angemessener, von genetisch bedingter Vulnerabilität zu sprechen
als von genetischer Prädisposition.

Die genetisch bedingte Vulnerabilität scheint zumindest bei den
funktionellen Psychosen zu einem größeren Teil ethnizitätsunab-
hängig zu sein, wie unsere molekulargenetischen Untersuchungen
an einer ethnisch diversen Population gezeigt haben. Genetische
Vulnerabilitätsfaktoren stellen somit einen universellen Ansatzpunkt für therapeutische Interventionen dar. Eine Einschätzung,
die durch die Resultate unserer klinischen und molekulargenetischen Studien zur Therapie-Response unter Psychopharmaka klar
gestützt wird, insbesondere auch durch die offensichtliche Überlappung zwischen genetischen Vulnerabilitätsfaktoren und genetischen Faktoren, die den Verlauf der Besserung unter Antidepressiva und Neuroleptika beeinflussen. Zusammenfassend kommt man
zu dem Schluss, dass es sich bei affektiven Störungen, und bei psychischen Störungen ganz allgemein, um komplexe Erkrankungen
mit großen interindividuellen Unterschieden hinsichtlich Form
und Ausprägung handelt, um Erkrankungen, deren Entwicklung
und Verlauf durch eine Vielzahl genetischer und nichtgenetischer
Faktoren beeinflusst wird.

Die genetische Analyse komplexer Erkrankungen, bei denen
multiple genetische und nichtgenetische Faktoren eine Rolle spielen, stellt aber nach wie vor ein weitgehend ungelöstes methodi-
sches Problem dar (Burghes et al. 2001). Tatsächlich erlauben die
standardmäßigen Phänotyp-zu-Genotyp-Suchstrategien die Lo-
kalisierung von Genen, die für Merkmale codieren, die direkt auf
wenige genetische Hauptfaktoren zurückgehen. Solche Suchstrate-
gien haben sich aber als wenig erfolgreich erwiesen, wenn es um
den genetischen Hintergrund komplexer Erkrankungen geht.
Wenn also (1) die Beiträge einzelner Loci zur Pathogenese einer
Erkrankung klein sind, (2) die einzelnen Loci für sich allein genommen weder notwendig noch hinreichend für die Entwicklung
der Erkrankung sind, (3) signifikante Interaktionen zwischen den
Loci bestehen und (4) unterschiedliche Entwicklungen des Phänotyps in ethnisch heterogenen Populationen existieren, dann ist der
Nachweis von Genen mittels standardmäßiger Phänotyp-zu-Genotyp-Suchstrategien sehr schwierig oder sogar unmöglich. Uner-

kannte Populations-Stratifizierungen, wie sie für Europäische und US-amerikanische Studien typisch sind, können zudem die statistische Power von Phänotyp-zu-Genotyp-Suchstrategien wesentlich reduzieren (Hoffmann et al. 2000).

Für komplexe Erkrankungen können Genotyp-zu-Phänotyp Strategien, wie sie durch quantitative, Syndrome-orientierte Ansätze in Kombination mit oligogenen Modellen und unter Einbezug von Interaktionen zwischen Genen möglich sind, erfolgreicher sein. Solche Strategien werten multidimensionale »Merkmalsvektoren« eines genetischen Vektorraums mittels quantitativer Verfahren aus und bestimmen die genetische Ähnlichkeit zwischen Populationen, innerhalb von Population und innerhalb von Familien. Die Analyse der genetischen Ähnlichkeiten innerhalb einer Population erlaubt die Zerlegung einer ethnisch heterogenen Population in genetisch homogene Untergruppen und, damit direkt verbunden, die Unterscheidung zwischen ethnizitätsabhängigen und ethnizitätsunabhängigen Faktoren (»biologische Ethnizität«). Die Analyse der genetischen Ähnlichkeiten innerhalb von Familien ermöglicht dagegen den Nachweis signifikanter Abweichungen von den Erwartungswerten in erkrankten Geschwisterpaaren.

Hat man einmal ein quantitatives oligogenes Modell identifiziert, so lassen sich künftig die genotypischen Größen direkt mit dem multidimensionalen quantitativen Phänotyp, wie er sich aus den Syndromen ergibt, korrelieren. Darüber hinaus ist es beim Genotyp-zu-Phänotyp-Ansatz selbstverständlich auch möglich, die quantitativen genotypischen Größen mit den individuellen Charakteristiken der Patienten hinsichtlich exogener Faktoren, wie Lebensstil, Konsumgewohnheiten und anderen Umwelteinflüssen, in Verbindung setzen und den hierdurch erklärten Varianzanteil zu schätzen (Stassen et al. 1999b; Stassen et al. 2003a).

■ Acknowledgements

Dieser Artikel fasst Ergebnisse früherer Studien zusammen und präsentiert mehr als 20 Jahre Forschung auf dem Gebiet der psychiatrischen Genetik und der genetischen Epidemiologie an der

Psychiatrischen Universitätsklinik Zürich. Insbesondere wurden bei der Darstellung unseres quantitativen Syndrom-orientierten Ansatzes zur Phänotyp-Definition auch auf bereits publizierte Studien zurückgegriffen, die aus Mitteln des Schweizerischen Nationalfonds finanziert wurden (Projekt-Nummern 32-39195.93, 32-42171.94, 32-42542.94, 32-46782.96, 32-61578.00, 31-63769.00 und 32B0-103669).

Part of the data were provided by the NIMH Human Genetics Initiative, with genotypes having been cleaned according to Zurich standards. The NIMH data and biomaterials were collected in three projects that participated in the National Institute of Mental Health (NIMH) Schizophrenia Genetics Initiative. From 1991-97, the Principal Investigators and Co-Investigators were: Harvard University, Boston, MA, U01 MH46318, Ming T. Tsuang, M.D., Ph.D., D.Sc., Stephen Faraone, Ph.D., and John Pepple, Ph.D.; Washington University, St. Louis, MO, U01 MH46276, C. Robert Cloninger, M.D., Theodore Reich, M.D., and Dragan Svrakic, M.D.; Columbia University, New York, NY U01 MH46289, Charles Kaufmann, M.D., Dolores Malaspina, M.D., and Jill Harkavy Friedman, Ph.D. The chromosomal locations were taken from extended versions of the deCODE and Ensembl maps.

■ Literatur

Angst, J. (1999): Major depression in 1998. Are we providing optimal therapy? J. Clin. Psychiatry 60 (Suppl. 6): 5–9.

Angst, J.; Stassen, H. H. (2001): Do antidepressants really take several weeks to show effect? In: Leonard, B. E. (Hg.): Antidepressants. Basel, S. 21–30.

Angst, J.; Scharfetter, C.; Stassen, H. H.; Winokur, G. (1988): SADS Syndrome Checklists SSCL-16 and Suppl, Psychiatric University Hospital Zurich. Online im Internet: URL: http://www.bli.unizh.ch/BLI/Subhome/frboegen.html.

Ascari-Raccagni, A.; Baldari, U.; Rossi, E.; Alessandrini, F. (2000): Exacerbation of chronic large plaque psoriasis associated with Olanzepine therapy. J. Eur. Acad. Dermatol. Venereol. 14: 315–316.

Audrain-McGovern, J.; Lerman, C.; Wileyto, E. P. et al. (2004): Interacting effects of genetic predisposition and depression on adolescent smoking progression. Am. J. Psychiatry 161: 1224–1230.

Badner, J. A.; Gershon, E. S. (2002): Meta-analysis of whole-genome linkage scans of bipolar disorder and schizophrenia. Mol. Psychiatry 7: 405–411.

Bailer, U.; Leisch, F.; Meszaros, K. et al. (2000): Genome scan for susceptibility loci for schizophrenia. Neuropsychobiology 42: 175–182.

Bailer, U.; Leisch, F.; Meszaros, K. et al. (2002): Genome scan for susceptibility loci for schizophrenia and bipolar disorder. Biol. Psychiatry 52: 40–52.

Baumann, P.; Hiemke, C.; Ulrich, S. et al. (2004): Therapeutic monitoring of psychotropic drugs. An outline of the AGNP-TDM expert group consensus guideline. Ther. Drug Monit. 26: 167–170.

Berrettini, W. H. (2000): Are schizophrenic and bipolar disorders related? A review of family and molecular studies. Biol. Psychiatry 48: 531–528.

Berrettini, W. H. (2004): Bipolar disorder and schizophrenia. Convergent molecular data. Neuromolecular Med. 5: 109–117.

Blazer, D. G.; Kessler, R. C.; McGonagle, K. A.; Swartz, M. S. (1994): The prevalence and distribution of major depression in a national community sample The National Comorbidity Survey. Psychiatry 151: 979–986.

Boyd, J. H.; Burke, J. D. Jr.; Gruenberg, E. et al. (1984): Exclusion criteria of DSM-III. A study of co-occurrence of hierarchy-free syndromes. Arch. Gen. Psychiatry 41: 983–989.

Brockmoller, J.; Kirchheiner, J.; Schmider, J. et al. (2002): The impact of the CYP2D6 polymorphism on haloperidol pharmacokinetics and on the outcome of haloperidol treatment. Clin. Pharmacol. Ther. 72: 438–452.

Brzustowicz, L. M.; Honer, W. G.; Chow, E. W. et al. (1999): Linkage of familial schizophrenia to chromosome 13q32. Am. J. Hum. Genet. 65: 1096–1103.

Brzustowicz, L. M.; Hodgkinson, K. A.; Chow, E. W. et al. (2000): Location of a major susceptibility locus for familial schizophrenia on chromosome 1q21–q22. Science 288: 678–682.

Bukstein, O. G.; Brent, D. A.; Kaminer, Y. (1989): Comorbidity of substance abuse and other psychiatric disorders in adolescents. Am. J. Psychiatry 146: 1131–1141.

Burghes, A. H.; Vaessin, H. E.; Chapelle, A. de la (2001): The land between Mendelian and multifactorial inheritance. Science 293: 2213–2214.

Cadoret, R. J. (1978): Evidence for genetic inheritance of primary affective disorder in adoptees. Am. J. Psychiatry 135: 463–466.

Cadoret, R. J.; O'Gorman, T. W.; Heywood, E.; Troughton, E. (1985): Genetic and environmental factors in major depression. J. Affect Disord. 9: 155–164.

Cichon, S.; Schmidt-Wolf, G.; Schumacher, J. et al. (2001): A possible susceptibility locus for bipolar affective disorder in chromosomal region 10q25–q26. Mol. Psychiatry 6: 342–349.

Collins-Schramm, H. E.; Kittles, R. A.; Operario, D. J. et al. (2002): Markers that discriminate between European and African ancestry show limited variation within Africa. Hum. Genet. 111: 566–569.

Correll, C. U.; Malhotra, A. K. (2004): Pharmacogenetics of antipsychotic-induced weight gain. Psychopharmacology 174: 477–489.

DeLeon, J.; Becona, E.; Gurpegui, M. et al. (2002): The association between high nicotine dependence and severe mental illness may be consistent across countries. J. Clin. Psychiatry 63: 812–816.

DeLisi, L. E.; Shaw, S. H.; Crow, T. J. et al. (2002): A genome-wide scan for linkage to chromosomal regions in 382 sibling pairs with schizophrenia or schizoaffective disorder. Am. J. Psychiatry 159: 803–812.

DeLuca, V.; Wong, A. H.; Müller, D. J. et al. (2004): Evidence of association between smoking and alpha7 nicotinic receptor subunit gene in schizophrenia patients. Neuropsychopharmacology 29: 1522–1526.

DeMilio, L. (1989): Psychiatric syndromes in adolescent substance abusers. Am. J. Psychiatry 146: 1212–1214.

Devlin, B.; Roeder, K.; Wasserman, L. (2001): Genomic control. A new approach to genetic-based association studies. Theor. Popul. Biol. 60: 155–166.

Dick, D. M.; Foroud, T.; Flury, L. et al. (2003): Genomewide linkage analyses of bipolar disorder. A new sample of 250 pedigrees from the National Institute of Mental Health Genetics Initiative. Am. J. Hum. Genet. 73: 107–114.

DSM-IV (1994): Diagnostisches und statistisches Manual psychischer Störungen. Weinheim u. a., 1996.

Endicott, J.; Spitzer, R. L. (1978): A diagnostic interview. The schedule for affective disorders and schizophrenia. Arch. Gen. Psychiatry 35: 837–844.

Etter, M.; Mohr, S.; Garin, C.; Etter, J. F. (2004): Stages of change in smokers with schizophrenia or schizoaffective disorder and in the general population. Schizophr. Bull. 30: 459–468.

Faraone, S. V.; Tsuang, M. T. (1988): Familial links between schizophrenia and other disorders. Application of the multifactorial polygenic model. Psychiatry 51: 37–47.

Faraone, S. V.; Kremen, W. S.; Lyons, M. J. et al. (1995): Diagnostic accuracy and linkage analysis. How useful are schizophrenia spectrum phenotypes? Am. J. Psychiatry 152: 1286–1290.

Faraone, S. V.; Skol, A. D.; Tsuang, D. W. et al. (2002): Linkage of chromosome 13q32 to schizophrenia in a large veterans affairs cooperative study sample. Am. J. Med. Genet. 114: 598–604.

Faraone, S. V.; Su, J.; Taylor, L. et al. (2004): A novel permutation testing method implicates sixteen nicotinic acetylcholine receptor genes as risk factors for smoking in schizophrenia families. Hum. Hered. 57: 59–68.

Fergusson, D. M.; Goodwin, R. D.; Horwood, L. J. (2003): Major depression and cigarette smoking. Results of a 21-year longitudinal study. Psychol. Med. 33: 1357–1367.

Foroud, T.; Castelluccio, P. F.; Koller, D. L. et al. (2000): Suggestive evidence of a locus on chromosome 10p using the NIMH genetics initiative bipolar affective disorder pedigrees. Am. J. Med. Genet. 96: 18–23.

Freedman, R.; Leonard, S.; Olincy, A. et al (2001a): Evidence for the multigenic inheritance of schizophrenia. Am. J. Med. Genet. 105: 794–800.

Freedman, R.; Leonard, S.; Gault, J. M. et al. (2001b): Linkage disequilibrium for schizophrenia at the chromosome 15q13–14 locus of the alpha7-nicotinic acetylcholine receptor subunit gene (CHRNA7). Am. J. Med. Genet. 105: 20–22.

Freedman, R.; Olincy, A.; Ross, R. G. et al. (2003): The genetics of sensory gating deficits in schizophrenia. Curr. Psychiatry Rep. 5: 155–161

Gault, J.; Hopkins, J.; Berger, R. et al. (2003): Comparison of polymorphisms in the alpha7 nicotinic receptor gene and its partial duplication in schizophrenic and control subjects. Am. J. Med. Genet. 123B: 39–49.

Glatt, S. J.; Faraone, S. V.; Tsuang, M. T. (2003): CAG-repeat length in exon 1 of KCNN3 does not influence risk for schizophrenia or bipolar disorder. A meta-analysis of association studies. Am. J. Med. Genet. 121B: 14–20.

Goldstein, J. M.; Faraone, S. V.; Chen, W. J.; Tsuang, M. T. (1995): Genetic heterogeneity may in part explain sex differences in the familial risk for schizophrenia. Biol. Psychiatry 38: 808–813.

Gottesman, I. I.; Shields, J. (1977): Contributions of twin studies to perspectives on schizophrenia. In: Maher, B. A. (Hg.): Contributions to the Psychopathology of Schizophrenia. New York, S. 169–266.

Gottesman, I. I.; Bertelsen, A. (1989): Confirming unexpressed genotypes for schizophrenia. Risks in the offspring of Fischer's Danish identical and fraternal discordant twins. Arch. Gen. Psychiatry 46: 867–872.

Grasmader, K.; Verwohlt, P. L.; Rietschel, M. et al. (2004): Impact of polymorphisms of cytochrome-P450 isoenzymes 2C9, 2C19 and 2D6 on plasma concentrations and clinical effects of antidepressants in a naturalistic clinical setting. Eur. J. Clin. Pharmacol. 60: 329–336.

Greenwood, T. A.; Alexander, M.; Keck, P. E. et al. (2001): Evidence for linkage disequilibrium between the dopamine transporter and bipolar disorder. Am. J. Med. Genet. 105: 145–151.

Grigoroiu-Serbanescu, M.; Martinez, M.; Nothen, M. M. et al. (1998): Patterns of parental transmission and familial aggregation models in bipolar affective disorder. Am. J. Med. Genet. 81: 397–404.

Gupta, M. A.; Guptat, A. K. (2001): The use of antidepressant drugs in dermatology. J Eur. Acad Dermatol. Venereol. 15: 512–518

Gurling, H. M.; Kalsi, G.; Brynjolfson, J. et al. (2001): Genomewide genetic linkage analysis confirms the presence of susceptibility loci for schizophrenia, on chromosomes 1q32.2, 5q33.2, and 8p21–22 and provides support for linkage to schizophrenia, on chromosomes 11q23.3–24 and 20q12.1–11.23. Am. J. Hum. Genet. 68: 661–673.

Hamilton, M. (1960): A rating scale for depression. J. Neurosurg. Psychiat. 23: 56–62.

Heston, L. L. (1966): Psychiatric disorders in foster home reared children of schizophrenic mothers. Br. J. Psychiatry 112: 819–825.

Hoffmann, K.; Stassen, H. H.; Reis, A. (2000): Genkartierung in Isolatpopulationen. Med. Genet. 12: 428–437.

Jablensky, A.; Sartorius, N.; Ernberg, G. et al. (1992): Schizophrenia. Manifestations, incidence and course in different cultures. A World Health Organization ten-country study. Psychol. Med. Monogr. (Suppl. 20): 1–97.

Jorde, L. B.; Rogers, A. R.; Bamshad, M. et al. (1997): Microsatellite diversity and the demographic history of modern humans. Proc. Natl. Acad. Sci. USA 94: 3100–3103.

Kaufmann, C. A.; Suarez, B.; Malaspina, D. et al. (1998): NIMH Genetics Initiative Millenium Schizophrenia Consortium. Linkage analysis of African-American pedigrees. Am. J. Med. Genet. 81: 282–289.

Kay, S. R.; Fiszbein, A.; Opler, L. A. (1987): The positive and negative syndrome scale (PANSS) for schizophrenia. Schiz. Bull. 13: 261–276.

Keitner, G. I.; Fodor, J.; Ryan, C. E. et al. (1991): A cross-cultural study of major depression and family functioning. Can. J. Psychiatry 36: 254–259.

Kelsoe, J. R.; Spence, M. A.; Loetscher, E. et al. (2001): A genome survey indicates a possible susceptibility locus for bipolar disorder on chromosome 22. Proc Natl Acad Sci USA 98: 585–590.

Kendler, K. S. (2003): The genetics of schizophrenia. Chromosomal deletions, attentional disturbances, and spectrum boundaries. Am. J. Psychiatry 160: 1549–1553.

Kendler, K. S.; Masterson, C. C.; Davis, K. L. (1985): Psychiatric illness in first-degree relatives of patients with paranoid psychosis, schizophrenia, and medical illness. Br. J. Psychiatry 147: 524–531.

Kessler, R. C.; McGonagle, K. A.; Zhao, S. et al. (1994): Lifetime and 12-month prevalence of DSM-III-R psychiatric disorders in the United States. Results from the National Comorbidity Survey. Arch. Gen. Psychiatry 51: 8–19.

Kety, S. S. (1988): Schizophrenic illness in the families of schizophrenic adoptees. Findings from the Danish national sample. Schiz. Bull. 14: 217–222.

Kety, S. S.; Rosenthal, D.; Wender, P. H.; Schulsinger, F. (1971): Mental illness in the biological and adoptive families of adpoted schizophrenics. Am. J. Psychiatry 128: 302–306.

Khan, A.; Khan, S. R.; Leventhal, R. M.; Brown, W. A. (2001a): Symptom reduction and suicide risk in patients treated with placebo in antidepressant clinical trials. A replication analysis of the Food and Drug Administration Database. Int. J. Neuropsychopharmacol. 4: 113–118.

Khan, A.; Khan, S. R.; Leventhal, R. M.; Brown, W. A. (2001b): Symptom reduction and suicide risk among patients treated with placebo in antipsychotic clinical trials. An analysis of the food and drug administration database. Am. J. Psychiatry 158: 1449–1454.

Khan, A.; Khan, S.; Brown, W. A. (2002): Are placebo controls necessary to test new antidepressants and anxiolytics? Int. J. Neuropsychopharmacol. 5: 193–197.

Kirchheiner, J.; Nickchen, K.; Bauer, M. et al. (2004): Pharmacogenetics of antidepressants and antipsychotics. The contribution of allelic variations to the phenotype of drug response. Mol. Psychiatry 9: 442–473.

Latini, A.; Carducci, M. (2003): Psoriasis during therapy with olanzapine. Eur. J Dermatol. 13: 404–405.

Leff, J.; Sartorius, N.; Jablensky, A. et al. (1992): The international pilot study of schizophrenia. Five-year follow-up findings. Psychol. Med. 22: 131–145.

Leonard, S.; Gault, J.; Adams, C. et al. (1998): Nicotinic receptors, smoking and schizophrenia. Restor. Neurol. Neurosci 12: 195–201.

Leonard, S.; Adler, L. E.; Benhammou, K. et al. (2001): Smoking and mental illness. Pharmacol. Biochem. Behav. 70: 561–570.

Levinson, D. F.; Mahtani, M. M.; Nancarrow, D. J. et al. (1998): Genome scan of schizophrenia. Am. J. Psychiatry 155: 741–750.

Levinson, D. F.; Holmans, P.; Straub, R. E. et al. (2000): Multicenter linkage study of schizophrenia candidate regions on chromosomes 5q, 6q, 10p, and 13q. Schizophrenia linkage collaborative group III. Am. J. Hum. Genet. 67: 652–663.

Lewis, C. M.; Levinson, D. F.; Wise, L. H. et al. (2003): Genome scan meta-analysis of schizophrenia and bipolar disorder, part II: Schizophrenia. Am. J. Hum. Genet. 73: 34–48.

Lichtermann, D.; Karbe, E.; Maier, W. (2000): The genetic epidemiology of schizophrenia and of schizophrenia spectrum disorders. Eur. Arch. Psychiatry Clin. Neurosci. 250: 304–310.

Loftus, J.; DeLisi, L. E.; Crow, T. J. (1998): Familial associations of subsyndromes of psychosis in affected sibling pairs with schizophrenia and schizoaffective disorder. Psychiatry Res. 80: 101–111.

Lyons, M. J.; Bar, J. L.; Kremen, W. S. et al. (2002): Nicotine and familial vulnerability to schizophrenia. A discordant twin study. J. Abnorm. Psychol. 111: 687–693.

Maier, W.; Lichtermann, D.; Miges, J. et al. (1993): Continuity and discontinuity of affective disorders and schizophrenia. Arch. Gen. Psychiatry 50: 871–883.

Maier, W.; Rietschel, M.; Lichtermann, D.; Wildenauer, D. B. (1999): Family and genetic studies on the relationship of schizophrenia to affective disorders. Eur. Arch. Psychiatry Clin. Neurosci 249 (Suppl. 4.): 57–61.

Maier, W.; Zobel, A.; Rietschel, M. (2003): Genetics of schizophrenia and affective disorders. Pharmacopsychiatry 36 (Suppl. 3): S195–S202.

Maziade, M.; Roy, M. A.; Martinez, M. et al. (1995): Negative, psychoticism, and disorganized dimensions in patients with familial schizophrenia or bipolar disorder: continuity and discontinuity between the major psychoses. Am. J. Psychiatry 152: 1458–1463.

Maziade, M.; Roy, M. A.; Rouillard, E. et al. (2001): A search for specific and common susceptibility loci for schizophrenia and bipolar disorder. A linkage study in 13 target chromosomes. Mol. Psychiatry 6: 684–693.

Mendlewicz, J.; Rainer, J. D. (1977): Adoption study supporting genetic transmission in manic-depressive illness. Nature 268 (No. 5618): 327–329.

Miyaoka, T.; Seno, H.; Inagaki, T. et al. (2000): Schizophrenia associated with psoriasis vulgaris. Three case reports. Schizophr. Res. 41: 383–386.

Möller, H. J. (2003): Bipolar disorder and schizophrenia. Distinct illnesses or a continuum? J. Clin. Psychiatry 64 (Suppl. 6): 23–27.

Mowry, B. J.; Ewen, K. R.; Nancarrow, D. J. et al. (2000): Second stage of a genome scan of schizophrenia. Study of five positive regions in an expanded sample. Am. J. Med. Genet. 96: 864–869.

Murray, C. J.; Lopez, A. D. (1996): The Global Burden of Disease. A comprehensive Assessment of Mortality and Disability from Diseases, Injuries, and Risk Factors in 1990 and Projected to 2020. Boston.

Nothen, M. M.; Cichon, S.; Rohleder, H. et al. (1999): Evaluation of linkage of bipolar affective disorder to chromosome 18 in a sample of 57 German families. Mol. Psychiatry 4: 76–84.

Nurnberger, J. I.; Foroud, T. (2000): Genetics of bipolar affective disorder. Curr. Psychiatry Rep. 2: 147–157.

Nurnberger, J. I. Jr.; Foroud, T.; Flury, L. et al. (2001): Evidence for a locus on chromosome 1 that influences vulnerability to alcoholism and affective disorder. Am. J. Psychiatry 158: 718–724.

O'Donovan, M. C.; Williams, N. M.; Owen, M. J. (2003): Recent advances in the genetics of schizophrenia. Hum. Mol. Genet. 12 (Suppl. 2): R125–133.

Parker, G. (1996): On brightening up. Triggers and trajectories to recovery from depression. Br. J. Psychiatry 168: 263–264.

Paunio, T.; Ekelund, J.; Varilo, T. et al. (2001): Genome-wide scan in a nationwide study sample of schizophrenia families in Finland reveals susceptibility loci on chromosomes 2q and 5q. Hum. Mol. Genet. 10: 3037–3048.

Poirier, M. F.; Canceil, O.; Bayle, F. et al. (2002): Prevalence of smoking in psychiatric patients. Prog. Neuropsychopharmacol. Biol. Psychiatry 26: 529–537.

Pritchard, J. K.; Rosenberg, N. A. (1999): Use of unlinked genetic markers to detect population stratification in association studies. Am. J. Hum. Genet. 65: 220–228.

Pulver, A. E.; Mulle, J.; Nestadt, G. et al. (2000): Genetic heterogeneity in schizophrenia Stratification of genome scan data using co-segregating related phenotypes. Mol. Psychiatry 5: 650–653.

Rietschel, M.; Schorr, A.; Albus, M. et al. (2000): Association study of the tryptophan hydroxylase gene and bipolar affective disorder using family-based internal controls. Am. J. Med. Genet. 96: 310–311.

Ripoll, N.; Bronnec, M.; Bourin, M. (2004): Nicotinic receptors and schizophrenia. Curr Med. Res. Opin. 20: 1057–1074.

Robins, L. N.; Helzer, J. E.; Ratcliff, K. S.; Seyfried, W. (1982): Validity of the diagnostic interview schedule, version II: DSM-III diagnoses. Psychol. Med. 12: 855–870.

Scharfetter, C.; Stassen, H. H. (1995): Psychopathological concepts. Psychopathology 28 (Suppl. 1): 8–12.

Scharfetter, C.; Ernst, C.; Guggenbühl, S.; Stassen, H. H. (1999): Syndrome-oriented approaches to resolving phenotypic heterogeneity in functional psychoses. Molecular Psychiatry 4 (Suppl. 1): 27.

Scharfetter, C.; Kurz, T.; Hoffmann, K. et al. (2004): Oligogenic approaches to the predisposition of atopy in ethnically diverse populations. Analysis of a multinational sample. Neurol. Psychiat, Brain Res. 11: 27–36.

Schurhoff, F.; Szoke, A.; Meary, A. et al. (2003): Familial aggregation of delusional proneness in schizophrenia and bipolar pedigrees. Am. J. Psychiatry 160: 1313–1319.

Schwab, S. G.; Hallmayer, J.; Lerer, B. et al. (1998): Support for a chromosome 18p locus conferring susceptibility to functional psychoses in families with schizophrenia, by association and linkage analysis. Am. J. Hum. Genet. 63: 1139–1152.

Schwab, S. G.; Hallmayer, J.; Albus, M. et al. (2000): A genome-wide autosomal screen for schizophrenia susceptibility loci in 71 families with affected siblings. Support for loci on chromosome 10p and 6. Mol. Psychiatry 5: 638–649.

Segurado, R.; Detera-Wadleigh, S. D.; Levinson, D. F. et al. (2003): Genome scan meta-analysis of schizophrenia and bipolar disorder, part III: Bipolar disorder. Am. J. Hum. Genet. 73: 49–62.

Serretti, A.; Rietschel, M.; Lattuada, E. et al. (2001): Major psychoses symptomatology. Factor analysis of 2241 psychotic subjects. Eur. Arch. Psychiatry Clin. Neurosci 251:193–198.

Simosky, J. K.; Stevens, K. E.; Freedman, R. (2002): Nicotinic agonists and psychosis. Curr Drug Targets CNS Neurol. Disord 1: 149–162.

Slatkin, M. (1995): A measure of population subdivision based on microsatellite allele frequencies. Genetics 139: 457–462.

Stassen, H. H.; Angst, J. (1998): Delayed onset of action of antidepressants. Fact or fiction? CNS Drugs 9: 177–184.

Stassen, H. H.; Angst, J. (2002): Wirkung und Wirkungseintritt in der Antidepressiva-Behandlung. In: Böker, H.; Hell, D. (Hg.): Therapie der affektiven Störungen. Stuttgart u. a., S. 141–165.

Stassen, H. H.; Scharfetter, C.; Winokur, G.; Angst, J. (1988): Familial syndrome patterns in schizophrenia, schizoaffective disorder, mania, and depression. Eur. Arch. Psychiatr. Neurol. Sci 237: 115–123.

Stassen, H. H.; Angst, J.; Delini-Stula, A. (1994): Severity at baseline and onset of improvement in depression. Meta-analysis of Imipramine and Moclobemide vs Placebo. Eur. Psychiatry 9: 129–136.

Stassen, H. H.; Ragaz, M.; Reich, T. (1997): Age-of-onset or age-cohort changes in the lifetime occurrence of depression? Psychiat. Genetics 7: 27–34.

Stassen, H. H.; Angst, J.; Delini-Stula, A. (1998a): Onset of improvement under fluoxetine and moclobemide. Eur. Psychiatry 13: 128–133.

Stassen, H. H.; Kuny, S.; Hell, D. (1998b): The speech analysis approach to determining onset of improvement under antidepressants. Eur. Neuropsy-chopharmacology 8: 303–310.

Stassen, H. H.; Angst, J.; Delini-Stula, A. (1999a): Fluoxetine versus mo-clobemide: cross-comparison between the time course of improvement. Pharmacopsychiatry 32: 56–60.

Stassen, H. H.; Begleiter, H.; Porjesz, B. et al. (1999b): Structural decomposi-tion of genetic diversity in families with alcoholism. Genetic Epidemiology 17 (Suppl. 1): S325–S330.

Stassen, H. H.; Bridler, R.; Hägele, S. et al. (2000): Schizophrenia and smok-ing. Evidence for a common neurobiological basis? Am. J. Med. Genet. ics; Neuropsychiatric Genetics 96: 173–177.

Stassen, H. H.; Hoffmann, K.; Scharfetter, C. (2003a): Similarity by state/de-scent and genetic vector spaces: Analysis of a longitudinal family study. In: Almasy, L.; Amos, C. I.; Bailey-Wilson, J. E. et al. (Hg.): Genetic Analysis Workshop 13: Analysis of longitudinal family data for complex diseases and related risk factors. BMC Genet. 4: S59, 1–6.

Stassen, H. H.; Dahmen, N.; Hell, D. et al. (2003b): Genetic predisposition of antidepressant drug response. Am. J. Med. Genet. ics; Neuropsychiatric Genetics 122: 123–124.

Stassen, H. H.; Bridler, R.; Hell, D. et al. (2004a): Ethnicity-independent ge-netic basis of functional psychoses. A Genotype-to-phenotype approach. Am. J. Med. Genet. ics 124: 101–112.

Stassen, H. H.; Begleiter, H.; Beirut, L. et al. (2004b): Oligogenic approaches to the predisposition of alcohol dependence. A genome-wide search on 255 families. Neurol. Psychiat. Brain Res. 11: 13–22.

Stefansson, H.; Sigurdsson, E.; Steinthorsdottir, V. et al. (2002): Neuregulin 1 and susceptibility to schizophrenia. Am. J. Hum. Genet. 71: 877–892.

Szegedi, A.; Angst, J.; Stassen, H. H. (2003a): Time course of response to anti-depressant drug treatment. Are there gender differences? Pharmacopsychi-atry 36: 266.

Szegedi, A.; Muller, M. J.; Anghelescu, I. et al. (2003b): Early improvement un-der mirtazapine and paroxetine predicts later stable response and remis-sion with high sensitivity in patients with major depression. J. Clin. Psychi-atry 64: 413–420.

Toomey, R.; Faraone, S. V.; Simpson, J. C.; Tsuang, M. T. (1998): Negative, positive, and disorganized symptom dimensions in schizophrenia, major depression, and bipolar disorder. J. Nerv. Ment. Dis. 186: 470–476.

Tsoh, J. Y.; Lam, J. N.; Delucchi, K. L.; Hall, S. M. (2003): Smoking and depres-sion in Chinese Americans. Am. J. Med. Sci. 326: 187–191.

Vanable, P. A.; Carey, M. P.; Carey, K. B.; Maisto, S. A. (2003): Smoking among psychiatric outpatients. Relationship to substance use, diagnosis, and ill-ness severity. Psychol. Addict. Behav. 17: 259–265.

Vogt, I. R.; Shimron-Abarbanell, D.; Neidt, H. et al. (2000): Investigation of the human serotonin 6 [5-HT6] receptor gene in bipolar affective disorder and schizophrenia. Am. J. Med. Genet. 96: 217–221

Vuoristo, J. T.; Berrettini, W. H.; Overhauser, J. et al. (2000): Sequence and genomic organization of the human G-protein Golfalpha gene (GNAL) on chromosome 18p11, a susceptibility region for bipolar disorder and schizophrenia. Mol. Psychiatry 5: 495–501.

Weissman, M. M.; Leaf, P. J.; Tischler, G. L. et al. (1988): Affective disorders in five United States communities. Psychol. Med. 18: 141–153.

Wender, P. H.; Kety, S. S.; Rosenthal, D. et al. (1986): Psychiatric disorders in the biological and adoptive families of adopted individuals with affective disorders. Arch. Gen. Psychiatry 43: 923–929.

Wildenauer, D. B.; Schwab, S. G.; Maier, W.; Detera-Wadleigh, S. D. (1999): Do schizophrenia and affective disorder share susceptibility genes? Schizophr. Res. 39: 107–111.

Wing, J. K.; Bebbington, P.; Hurry, J.; Tennant, C. (1981): The prevalence in the general population of disorders familiar to psychiatrists in hospital practice. In: Wing, J. K.; Bebbington, P.; Robins, L. N. (Hg.): What is a Case? The Problem of Definition in Psychiatric Community Surveys. London.

Wolf, R.; Wolf, D.; Ruocco, V. (1999): Alcohol intake and psoriasis. Clin. Dermatol 17: 423–430.

Zubin, J.; Spring, B. (1977): Vulnerability – a new view of schizophrenia. J. Abnorm. Psychol. 86: 103–126.

Zubin, J.; Magaziner, J.; Steinhauer, S. R. (1983): The metamorphosis of schizophrenia. From chronicity to vulnerability. Psychol. Med. 13: 551–571.

Zhivotovsky, L. A.; Feldman, M. W. (1995): Microsatellite variability and genetic distances. Proc. Natl. Acad Sci USA 92: 11549–11552.

■ Vergleichende Psychotherapieforschung und laufende Studien

■ Heinz Böker

Vergleichende Psychotherapieforschung bei Depressionen

■ Die schwere Last der Depression

Depressionen sind häufige und oftmals sehr schwere psychiatrische Erkrankungen. Die exakten Zahlen hängen selbstverständlich von den angewandten diagnostischen Kriterien und der Methodik ab. Die Lebenszeitprävalenz beträgt zwischen 7 % und 18 % mit einer durchschnittlichen Prävalenz von 10,4 % (WHO-Studie; Maier et al. 1996). Derzeit leiden weltweit über 340 Millionen Menschen an depressiven Erkrankungen. Depressionen gehören zu den häufigsten psychiatrischen Erkrankungen des Erwachsenenalters, insbesondere im höheren Alter (Lepine et al. 1997). Bis zum Jahr 2020 werden Depressionen nach der ischämischen Herzerkrankung den zweiten Rang in der Reihenfolge der Erkrankungen einnehmen, die Hauptursache für schwerwiegende Beeinträchtigungen sind (»disability adjusted life years«, DALY; Murray u. Lopez 1997). Ferner sind geschlechtsspezifische Faktoren zu berücksichtigen: Frauen erkranken etwa doppelt so häufig an Depressionen wie Männer; zwei Drittel aller psychiatrisch behandelten Patienten sind Frauen (Brown u. Harris 1978).

Tabelle 1: Prävalenzrate der rezidivierenden affektiven Störung (aus Fichter et al. 1990)

Autoren	Land	Lebenzeitprävalenz (%)
Weissmann u. Myers (1978)	USA	18
Wittchen et al. (1993)	WHO	17 (4,2 schwer; 7,3 mittel; 5,6 leicht)
Lepine (1994)	F	16,4
Blazer et al. (1994)	USA	17,1
Spanner et al. (1994)	Kanada	8,6
Maier et al. (1996)	D, WHO	7–12
Angst (1997)	CH	16

Angesichts der großen Anzahl depressiv erkrankter Patienten – 5 bis 20 % aller sich in hausärztlicher Behandlung befindlichen Patienten leiden an Depressionen (Mulrow 1995) – ergibt sich ein erhebliches diagnostisches Defizit: Bei nur etwa der Hälfte der Patienten wird die Depression von den Allgemeinmedizinern richtig erkannt. Dabei ist davon auszugehen, dass nur etwa ein Drittel schwer depressiv erkrankter Patienten ärztliche Hilfe aufsuchen (Lepine et al. 1997; Tylee et al. 1999). Von diesen erhalten lediglich 12 % antidepressive Medikation (Tylee et al. 1999).

Zusammenfassend lässt sich sagen, dass sehr viele depressiv Erkrankte fehldiagnostiziert, nicht oder falsch behandelt werden. Viele von ihnen leiden oft jahrelang – nicht zuletzt wegen der gefürchteten gesellschaftlichen Stigmatisierung. Diese Situation stellt weiterhin eine große Herausforderung an die moderne Psychiatrie dar und unterstreicht die gesundheitspolitische Notwendigkeit, depressive Erkrankungen in der Öffentlichkeit zu diskutieren.

Die Suche nach der geeigneten, nachhaltigen Behandlung stellt eine weitere Herausforderung dar: Etwa die Hälfte der Patienten werden im Lauf eines Jahrs nach Remission rückfällig (APA 1993). Das Rückfallsrisiko bleibt langfristig sehr hoch (bis 80 % oder 90 %). 20 % der Erkrankten entwickeln eine chronische Depression und zeigen ein inadäquates Ansprechen auf Pharmakotherapie.

Das Nichtansprechen auf die Behandlung und die hohen Rezidivraten sind die Ursachen für eine ständige Abnahme der psychosozialen Funktionsniveaus, wobei häufig die ganze Familie betroffen wird. Diese Schwierigkeiten in der Behandlung depressiv Erkrankter erfordern den Einsatz vieler medizinischer Ressourcen

(Crown et al. 2002) und verursachen schlussendlich enorme Behandlungskosten im öffentlichen Gesundheitssystem.

▣ Die Ergebnisse der Therapieforschung bei depressiv Erkrankten

Angesichts dieser dringenden humanen, sozialen, klinisch-psychiatrischen und gesundheitspolitischen Aspekte wird anhand eines Überblicks der Ergebnisse aus älteren und neueren Therapiestudien bei depressiv Erkrankten eine Antwort auf die Frage gesucht, welche Therapie hilfreich ist.

Die Vergleichsstudie des US-amerikanischen National Institute of Mental Health (NIMH; Elkin et al. 1989; Elkin 1994) fand keine signifikanten Unterschiede zwischen verschiedenen Behandlungen, das heißt mittels Kognitiv-Behavioraler Psychotherapie (KBT), Interpersoneller Psychotherapie (IPT) und dem Antidepressivum Imipramin (AD) zusammen mit klinischem Management und Placebo (in Verbindung mit klinischem Management) bei Patienten mit leichten Depressionen. Bei an schweren Depressionen Erkrankten hingegen waren die beiden untersuchten Psychotherapieformen wirksamer als Placebo, doch weniger wirksam als Imipramin (Abbildung 1 zeigt die Interaktionen zwischen der Behandlung und der Schwere der Krankheit).

Ein anderes Ergebnis zeigte sich 18 Monate später: Im Rahmen der nachfolgenden Studie des NIMH (Shea et al. 1992) wiesen die beiden psychotherapeutischen Verfahren und Placebo (zusammen mit klinischem Management) deutlich bessere Effekte als die Pharmakomonotherapie auf (KBT, IPT, Placebo mit unterstützenden Gesprächen: 75 % ohne Rezidiv; AD: 50 %).

Thase et al. (1997) gelangten mittels ihrer »Metaanalyse« an 595 unipolar depressiven Patientinnen und Patienten aus 6 Studien zu dem Ergebnis, dass eine Kombination aus Psychotherapie und Pharmakotherapie vor allem bei an schweren Depression Erkrankten eine überlegenere Wirkung hat (siehe Abb. 2). In einer weiteren Metaanalyse von 78 kontrollierten klinischen Studien (Gloaguen et al. 1998) zeigte sich, dass Kognitiv-Behaviorale Therapie bei

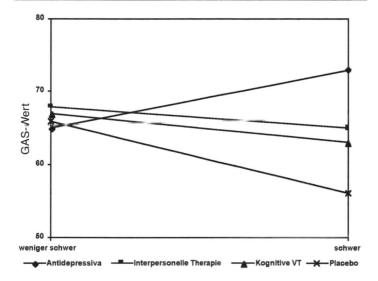

Abbildung 1: Interaktionen zwischen der Behandlung und der Schwere der Krankheit

leichten oder mittelschweren Depressionen wirksam war und dass diese Wirkungen denjenigen der Antidepressiva überlegen waren. Zudem gab es einige Hinweise darauf, dass KBT Rezidive langfristig verhindern könnte.

Tabelle 2: Ergebnisse der Therapie- und Psychotherapieforschung bei depressiv Erkrankten

- Placeboanteil der Antidepressivawirkung ca. 75 % (Enserink 1999)
- Zeitverlauf der erzielten klinischen Besserung unabhängig vom eingesetzten therapeutischen Verfahren (Antidepressiva oder Placebo, Stassen u. Angst 2002)
- Triggerfunktion der Antidepressiva
- National Institute of Mental Health (NIMH, Elkin et al. 1985, 1989):
  • Leichte bis mittelschwere Depression: Kognitive Therapie und Interpersonelle Therapie und Imipramin gleich wirksam
  • Schwere Depression: KT und ITP bedeutend wirksamer als Placebo, weniger wirksam als Antidepressivum
- NIMH-18-Monats-Katamnese (Shea et al. 1992):
  • KT und IPT langfrisig bessere Effekte (75 % Rezidive)
- Mega-Analyse (Thase et al. 1997):
  • Kombinationstherapie (PT und Antidepressiva) bei schweren Depressionen Monotherapie überlegen

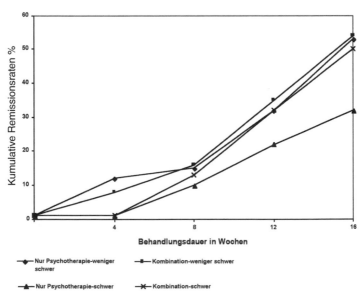

Abbildung 2: Kumulative Behandlungszeit als Funktion von Schwere der Depression und Behandlungsform (Thase et al. 1997)

Tabelle 3: Metaanalyse der Wirksamkeit Kognitiver Therapie (KT) bei depressiv Erkrankten (Gloaguen et al. 1998)

- 78 kontrollierte klinische Studien (1977–1996)
- KT signifikant besser als Warteliste, Antidepressiva (p < 0.0001) und eine Gruppe unterschiedlicher Therapien (p < 0.01)
- KT und Behaviorale Therapie waren gleich wirksam
- Ein Vergleich der Rückfallrate nach KT oder Antidepressiva·
  • Nur 29,5 % der mit KT behandelten Patienten waren rückfällig im Vergleich zu 60 % der mit Antidepressiva behandelten Patienten (1–2 Jahre/ 5 von 8 Studien)
  • Aber: Keine Unterschiede zwischen KT und Antidepressiva in der NIMH-Studie (Elkin et al. 1989; Shea et al. 1992) und in der Studie von Beck et al. (1986)
- KT zeigte sich wirksam bei Patienten mit milder oder mittelschwerer Depression, die Wirkung war jender der Antidepressiva überlegen
- KT könnte langfristig Rückfälle verhindern

Die Ergebnisse dieser Vergleichsstudien zu der Frage, ob eine Monotherapie oder eine Kombination von Antidepressiva (AD) und Kognitiv-Behavioraler Therapie (KBT) wirksamer ist, sind teilweise widersprüchlich. So war die Kombination von AD und KBT in den Studien von Thase et al. (1997) und Keller et al. (2000) effektiver; hingegen zeigten mehrere andere Studien keinen Unterschied zwischen Monotherapie mit Antidepressiva oder KBT und einer Kombinationstherapie von AD und KBT im Kurzzeittherapieverlauf (McLean 1991; Hollon et al. 1992; Hautzinger et al. 1996; Lewinsohn u. Clarke 1999).

Ergebnissen der NIMH-Studien zufolge ist die Interpersonelle Psychotherapie (IPT) eine wirksame psychotherapeutische Methode, vergleichbar der Kognitiv-Behavioralen Therapie. Zu berücksichtigen ist aber dabei, dass keine der untersuchten Therapien eine Remissionsdauer über 18 Monate erbrachte (Shea et al. 1992)!

Tabelle 4: Interpersonelle Psychotherapie (IPT) bei depressiv Erkrankten

- »IPT ist nichtspezifischen psychotherapeutischen Verfahren überlegen« (Weissmann et al. 1979)
- Major Depression: »IPT ist Placebo überlegen und etwa gleich wirksam wie pharmakologische Behandlung« (NIMH-Studie, Elkin et al. 1994)
- 18-Monate-Follow-up: Keine Methode konnte dazu beitragen, die Remission länger als 18 Monate aufrechtzuerhalten (NIMH-Studie, Shea et al. 1992)
- Kombination von IPT und AD: Niedrigere Rückfallraten als bei der Imipramin-Monotherapie (Frank et al. 1991)
- Dysthymie: Modifizierte IPT mit dem Fokus auf chronischen affektiven Symptomen war wirksamer (Markowitz 1994)
- Stationäre Behandlung: Kombination von IPT und SSRI ist vermutlich im Langzeitverlauf wirksamer als SSRI und klinisches Management (Schramm et al. 2002)

Die Wirksamkeit der Psychodynamischen Psychotherapie wurde – ebenso wie die der IPT und CBT – fast ausschließlich bei Kurzzeittherapien untersucht (siehe Tab. 5). Die Metaanalysen von Crits-Cristoph (1992), Leichsenring (2001) und Gerson et al. (1999) fanden im Gegensatz zur Studie von Grawe et al. (1994) keinen Unterschied zwischen KBT und Psychodynamischer Kurztherapie (STPP).

Tabelle 5: Psychodynamische Psychotherapie bei depressiv Erkrankten: Kurzzeittherapie (STPP)

- Gerson et al. (1999): Kognitive VT und PT gleichermassen wirksamer als Placebo
- Grawe et al. (1994): Kognitive VT wirksamer als psychodynamische Kurztherapie (STPP)
- Crits-Christoph (1992); Leichsenring (1996): Kognitive VT und Psychodynamische Kurztherapie gleich wirksam
- Leichsenring (2001): Kognitive VT und STPP gleich wirksam

Gerade auch wegen des generellen Mangels an Langzeittherapiestudien sind die Katamnesestudien von Leuzinger-Bohleber et al. (2001) und Sandell et al. (1999, 2001) umso bemerkenswerter. Die deutsche Studie der Gruppe um Leuzinger-Bohleber untersuchte eine repräsentative Stichprobe von 401 Patientinnen und Patienten, die ihre psychoanalytische Behandlung beendet hatten. Es zeigte sich, dass ca. 80 % der depressiven Untergruppe durchschnittlich 6,7 Jahre nach Beendigung der Behandlungen mit dem Behandlungserfolg zufrieden waren.

Die schwedische Studie von Sandell et al. (1999, 2001) schloss 700 mit psychoanalytischer Psychotherapie behandelte Patientinnen und Patienten ein. Die Studie ergab, dass Langzeitpsychoanalyse eine dauerhafte und zunehmende Symptomreduktion bewirkt und dass diese Wirkung nicht mit einem Kurzzeitverfahren erreicht wird (s. Tab. 6).

Brockmann et al. (2001) verglichen Psychoanalytische Psychotherapie (PPT) mit KBT: In beiden Gruppen trat eine deutliche Verbesserung ein. Es bestanden keine Unterschiede zwischen KBT und PPT bezüglich der Symptomreduktion (erhoben anhand des SCL-90-R), der interpersonellen Problematik und des psychosozialen Funktionsniveaus (GAS). Wie erwartet, unterschieden sich beide Gruppen nur bezüglich der »Auseinandersetzung mit der eigenen Biographie«.

Tabelle 6: Psychodynamische Psychotherapie bei depressiv Erkrankten: Langzeittherapie

---

– Leuzinger-Bohleber et al. (2001): 75 bis 80 % der depressiv Erkrankten waren durchschnittlich 6,7 Jahre nach Beendigung der psychoanalytischen Langzeittherapie mit dem Behandlungserfolg zufrieden
– Sandell et al. (1999, 2000): Dauerhafte und zunehmende Symptomreduktion

---

Trotz der teilweise widersprüchlichen Ergebnisse lassen sich die Therapiestudien so zusammenfassen: Die meisten empirischen Wirksamkeitsstudien bei depressiv Erkrankten zeigten keine Unterschiede zwischen Kurzzeitpsychotherapie (KBT, IPT, PPT) und Psychopharmakotherapie (AD) bei leichten bis mittelgradigen Störungen. Bei höherem Schweregrad der Depression erwiesen sich Kombinationsbehandlungen tendenziell als überlegen. Psychotherapie oder eine Kombinationsbehandlung war bei der so genannten Langzeittherapie der psychopharmakologischen Monotherapie überlegen (es ist allerdings zu beachten, dass die Nachuntersuchung schon nach 18 Monaten abgeschlossen war!). Keine der untersuchten Behandlungsmethoden war in der Lage, die Remission länger als 18 Monate aufrechtzuerhalten! Die Ergebnisse dieser Studien unterstreichen somit deutlich die Wichtigkeit der Langzeittherapie und den dringenden Bedarf an Langzeittherapiestudien bei depressiv Erkrankten.

▨ Der Zeitverlauf der klinischen Besserung bei depressiv Erkrankten

Einige weitere wichtige Aspekte depressiver Erkrankungen müssen berücksichtigt werden, um bessere und geeignetere therapeutische Verfahren sowie Therapiestudien zu entwickeln.

Die Forschungsgruppe von Stassen (Stassen et al. 1996) und Angst (Angst u. Stassen 2001) untersuchte den Zeitverlauf der klinische Besserung bei depressiv Erkrankten mittels eines komplexen statistischen Auswertungsverfahrens, einer so genannten Survival-Analyse. Der Zeitverlauf der erzielten klinischen Besserung war unabhängig vom eingesetzten therapeutischen Verfahren (Antidepressiva oder Placebo). Neueste Untersuchungen dieser Gruppe unterstrichen, dass alle pharmakologischen Behandlungsstrategien, welche die früheren Trizyklika und die modernen Serotonin-Wiederaufnahme-Hemmer einschlossen, hinsichtlich der Besserung der depressiven Symptomatik einen ähnlichen Zeitgang haben (siehe Abb. 3). Hieraus kann abgeleitet werden, dass die Antidepressiva eine Triggerfunktion haben, durch die ein therapeutischer Prozess angestossen wird, der im Wesentlichen vom neurobiologischen System selbst erbracht wird (vgl. Beitrag von Stassen et al. in diesem Band).

Der Vergleich verschiedener Behandlungsmethoden ist verknüpft mit der Frage, durch welche therapeutische Interventionen systemimmanente Prozesse angestoßen werden können, die es ermöglichen, den depressiven Zustand zu überwinden. Wahrscheinlich beruht die Wirkung der Antidepressiva nicht auf einer spezifischen kausalen Therapie des angenommenen biologischen Faktors. Aber offensichtlich sind Antidepressiva in der Lage, die negativen Wechselwirkungen somatischer, psychischer und kognitiver Faktoren in der »Sackgasse« der Depression zu modulieren

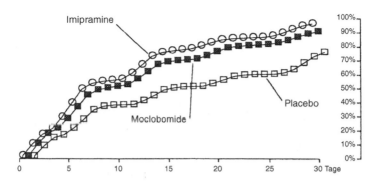

Abbildung 3: Der Zeitverlauf der klinischen Besserung bei depressiv Erkrankten

und schließlich aufzuheben. Moderne Serotonin-Wiederaufnahme-Hemmer führen zu einer Aktivierung neuronaler Interkonnektivität zwischen unterschiedlichen Hirnregionen (z. B. Mittelhirn und präfrontaler Kortex). Die Anzahl serotonerger Synapsen vermehrt sich als Grundlage der verbesserten Neurotransmission, die sich zuvor vielfach durch Dysfunktionen der HPA-Achse infolge lang anhaltenden Stresses verschlechtert hatte (vgl. Beitrag von Laux in diesem Band).

Die Normalisierung somatischer Funktionen bei depressiv Erkrankten wird aber auch durch Psychotherapie positiv beeinflusst: So stellten Aldenhoff et al. (1996) eine Normalisierung der Kalzium-Dynamik (d. h. eine Aktivierung intrazellulärer Signalfunktionen) unter Interpersoneller Therapie fest. Ferner wurden normalisierte Cortisolspiegel unter Interpersoneller Therapie gefunden. Kognitive Verhaltenstherapie trug zu einer Abnahme der Schilddrüsenhormon-Spiegel (T4) (Joffe et al. 1996) bei sowie zu einer Veränderung der Schlafarchitektur, die derjenigen unter Antidepressivamedikation entsprach (Thase et al. 1998). Die finnische Gruppe von Viinamäki et al. (1998) fand eine Normalisierung der Serotonin-Wiederaufnahme nach einjähriger Durchführung von psychodynamischer Psychotherapie (siehe Abb. 4).

- Ca-Dynamik (Aktivierung der intrazellulären Signaltransduktion; Aldenhoff et al. 1996)
- Kortisolspiegel (Aldenhoff et al. 1996)
- Schilddrüsenhormonspiegel/T-4 (Joffe et al. 1996)
- Schlafarchitektur (Thase et al. 1998)
- Serotonin-Wiederaufnahme (Viinamäki et al. 1998)

Abbildung 4: Normalisierung somatischer Funktionen bei depressiv Erkrankten mittels Psychotherapie

▦ Depressionen: Somatopsychische-psychosomatische Störungen?

Der Grund für die Wirkungen somatischer und psychotherapeutischer Interventionen besteht in der erfahrungsabhängigen Neuroplastizität des Gehirns (Wiesel 1994). Es ist inzwischen bekannt, dass psychische Traumata in einem unerwarteten Ausmaß strukturelle Veränderungen hinterlassen (Canive et al. 1997; Shin et al. 1997). Im Gegensatz dazu bewirken psychotherapeutische Interventionen eine ebenso deutliche Normalisierung dysfunktionaler neurobiologischer Aktivierungsmuster wie eine psychopharmakologische Behandlung (Baxter et al. 1992). Ferner wurden erfahrungsabhängige funktionelle und strukturelle Veränderungen der monoaminergen Systeme auch im Erwachsenengehirn festgestellt (Edwards et al. 1992; Post 1992; Kater u. Lipton 1995).

Die von Post (1992) vorgelegten Befunde unterstrichen die langfristigen, durch psychosoziale Faktoren bewirkten Veränderungen der Gen-Expression. Seine Ergebnisse trugen wesentlich zum besseren Verständnis des prozesshaften Charakters des Verlaufs affektiver Störungen bei. Gemäß seiner Hypothese werden zu

Beginn der Erkrankung depressive Phasen durch Lebensereignisse ausgelöst, während bei späteren Erkrankungen immer kleinere – von außen kaum identifizierbare – Belastungen ausreichen, um die manifeste Symptomatik hervorzurufen. Er ging davon aus, dass die Erfahrung der depressiven Episode und die damit verbundenen Veränderungen der Neurotransmitter möglicherweise Gedächtnisspuren hinterlassen, die zu weiteren Episoden prädisponieren (»episodes beget episodes«).

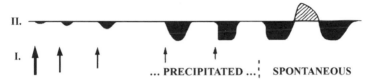

I. Stressor Sensitization (precipitant) [vulnerability, frequency]
II. Episode Sensitization (consequence) [magnitude, rapidity of onset, symptom profile, complexity]

Abbildung 5: Die Umsetzung von psychosozialem Stress in die Neurobiologie der rezidivierenden affektiven Störung (Post 1992)

Post stellte ferner die Hypothese auf, dass psychosoziale Stressoren unter bestimmten Bedingungen zu langfristigen Veränderungen der Gen-Expression führen. Die Aktivierung der Neurotransmitter induziere, so Post (1992), nachhaltige, intrazelluläre Veränderungen auf der Ebene der Gen-Transkription (Transkriptionsfaktoren, die so genannten early genes beziehungsweise Proto-Oncogene c-fos und c-jun binden an DANN-Loci und aktivieren m-RNA). Schließlich trete eine räumlich-zeitliche Kaskade von Anpassungsprozessen an den Synapsen ein, die mit kognitiven Veränderungen einhergehe. Das erkläre auch, warum der Erfolg psychotherapeutischer Interventionen entscheidend vom Stadium der Erkrankung abhängen kann.

Es wurden einige Modelle entwickelt, die versuchten, neurobiologische Befunde, entwicklungspsychologische Faktoren und klinische Beobachtungen und Ergebnisse der Psychotherapieforschung zu integrieren (siehe Aldenhoff 1997). Angesichts der großen Vielfalt biologischer und psychosozialer Faktoren kann von einer gemischten biologischen und psychosozialen Vulnerabi-

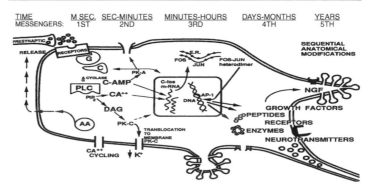

Abbildung 6: Neuronale Mechanismen kurz- und langfristiger synaptischer Veränderungen infolge c-fos-Induktion (Post 1992)

lität ausgegangen werden (siehe Abb. 7). Die Adaptation an psychosoziale und biologische Traumata könnte – vergleichbar dem »biological priming« – biologische Veränderungen auslösen, die der manifesten depressiven Symptomatik lange Zeit vorausgehen (siehe Aldenhoff 1997, 2000). Diese biologischen und klinisch latenten Veränderungen spielen möglicherweise eine Rolle bei der spezifischen Auseinandersetzung mit Lebensereignissen sowie bei der Persönlichkeitsentwicklung. Aus psychodynamischer Sicht werden affektive Störung sehr stark durch Persönlichkeitsfaktoren beeinflusst: Die depressive Persönlichkeit wird charakterisiert durch die Tendenzen zu Abhängigkeit von »dominanten Anderen« (im Sinne einer »reaktiven Identität«; vgl. Arieti u. Bemporad 1983). Diese Hypothese stimmt überein mit den neuesten Befunden der empirischen Persönlichkeitsforschung, die die Häufigkeit des ängstlichen Persönlichkeitstyps bei depressiv Erkrankten unterstreichen (Parker 2000).

Als biologische Korrelat der traumatisch induzierten »Narbe« wurden Veränderungen in der Rezeptorstruktur oder in den einzelnen Phasen der Signaltransduktion diskutiert (Aldenhoff 1997, 2000; Aldenhoff et al. 1983). Diese Veränderungen sind möglicherweise mit einem Überwiegen exzitatorischer Nervenreize beziehungsweise mit einer verminderten hemmenden Neurotransmission verbunden. In der Depression wird dieses zelluläre Modell auf eine bestimmte Weise verändert, unter antidepressiver Thera-

»frühes Trauma«
Psychisches Trauma: z. B. Deprivation, Missbrauch
Biologisches Trauma: z. B. Virusinfektion
genetisch unbekannt
↕

**Gemischt biologische und
psychosozial bedingte Vulnerabilität**
↕

Adaption »biologische Narbe«:
Änderung der Rezeptorstruktur der
»second messenger«-Kaskade
↕

Überempfindlichkeit für erregene Neurotransmitter
↕

1. Latenzphase
↕

Persönlichkeit
• »Reaktive Identität«
• »ängstlich-abhängige Züge
Aktivierung durch psychologische Mechanismen:
Reale und symbolische Verluste und weitere
Beeinträchtigung der Selbstwerthomöostase
Trauer, Rollenwechsel, Rollenkonflikt
Deprivation
»Biologische Ereignisse«: Virusinfekt, Schwanger-
schaft, Wochenbett, Operation, Unfall
↕

Fehlen einer adäquaten
emotional-kognitiven Verarbeitung
↕

2. Latenzphase
↕

**negativ-emotional kognitive Dissoziation,
Schlafstörungen, Grübeln**
»erlernte Hilflosigkeit«
↕

Psychobiologische Stressreaktion
CRH-overdrive, Kortisolanstieg, Zunahme
von β-Rezeptoren
Reduktion des Kalziumsignals
↕

Depression

Dysbalance zwischen Stressachse, serotonergem System und Wachstumsfaktor
Aktivierung des autonomen Nervensystems
Präfrontale kortikale Dysfunktion: veränderte räumlichzeitliche Muster neuronaler
Aktivität, Verstärkung des Feedforward Processing, Verminderung des Feedback
und Resonant Processing
Negative affektive Tendenz (negative affective bias)
Stimmungsabhängige Erinnerung (mood congruent recall)

Abbildung 7: Zirkulares Modell der Entwicklung depressiver Erkrankungen (modifiziertes Modell, vgl. Aldenhoff 1997)

pie (mit Antidepressiva und/oder Psychotherapie) hingegen tritt eine Normalisierung ein.[1]

Die somatischen Folgen von frühkindlicher Deprivation wurden in den vergangenen Jahren durch Tierversuche bestätigt. Die Trennung von der Mutter ohne Mutterersatz löste schwere und anhaltende Ängste aus, die mit einer Zunahme der CRH-Rezeptoren und des mRNA in vielen Hirnarealen einherging (Pihoker et al. 1993). Folglich kann angenommen werden, dass die fortgesetzte Aktivierung der HPA-Achse, der so genannten Stress-Achse, eine gesteigerte neuronale Aktivität bewirkt: Sogar niedriger Stress wird als starker Stressor verarbeitet. Ferner wird angenommen, dass eine Verminderung der Kortikoid-Rezeptoren die Folge von frühem seelischem Stress (Meany et al. 1991) sowie von somatischen Störungen (z. B. Virusinfektionen während der Embryogenese, Reul et al. 1994) sein kann.

Man kann davon ausgehen, dass neurobiologische Funktionsstörungen, die unter normalen Umständen latent sind, infolge typischer Stresssituationen aktiviert werden. Obwohl keine Symptome erkennbar sind, könnte das Individuum einen Anpassungsprozess entwickeln, der mit einer erhöhten Vulnerabilität in späteren depressiogenen Situationen einhergeht (»erste Latenzphase«, vgl. Aldenhoff 1997). Im weiteren Verlauf wird die depressive Symptomatik möglicherweise durch bestimmte interpersonelle Konstellationen (Trauer, Veränderungen und Verlust von sozialen Rollen, Rollenkonflikte, ferner auch durch Deprivation und soziale Isolation) aktiviert. Aktuelle Lebensereignisse stellen die wichtigsten Risikofaktoren für die Auslösung einer depressiven Episode dar (Kendler u. Karkowski-Shuman 1997; Kendler et al. 1997).

Angesichts der unterschiedlichen auslösenden Ereignisse (Trau-

---

1 Die intrazelluläre Kalzium-Konzentration spielt eine wichtige Rolle in der Regulierung des Gleichgewichts exzitatorischer und inhibitorischer neuraler Impulse. Freie Ca-Ionen aktivieren eine Anzahl von Faktoren der intrazellulären Signal-Transduktion. Während gesunde Personen eine signifikante Zunahme der Kalzium-Konzentration (nach Stimulation mit Phytohaemagglutinin) in mehr als der Hälfte der T-Lymphozyten zeigten, war bei depressiv Erkrankten diese Zunahme signifikant reduziert. Von großem therapeutischen Interesse ist, dass diese Kalzium-Verminderung während einer Antidepressiva-Behandlung sowie nach Interpersoneller Psychotherapie rückläufig war (Aldenhoff 2000).

er und Verlust, aber auch somatische Störungen, Infektionen, Operationen und Unfälle) muss hervorgehoben werden, dass das Selbstkonzept des Einzelnen unmittelbar involviert ist und unter gewissen Umständen in Frage gestellt wird. Aus psychodynamischer Sicht müssen die mit der Manifestation depressiver Störungen verbundenen spezifischen Konstellationen bei jedem Einzelfall beachtet werden. Reale und symbolische Verluste sowie andere Störungen der narzisstischen Homöostase sind typische Auslösemechanismen (Mentzos 1995; Böker 1999; Böker et al. 2000). Es ist anzunehmen, dass eine Zirkularität biologischer und psychosozialer Vulnerabilität zur depressiven Dekompensation und nachfolgenden kompensatorischen Reaktionen (im Sinne einer partiellen Anpassung) führt. Aufgrund mangelhafter Coping-Strategien werden chronischer Stress und akute Lebensereignisse unzureichend verarbeitet. Diese zweite Latenzphase wird durch eine Entkopplung von psychischem Prozess und somatischem Zustand gekennzeichnet (Hyperarousal, zunehmende kognitive Dysfunktion). Auf die Frage nach der möglichen Ursache würde ein Patient voraussichtlich antworten: »Es gibt keinen Grund, depressiv zu sein.«

Gleichzeitig kann eine zunehmende Dissoziation von kognitiven, vegetativen und emotionalen Funktionen festgestellt werden, zum Beispiel sind Patienten nicht mehr in der Lage, ihr grüblerisches Denken zu relativieren. Diese Unfähigkeit, die Gedanken und den eigenen Willen zu kontrollieren, sowie der veränderte physische Zustand kann – Seligman zufolge – als »angelernte Hilflosigkeit« angesehen werden. Bereits in diesem Stadium, das heißt, schon ehe die ersten depressiven Symptome erkennbar sind, lassen sich Dysfunktionen der HPA-Achse und des Cortisols feststellen (Holsboer 1983). Die ausgelöste alarmierende Stressreaktion führt in eine »Sackgasse« (siehe Gut 1989), weil die Auslösemechanismen wegen unzureichender emotional-kognitiver Verarbeitung nicht überwunden werden können. Die anhaltende Aktivierung des Systems ist mit einer so genannten CRH-Überaktivierung verbunden, die eine starke Vermehrung des Cortisols zur Folge hat. Zudem ist diese Maladaption mit einer Veränderung der zentralen Glukokortikoid-Rezeptoren verbunden (Zunahme der b-Rezeptoren, vgl. Holsboer 1989). Die down-Regulation der zentralen Glukokortikoid-Rezeptoren wird von einer Zunahme der exzitatorischen Impulse begleitet (Rupprecht et al. 1993). Auf diese Weise wird der negative Feedback-Mechanismus der Glukokortikoide eliminiert (Young et al. 1991). Diese psychobiologische Stressreaktion ist ein Charakteristikum schwerer Depression. Im weiteren Verlauf der Erkrankung entwickelt sich ein Ungleichgewicht zwischen der HPA-Achsen (Stress-Achse), dem serotonergen System und Nervenwachstumfaktoren. Die gesteigerte Sekretion des Corticotropin-Releasing-Hormons (CRH) geht mit einer Aktivierung des autonomen Nervensystems einher (Fisher et al. 1983).

Die Beziehung zwischen den kognitiven Defiziten bei Depressionen und den zugrunde liegenden Steroid-Mechanismen ist vielfach erforscht worden.[2]

Das neurophysiologische Korrelat der depressiven Kognition (z. B. die negative affektive Tendenz, die stimmungsabhängige Erinnerung) besteht in der präfrontalen kortikalen Dysfunktion. Diese geht mit veränderten räumlich-zeitlichen Mustern neuronaler Aktivität einher (Verstärkung des »feedforward processing«, Abnahme des »feedback«- und »reentrant processing« (vgl. Northoff 2002).

Die veränderte Aktivität der Stress-Achse bei Depressionen kann nicht als Ausdruck eines ubiquitären und unspezifischen pathophysiologischen Mechanismus angesehen werden, der in den meisten psychisch belastenden Situationen auftritt. So fand sich zum Beispiel bei Untersuchungen an PTSD-Patienten keine für Depressionen typische CRH-Überaktivierung, sondern im Gegenteil eine Unterdrückung der Cortisol-Reaktion (Yehuda et al. 1993). Ferner ist zu betonen, dass die beschriebene psychobiologische Stressreaktion nicht mit der Depression identisch ist. Unter günstigen Bedingungen kann es zu einer positiven Änderung und produktiven Entwicklung kommen (Gut 1989; Mentzos 1995, 2000). In dieser systemtheoretischen Sichtweise ist die klinische

---

2 CRH reduziert den Ca-modulierten Zufluss der K-Ionen, wodurch die neuronale Erregbarkeit zunimmt (Aldenhoff et al. 1983). Die Wirkung der stressinduzierten Zunahme der Steroide wird von den hippocampalen Glukokortikoid-Rezeptoren vermittelt (De Kloet et al. 1990). Wenn sie in Tieruntersuchungen eliminiert werden (mittels Antisense-RNA), treten deutliche kognitive Symptome auf (Montkowski et al. 1995). Diese kognitiven Symptome verschwinden unter antidepressiver Therapie mit einer gleichzeitigen Verbesserung der anderen depressiven Symptome.

Depression das endgültige Resultat (»Sackgasse«) einer länger andauernden depressiogenen Konstellation, verbunden mit bio-psy-
cho-sozialen circuli vitiosi.

■ Herausforderungen für die Depressionsforschung

Der Vielfalt der erwähnten Faktoren unterstreicht die Notwendigkeit einer vernetzten Zusammenarbeit, die die verschiedenen Ansätze in der Klinischen Psychiatrie, der Psychotherapie, der Neurobiologie, der Epidemiologie und nicht zuletzt der Genetik in der
Auseinandersetzung mit den dringenden Fragestellungen der Depression zusammenführt.

Mit welchen Herausforderungen wird die Depressionsforschung konfrontiert?

– Die hohe Rückfallrate, die große Anzahl von Patienten, die nicht
auf eine Behandlung ansprechen, sowie von Patienten, die an
einer chronischen Depression leiden, sind wesentliche klinische, therapeutische und gesundheitspolitische Themen.

– Die Tatsache, dass ein psychologisches Paradigma neurobiologische Veränderungen auslöst und umgekehrt, stellt eine wesentliche Herausforderung für die zukünftige Depressionsforschung dar.

– Es kann von einer Zirkularität somatischer, psychischer und sozialer Faktoren bei Depressionen ausgegangen werden.

– Es gibt Hinweise darauf, dass sowohl Antidepressiva als auch
Psychotherapien eine Trigger-Funktion für systemimmanente
Prozesse haben.

– Es besteht ein besonderer Bedarf an Langzeittherapiestudien.

– Komplementäre und alternative therapeutische Interventionen
(Pharmakotherapie, Psychotherapie) sollten evaluiert werden.

– Prädiktor-Studien auf verschiedenen Ebenen (Nosologie, Psychologie, Genetik, Epidemiologie usw.) sind notwendig und
sollten mit der Evaluierung der therapieinduzierten Änderungen (der endokrinologischen, chronobiologischen, psychophysiologischen, symptomatologischen und subjektiven Variablen)
verbunden werden.

– Die größte Herausforderung ist möglicherweise der Aufbau eines Netzwerks der Zusammenarbeit zwischen Kolleginnen und Kollegen aus verschiedenen wissenschaftlichen Richtungen, therapeutischen Schulen und Kulturen.

Die Antworten auf diese Fragen mögen zu einer Revision einiger bisher als feststehend geltenden Ansichten beitragen und werden hoffentlich zu einer breiteren Zusammenarbeit führen, die eine interdisziplinäre und sogar transdisziplinäre Depressionsforschung ermöglichen kann – zum Nutzen von depressiv Erkrankten.

■ Literatur

Aldenhoff, J. (1997): Überlegungen zur Psychobiologie der Depression. Nervenarzt 68: 379–389.

Aldenhoff, J. (2000): Biologische Veränderungen bei der Psychotherapie der Depression. Nervenarzt 50: 415–419.

Aldenhoff, J.; Gruol, D. L.; Rivier, J. et al. (1983): Corticotropin releasing factor decreases postburst hyperpolarization and excites hippocampal neurons. Science 221: 875–877.

Aldenhoff, J.; Dumais-Huber, C.; Fritzsche M. et al. (1996): Altered CA++-homeostasis in single T-lymphocytes of depressed patients. J. Psychiatr. Res. 31: 315–22.

Angst, J.; Stassen, H. H. (2001): Do antidepressants really take several weeks to show effect? In: Leonard, B. E. (Hg.): Antidepressants. Basel, S. 21–30.

APA (American Psychiatric Association) (1993): Practice guideline for major depression disorder in adults. Am. J. Psychiatry 150: 1–26.

Arieti, S.; Bemporad, J. (1983): Depression. Krankheitsbild, Entstehung, Dynamik und psychotherapeutische Behandlung. Stuttgart.

Baxter, L. R.; Schwartz, J. M.; Bergmann, K. S.; Szuba, M. B. (1992): Caudate glucose metabolic rate changes with both drug and behavior therapy for obsessive-compulsive disorder. Arch. Gen. Psychiatry 49: 681–689.

Beck, A. T.; Rush, A. J.; Shaw, E. F.; Emery, G. (1986): Kognitive Therapie der Depression. München.

Böker, H. (1999): Selbstbild und Objektbeziehungen bei Depressionen. Untersuchungen mit der Repertory Grid-Technik und dem Giessen-Test an 139 Patienten mit depressiven Erkrankungen. Monographien aus dem Gesamtgebiete der Psychiatrie. Darmstadt.

Böker, H.; Hell, D.; Budischewski, K. et al. (2000): Personality and object relations in patients with affective disorders. Ideographic research by means of the repertory grid-technique. J. Affect. Disord. 60: 53–60.

Brockmann, J.; Schlüter, T.; Eckert, J. (2001): Die Frankfurt-Hamburg Lang-zeit-Psychotherapiestudie – Ergebnisse der Untersuchung psychoanaly-tisch orientierter und verhaltenstherapeutischer Langzeitpsychotherapien in der Praxis niedergelassener Psychotherapeuten. In: Stuhr, U.; Leuzinger-Bohleber, M.; Beutel, M.: Langzeit-Psychotherapie. Stuttgart, S. 271–276.

Brown, G. W.; Harris, T. (1978): Social Origin of Depression. A Study of Psy-chiatric Disorders in Women. London.

Canive, J. M.; Levine, J. D.; Orrison, W. jr et al. (1997): MRI reveals gross structural abnormalities in PTSD. Ann, NY Acad, Sci. 821: 512–515.

Crits-Christoph, P. (1992): The efficacy of brief dynamic psychotherapy. A meta-analysis. Am. J. Psychiatry 149: 151–158.

Crown, W. H.; Finkelstein, S.; Berndt, E. L. et al. (2002): The impact of treat-ment-resistant depression on health care utilization and costs. J. Clin. Psy-chiatry 63: 963–971.

De Kloet, E. R.; Reul, H. M.; Sutano, W. (1990): Corticosteroids and the brain. J. Steroid. Biochem. Mol. Biol. 37: 387–394.

Edwards, E.; Kornrich, W.; Houtten, P. V.; Henn, F. A. (1992): Presynaptic se-rotonin mechanisms in rats subjected to inescapable shock. Neuropharma-cology 31: 323–330.

Elkin, I. (1994): The NIMH treatment of Depression Collaborative Research Program. Where we began and where we are. In: Bergin, A. E.; Garfield, S. L. (Hg.): Handbook of Psychotherapy and Behavior Change. New York, S. 114–139.

Elkin, I.; Parloff, M. B.; Hadley, S. W.; Autry, J. H. (1985): NIMH Treatment of Depression Collaborative Research Program. Background and research plan. Arch. Gen. Psychiatry 42 (3): 305–316.

Elkin, I.; Shea, T.; Watkins, J. T. et al. (1989): National Institute of Mental Health Treatment of Depression Collaborative Research Program. General effectiveness of treatment. Arch. Gen. Psychiatry 46: 971–982.

Enserink, M. (1999): Can the placebo be the cure? Science 9 (284): 409–410.

Fichter, M.; Meller, I.; Witzke, W.; Weyerer, S. et al. (1990): Verlauf psychischer Erkrankungen in der Bevölkerung. Berlin u. a.

Fisher, L. A.; Jessen, G.; Brown, M. R. (1983): Corticotrophin-releasing factor (CFR). Mechanism to elevate mean arterial pressure and heart rate. Regul. Pept. 5: 153–161.

Frank, E.; Kupfer, D. J.; Wagner, E. F.; McEachran, A. B.; Cornes, C. (1991): Ef-ficacy of interpersonal psychotherapy as a maintenance of recurrent de-pression. Contributing factors. Arch. Gen. Psychiatry 48: 1053–1059.

Gerson, S.; Belin, T. R.; Kaufman, A. et al. (1999): Pharmacological and psy-chological treatments for depressed older patients. A meta-analysis and overview of recent findings. Har. Rev. Psychiatry 7: 1–28.

Gloaguen, V.; Cottraux, J.; Cucherat, M.; Blackburn, I.-M. (1998): A meta-analysis of the effects of cognitive therapy in depressed patients. J. Affect. Disord. 49: 59–72.

Grawe, K.; Donati, R.; Bernauer, F. (1994): Psychotherapie im Wandel. Von der Konfession zur Profession. Göttingen.

Gut, E. (1989): Productive and Unproductive Depression. London.

Hautzinger, M.; de Jong-Meyer, R.; Treiber, R. et al. (1996): Wirksamkeit kognitiver Verhaltenstherapie, Pharmakotherapie und deren Kombination bei nicht-endogenen, unipolaren Depressionen. Z. Klin. Psychol. 25: 130–145.

Hollon, S. D.; DeRubeis, R. J.; Evans, M. D. et al. (1992): Cognitive therapy and pharmacotherapy for depression. Singly and in Combination. Arch. Gen. Psychiatry 49: 774–781.

Holsboer, F. (1983): Prediction of clinical course by dexamenthasone suppresion test response in depressed patients – physiological and clinical construct validity of the DST. Pharmacopsychiatry 16: 186–191.

Holsboer, F. (1989): Psychiatric imiplications of altered limbic-hypothalamic-pituetary-adrenocortical activity. Eur. Arch. Psychiatry Neursci. 238: 302–322.

Joffe, R.; Segal, Z.; Singer, W. (1996): Change in thyroid hormone levels following response to cognitive therapy for major depression. Am. J. Psychiatry 153: 411–413.

Kater, S. B.; Lipton, S. A. (1995): Neurotransmitter regulation of neuronal outgrowth plasticity and survival in the year 2001. Trends Neurol. Sci. 18: 71–72.

Keller, M. B.; McCullogh, J. P.; Klein, D. N. et al. (2000): A comparison of nefazodone, the cognitive behavioral-analysis system of psychotherapy, and their combination for the treatment of chronic depression. N. Engl. J. Med. 342: 1462–1470.

Kendler, K. S.; Karkowski-Shuman, L. (1997): Stressful life events and genetic liability to major depression: genetic control of exposure to the environment? Psychological Medicine 27: 539–547.

Kendler, K. S.; Walters, E. E.; Kessler, R. C. (1997): The prediction of length of major depression episodes. Results from an epidemiological sample of female twins. Psychological Medicine 27: 107–117.

Leichsenring, F. (2001): Comparative effects of short-term psychodynamic psychotherapy and cognitive-behavioral therapy in depression. A meta-analytic approach. Clin. Psychol. Rev. 21: 401–419.

Lepine, J. P.; Caspar, M.; Mendlewitz, J.; Tylee, A. (1997): Depression in the community. The first pan-European study DEPRES (Depression Research in the European society). Int. Clin. Psychopharmacol. 12: 19–29.

Leuzinger-Bohleber, M.; Stuhr, U.; Rüger, B.; Beutel, M. (2001): Langzeitwirkungen von Psychoanalysen und Psychotherapien. Eine multiperspektivische, repräsentative Katamnesestudie. Psyche – Z. Psychoanal. 55: 193–276.

Lewinsohn, P. M.; Clarke, G. N. (1999): Psychosocial treatments for adolescent depression. Clin. Psychol. Rev. 19: 329–342.

Maier, W.; Linden, M.; Sartorius, N. (1996): Psychische Erkrankungen in der Allgemeinpraxis. Deutsches Ärzteblatt 93: 1202–1206.

Markowitz, J. C. (1994): Psychotherapy of dysthymia. Am. J. Psychiat. 151: 1114–1121.

McLean, P. D. (1991): Treatment choices in unipolar depression: What are the key ingredients? Vortrag, 21. Tagung der European Association for Behavior Therapy, Oslo.

Meany, M. J.; Aitken, D. H.; Bhatnagar, S.; Sapolsky, R. M. (1991): Postnatal handling attenuates certain neuroendocrine, anatomical, and cognitive dysfunctions associated with aging in female rats. Neurobiol. Aging 12: 31–38.

Mentzos, S. (1995): Depression und Manie. Psychodynamik und Psychotherapie affektiver Störungen. Göttingen.

Mentzos, S. (2000): Die »endogenen« Psychosen als die Psychosomatosen des Gehirns. In: Müller, T.; Matejek, N. (Hg.): Ethiopathogenese psychotischer Erkrankungen. Forum der Psychoanalytischen Psychosentherapie, Bd. 3. Göttingen, S. 13–33.

Montkowski, A.; Barden, N.; Motjak, N. et al. (1995): Long-term antidepressant treatment reduces behavioral deficits in transgenic mice impaired glucocorticoid receptor function. J Neuroendocrinol. 7: 841–845.

Mulrow, L. D. (1995): Case-finding instruments for depression in primary care settings. Ann. Intern. Med. 122: 913–921.

Murray, C. J. L.; Lopez, A. D. (1997): Alternative protections of mortality and disability by cause 1990–2020: Global burden of disease study. Lancet 349: 1498–1504.

Northoff, G. (2002): Präfrontale kortikale Funktion und Depression: Benötigen wir eine «physiologisch orientierte Psychotherapie«? In: Böker, H.; Hell, D. (Hg.): Therapie der affektiven Störungen. Psychosoziale und neurobiologische Perspektiven. Stuttgart u. a., S. 117–139.

Parker, G. (2000): Classifying depression: should paradigms lost be regained? Am. J. Psychiatry 157: 1204–1211.

Pihoker, C.; Owens, M. J.; Kuhn, C. M. et al. (1993): Maternal separation in neonatal rat elicits activation of the hypothalamic-pituitary-adrenocortical axis. A putative role for corticotrophin-releasing factor. Psychoneuroendocrinology 18: 485–493.

Post, R.M. (1992): Transduction of psychosocial stress in to the neurobiology of recurrent affective disorder. Am. J. Psychiatry 149: 999–1010.

Reul, J. M. H.; Stec, I.; Wiegers, J. G. et al. (1994): Prenatal immune challenge alters the hypothalamic-pituitary-adrenocortical axis in adult rats. J. Clin. Invest. 93: 2600–2607.

Rupprecht, R.; Reul, J. M.; Trapp, T. et al. (1993): Progesterone receptor-mediated effects of neuroactive steroids. Neuron 11: 523–530.

Sandell, R.; Blomberg, J.; Lazar, A. (1999): Wiederholte Langzeitkatamnesen von Langzeit-Psychotherapien und Psychoanalysen. Z. Psychosom. Med. Psychother. 45: 43–56.

Sandell, R.; Blomberg, J.; Lazar, A. et al. (2001): Unterschiedliche Langzeitergebnisse von Psychoanalysen und Langzeitpsychotherapien. Aus der Forschung des Stockholmer Psychoanalyse- und Psychotherapieprojektes. Psyche – Z. Psychoanal. 55: 278–310.

Schramm, E.; Dykierek, L.; van Calker, D. (2002): Interpersonelle Psychotherapie der Depression. In: Böker, H.; Hell, D. (Hg.): Therapie der affektiven Störungen. Psychosoziale und neurobiologische Perspektiven. Stuttgart u. New York, S. 274–294.

Shea, M. T.; Elkin, I.; Imber, S. D. et al. (1992): Course of depressive symptoms over follow-up. Findings from the NIMH treatment of depression collaborative research program. Arch. Gen. Psychiatry 49: 782–787.

Shin, L. M.; McNaly, R. J.; Kosslyn, S. M. et al. (1997): A positron emission thomographic study of symptom provocation in PTSD. Annals of the New York Academy of Sciences 821: 521–523.

Stassen, H.; Angst, J.; Delini-Stula, A. (1996): Delayed onset of action of antidepressant drugs? Survey of recent results. Psychopharmacology 29: 87–96.

Stassen, H.; Angst, J. (2002): Wirkung und Wirkungseintritt in der Antidepressiva-Behandlung. In: Böker, H.; Hell, D. (Hg.): Therapie der affektiven Störungen. Psychosoziale und neurobiologische Perspektiven. Stuttgart u. New York, S. 117–139.

Thase, M. E.; Greenhouse, J. B.; Frank, E. et al. (1997): Treatment of major depression with psychotherapy or psychotherapy-pharmacotherapy combinations. Arch. Gen. Psychiatry 54: 1009–1015.

Thase, M. E.; Fasiczka, A. L.; Berman, S. R. (1998): Electroencephalographic sleep profiles before and after cognitive behavior therapy of depression. Arch. Gen. Psychiatry 55: 138–144.

Tylee, A.; Capsar, M.; Lepine, J.-P.; Mendlewitz, Y. (1999): Depres II (Depression Research in European society II). A patient survey of the symptoms, disability and current management of depression in the community. International Clinical Psychopharmacology 14: 139–151.

Viinamäki, H.; Kuikka, J.; Tiihonen, J.; Lehtonen, J. (1998): Change in monoamine transporter density related to clinical recovery. A case-control study. Nordic J. Psychiatry 52: 39–44.

Weissmann, M. M.; Prusoff, B. A.; Dimascio, A.; Neu, C.; Goklaney, M.; Klerman, G. L. (1979): The efficacy of drugs and psychotherapy in the treatment of acute depressive episodes. Am. J. Psychiatry 136: 555–558.

Wiesel, T. N. (1994): Genetics and behaviour. Science 264: 16–47.

Yehuda, R.; Giller, B.; Mason, J. W. (1993): Psychoneuroendocrine assessment of posttraumatic stress disorder: current progress and new directions. Prog. Neuropsychopharmacol. Biol. Psychiatry 17: 541–550.

Young, E. A.; Haskett, R. F.; Murphy-Weinberg, V. et al. (1991): Loss of glucocorticoid fast feedback in depression. Arch. Gen. Psychiatry 48: 693–699.

Stephan Hau

Auf dem Weg zu einer interdisziplinären Depressionsforschung – die Züricher, Londoner und Frankfurter Depressionsprojekte

Aus den Ausführungen von Heinz Böker und nicht zuletzt aus den von der Weltgesundheitsorganisation (WHO) vorgelegten Prognosen zur Entwicklung der Auftretenshäufigkeiten von schweren Depressionen in den kommenden Jahren wird deutlich, wie dringend der Bedarf nach längerfristigen adäquaten Behandlungsmodellen und nach der Erforschung längerfristiger Therapien bei schweren depressiven Erkrankungen bereits heute ist. In letzter Zeit wurde einer großen Untergruppe von Patienten besondere Aufmerksamkeit gewidmet, bei der es immer wieder zu Rückfällen oder sogar zu chronifizierten Krankheitsverläufen der Depression kommen kann. Diese Untergruppe der Depression wurde unter der Bezeichnung »Difficult-to-Treat Depression« zusammengefasst (vgl. Kupfer u. Charney 2003). Die zukünftigen Forschungsanstrengungen, so die Überlegung, sollten sich auf jene Patienten konzentrieren, bei denen keine völlige Heilung erreicht werden konnte, um die Ursachen hierfür genauer zu verstehen. Dabei wurde schnell deutlich, dass in einer Therapie erreichte Symptomreduktion nicht mit Heilung gleichgesetzt werden kann. Auch liegen häufig keine monosymptomatischen Erkrankungen vor, sondern schwere Depression gehen mit erhöhter Komorbidität einher (vgl. Grote u. Frank 2003). Hiermit hängt auch die große Unterschiedlichkeit in den klinischen Merkmalen bei dieser Patientengruppe zusammen, so dass bezweifelt wurde, ob es sich dabei wirklich um einen einheitlichen Subtyp der Depression handelt (vgl. Fagliolini u. Kupfer 2003). Die genaue Diagnose bei der Gruppe therapieresistenter Patienten erwies sich als echte Herausforderung an Kliniker und Forscher (Fava 2003).

Mit diesen wenigen Stichworten sei kurz skizziert, wie komplex das zu bearbeitende Forschungsfeld ist, denn die Gründe für fehlgeschlagene Behandlungsversuche können vielschichtig sein. Erhöhte Komorbidität ist nur ein möglicher Grund; es ist auch an äußere Faktoren zu denken, die eine Behandlung beeinträchtigen, oder an die spezifischen Merkmale der Depression dieser Untergruppe selbst. Die Herausforderung, vor die Forscher sich gestellt sehen, wenn sie über Probleme der Diagnosestellung, der Indikation, der Behandlung und über spezielle Versorgungssysteme dieser schwer depressiven Patienten arbeiten, ist nicht zuletzt auch deshalb so groß, weil allein innerhalb Europas eine erstaunliche Variabilität in den unterschiedlichen Behandlungsansätzen, in den Erstversorgungssystemen und in den spezialisierten Versorgungsmaßnahmen der nationalen Gesundheitssysteme entwickelt wurden (vgl. die Beiträge zur europäischen Perspektive in diesem Band). Folgende brisante Fragen gilt es zu beantworten: Warum wird, trotz einer hohen Prävalenz depressiv Erkrankter, nur bei etwa der Hälfte der Patienten eine Depression sicher diagnostiziert? Warum bekommen nur etwa ein Drittel der an schweren Depressionen erkrankten Menschen überhaupt eine Behandlung? Und warum erfährt der größere Teil keine adäquaten Therapie? Neben den Defiziten bei der Diagnostik und Indikation bestehen weiterhin große Probleme bezüglich der hohen Rückfallquoten (80 bis 90 % der Patienten über einen längeren Zeitraum) und der drohenden Chronifizierung (20 % der Patienten). Doch damit nicht genug: Stellen die beiden letztgenannten Punkten schon erhebliche Anforderungen an Methodik und Design von Forschungsvorhaben, in welchen die Ursachen für diese Phänomene geklärt werden sollen, kommen weitere, komplexe Faktoren für der Forschung hinzu: Welche Therapie ist für diese Patientengruppe angemessen? Welches Therapiemodell stellt eine adäquate Rückfallprävention bereit? Gibt es bestimmte Zeitfenster für einzelne Therapieformen? Wie sehen die Erkrankungsverläufe aus? Gibt es spezifische Verlaufsmuster? Zwar scheint insgesamt eine Kombinationstherapie (Psychotherapie und Psychopharmaka) bei schweren Depressionen viel versprechend, aber auch hier sind die Befunde widersprüchlich.

Bei der Konzeption von Untersuchungen, die verschiedene Therapieformen vergleichen, bekommt man es dann wieder mit

all den Problemen zu tun, die Westen et al. (2004) erst kürzlich
kritisch diskutiert haben, etwa der Annahme, die Psychopathologie sei gut zu beeinflussen, die Behandlung ziele nur auf ein vor-
handenes Problem der Patienten, die Behandlung der psychischen
Störung könne unabhängig von Persönlichkeitsfaktoren geschehen; auch die Angemessenheit des »Gold-Standards« experimen-
teller Methoden muss für diese Untersuchungen in Frage gestellt
werden können, wie die Annahme, es könnte am Ende die Identifizierung einer wirksamen Behandlung stehen.

Es scheint fast unmöglich eine Untersuchung zu entwerfen, in
der alle relevanten Aspekte und Faktoren berücksichtigt sind, die
in der Depressionsforschung eine wichtige Rolle spielen. Viele der
von Böker präsentierten Daten und Ergebnisse (zum Beispiel zur
Prävalenz, zur Geschlechtsidentität, zu diagnostischen oder zu
Behandlungsproblemen) verweisen denn auch auf die Notwendigkeit weiterer Forschungsanstrengungen, die sich nicht nur auf psychosoziale Faktoren konzentrieren sollten oder Langzeitkatamnesen beinhalten müssten, sondern auch die kombinierten Effekte
von Psychotherapie und/oder medikamentöser Behandlung sowie
Ergebnisse aus anderen relevanten Forschungsfeldern wie etwa aus
dem der Neurobiologie berücksichtigen sollten.

Bei vielen bisherigen Forschungsbemühungen und bei den
Auseinandersetzungen um adäquate Behandlungsmodelle schien
eine Tendenz vorhanden zu sein, die Überlegenheit eines Verfahrens gegenüber den jeweiligen »Konkurrenten« nachzuweisen. Oft
spielten dabei neben den Erkenntnisbemühungen auch ökonomi-
sche Interessen eine Rolle. Der Forschungsansatz, den Böker und
seine Kollegen in Zürich entwickeln und vorschlagen, geht einen
anderen Weg. Angesichts der immensen Probleme bei der Berücksichtigung der Vielzahl der in Frage kommenden Variablen setzen
sie konsequent auf Interdisziplinarität und zeigen, wie es möglich
ist, diesen Herausforderungen zu begegnen.

Am Anfang stand der Befund, dass die Art der angewendeten
Therapie unabhängig für den Zeitverlauf von Behandlungseffek-
ten zu sein schien. Hieße das, es ist egal, welche Therapieform angewendet wurde? Welche Rolle spielen medikamentöse und psychotherapeutische Therapiemaßnahmen? Für Böker lautet die
Schlussfolgerung, dass sowohl Behandlungen mit Psychopharma-

ka als auch Psychotherapien eine Art »Trigger-Funktion« für den sich dann anschließend weiter entwickelnden therapeutischen Prozess haben. Das hier vorgeschlagene Modell der Depression ist aufgrund der Annahme so interessant, dass der weitere therapeutische Prozess letztlich durch das neurobiologische System selbst umgesetzt und ausgeführt wird. Depression erscheint vor dem Hintergrund dieser Annahmen als »somato-psychische-psychosomatische« Störung konzipiert; und weiter: Therapiemaßnahmen hätten dann ihr mögliches Zeitfenster, therapeutische Prozesse ließen sich in ihren charakteristischen Verläufen aus verschiedenen Perspektiven – als somatische oder psychische Prozesse – beschreiben. Und genau diese Überlegungen weisen, vor dem Hintergrund der beschriebenen komplexen Forschungsprobleme, einen Weg aus der Sackgasse und den Problembereichen bisheriger Psychotherapieforschung. Hier erscheint es möglich, Interdependenzen zwischen psychosozialen Faktoren und neurobiologischen Veränderungen nachzuspüren, ohne gleich ein Wettrennen um bessere Erfolge oder Effektivitäten einzelner Behandlungsformen veranstalten zu müssen.

Nicht unrealistisch erscheint die Möglichkeit, die Art einer Behandlungsmaßnahme in Abhängigkeit vom jeweiligen Therapieverlauf zu konzipieren, um so größtmögliche Adäquatheit zu erzielen. Um die sich selbst regulierenden Prozesse bei schwer depressiven Patienten anzustoßen, bedarf es unter Umständen zu Beginn einer Behandlung medikamentöser Maßnahmen, die dann von psychotherapeutischen unterstützt oder abgelöst werden. Es erscheint eine individuell maßgeschneiderte Therapiekonzeption für den jeweiligen Patienten denkbar, in Abhängigkeit von physiologischen und psychologischen Parametern und deren Entwicklung. Wiederum müssen viele Faktoren, die für Entstehung und Verlauf depressiver Erkrankungen maßgeblich sind, einbezogen werden: neurobiologische Faktoren, neuronale Mechanismen, Persönlichkeitstypen, kognitive Verarbeitungsstile, aber auch eine in der Kindheit entstandene Vulnerabilität für depressiogene Situationen (z. B. Erfahrungen von Verlassenheit oder mangelnde emotionale Zuwendung) gehörten in diese Auflistung. Somit können frühe psychische traumatische Erlebnisse oder auch biologische Traumen für Dispositionen und Anfälligkeit für spätere Depressionen verantwortlich sein.

Böker diskutiert die Vulnerabilität auf der Ebene neurobiologischer Funktionsstörungen, die normalerweise latent bleiben und erst in einer typischen Stresssituation die Depression aufbrechen lassen. Hier deuten sich interessante Parallelen etwa zu Mitscherlichs Konzept der zweiphasigen Abwehr an (Mitscherlich 1974).

Forschung, die sich mit solchen Zusammenhängen beschäftigt, ist nur als interdisziplinäre Forschung realisierbar. Auch dürfte es nicht selbstverständlich sein, die Komplexität der Faktoren und Prozesse, die bei einer depressiven Erkrankung eine Rolle spielen, sowie deren Interdependenzen »auszuhalten« und nicht gleich auf eindeutige Ergebnisse zu drängen oder die Bedeutung des einen oder anderen Faktors besonders hervorzuheben, wie zum Beispiel die Bedeutung von Psychotherapie oder von physiologischen und chemischen Prozesse im Gehirn, wodurch mögliche andere Erklärungen in den Hintergrund gedrängt werden. Die Forschungen, wie sie in Zürich durchgeführt werden, sind ein gutes Beispiel dafür, wie man dieser Falle entkommen kann, denn Physiologen, Ärzte, Psychotherapeuten, Statistiker und genetische Forscher arbeiten hier eng zusammen.

Im Hinblick auf die Frage, ob sich Zusammenhänge zwischen psychotherapeutischen Variablen und neurophysiologischen Prozessen im Gehirn beschreiben lassen, lässt sich noch viel weiter denken und weitere Zusammenhänge zwischen Biologie und Psychologie ließen sich untersuchen: Wenn psychosoziale Erfahrungen somatische Prozesse beeinflussen, könnten sich dann nicht auch auf längere Sicht gesehen Effekte in genetischen Merkmalen zeigen lassen? Hier erweitert sich das Forschungsfeld, ganz im Sinne der von Kandel (1999) erhobenen Forderung nach gemeinsamen Forschungsanstrengungen von Biologie, Kognitionspsychologie und Psychoanalyse.

So viel versprechend der skizzierte Forschungsansatz auch erscheint, es ergeben sich jedoch auch etliche Schwierigkeiten. So besteht bei der Untersuchung großer Variablenmengen über längere Zeiträume das Risiko, korrelative Phänomene nicht mehr präzise genug als solche aufzufassen, sondern als kausale Zusammenhänge misszuverstehen. Weiterhin besteht die Gefahr, dass Merkmale, die nicht messbare Aspekte betreffen, wie zum Beispiel der individuellen Bedeutung oder der Motive eines Individuums,

an den Rand gedrängt, gar nicht mehr berücksichtigt oder schlicht
zu Epiphänomenen deklariert werden. Allerdings kann ein Modell, das Depression als somato-psychische-psychosomatische Störung begreift, versuchen diesen Problemen zu begegnen, in dem
auch die spezifischen Affekte und vor allem die Denkweisen der
Patienten Berücksichtigung finden. Zunächst erscheint es sinnvoll,
die Frage, ob Depressionen eher durch Veränderungen im Zusammenspiel von Neurotransmittersystemen verursacht werden oder
als Folge erlebten psychosozialen Stresses verstanden werden müssen, weiterhin als offen zu behandeln. Die Verhinderung einer vor-
eiligen oder fälschlichen Festlegung hält den Blick frei für die vielen Anregungen aus diesen Forschungen, die nicht nur unseren
Erkenntnishorizont erweitern, sondern gleichzeitig auch eine
Menge neuer, ungelöster Fragen aufwerfen. Aufgrund der weit rei-
chenden und komplexen Auswirkungen von medikamentösen
oder psychotherapeutischen Behandlungen ließe sich fragen, welche Veränderungen im Metabolismus der Neurotransmitter (z. B.
Serotonin, Noradrenalin, Dopamin), der Schlafarchitektur, der Ge-
hirnaktivität oder der Genmanifestationen tatsächlich erfolgen.
Daran anschließend ist weiter zu fragen: Können aufgrund unseres heutigen Wissens ernsthaft spezifische und kausale Effekte eines Medikaments oder einer anderen Art von Behandlung identifiziert werden? Es erscheint nahe liegend, dass die Auswirkungen
von affektiven Störungen in großem Maß von den individuellen
psychosozialen Erfahrungen abhängen, die wiederum Einfluss auf
Veränderungen der monoaminergen Systeme haben. Der Befund
lautet hier, dass die Auswirkungen der Neuromodulatoren als abhängig betrachtet werden können von individuellen persönlichen
Erfahrungen, also von psychologischen Prozessen.

Wenn man nun depressive Erkrankungen als Prozessgeschehen
konzipiert, wie dies unter anderem Bleichmar (1996) bereits in
seinen klinischen Überlegungen zur adäquaten psychoanalytischen Behandlungstechnik getan hat, wird die Angelegenheit noch
komplizierter. Depression als Prozessgeschehen ist nicht nur allgemein beeinflusst von den verschiedenen bereits angesprochenen
Faktoren, sondern in den unterschiedliche Phasen des Krankheits-
verlaufs können die einzelnen beeinflussenden Faktoren (Lebensereignisse, Verluste, genetische Faktoren, Neurotransmitter, Gen-

Transkriptionen etc.) und damit auch die verschiedenen Therapieformen jeweils unterschiedlich wirken. Dysfunktionale Kognitionen, beeinflusst durch die depressiven Affekte, spielen eine wichtige Rolle. Die Frage, wie diese Kognitionen beeinflusst werden
können, hängt wohl doch davon ab, wann in diesem Prozessgeschehen Psychotherapie angewandt wird. Wie Böker ausführt,
sind hierfür erfolgreiche, andauernde Effekte bei kurzen therapeutischen Interventionen nicht belegt. Vielmehr bedarf es längerfristiger Behandlungen, deren Untersuchung und Evaluation nicht
nur lohnenswert, sondern unbedingt notwendig erscheint. Einerseits ist es wichtig herauszufinden, welche Interventionen zu welchem Zeitpunkt am besten geeignet sind, um die bestmöglichen,
lange andauernden Effekte zu erzielen, andererseits brauchen wir
mehr Kenntnisse über Prädiktoren und Indikatoren für Erfolg ver-
sprechende psychotherapeutische und psychopharmakologische
Interventionen.

Wenn man die Befunde zur Effektivität von Psychotherapien
und zu pharmakologischen Interventionen berücksichtigt, dann
scheint es einen Zusammenhang zwischen der Schwere der Depression und Erfolgen bei längerfristigen Behandlungen zu geben.
Eine genauere Erforschung von Langzeitbehandlungen und längerfristige Katamnesen könnten somit zu wichtigen neuen Erkenntnissen führen, vor allem über die komplexen Interaktionen
zwischen den vielfältigen Variablen, die einen Einfluss auf das Be-
handlungsresultat zu haben scheinen. Mit den oben kurz angeführten ungelösten Problemen ist das komplexe Feld von Interdependenzen bereits skizziert.

Heinz Böker kommt zu dem Schluss, dass Depression als Prozessgeschehen verstanden werden muss, in dem Prädiktoren erkannt und herausgearbeitet werden können, die den Genesungspro-
zess unterstützen. Von daher wird die Forschung an Nonrespondern
eine exzellente Möglichkeit darstellen, diese unterschiedlichen For-
schungs- und Behandlungsansätze und deren Effekte genauer zu
untersuchen. Die unterschiedlichen existierenden Therapieformen
werden dabei nicht als Konkurrenzunternehmen verstanden, sondern als verschiedene Möglichkeiten für effektive Interventionen
und Behandlungen.

Von einer psychoanalytischen Perspektive her gedacht bedeutet

dies eine große Herausforderung, mehr über Rahmen und Be-
grenzungen von Bedeutung und Erfahrung zu lernen und über die
Zusammenhänge mit physiologischen Prozessen.

Die Forschungen von Heinz Böker sind auch ein gutes Beispiel
für die Notwendigkeit interdisziplinärer Diskussionen, wenn unterschiedliche Experten verschiedenster Disziplinen, die als rele-
vant für diese Forschungen angesehen werden können, sich zu-
sammenfinden und miteinander in die Diskussion kommen über
aktuelle Forschungsbefunde aus den verschiedenen Feldern. Dabei
stehen die Forschungsanstrengungen noch am Anfang. Von Interesse wird sein, welche Verlaufsbefunde, auch im Hinblick auf die
jeweiligen Therapeut-Patient-Interaktionen, in längerfristigen Therapien erhoben und veröffentlicht werden.

▒ Zur Frankfurter Depressionsstudie

Die Tagung, von der wir in diesem Band berichten, diente einer
solchen gemeinsamen Forschungsanstrengung. Die Eingeladenen
bilden ein Forschernetzwerk, das wir seit einiger Zeit aufgebaut
hatten, um einige laufende Studien in diesem Gebiet miteinander
zu vernetzen und nach gemeinsamen weiterführenden Perspektiven zu suchen. So wird die Frankfurter Depressionsstudie in enger
Kooperation mit zwei bereits laufenden Studien, der Tavistock
Adult Depression Study (vgl. Carlyle in diesem Band) und der
eben diskutierten Züricher Depressionsstudie (vgl. die Beiträge
von Böker und Stassen et al. in diesem Band), geplant und durchgeführt.

In allen drei Studien verstehen wir unter chronischen Depressionen Patienten mit einer Major Depression (MDD), die trotz
angemessener Behandlung keine positiven Veränderungen zeigen
beziehungsweise seit zwei Jahren an einer Depression leiden. Diese
»difficult-to-treat«- (DTD) oder auch »treatment-resistent«-De-
pressionen stehen im Zentrum aller drei Forschungsprojekte. Eine
weitere Forschungslücke besteht, wie eben ausgeführt, in der Identifikation von Response-Indikatoren und frühzeitige Erfolgsprä-
diktoren bei Depressionen (vgl. Stassen et al. in diesem Band). Das

langfristige Ziel ist es, eine Phase-III-Studie durchzuführen, die internationalen Kriterien der Interventionsforschung entspricht. Drei Behandlungen (übliche psychiatrisch-pharmakologische Therapie, psychoanalytische Therapie, Kognitive Verhaltenstherapie) sollen hinsichtlich ihrer kurz- und längerfristigen Behandlungserfolge verglichen werden. Ein weiteres Ziel ist es, psychosoziale und genetische Prädiktoren des frühen Ansprechens und des Nichtansprechens, der Verläufe und der Stabilität der Effekte bei DTD zu identifizieren. Es wird erwartet, dass die psychotherapeutischen Behandlungen sowohl kurz- als auch langfristig der üblichen medikamentösen Behandlung überlegen sind. Es wird ferner angenommen, dass die Kognitive Verhaltenstherapie (KVT) raschere Effekte erzielt als die psychoanalytische Therapie (PAT); PAT führt jedoch langfristig zu deutlicheren und stabileren Effekten als die KVT. Ermittelt werden genetische und psychosoziale Patientenmerkmale, die eine Vorhersage erlauben, welcher Patient auf welche Intervention besonders gut anspricht.

Als erste Forschungsphase führen wir zur Zeit eine Phase-II-Studie, die so genannte Frankfurter Depressionsstudie durch. Wir vergleichen in dieser Untersuchung die Effizienz psychoanalytischer Langzeittherapien im Vergleich mit normaler psychiatrischer Behandlung (TAU: treatment as usual). Wir verwenden die gleichen Einschlusskriterien und vorwiegend die gleichen Messinstrumente wie in der Tavistock- und in der Zürcher Depressionsstudie, damit die Ergebnisse der Studien miteinander vergleichbar sind. Durch die größeren Fallzahlen werden die Ergebnisse der drei Studien eine vermehrtes Gewicht bekommen. Alle Zentren planen, sich an der Phase-III-Vergleichsstudie zu beteiligen, und sehen darin einen wichtigen Schritt auf dem Weg zu einer interdisziplinären Depressionsforschung.

■ **Literatur**

Bleichmar, H. (1996): Some subtypes of depression and their implications for psychoanalytic treatment. International Journal of Psycho-Analysis 77: 935-961.

Fagliolini, A.; Kupfer, D. (2003): Is treatment-resistant depression a unique subtype of depression? Biological Psychiatry 53: 640-648.

Fava, M. (2003): Diagnosis and definition of treatment-resistant depression. Biological Psychiatry 53: 649-659.

Grote, N.; Frank, E. (2003): Difficult-to-treat depression. The role of contexts and comorbidities. Biological Psychiatry 53: 660-670.

Kandel, E. (1999): Biology and the future of psychoanalysis. A new intellectual framework for psychiatry revisited. American Journal of Psychiatry 156: 505-524.

Kupfer, D.; Charney, D. (2003): Editorial: »Difficult-to-treat depression«. Biological Psychiatry 53: 633-634.

Mitscherlich, A. (1974): Bedingungen der Chronifizierung psychosomatischer Krankheiten. Die zweiphasige Abwehr. In: Brede, K. (Hg.): Einführung in die psychosomatische Medizin. Frankfurt a. M., S. 396-406.

Westen, D.; Novotny, C.; Thompson-Brenner, H. (2004): The empirical status of empirically supported psychotherapies. Assumptions, findings, and reporting in controlled clinical trials. Psychological Bulletin 130: 631-663.

▓ Sozialpsychologische Aspekte

▓ Rolf Haubl

Sozialpsychologie der Depression

Glaubt man dem Feuilleton, dann »avanciert (die Depression) gegenwärtig zur Mutter aller Zivilisationskrankheiten«. Und das heiße im historischen Kontext: »So wie das späte neunzehnte und frühe zwanzigste Jahrhundert ... als Zeitalter der Nervosität gelten können ... so entwickeln sich die wirtschaftlich trüben, politisch angsterfüllten Nullerjahre nach manischen Zuckungen zur depressiven Dekade« (Minkmar 2003, S. 27). Sind die 1980er und 1990er Jahre gesellschaftsdiagnostisch unter dem Titel der »Erlebnisgesellschaft« abgehandelt worden, in der »Erlebe dein Leben!« als Leitmaxime der Lebensführung breiter Gesellschaftsschichten propagiert wurde (Schulze 1992), zeigt sich die aktuelle Gesellschaftsdiagnose schwarz eingefärbt. Und das nicht nur im Feuilleton. Sowohl die Historikerin der Psychoanalyse Elisabeth Roudinesco (1999) als auch der Soziologe Alain Ehrenberg (1998) rufen in ihren Büchern die »depressive Gesellschaft« aus.

Mag damit eine aktuelle kollektive Stimmung treffend eingefangen sein, der wissenschaftliche Sachgehalt dieser Diagnose ist allerdings alles andere als klar. Unter welchen Bedingungen lässt sich präzise von einer »depressiven Gesellschaft« sprechen:
– Wenn große und größer werdende Bevölkerungsteile depressiv erkranken?

– Wenn die gesellschaftliche Entwicklung großen und größer
werdenden Bevölkerungsteilen eine große und größer werdende Anzahl von kritischen Lebensereignissen zumutet, die zu
den typischen Erkrankungsanlässen von Depressionen gehören, ohne dadurch aber bereits zwangsläufig zu depressiven Erkrankungen zu führen, da nicht alle Gesellschaftsmitglieder solche Ereignisse psychisch gleich verarbeiten?

– Wenn die gesellschaftliche Entwicklung einen Sozialcharakter
hervorbringt, der depressiv disponiert ist, mithin große und
größer werdende Bevölkerungsteile eine depressive Persönlichkeitsstruktur aufweisen, ohne depressiv erkrankt zu sein?

Auf solchen Präzisierungen zu bestehen, beugt einem möglichen
Missbrauch der Gesellschaftsdiagnose vor. Denn schnell hat man
die Einsicht überlesen, die auch im Feuilleton steht: »Der depressive Habitus von heute (ist) nicht die Krankheit selbst« (Minkmar
2003, S. 27). Wird beides verwechselt, droht die Krankheit bagatellisiert zu werden. Wenn alle depressiv zu sein scheinen, weil Depression kaum mehr bedeutet als der kulturpessimistische Seufzer
»Leben ist traurig« (so der Titel eines beliebten Chatforums im Internet), dann könnten Menschen, die an Depressionen erkrankt
sind, es durchaus schwerer haben, den Krankheitswert ihrer Depression zu behaupten.

▓ Epidemiologie und Sozioökonomie

Derzeit sind weltweit schätzungsweise 300 Millionen Menschen an
Depressionen, davon um die 100 Millionen an einer Major Depressive Disorder, erkrankt. Und es mehren sich die Hinweise, dass
das Ersterkrankungsalter sinkt und die Depressionsrate von Generation zu Generation steigt, was jedoch ein Wahrnehmungseffekt
aufgrund einer zunehmenden diagnostischen Sensibilität sein
könnte (siehe die Einführung von Marianne Leuzinger-Bohleber
in diesem Band). Wie auch immer: Die Millionen depressiver
Kranker bedeuten nicht nur enormes Leid, sie verursachen auch
enorme sozioökonomische Kosten (Dawson 2001; Fischer 2001).

Deren Höhe ist eine Frage der Berechnung. Denn es macht einen Unterschied, ob und inwieweit man direkte, indirekte und intangible Kosten berücksichtigt. Sind direkte Kosten etwa als Behandlungskosten noch relativ leicht zu kalkulieren und gilt das auch noch für indirekte Kosten wie Fehlzeiten aufgrund von Krankschreibungen, so wird es bei einem Faktor wie Produktivitätsverlust, den Arbeitnehmerinnen und Arbeitnehmer erleiden, die ihrer Erwerbstätigkeit depressiv nachgehen, bereits enorm schwierig. Intangible Kosten wie die krankheitsbedingte Gefährdung beruflicher oder privater Lebenschancen lassen sich kaum mehr kalkulieren. Insofern verwundert es nicht, wenn Kostenberechnungen weit auseinander gehen und verschiedene Interessengruppen über die notwendig einzubeziehenden Kostenfaktoren streiten.

Um aber für Deutschland wenigstens einen Eindruck zu vermitteln: Nach Daten der Techniker Krankenkasse (2003) sind depressive Erkrankungen (ICD-10: F32, depressive Episoden, und ICD-10: F33, rezidivierende depressive Störungen) für den Eintritt einer Arbeitsunfähigkeit vergleichsweise selten, führen aber zu langen Krankschreibungen; 2002 sind das im Jahresdurchschnitt 51 Tage gewesen. Rechnet man diese Fehlzeiten von den Versicherten der Techniker Krankenkasse auf die Gesamtzahl der Erwerbstätigen in Deutschland hoch, so ergibt sich eine Schätzung von 18 Millionen Fehltagen. Diese verursachen Kosten, die – je nachdem, welchen Betrag man für einen Fehltag ansetzt – in die Milliarden Euro gehen. Solche Summen sind mit ein Grund, die Depression zu einem vorrangigen Thema der Gesundheitspolitik und der Gesundheitswissenschaften zu machen.

Depressionen haben eine multifaktorielle Pathogenese, in der genetische, biologische, psychische und soziale Faktoren zusammenwirken. Wie, das ist noch weitgehend unbekannt. Kurz vor dem erstmaligen Auftreten einer Depression lassen sich typische kritische Lebensereignisse ausmachen, die alle mit realen, aber auch befürchteten Verlusten, Enttäuschungen und Kränkungen zu tun haben, und das nicht nur im zwischenmenschlichen Bereich. An die Stelle wichtiger Bezugspersonen können auch nicht- beziehungsweise transpersonale Objekte (z. B. Wertsysteme) treten. Solche Erkrankungsanlässe schlagen sich allerdings in der Regel nicht direkt als Depressionen nieder. Depressionen sind vielmehr das Resultat einer spezifischen psychischen Verarbeitung, die verhindert, dass die Verluste, Enttäuschungen und Kränkungen angemessen bewältigt werden.

Traumatische Belastungen in der Kindheit erhöhen das Risiko, als Erwachsener depressiv zu erkranken, weil die Belastungen neurophysiologisch »gespeichert« werden und dadurch eine spätere Erkrankung anbahnen (z. B. Scheidung der Eltern: Roy 1985; sexueller Missbrauch: Gladstone et al. 1999).

Die Behandlungschancen für eine Major Depressive Disorder sind befriedigend. Dazu hat die Entwicklung und Optimierung antidepressiver Medikamente beigetragen (Healy 1997). Vor allem in Ländern der Zweiten und Dritten Welt, in denen weltweit der Großteil der Kranken lebt und in denen es überhaupt keine psychotherapeutischen Angebote gibt oder deren Psychotherapeutendichte mit der in Ländern der Ersten Welt nicht zu vergleichen ist, sind Antidepressiva momentan die einzigen oder jedenfalls vorrangigen Hoffnungsträger. Denn in Armutsverhältnissen können bereits wenige Tage eines depressionsbedingten Arbeitsausfalls eines Erwachsenen ausreichen, um die Existenzgrundlage einer ganzen Familie zu zerstören.

In Ländern wie Deutschland ist die Situation unvergleichlich besser. Aber auch hier sind Grenzen gesetzt: Mit den verfügbaren Medikamenten sowie den verfügbaren psychotherapeutischen Verfahren lassen sich, einzeln und kombiniert angewandt, derzeit um die 80 % der an einer Major Depressive Disorder erkrankten Personen effektiv behandeln. 20 % sind Non-Responder (Crown et al. 2002); bei ihnen bleiben diese Behandlungsmaßnahmen ohne Erfolg.

▨ Soziale Unterstützung

Mit der Schwere einer depressiven Erkrankung steigt die Wahrscheinlichkeit, dass sie – trotz angemessener und das heißt auch: lang dauernder Behandlung – nicht »ausheilt«. 60 bis 70 % der Kranken erleiden bleibende Beeinträchtigungen (O'Reardon u.

Amsterdam 1998). Dadurch wird es für die Kranken – und ihre Angehörigen – wichtig, mit der Krankheit leben zu lernen (Karp 1994).

Oft wird klinisch der einzelne Kranke fokussiert. Diese Perspektive greift jedoch zu kurz. Denn kein Kranker lebt für sich allein, sondern in Gemeinschaft. Das soziale Netzwerk, in das er integriert ist, beeinflusst ihn und er beeinflusst es. Man darf vermuten, dass die Bewältigung einer Depression, unter Umständen auch deren Entstehung, mit davon abhängt, welche Qualität dieses Netzwerk hat, über welche materiellen, kognitiven und emotionalen Ressourcen es verfügt (Lin et al. 1986; Lakey u. Lutz 1996).

Leben mit einem depressiven Partner

Gut untersucht sind die Paarbeziehungen von Depressiven (Reich 2003). So kann eine prämorbide Beziehung, die – etwa aufgrund von tiefen Ambivalenzen – unbefriedigend ist, das Risiko erhöhen, depressiv zu erkranken. Auch sind solche Beziehungen für Depressive bei der Bewältigung ihrer Erkrankung nicht hilfreich. Hilfreich sind befriedigende prämorbide Beziehungen, die aber im Verlauf einer depressiven Episode und noch mehr bei einer Chronifizierung unter erheblichen Druck geraten:

Ist die anfängliche Hoffnung, der depressive Partner fange sich von allein wieder, enttäuscht, weil es sich bei seiner Verstimmung um eine behandlungsbedürftige Erkrankung handelt, reagiert der gesunde Partner tröstend und schützend. Vor allem bemüht er sich, Ärger und Feindseligkeit zu unterdrücken, weil ihm diese Gefühle in Anbetracht der Klagen und der Hilflosigkeit des Kranken unangemessen erscheinen. Allerdings führen diese Bemühungen letzlich zu keiner Besserung. Im Gegenteil: Sie erhalten einen gereizten Unterton, da sich der Kranke infantilisiert fühlt. Daraufhin nehmen Ärger und Feindseligkeit des gesunden Partners zu und es fällt ihm immer schwerer, sie zu unterdrücken, bis er sie letzlich einsetzt, um wenigstens auf diese Weise den Ausdruck der depressiven Verstimmung zu unterbinden. Dadurch fühlt sich der Kranke bestätigt, nicht liebenswert zu sein, so dass er fürchtet, sein

Partner könne ihn verlassen, ja, müsse ihn verlassen wollen. Eskaliert diese Situation, dann droht der gesunde Partner tatsächlich damit, die Beziehung zu beenden.

Im günstigsten Fall erreichen beide eine Balance, in der sie sich wechselseitig in Schach halten, ohne aber noch offen miteinander zu kommunizieren. Das Halten dieser Balance ist aber kräftezehrend. Hinzu kommt, dass die Verantwortung für die Existenzsicherung des Paars an den gesunden Partner übergeht, da er die Funktionen, die der Kranke bisher erfüllt hat, allmählich mit übernimmt. Reichen seine Kräfte aus, übersteht das Paar die depressive Episode, ohne danach aber ohne weiteres zum prämorbiden Ausgangspunkt zurückkehren zu können, da es mit der Angst vor einem Rezidiv oder einer Chronifizierung leben muss. Manche gesunden Partner können sich selbst nur schützen, indem sie sich letztlich tatsächlich trennen, zumal die Konzentration auf das gemeinsame Krankheitsmanagement dazu führt, dass belebende Außenkontakte weitgehend eingestellt werden.

Es ist also kein Wunder also, wenn Partner von Depressiven mehr depressive Symptome als die Normalbevölkerung aufweisen, mithin selbst behandlungsbedürftig werden (Coyne et al. 1987; Benazon u. Coyne 2000). Ähnliches gilt für die Eltern-Kind-Beziehung.

▨ Leben mit depressiven Eltern

Sind Eltern oder Elternteile depressiv erkrankt, haben auch ihre Kinder zu leiden, da sie keine entwicklungsgerechte elterliche Unterstützung erhalten. So wird nahezu die Hälfte dieser Kinder psychisch auffällig; ein Teil davon erkrankt ebenfalls an Depressionen (Coyne et al. 1992; Goodman u. Gotlib 2002).

Als Interaktionsform der intergenerationellen Weitergabe lassen sich verstörende Beziehungsangebote vermuten, die vor allem für die Mutter-Kind-Beziehung belegt sind (Gelfand u. Teti 1990; Beck 1999): auf der einen Seite klammern sich depressive Mütter an ihre Kinder, die sie idealisieren, unter Umständen, weil sie sich von ihnen eine emotionale Erlösung erwarten; auf der anderen Seite sind sie aber, aufgrund dieser Überforderung, schnell von ihnen enttäuscht. Statt ihrer Enttäuschung aber Ausdruck zu verleihen, demonstrieren sie einen Aggressionsverzicht, der unterschwellig aber aggressiv ist und sich in subtilen Vorwürfen und Entwertungen vor allem der vitalen Lebensäußerungen ihrer Kinder bemerkbar macht.

Oder depressive Mütter ziehen sich, eben noch zugewandt, abrupt zurück, was ihre Kinder als rätselhafte Zurückweisung erleben, deren Ursache sie nachgrübeln und kaum anders können, als sie sich selbst zuzuschreiben. Folge davon ist, dass diese Kinder emotional tief verunsichert werden, weil sie nicht wissen, woran sie sind. Und sie wissen auch nicht, was sie unternehmen können, um ein vorhersehbares und empathisches mütterliches Verhalten zu erzielen.

Was die möglichen psychischen Auswirkungen betrifft, ist das Alter der Kinder von größter Relevanz – ebenso wie das Vorhandensein oder Fehlen kompensatorischer Unterstützung in den innerfamiliären und außerfamiliären sozialen Netzwerken. Besonders gravierende Auswirkungen dürfte es haben, wenn sich Säuglinge und Kleinkinder – vor allem im 2. bis 3. Lebensjahr, in der Phase der »Wiederannäherungskrise« – auf eine depressive Mutter einstellen müssen. Sehr wahrscheinlich entwickeln sie – bindungstheoretisch formuliert – eine »ambivalent-unsichere« oder sogar »desorganisierte« Bindung (Main 1995). Ein solcher Bindungsstil hindert sie daran, unbeschwert ihren explorativen Strebungen nachzugehen, da es ihnen an Sicherheit fehlt, ihre Umwelt hinreichend kontrollieren zu können.

Kommen diese Kinder in den Kindergarten und in die Schule, wo sie sich im Rahmen einer Gruppe konkurrierender Gleichaltriger mit den steigenden kognitiven Leistungsforderungen der Erwachsenenwelt arrangieren müssen, schlägt sich ihre tiefe emotionale Verunsicherung in sozialer Unangepasstheit und Leistungsversagen nieder, wobei die entwicklungstypischen Krisen der Pubertät und Adoleszenz noch das ihre dazu beitragen. Depressive Eltern sind für ihre Kindern damit nicht nur ein Gesundheitsrisiko, sondern auch ein Risiko, bestehende Bildungsangebote nicht gleich gut nutzen zu können, mithin aufgrund ihrer familiären psychischen Belastung keine gleichen sozialen Chancen zu haben.

Letztlich darf aber auch nicht vergessen werden, dass die Belastung der Kinder auf die Belastung der Eltern zurückschlägt: Schreiben sie sich die Probleme ihrer Kinder selbst zu, weil sie von sich selbst als Eltern eine hilfreiche Begleitung ihrer Kinder erwarten, dann wird dieses beschämende Versagen vor den eigenen Ansprüchen zu einem Faktor, der die Depression verstärkt.

▓ Allgemeinärztliche Depressionsdiagnose

Die Chancen auf eine erfolgreiche professionelle Hilfe steigen für diejenigen Kranken, deren Depression richtig diagnostiziert und richtig therapiert wird. Beides aber ist in der Allgemeinarztpraxis (Wittchen et al. 2000), dem vergleichsweise niederschwelligen Zugang zum Medizinsystem, aus verschiedenen Gründen nicht selbstverständlich (Freeling et al. 1985; Miller u. Goldberg 1991; Brody et al. 1995; Docherty 1997; Goldman et al. 1999):
– Höchstens die Hälfte der Personen, die an einer klinisch relevanten Depression erkrankt sind, suchen einen Arzt auf.
– Nur etwa die Hälfte der Personen, die an einer klinisch relevanten Depression erkrankt sind und einen Arzt aufsuchen, werden von diesem richtig diagnostiziert.
– Und von den Personen, deren klinisch relevante Depression richtig diagnostiziert worden ist, wird wiederum nur etwa die Hälfte auch richtig therapiert.

Die festgestellte Unter- und Fehldiagnostizierung von Depressionen resultiert zum einen aus mangelnden Fähigkeiten von Allgemeinärzten, mit den Patienten diagnostisch aufschlussreiche Gespräche zu führen (Morris 1992). Eine Verbesserung dieser Fähigkeiten erhöht dann auch die Rate richtiger Diagnosen (Gask 1992).
Erforderlich sind nicht nur angemessene kognitive Diagnoseschemata. Es bedarf auch einer Reflexion der emotionalen Gesprächsdynamik: Belegt ist (Dowrick et al. 2000), dass Allgemeinärzte vor allem dann Fehldiagnosen treffen, wenn sie sich in Gegenwart eines depressiven Patienten unbehaglich fühlen, also

einer negativen Gegenübertragung erliegen, die ihre Urteilsfähigkeit beeinträchtigt. Folgende Dynamik ist dabei vorstellbar: Geht man davon aus, dass sich Depressive pessimistisch und hoffnungslos, unterschwellig gleichzeitig aber auch leicht gereizt präsentieren, zumal mit dem Gestus, dringend Zuwendung zu bedürfen, jedoch mit keiner Zuwendung zufrieden zu sein, dann erweisen sich solche Patienten als überaus anstrengend. Der Allgemeinarzt, der im Containing solcher Übertragungen ungeübt ist, fühlt sich schnell von Kontrollverlust bedroht. Er befürchtet, dass ihm die Situation entgleitet. Um seine Kontrolle wiederzugewinnen, versucht er, den Patienten mit einer Diagnose auf Distanz zu bringen, die ihn weniger persönlich fordert. Oder er verknappt die Gesprächszeit, die er dem Patienten einräumt, soweit, dass der gar nicht genug Zeit hat, seine psychischen Probleme darzustellen.

Weitere Gründe für die Schwierigkeit, Depressionen richtig zu diagnostizieren, sind hohe Komorbiditätsraten (Galbaud du Ford et al. 1999) sowie die somatische Präsentationsform, die von den Patienten weltweit am häufigsten »gewählt« wird (Bhugra u. Mastrogianni 2004). So bereitet die Diagnose psychischer Störungen dem Allgemeinarzt keine Schwierigkeiten, wenn sie ihm über psychische Symptome präsentiert werden (Badger et al. 1994). Indessen ist das nicht zwangsläufig der Fall. Viele Patienten präsentieren ihm ihre psychischen Probleme in Form physischer Symptome. Diese Somatisierung, die nicht mit den somatischen Begleit- und Folgeerkrankungen psychischer Störungen verwechselt werden darf, führt zu einem Absinken richtiger Diagnosen auf 20 %; werden sowohl physische als auch psychische Symptome präsentiert, sind es 53 % (Weich et al. 1995).

Die größten Schwierigkeiten bereiten Patienten, die ihre psychischen Probleme normalisieren (Kessler et al. 1999). Normalisierung meint in diesem Zusammenhang die Rationalisierung der Beschwerden durch ein Erklärungsmuster, das sie bagatellisiert. Damit stellt sich aber die Frage, warum unter diesen Bedingungen überhaupt ein Allgemeinarzt konsultiert wird? Vermutlich versuchen die Patienten, sich von ihrem Arzt auf diese Weise bestätigen zu lassen, dass sie sich nicht zu sorgen brauchen, was jedoch umgekehrt den Schluss nahe legt, dass ihre Sorge sehr groß ist. Da mit solchen Abwehrmechanismen gerechnet werden muss, steht der

Allgemeinarzt vor der schwierigen Aufgabe, seine Vermutung einer depressiven Erkrankung gegebenenfalls gegen die Selbstbeschreibung eines Patienten zu behaupten, was eine schrittweise Exploration der kommunizierten Beschwerden verlangt.

So präsentieren in einer kanadischen Untersuchung an 700 depressiven Patienten nur 15 % ihre Beschwerden sofort als psychische Probleme (Kirmayer 2001). Alle anderen somatisieren. Fragt man sie danach, was die Ursache ihrer körperlichen Beschwerden seien, geben weitere 50 % an, dass Stress die Ursache sein könnte. Weitere 25 % benötigen noch einen zusätzlichen Anstoß: Erst als sie gefragt werden, ob irgendwelche emotionalen Probleme diesen Stress verursachen würden, räumen sie dies – erleichtert – ein.

▨ Somatisierung

Warum physische Symptome weltweit die häufigste Präsentationsform für Depressionen sind (Simon et al. 1999), ist eine komplexe Frage, da Somatisierung unterschiedliche psychische Funktionen haben kann (White 1982; Kirmayer u. Young 1998). Eine nach wie vor diskutierte These besagt, Somatisierung sei typisch für vormoderne Gesellschaften oder für die vormodernen Schichten moderner Gesellschaften, also für die Unterschichten, weil deren Angehörige soziokulturell nicht »psychological minded« (Appelbaum 1973) seien. Nicht selten impliziert diese These eine fragwürdige – ideologische – Annahme: Der psychische Modus des Fühlens, Ausdrückens und Kommunizierens von Beschwerden sei der überlegene Modus, der physische Modus infolgedessen nicht nur different, sondern defizitär.

Diese Annahme schließt jedoch in der Regel zu schnell Performanz und Kompetenz kurz. So kommunizieren auch die meisten »psychological minded« Personen primär im physischen Modus, zumal, wenn sie einen Allgemeinarzt konsultieren, da sie unterstellen dürfen, dass der primär auch nichts anderes hören will.

Vor aller Schelte, dass Allgemeinärzte psychologisch zu unsensibel seien, hat diese Fokussierung ihren guten Grund: So führt die Präsentation etwa von Brustschmerzen zu einer Untersuchung, ob es sich um eine Herzkrankheit handelt, an welcher der Patient in naher Zukunft sterben könnte. Und eine solche Untersuchung ist vordringlich, da eine Depression sein Überleben nicht in gleicher Weise bedroht. Deshalb interessieren sich Allgemeinärzte auch zunächst für physische Symptome, denn sie sind primär für die Abklärung physischer Krankheiten zuständig. Insofern ist die Schrittfolge von der Physis zur Psyche – und nicht umgekehrt – das angemessene Verfahren. Auch wenn – geschätzt – gut die Hälfte der Patienten, die an einen Kardiologen überwiesen werden, Herzschmerzen haben, die sich auf keine Herzkrankheit zurückführen lassen, wäre eine Umkehrung der Schrittfolge verantwortungslos. Genauso unverantwortlich wäre es allerdings auch, wenn die Diagnose einer Depression dazu führte, anschließend deren physische Symptome abzutun. Denn eine Major Depressive Disorder führt zu einer Einschränkung der Pulsvariabilität (Stein et al. 2000) und diese erhöht das Risiko eines Herzinfarkts – vor allem bei Männern (Ford et al. 1998) – signifikant (Wulsin u. Singal 2003).

Unter Umständen zeigt die Somatisierung einer Depression aber auch deren soziokulturelle Stigmatisierung an. Denn Depressionen gehören zu den psychischen Störungen mit dem höchsten Stigmatisierungspotential. Zumindest fürchten Patienten, die sich mit einer Depressionsdiagnose konfrontiert sehen, dass sie berufliche (67 %) und private (24 %) Nachteile bekommen (Roeloffs et al. 2004). Eine solche Stigmatisierungsfurcht zieht eine Selbststigmatisierung nach sich, die darin besteht, dass sich ein Patient dafür schämt, depressiv zu sein (Wolpert 2004). Aus Scham verleugnet er seine Depression – vor anderen Menschen, seinen Allgemeinarzt inbegriffen, aber auch vor sich selbst – oder er maskiert sie, indem er sie in Form unverdächtiger physischer Symptome präsentiert.

Die soziokulturelle Stigmatisierung der Depression ist vor allem in solchen Gesellschaften wahrscheinlich, deren Ideologie sie als »perfekte Gesellschaften« darstellt. So wird berichtet, dass es während der so genannten Kulturrevolution in China ein »Depressionsverbot« gegeben habe (Lee 1999, S. 357ff.). Erleben und Ausdruck von Depression galt als eine politische Stellungnahme gegen das Regime und seinen Anspruch, keinerlei Anlass zu Niedergeschlagenheit zu geben, sondern die beste aller Welten eingerichtet zu haben. Unter diesen – Leib und Leben gefährdenden – Bedingungen ergaben sich hohe Raten somatisierter Depressionen. Somatisierung erweist sich dabei als eine spezifische Strategie, Leid zu kommunizieren, das nicht anders kommuniziert werden darf. Allerdings mischen sich solche politischen Einflüsse mit kulturspezifischen Ausdrucksformen. So werden Depressionen in China bis heute geleugnet oder zumindest bevorzugt somatisch präsentiert (ähnlich in Indien: Raguram et al. 1996), was dem traditionellen chinesischen Menschenbild entspricht, das keine kategoriale Unterscheidung zwischen Physis und Psyche trifft (Lin 1980). Mit zunehmender Verwestlichung nimmt aber die Psychologisierung zu (Parker et al. 2001).

▮ Angst vor Medikalisierung und Psychiatrisierung

Bei Depressionen wird der Arztbesuch möglichst lange hinausgeschoben (Monroe et al. 1991; Angermeyer et al. 1999): Die Kranken nutzen erst die Ressourcen des Laiensystems (Rippere 1979; Parker u. Brown 1982), inklusive Selbstmedikation zum Beispiel mit Johanniskraut (Linde et al. 1996), bis diese erschöpft sind. Dass sie sich nicht früher an einen Allgemeinarzt wenden, hat mit einer doppelten Skepsis zu tun: Sie erwarten, auf einen Arzt zu treffen, der sich keine Zeit für sie nimmt, um ihnen Gehör zu schenken (Cape u. McCulloch 1999), sondern ihnen zu schnell Antidepressiva verschreibt, obwohl sie dies aufgrund einer nichtbiologischen Laientheorie der Depression, der die meisten anhängen, als wenig hilfreich erachten (McKeaon u. Carrick 1991; Jorm et al. 1997; Link et al. 1999).

Vor Antidepressiva hat ein Großteil der Bevölkerung Angst (Angermeyer et al. 1993). Denn er glaubt, dass die Medikamente, sollten sie überhaupt helfen, nicht an den Ursachen ansetzen, zudem abhängig machen und das Nervensystem angreifen (Priest et al. 1996; Fischer et al. 1999). Bedenkt man diese Skepsis, wie irrational sie auch immer sein mag, und hält dagegen, dass sich – am Beispiel Deutschlands – die Gesamtverordnungen nach definierten Tagesdosen für Antidepressiva im Zeitraum von 1993 bis 2002 mehr als verdoppelt haben, so werden viele Patienten vermutlich nur widerwillig psychopharmakologisch behandelt. Es ist verständlich, wenn sie sich unter solchen Bedingungen non-compliant verhalten, zumal auch die verschriebene Dosierung der Antidepressiva nur in den seltensten Fällen adäquat ist.

Mit der Angst vor Antidepressiva geht eine Angst vor Psychiatrisierung einher, da Psychiatern oftmals noch mehr misstraut wird als Allgemeinärzten. Die Bevölkerung verbindet mit ihnen die Gefahr, dass in der psychiatrischen Praxis aus einer Depression die Diagnose einer »Verrücktheit« wird (Rogers et al. 2001). Allerdings: Allgemeinärzte teilen nicht selten die skeptische Einstellung der Bevölkerung. Das mag mit ein Grund sein, warum sie Patienten, bei denen sie eine Depression vermuten, aber auch solche, bei denen sie sich der Diagnose sicher sind, nur selten zum Spezialisten überweisen. In einer Untersuchung ihrer Überweisungsbereitschaft (King 1998) sind es ganze 5 %.

Eine somatisierte Depression bietet in diesem Zusammenhang eine gute Rationalisierung, den Patienten in der Allgemeinpraxis zu halten. Patienten, die aus Angst vor einer Psychiatrisierung die Diagnose Depression nicht akzeptieren würden, können durchaus davon profitieren, wenn ihr Allgemeinarzt die somatische Präsentationsform ihrer Beschwerden akzeptiert und dem entsprechend ihre Depression maskiert behandelt. Gelegentlich verschwindet bei solchen Patienten die depressive Episode nach 6 bis 12 Monaten wieder. »Watchful waiting« ist freilich eine prekäre Strategie, da sie nur im Fall einer Minor Depressive Disorder greift, mithin eine richtige Diagnose voraussetzt.

■ Screening

Die Befunde, dass Allgemeinärzte zu selten Depressionen richtig diagnostizieren, hat unter anderem zu der Empfehlung geführt, Screening-Instrumente einzusetzen, um die Trefferquote zu verbessern. Diese Instrumente seien deutlich sensibler als der durchschnittlich qualifizierte Allgemeinarzt. Ein verbreitetes Screening-Instrument« ist das »General Health Questionnaire« (Goldberg u. Williams 1991; Bashir et al. 1996). Es besteht aus zwölf Items, die

Selbstauskunft auf Fragen der Art »Haben Sie in den letzten Wochen wegen Sorgen weniger geschlafen?« verlangen. Ab drei und mehr positiv beantworteten Fragen erfolgt die Diagnose einer psychischen Störung, was – wie zu recht kritisiert wird (Health 1999) – zu Diagnoseraten von über 50 % Depressionen führt. Damit wäre jeder zweite Patient in einer allgemeinärztlichen Praxis depressiv! – und die Allgemeinärzte ihrer diagnostischen Inkompetenz überführt, da sie mit ihren Diagnosen weit hinter diesen Raten zurückbleiben.

Dagegen zeigen die Ergebnisse einer Untersuchung in 35 Berliner und 20 Mainzer Allgemeinpraxen (Kühn et al. 2002), dass es knapp 9 % der Patienten sind, für die sich eine Depression nach den Kriterien von ICD-10 begründen lässt. So gesehen erscheinen die Diagnoseraten, die das »General Health Questionnaire« erbringt, maßlos übertrieben. Freilich ist der Fragebogen testtheoretisch auch äußerst unzureichend konstruiert. Bedenken sind jedoch bei allen verfügbaren Fragebögen angebracht. Selbst die besten verbessern die Diagnoserate nicht, weshalb der Empfehlung, Screening-Instrumente einzusetzen, derzeit die wissenschaftliche Legitimation fehlt (Gilbody et al. 2001).

Dennoch werden Allgemeinärzten immer wieder derartige Screening-Instrumente angeboten. Oft sind es pharmazeutische Unternehmen, die sie ihrem Informationsmaterial beilegen. Das weckt den Verdacht, dass die Empfehlung, Fragebögen in der Art des »General Health Questionnaire« einzusetzen, Bestandteil einer Marketingstrategie ist, mit der die Unternehmen »Disease Mongering« (Moynihan 2002) betreiben.

▓ Depression Mongering

Der Begriff des Disease Mongering (Handel mit Krankheiten) verweist auf den Umstand, dass Krankheiten, insbesondere psychische Störungen, genau genommen nosologische Einheiten mit einem anerkannten Krankheitswert, das Resultat eines komplexen Definitionsprozesses sind, in dem verschiedene Interessengruppen und deren Koalitionen darum konkurrieren, das Resultat zu bestimmen. Die Pharmazeutische Industrie ist der mächtigste Akteur in diesem Prozess. Sie hat ein Interesse daran, die Definitionsschwelle für Krankheiten herabzusetzen, weil dadurch die Prävalenz einer Krankheit steigt und mit ihr die Absatzchancen für Medikamente, die der Therapie dieser Krankheit dienen. Steigert der Einsatz von Screening-Instrumenten die Diagnoserate für Depressionen, so ist das den Anbietern von Antidepressiva ökonomisch willkommen, weshalb sie dann auch deren Einsatz empfehlen. Halten Allgemein-ärzte die Screening-Ergebnisse für valide Befunde, haben sie mit Inkompetenzgefühlen zu kämpfen, die ihnen die empfohlenen In-strumente zu nehmen versprechen, weshalb sie dankbar angewen-det werden. Wie weit dieses Kalkül in der Praxis greift, ist allerdings eine offene Frage.

Das Herabsetzen von Definitionsschwellen gehört zu einem ganzen Repertoire von interessegeleiteten Maßnahmen. Am spek-takulärsten ist die »Erfindung« neuer Krankheiten, die mit Hilfe von Wissenschaftlern, die im Dienste von pharmazeutischen Un-ternehmen Auftragsforschung betreiben, »gefunden« werden, und über die anschließend ähnlich abhängige Journalisten die Öffent-lichkeit »aufklären«. Ein lehrreiches Beispiel dafür ist die Karriere des »Sisi-Syndroms«.

Wie bereits angeführt, besteht eine der realen Schwierigkeiten, Depressionen richtig zu diagnostizieren, in deren Maskierung. Als eine solche Maskierung ist das »Sisi-Syndrom« eingeführt worden: Allgemeinärzte würden Depressionen nicht erkennen, weil sie diese Maskierung nicht durchschauten. Das angebliche Syndrom, be-nannt nach der österreichischen Kaiserin Elisabeth (»Sisi«), die der deutschen Bevölkerung weniger aus den Geschichtsbüchern als aus jährlich im Fernsehen wiederholten Spielfilmen mit der legendären Romy Schneider bekannt ist, wurde 1998 aus der Taufe gehoben. Das pharmazeutische Unternehmen SmithKlineBeecham (inzwi-schen GlaxoSmithKline) hatte es in Auftrag gegeben. Es sollte eine untypische Form der Depression vor allem von Frauen sein: Die kranken Frauen zeigten sich auffallend lebensbejahend, sehr auf ihr Aussehen und ihre körperliche Fitness bedacht und deshalb sport-lich aktiv und ernährungsbewusst. Damit würden sie aber nur ihre Gefühle der Niedergeschlagenheit und inneren Leere maskieren. Aber, so die massenhaft über PR-Agenturen verbreitete frohe

Botschaft, die erfolgreiche Therapie sei bereits gefunden: Ursache der Krankheit sei eine Serotonin-Dysbalance und diese mit Seroxat (Wirkstoff: Paroxetin), einem Medikament aus der Angebotspalette von SmithKlineBeecham, erfolgreich psychopharmakologisch zu korrigieren. Ab Ende 1998 gewann das »Sisi-Syndrom« eine zunehmende Präsenz in den Massenmedien – Folge einer groß angelegten »Disease Awareness«-Kampagne, die zum Ziel hatte, das Syndrom als anerkannte Krankheit zu behaupten. Immerhin gebe es über 500 Veröffentlichungen und einen Forschungsbericht, so dass es einem Skandal gleichkäme, die auf 2,5 Millionen geschätzten Kranken ohne angemessene medizinische Versorgung zu lassen.

Nur, der Forschungsbericht war ein lanciertes Sachbuch ohne Beweiskraft und die Veröffentlichungen folgten dem Prinzip der »stillen Post«: Hörensagen mit einer Tendenz zur Dramatisierung. Wie immer in solchen Fällen kamen auch medizinische Autoritäten zu Wort, und nicht nur selbst ernannte, sondern auch Wissenschaftler, die sich für die Interessen des pharmazeutischen Unternehmens einspannen ließen. Schließlich hat eine unabhängige Forschergruppe die verbreiteten Behauptungen geprüft und kommt Anfang 2003 zu dem Schluss, dass sie wissenschaftlich unbegründet sind. Das »Sisi-Syndrom« ist also keine eigenständige nosologische Einheit (Burgmer et al. 2003). Seitdem herrscht Schweigen. Für das pharmazeutische Unternehmen dürfte sich der Aufwand allerdings gelohnt haben.

Rückblickend muss man wohl annehmen, dass das Unternehmen ein Medikament entwickelt hat, für das es anschließend nach einer profitablen Indikation suchte. Denkt man den Zusammenhang von Diagnose und Therapie gewöhnlich umgekehrt, so ist es weltweit doch keine Ausnahme, dass vorhandene Therapiemöglichkeiten passende Diagnosen nach sich ziehen.

▓ Normative Implikationen psychopathologischer Diagnosen

Auch wenn die Geschichte des »Sisi-Syndroms«, das im Übrigen ein deutsches Phänomen blieb, ein grelles Licht auf die medizinische Definitionspraxis psychischer Krankheiten wirft, ist sie doch nur eine extremes Beispiel für ein verallgemeinerbares Problem medizinischer Erkenntnis: Alle Aussagen über psychische Krankheiten und ihre aktuelle und historische Verteilung basieren auf Diagnosen. Während positivistisches Denken psychische Krankheiten als objektive Entitäten konzipiert, die im Erkenntnisprozess »entdeckt« und anschließend routinemäßig identifiziert werden, zieht konstruktivistisches Denken diese Konzeption in Zweifel. Stattdessen betont es, dass die Diagnose der diagnostizierten psychischen Krankheit nicht äußerlich ist, sondern sie – verstanden als Erkenntnisgegenstand – im Prozess der Erkenntnis nicht weniger »erfindet«, als es sie »entdeckt«, weshalb an die Stelle des Anspruchs auf Objektivität der Anspruch auf Intersubjektivität tritt.

Damit kommen zwangsläufig Interessen und Interessenkonflikte zum Tragen, die sich unerkannt oder unausgesprochen in Diagnosen (und Therapien) niederschlagen, wo sie infolge einer Objektivierung der diagnostizierten (und therapierten) psychischen Krankheit naturalisiert werden. Um diese Naturalisierung aufzulösen und zu rekonstruieren, wer an welcher Diagnose (und Therapie) welches Interesse hat, ist eine »Psychoanalyse der medizinischen Erkenntnis« (Schultz-Venrath 1997, S. 19) durchaus angebracht. Deren Theorie und Praxis wäre freilich noch systematisch zu entwickeln. Ein Feld, auf dem es sich lohnen könnte, erste Schritte in dieser Richtung zu tun, sind Emotionsnormen (Hochschild 1979), die als normative Implikationen in die Diagnose (und Therapie) von psychischen Krankheiten eingehen.

▨ Emotionsnormen

Um eine psychische Krankheit zu diagnostizieren, muss der Allgemeinarzt oder Psychiater eine Devianz feststellen – im Fall einer affektiven Störung wie der Depression eine signifikante Abweichung vom normalen emotionalen Erleben und Handeln. Diese Normen sind prinzipiell kontingent, mithin keine Invarianten. Vielmehr gibt es Unterschiede, allen voran soziokulturelle Unterschiede, die es zu berücksichtigen gilt.

So berichtet zum Beispiel eine New Yorker Psychiaterin, die mit russischen Einwanderern arbeitet: »Wenn ein aus der Sowjetunion stammender Russe zu mir käme, ohne über irgend etwas zu klagen, würde ich ihn in eine Klinik einweisen; jammert er jedoch über alles, so weiß ich, dass es ihm gut geht. Dass er depressiv werden könnte, nähme ich nur an, wenn er mir extrem paranoid oder schmerzverzerrt erschiene« (Solomon 2001, S. 199).

In diesem Beispiel wird diagnostisch auf Emotionsnormen rekurriert. Sie verlangen den Mitgliedern einer bestimmten Kultur generell oder situativ einen bestimmten Gefühlsausdruck oder sogar ein bestimmtes Fühlen ab. Jede Kultur sozialisiert ihre Mitglieder so, dass sie diese Normen übernehmen – sie zumindest berücksichtigen oder sich sogar mit ihnen identifizieren, wodurch sie ihre normativ geregelte Emotionalität als »natürlich« erleben. Da die Orientierung an Emotionsnormen zur sozialen Integration beiträgt und Sanktionen vermeiden hilft, ist es lohnend, sie zu übernehmen.

In jeder Kultur werden Emotionsnormen für verschiedene soziale Gruppen weiter differenziert, was etwa zu geschlechtsspezifischen Emotionsnormen führt. Von Frauen und Männern wird dann erwartet, dass sie generell oder situativ einen anderen, heißt: ihnen beziehungsweise ihrer Geschlechtsrolle angemessenen Gefühlsausdruck zeigen oder sogar geschlechtsrollenkonform fühlen. So ist interkulturell gut belegt, dass Männer in vergleichbaren Situationen sehr viel häufiger Ärger, Frauen dagegen sehr viel häufiger Traurigkeit zum Ausdruck bringen (Fischer et al. 2004).

▪ Geschlechtsspezifische Depressionsdiagnosen?

Depressionen sind weltweit geschlechtsspezifisch verteilt (Nolen-Hocksema 1990): Frauen erkranken durchschnittlich doppelt so häufig wie Männer. Diese Verteilungsunterschiede treten ab der (späten) Pubertät auf (Angold et al. 1998), die eine Zeit tief greifender geschlechtsspezifischer organismischer Veränderungen, gleichzeitig aber auch die Zeit einer identifikatorischen Übernahme der weiblichen und männlichen Geschlechtsrollen ist.

Wie lassen sich die Unterschiede erklären? In Anbetracht der multifaktoriellen Ätiologie der Depression ist eine einfache Antwort unwahrscheinlich. Ein vergleichsweise wenig diskutierter Aspekt setzt an der Diagnosestellung an. Könnte es sein, dass Frauen und Männer zwar gleich häufig depressiv erkranken, diagnostisch aber unterschiedlich beurteilt werden? Zunächst soll diese Hypothese unter Ausblendung möglicher Gegenargumente für das bürgerliche Rollenmodell westlicher Gesellschaften durchgespielt werden.

Diagnosen sind Resultate der Arzt-Patient-Beziehung. Betrachtet man diese Beziehung in Gender-Perspektive, so lässt sich eine Übertragung geltender Geschlechtsrollensstereotype erwarten. Denn in der Arzt-Patient-Beziehung treffen Männer und Frauen aufeinander, die mehr oder weniger bewusste Träger dieser Stereotype sind.

In Medizinsoziologie und -psychologie ist das Phänomen eines geschlechtsspezifischen Gesundheits- und Krankheitsverhaltens sowie geschlechtsspezifischer Diagnosen gut bekannt: Allgemeinärzte beurteilen Beschwerden oft unterschiedlich, je nachdem, ob sie von weiblichen oder männlichen Patienten kommuniziert werden. So fallen die Urteile signifikant unterschiedlich aus, ob man bei ein und derselben Fallbeschreibung einer somatisierten Depression den Patienten als Mann oder als Frau fingiert und ob es ein Arzt oder eine Ärztin ist, die urteilt (Ross et al. 1999).

Dem bürgerlichen Modell westlicher Gesellschaften zufolge ist Männern ein Habitus der Dominanz zu eigen, zu dem gehört, keine Angriffspunkte zu bieten, mithin sich beständig stark und das heißt auch klaglos zu zeigen. Diese heroische Selbststilisierung einer »Unfähigkeit zu leiden«, einschließlich einer »Unfähigkeit zu trauern«, schlägt sich im Gesundheitsverhalten nieder: Krank sein erleben Männer als narzisstische Kränkung, weshalb sie auch seltener und später einen Arzt konsultieren. Zwar steht diese selbstschädigende Geschlechtsrolle seit langem in der Kritik, darf aber längst noch nicht als überwunden gelten.

Ist Depression eine stigmatisierende Diagnose, so ist sie es vor diesem Hintergrund für Männer in besonderer Weise, da Passivität, Ohnmacht und Hilflosigkeit alles Merkmale sind, die der traditionellen Männerrolle widersprechen, während sie eine deutliche Affinität zu den Merkmalen der traditionellen Frauenrolle haben. Folglich heißt für Männer, depressiv zu sein, immer auch unmännlich zu sein, so dass sie ihre Erkrankung als Bedrohung ihrer Geschlechtsrollenidentität erleben (Veiel 1996).

Nun ist bekannt, dass eine solche Bedrohung durch eine Betonung oder sogar Übertreibung geschlechtsrollenkonformer Verhaltensweisen abgewehrt werden kann. Zumindest Personen mit einer konventionellen Geschlechtsrollenidentität demonstrieren dann (sich und anderen) eine zweifelsfreie soziale Kategorisierung. Demzufolge würden Männer im Fall von Verlusten und Enttäuschungen zunächst einmal besonders offensiv reagieren, um keinen Zweifel an ihrer Männlichkeit aufkommen zu lassen, mithin Tatkraft demonstrieren. Dazu gehört eine Verstärkung der mit einer ausgeprägten Männlichkeitsideologie korrespondierenden »normative male alexithymia« (Levant 1998; Levant et al. 2003), die auf einer Reduzierung emotionaler Reagibilität im Dienste einer unbedingten Aufrechterhaltung von Handlungsfähigkeit beruht und leicht mit psychischer Robustheit verwechselt werden kann.

Gilt der skizzierte Konformitätsmechanismus auch für Frauen, so würden sie unter denselben Bedingungen besonders defensiv reagieren, mithin die Merkmale der konventionellen Frauenrolle verstärken oder sogar übertreiben, um keinen Zweifel an ihrer Weiblichkeit aufkommen zu lassen: sich besonders passiv, ohnmächtig und hilflos präsentieren. Da diese Merkmale der traditionellen weiblichen Geschlechtsrolle aber depressiven Symptomen ähneln, liegt es nahe, Frauen auch eher als depressiv wahrzunehmen (Angst u. Dobler-Mikola 1984).

Es könnte sein, dass es eine vorbewusste oder unbewusste

Übereinkunft zwischen Patienten und Allgemeinärzten gibt, die konventionellen Geschlechtsrollenidentitäten zu bestätigen. Dann würden Männer auch als Patienten eine Depressionsabwehr in Szene setzen, die ihnen ihr Arzt (oder eine mit diesem Männerbild identifizierte Ärztin) durch eine Diagnose bestätigt, die von der Befürchtung ablenkt, depressiv zu sein. Bei einem solchen Abwehrbündnis wäre es die logische Folge, dass die Depression von Männern leicht übersehen wird.

Gefördert wird diese Reproduktion von Geschlechtsrollenstereotypen durch die notorische Knappheit an Gesprächszeit, die in der Allgemeinpraxis besteht und für die richtige Diagnose von Depressionen generell hinderlich ist (Howie et al. 1991). Das Problem wird verschärft, wenn es darum geht, Emotionen zu kommunizieren, die von den für sie gesellschaftlich geltenden geschlechtsspezifischen Emotionsnormen abweichen. Dann benötigen Patienten und Patientinnen großes Vertrauen, zumindest aber mehr Zeit als die üblichen sechs bis sieben Minuten, um ihren verständlichen Selbstenthüllungswiderstand aufzugeben. Die Chance für eine normenwidrige Selbstenthüllung sinkt jedoch, je mehr die Konsultation unter Zeitdruck stattfindet.

Nicht unerwähnt bleiben darf letztlich, dass das Bild von Gesundheit, das im naturwissenschaftlichen Medizinsystem institutionalisiert ist, eher dem Bild des Mannes gleicht, wie es der traditionellen männlichen Geschlechtsrolle entspricht. Und so findet sich dann die Depressionsabwehr auch bei den Allgemeinärzten, die sie bei ihren Patienten doch durchschauen sollen. Zumindest ist das eine Erfahrung, die Hilfsorganisationen wie der »National Counselling Service for Sick Doctors« in London berichten (Donaldson 1994). Demnach ist die Stigmatisierungsangst, an einer Depression erkrankt zu sein, unter den Allgemeinärzten kaum weniger verbreitet als in der übrigen Bevölkerung.

Wie groß der Anteil ist, den solche normativ voreingenommenen Diagnosen ausmachen, um den festgestellten geschlechtsspezifischen Unterschied in den Depressionsraten zu erklären, muss freilich offen bleiben. Inzwischen ist ein ganzes Bündel verschiedener Faktoren identifiziert worden, die Erklärungskraft besitzen (Piccinelli u. Wilkinson 2000). Befriedigend ist der erreichte Erkenntnisstand aber längst noch nicht.

Bleibt man bei den Emotionsnormen, so müssten sich die Depressionsraten von Männern und Frauen in Kulturen angleichen, in denen keine dem bürgerlichen Rollenmodell westlicher Gesellschaften vergleichbare Polarisierung der Geschlechtsrollen vorkommt. In der Tat ist dies unter anderem für die mediterrane Kultur (Mavreas et al. 1986; Vázquez-Barquero et al. 1987), die Amish-People (Egeland u. Hostetter 1983) und orthodoxe Juden in London (Loewenthal et al. 1995) belegt.

In eine ähnliche Richtung weisen Befunde, die das größere Depressionsrisiko für Frauen im Rahmen des bürgerlichen Rollenmodells westlicher Gesellschaften auf größere Belastungen zurückführen, die aus der Polarisierung der Geschlechtsrollen und der mit ihr verbundenen geschlechtsspezifischen Arbeitsteilung faktisch resultieren. Dabei wiegt die ungeteilte Verantwortung für den Nachwuchs besonders schwer. So sind Wochenbettdepressionen seltener bei Frauen, deren Männer sich für Pflege und Erziehung der Kinder mitverantwortlich fühlen. Ganz in diesem Sinne schwindet der Unterschied der Depressionsraten, wenn man Frauen und Männer vergleicht, die in ihren Paarbeziehungen keine geschlechtsspezifische Arbeitsteilung in der Haushaltsführung haben. Dagegen gilt generell: In der Ehe sinkt das Depressionsrisiko eines Mannes, das Depressionsrisiko einer verheirateten Frau dagegen steigt (Nazroo et al. 2004).

Der Diskurs um die unterschiedlichen Depressionsraten von Männern und Frauen ist nicht zuletzt ein interessengeleiteter politischer Diskurs. Das fängt bereits da an, wo eher die Frauenquote als die Männerquote als erklärungsbedürftig erscheint. Insofern ist eine Umkehrung der Fragerichtung durchaus berechtigt. Warum, fragt dann auch eine feministische Autorin, ist die Depressionsquote bei Männern »so abnorm niedrig«? Um dann die rhetorische Antwort zu geben: »Steht das Testosteron der Entwicklung voller Menschlichkeit und emotionaler Empfindsamkeit im Wege?« (Solomon 2001, S. 178). Damit aber wird die depressive Frau idealisiert. Zur Verkörperung der Humanität erhoben, findet sie sich genau an das tyrannische Ich-Ideal gekettet, das sie depressiv werden lässt.

■ Depressive Gesellschaft?

Der Depressionsdiskurs ist in vielerlei Hinsicht ein politischer Diskurs. Das gilt nicht zuletzt für die immer lauter geäußerte Vermutung, die Depression sei die Schattenseite eines globalen neoliberalen Gesellschaftswandels. Dabei steht nicht nur eine weltweite Zunahme von Depressionen in Frage, sondern auch ein Formenwandel der psychischen Krankheit.

So hat es den Anschein (Ebert 1999), als nähmen Schuldgefühle generell ab, vor allem solche, die mit Vergehen gegen religiöse und sexuelle Normen assoziiert sind und Strafvorstellungen nach sich ziehen. Dagegen nähmen Insuffizienzgefühle generell zu, vor allem solche, die als hypochondrische Sorge um die Funktionsfähigkeit des Körpers kreisen, sowie solche, Familienpflichten nicht genügen zu können. Dies entspräche dem Typus der »narzisstischen Depression« (Bleichmar 1996, S. 944f.), der sehr viel mehr durch Scham- als durch Schuldgefühle geprägt ist.

Angenommen, dieser Formenwandel verweise auf den Siegeszug des neoliberalen Gesellschaftsmodells: Dieses Modell favorisiert Werte der Selbstverwirklichung, die auf einer weitgehenden Entmoralisierung des gesellschaftlichen Lebens beruhen. Gelungen ist eine Lebensführung dann, wenn sie dem Streben nach herausfordernden persönlichen Zielen gilt: Tue, was du (in weiten normativen Grenzen) willst, aber tue es erfolgreich! Gemäß dieser Maxime dürfen sich alle Gesellschaftsmitglieder ihre beruflichen und privaten Erfolge als eigene Leistungen zuschreiben, müssen dies aber auch für alle ihre Misserfolge tun. Wer die gesellschaftlich gebotenen Chancen nicht nutzt, hat persönlich versagt – und sollte sich dafür schämen.

Gesellschaftsmitglieder, die mit dem Wunsch nach persönlichem Erfolg als primärem Ich-Ideal-Kriterium einer gelungenen Lebensführung identifiziert sind, riskieren aber eine narzisstische Depression. Sie können von ihrem Wunsch nicht lassen, da seine Erfüllung ein unverzichtbarer Bestandteil ihrer Selbstwertregulation ist, werden aber auch trotz andauernder Anstrengung nicht mit einer perfekten Wunscherfüllung rechnen dürfen, so dass Enttäuschungen nicht ausbleiben, die sie aber nicht zu tolerieren vermögen. Insoweit Globalisierung die weltweite Ausbreitung einer solchen Anspruchsmentalität bedeutet, ist anzunehmen, dass auch narzisstische Depressionen – neben den Entwurzelungsdepressionen, die den weltweiten Migrationsströmen folgen – globalisiert werden.

In diesem Gesellschaftswandel kommt es wiederholt zu Versuchen, durch die Einführung neuer nosologicher Kategorien das Spektrum der Depressionen zu »modernisieren«. Das bereits angeführte »Sisi-Syndrom« ist dafür ein Beispiel, ein anderes, weitaus weniger drastisches, das »Chronische Müdigkeitssyndrom« (Aronowitz 1992; Lieb et al. 1996). In der Diskussion um seine Abgrenzung gegenüber dem typischen Erscheinungsbild der Depression kommen Äußerungen vor, die irritieren müssen, weil sie auf feine Unterschiede hinauslaufen, die stigmatisierend sind. So kann man in »Harper's & Queen«, einem Magazin für die britische Mittel- und Oberschicht, die folgende Stellungnahme eines medizinischen Experten lesen: »Personen, die an Chronischer Müdigkeit leiden, sind hoch leistungsmotiviert. Sie haben zu viel Willensstärke, während Depressive so gut wie keine haben« (Wessley 2001, S. 3). Damit wird Depressiven fehlende Leistungsmotivation zugeschrieben, wofür es im neoliberalen Gesellschaftsmodell kein Verständnis gibt. Vor dem Hintergrund dieser Diffamierung erscheint dann das »Chronische-Müdigkeits-Syndrom« sozusagen als eine »weiße« Depression. Sie darf mit Verständnis rechnen, weil nur Personen sie erleiden, die neoliberale Tugenden besitzen.

◼ Literatur

Angermeyer, M. C.; Däumer, R.; Matschinger, H. (1993): Benefits and risks of psychotropic medication in the eyes of the general public. Results of a survey in the Federal Republic of Germany. Pharmacopsychiatry 26: 114–120.

Angermeyer, M. C.; Matschinger, H.; Riedel-Heller, S. G. (1999): Whom to ask for help in case of mental disorder? Preference of the lay public. Social Psychiatry and Psychiatric Epidemiology 34: 202–210.

Angold, A.; Costello, E. J.; Worthman, C. M. (1998): Puberty and depression. The role of age, pubertal status and pubertal timing. Psychological Medicine 28: 51–61.

Angst, J.; Dobler-Mikola, A. (1984): Do the diagnostic criteria determine the sex ratio in depression? Journal of Affective Disorders 7: 189–198.

Appelbaum, S. A. (1973): Psychological mindedness. Word, concept, and essence. International Journal of Psycho-Analysis 54: 35–46.

Aronowitz, R. (1992): From myalgic encephalitis to yuppie flu. A history of Chronic Fatigue Syndrom. In: Rosenberg, D. E.; Golden, J. (Hg.): Framing Disease. Studies in Cultural History. New Brunswick, S. 155–181.

Badger, L. W.; De Fruy, F. V.; Hartmann, J. et al. (1994): Patients presentation, interview consent, and the detection of depression by primary care physicians. Psychosomatic Medicine 56: 128–135.

Bashir, K.; Blizard, R.; Jenkins, R. et al. (1996): Validation of the 12-item general health questionnaire in British general practice. Primary Care Psychiatry 2: 4–7.

Benazon, N. R.; Coyne, J. C. (2000): Living with a depressed spouse. Journal of Family Psychology 14: 71–79.

Beck, C. T. (1999): Maternal depression and child behaviour problems. A meta-analysis. Journal of Advanced Nursing 29: 623–629.

Bleichmar, H. B. (1996): Some subtypes of depression and their implications for psychoanalytic treatment. International Journal of Psycho-Analysis 77: 935–961.

Brody, D. S.; Thompson, T. L.; Larson, D. B. et al. (1995): Recognizing and managing depression in primary care. General Hospital Psychiatry 17: 93–107.

Bhugra, D.; Mastrogianni, A. (2004): Globalisation and mental disorders. Overview with relation to depression. The British Journal of Psychitary 184: 10–20.

Burgmer, M.; Driesch, G.; Heuft, G. (2003): Das »Sisi-Syndrom« – eine neue Depression. Nervenarzt 74: 440–444.

Cape, J.; McCulloch, Y. (1999): Patient's reasons for not presenting emotional problems in general practice consultations. British Journal of General Practice 49: 875–879.

Coyne, J. C.; Kessler, R. C.; Tal, M. et al. (1987): Living with a depressed person. Journal of Consulting Clinical Psychology 55: 347–352.

Coyne, J. C.; Downey, G.; Boergers, J. (1992): Depression in families. A systems perspective. In: Cicchetti, D.; Toth, S. L. (Hg.): Developmental Perspectives in Depression. Pochester, S. 211–249.

Crown, W. H.; Finkelstein, S.; Berndt, E. R. et al. (2002): The impact of treatment-resistant depression on health care utilization and costs. Journal of Clinical Psychiatry 63: 963–971.

Dawson, A. (Hg.) (2001): Depression. Social and Economic Timebomb. London.

Docherty, J. P. (1997): Barriers to the diagnosis of depression in primary care. Journal of Clinical Psychiatry 58 (Suppl.): 5–9.

Donaldson, L. J. (1994): Sick doctors. British Medical Journal 309: 557–558.

Dowrick, C.; Gask, L.; Perry, R. et al. (2000): Do general practioners attitudes towards depression predict their clinical behaviour? Psychological Medicine 30: 413–419.

Ebert, D. (1999): Soziokulturelle Faktoren und die Psychopathologie der Depression. Darmstadt.

Egeland, J. A.; Hostetter, A. M. (1983): Affective disorders among the Amish, 1976–1980. American Journal of Psychiatry 140: 56–61.

Ehrenberg, A. (1998): Das erschöpfte Selbst. Depression und Gesellschaft in der Gegenwart. Frankfurt a. M. u. a., 2004.

Fischer, A. H.; Mosquera, P. M. R.; van Vianen, A. E. M. et al. (2004): Gender and culture differences in emotion. Emotion 4: 87–94.

Fischer, J. (2001): Gesundheitsökonomische Aspekte des Krankheitsbildes Depression. Göttingen.

Fischer, W.; Georg, D.; Zbinden, E. (1999): Determining factors and the effects of attitudes toward psychotropic medication. In: Guimon, J.; Fischer, W.; Sartorius, N. (Hg.): The Image of Madness. The Public Facing Mental Illness and Psychiatric Treatment. Basel, S. 162–186.

Ford, D. E.; Mead, L. A.; Chang, P. P. et al. (1998): Depression is a risk factor for coronary artery disease in men. Archives of Internal Medicine 158: 1422–1426.

Freeling, P.; Rao, B. M.; Paykel, E. S. et al. (1985): Unrecognised depression in general practice. British Medical Journal 290: 1880–1883.

Galbaud du Fort, G.; Newman, S.; Boothroyd, L. et al. (1999): Treatment seeking for depression. Role of depressive symptoms and comorbid psychiatric diagnoses. Journal of Affective Disorders 52: 31–40.

Gask, L. (1992): Training general practitioners to detect and manage emotional disorders. International Review of Psychiatry 4: 293–300.

Gelfand, D.; Teti, D. (1990): The effects of maternal depression on children. Clinical Psychology Review 10: 329–353.

Gilbody, S. M.; House, A. O.; Sheldon, T. A. (2001): Routinely administered questionnaires for depression and anxiety. Systematic review. British Medical Journal 322: 406–409.

Gladstone, G.; Parker, G.; Wilhelm, K. et al. (1999): Characteristics of depressed patients who report childhood sexual abuse. American Journal of Psychiatry 156: 431–437.

Goldberg, D.; Williams, P. (1991): A User's Guide to the General Health Questionnaire. Windsor.

Goldman, L. S.; Nielsen, N. H.; Champion, H. C. (1999): Awareness, diagnosis, and treatment in depression. Journal of General Internal Medicine 14: 569–580.

Goodman, S. H.; Gotlib, I. H. (Hg.) (2002): Children of Depressed Parents. Mechanisms of Risk and Implications for Treatment. Washington.

Health, I. (1999): Commentary: There must be limits to the medicalisation of human distress. British Medical Journal 318: 439–440.

Healy, D. (1997): The Anti-depressant Era. Harvard.

Hochschild, A. (1979): Emotion work, feeling rules, and social structure. American Journal of Sociology 85: 551–575.

Howie, J.; Porter, A. M.; Heaney, D. J. et al. (1991): Long to short consultation ratio – a proxy measure of quality of care in general practice. British Journal of General Practice 41: 48–54.

Jorm, A. F.; Korten, A. E.; Jacomb, P. A. et al. (1997): Public beliefs about causes and risk factors for depression and schizophrenia. Social Psychiatry and
Psychiatric Epidemiology 82: 143–148.

Karp, D. (1994): Living with depression. Illness and identity turning points.
Qualitative Health Research 4: 6–30.

Kessler, D.; Lloyd, K.; Lewis, G. et al. (1999): Cross sectional study of symptom
attribution and recognition of depression and anxiety in primary care.
British Medical Journal 318: 436–439.

King, M. (1998): Mental health research in general practice. From head counts
to outcomes. British Journal of General Practice 48: 1295–1296.

Kirmayer, L. J. (2001): Cultural variation in the clinical presentation of depression and anxiety. Implications for diagnosis and treatment. Journal of
Clinical Psychiatry 62 (Suppl.): 22–30.

Kirmayer, L. J.; Young, A. (1998): Culture and somatization. Clinical, epidemiological, and ethnographic perspectives. Psychosomatic Medicine 60: 420–
430.

Kühn, K. U.; Quednow, B. B.; Barkow, K. et al. (2002): Chronifizierung und
psychosoziale Behinderung durch depressive Erkrankungen bei Patienten
in der Allgemeinpraxis im Einjahresverlauf. Nervenarzt 73: 644–650.

Lakey, B.; Lutz, C. J. (1996): Social support and preventive and therapeutic interventions. In: Pierce, G. R.; Sarason, B. R.; Sarason, I. G. (Hg.): Handbook of Social Support and the Family. New York, S. 435–465.

Lee, S. (1999): Diagnosing postponed. Shenjing shuairuo and the transforma-
tion of psychiatry in post-mao China. Culture, Medicine and Psychiatry
23: 349–380.

Levant, R. F. (1998): Desperately seeking language. Understanding, assessing,
and treating normative male alexithymia. In: Pollock, W. S.; Levant, R. F.
(Hg.): New Psychotherapy for Men. New York, S. 35–56.

Levant, R. F.; Richmond, K.; Majors, R. G. et al. (2003): A multicultural investigation of masculinity ideology and alexithymia. Psychology of Men and
Masculinity 4: 91–99.

Lieb, K.; Dammann, G.; Berger, M. et al. (1996): Das Chronische Müdigkeitssyndrom. Der Nervenarzt 67: 711–720.

Lin, K.-M. (1980): Traditional Chinese medical beliefs and their relevance for
mental illness and psychiatry. In: Kleinman, A.; Lin, T. Y. (Hg.): Normal
and Abnormal Behavior in Chinese Culture. Boston, S. 85–110.

Lin, N.; Dean, A.; Ensel, W. M. (1986): Social Support, Life Events, and Depression. Orlando.

Linde, K.; Ramirez, G.; Mulrow, C. D. et al. (1996): St. John's wort for depression – an overview and meta-analysis of randomised controlled trials. British Medical Journal 313: 253–258.

Link, B. G.; Phelan, J. C.; Bresnahan, M. (1999): Public conceptions of mental
illness. Labels, causes, dangerousness, and social distance. American Journal of Public Health 89: 1328–1333.

Loewenthal, K.; Goldblatt, V.; Gorton, T. (1995): Gender and depression in Anglos-Jewry. Psychological Medicine 25: 1051–1064.

Main, M. (1995): Desorganisation im Bindungsverhalten. In: Spangler, G.; Zimmermann, P. (Hg.): Die Bindungstheorie. Grundlagen, Forschung und Anwendung. Stuttgart, S. 10–139.

Mavreas, V. G.; Beis, A.; Mouyias, A. (1986): Prevalence of psychiatric disorders in Athens. A community study. Social Psychiatry 21:172–181.

McKeaon, P; Carrick, S. (1991): Public attitudes of depression. A national survey. Irish Journal of Psychological Medicine 8: 116–121.

Miller, T.; Goldberg, D. (1991): Link between the ability to detect and manage emotional disorders. British Journal of General Practice 41: 357–359.

Minkmar, N. (2003): Weh mir, wo nehm ich, wenn es Winter ist, die Blumen? Frankfurter Allgemeine Sonntagszeitung, 48: 27.

Monroe, S.; Simons, A.; Thase, M. (1991): Onset of depression and time of treatment entry – roles of life stress. Journal of Consulting and Clinical Psychology 59: 566–573.

Morris, R. (1992): Interviewing skills and the detection of psychiatric problems. International Journal of Psychiatry 4: 287–292.

Moynihan, R. (2002): Selling sickness. The pharmaceutical industry and disease mongering. British Medical Journal 324: 886–891.

Nazroo, J. Y.; Edwards, A. C.; Brown, G. W. (2004): Gender differences in the prevalence of depression. Artefact, alternative disorders, biology or roles? Sociology of Health and Illness 20: 312–330.

Nolen-Hocksema, S. (1990): Sex differences in depression. Stanford.

O'Reardorn, J. P.; Amsterdam, J. D. (1998): Treatment-resistant depression. Progress and limitations. Psychological Annual 28: 633–640.

Parker, G. B.; Brown, L. B. (1982): Coping behaviour that mediate between life events and depression. Archives of General Psychiatry 39: 1386–1391.

Parker, G. B.; Gladstone, G.; Chee, K. T. (2001): Depression in the planet's largest ethnic group. The Chinese. American Journal of Psychiatry 158: 857–864.

Piccinelli, M.; Wilkinson, G. (2000): Gender differences in depression. Critical review. British Journal of Psychiatry 177: 486–492.

Priest, R. G., Vize, C.; Roberts, A. et al. (1996): Lay people's attitudes to treatment of depression. Results of opinion poll for Defeat Depression Campaign just before its launch. Britisch Medical Journal 313: 858–859.

Raguram, R.; Weiss, M. G.; Channabasavanna, S. M. et al. (1996): Stigma, depression, and somatization in south India. American Journal of Psychiatry 153: 1043–1049.

Reich, G. (2003): Depression und Paarbeziehung. Psychotherapeut 48: 2–14.

Rippere, V. (1979): Scaling the helpfulness of antidepressive activities. Behaviour Research and Therapy 17: 439–449.

Roeloffs, C.; Sherbourne, C.; Unutzer, J. et al. (2004): Stigma and depression among primary care patients. General Hospital Psychiatry 25: 311–315.

Rogers, A.; May, C.; Oliver, D. (2001): Experiencing depression, experiencing the depressed. The separate world of patients and doctors. Journal of Mental Health 10: 317–333.

Ross, S.; Moffat, K.; McConnachie, A. et al. (1999): Sex and attitude. A randomised vignette study of the management of depression by general practitioners. British Journal of General Practice 49: 17–21.

Roudinesco, E. (1999): Wozu Psychoanalyse? Stuttgart, 2002.

Roy, A. (1985): Early parental separation and adult depression. Archives of General Psychiatry 37: 987–991.

Schultz-Venrath, U. (1997): Der Einfluß von Ideologie und Technik auf Diagnostik und Therapie psychosomatischer Krankheiten im 20. Jahrhundert. In: Herold, R. (Hg.): »Ich bin doch krank und nicht verrückt«. Moderne Leiden. Das verleugnete und unbewußte Subjekt in der Medizin. Tübingen, S. 19–46.

Schulze, G. (1992): Die Erlebnisgesellschaft. Frankfurt a. M. u. a.

Simon, G. E.; von Knorff, M.; Piccinelli, M. et al. (1999): An international study of the relation between somatic symptoms and depression. New English Journal of Medicine 341: 1329–1335.

Solomon, A. (2001): Saturns Schatten. Die dunklen Welten der Depression. Frankfurt a. M.

Stein, P. K.; Carney, R. M.; Freedland, K. E. et al. (2000): Severe depression is associated with markedly reduced heart rate variability. Journal of Psychosomatic Research 48: 493–500.

Techniker-Krankenkasse (2003): Gesundheitsreport 2003. Hamburg.

Vázquez-Barquero, J. L.; Diez-Manrique, J. F.; Pena, C. (1987): A community mental health survey in Cantabria. A general description of morbidity. Psychological Medicine 17: 227–242.

Veiel, H. O. F. (1996): Gender differences in the role of interpersonal dependency in depression. In: Mundt, C.; Goldstein, M. J.; Hahlweg, K.; Fiedler, P. (Hg.): Interpersonal Factors in the Origin and Course of Affective Disorders. Dorchester, S. 168–192.

Weich, S.; Lewis, G.; Mann, A. H. et al. (1995): The somatic presentation of psychiatric morbidity in general practice. British Journal of General Practice 45: 143–147.

Wessley, S. (2001): Somatisation of depression. Online im Internet: URL: http://www.depression.org.uk

White, G. M. (1982): The role of cultural explanations in »somatization« and »psychologization«. Social Science and Medicine 16: 1519–1530.

Wittchen, H. U.; Höfler, M.; Meister, W. (2000): Depressionen in der Allgemeinpraxis. Die bundesweite Depressionsstudie. Stuttgart.

Wolpert, L. (2004): Stigma of depression – a personal view. British Medical Bulletin 57: 221–224.

Wulsin, L. R.; Singal, B. M. (2003): Do depressive symptoms increase the risk for the onset of coronary disease? A systematic quantitative review. Psychosomatic Medicine 65: 201–210.

■ Europäische Perspektive

Vorbemerkung

Die Beiträge dieses Bandes dienen dem Erfahrungsaustausch zu Behandlungskonzepten und -möglichkeiten chronisch depressiver Patienten, auch in anderen europäischen Ländern. Die Autoren bilden ein Forschernetzwerk, das wir seit einiger Zeit aufgebaut hatten, um einige laufende Studien in diesem Gebiet miteinander zu vernetzen und nach gemeinsamen weiterführenden Perspektiven zu suchen. So wurde, wie Stephan Hau in seinem Beitrag skizziert, die Frankfurter Depressionsstudie in enger Kooperation mit zwei bereits laufenden Studien, der Tavistock Adult Depression Study (vgl. den Beitrag von Carlyle in diesem Band) und der Zürcher Depressionsstudie (vgl. die Beiträge Böker und Stassen et al. in diesem Band), geplant.

Eines unserer Fernziele ist es, Studien zu chronifizierten Depressionen auch in anderen europäischen Ländern durchzuführen, um kuluturspezifische Determinanten und Manifestationen depressiver Erkrankungen, auf die in diesem Band immer wieder hingewiesen wurde, systematisch zu untersuchen. Zudem stellt sich die Frage, welche Behandlungskonzepte für diese Patientengruppe in den verschiedenen Ländern angeboten werden. Zum Beispiel war die Psychoanalyse in den kommunistischen Ländern verboten und beginnt in diesen Ländern erst seit den 1990er Jahren Fuß zu fassen (vgl. den Beitrag von Schier). Obschon der Wissenstransfer einerseits erwünscht und notwendig ist, stellt sich dabei die anspruchsvolle und sensible Frage, ob psychotherapeutische Behandlungsformen, wie die Psychoanalyse oder die Kognitive Verhaltenstherapie, die in Westeuropa oder den angelsächsischen Ländern entwickelt wurden, sich für eine Anwendung in anderen europäischen Kulturen eignen oder nicht. Analoges gilt auch für methodische und wissenschaftstheoretische Fragen. Um nur ein Beispiel zu erwähnen: Eine Mitarbeiterin von Prof. Tzavaras aus Alexandropolis wies an der Frankfurter Tagung darauf hin, dass sie vorwiegend mit depressiven islamischen Frauen aus ländlichen Gebieten arbeitet, die kaum in der Lage wären, die Fragebögen auszufüllen. Zudem äußerten sich ihre chronifizierten Depressionen in der Regel psychosomatisch und würden von den Betroffenen nicht als psychisches, sondern als körperliches Leiden wahrgenommen. Gespräche über seelische Probleme seien für sie nicht nur fremd, sondern sogar tabuisiert.

Um auf diese europäische Vielfalt hinzuweisen, publizieren wir im Folgenden einige kurze Beiträge von Kolleginnen und Kollegen aus anderen europäischen Ländern. Sie illustrieren die unterschiedlichen individuellen, familiären und institutionellen Bedingungen chronisch depressiver Menschen und ihrer Behandlungsmöglichkeiten in diesen Ländern.[1]

---

1 Leider erhielten wir nicht rechtzeitig den Bericht von Alexander Filts, der darauf hinweist, dass die Anzahl depressiver Erkrankungen seit dem Zusammenbruch des Sowjetimperiums um das Dreifache angestiegen ist. Eine Beobachtung, die nicht nur veränderten diagnostischen Kriterien zuzuschreiben ist.

Nicolas Tzavaras

Der Umgang mit der Depression in Griechenland

Der Umgang mit depressiven Patienten ist in Griechenland mit bestimmten Besonderheiten verbunden, die mit der Entwicklung des
Versorgungsnetzes zusammenhängen, das in den letzten Jahrzehnten entstanden ist. Zweifellos ist die Verzögerung der Reform
psychiatrischer Institutionen auf eine Reihe historischer Fakten
zurückzuführen, die eine spezifische nationale Stagnation oder sogar Regression bewirkt haben. Im Gegensatz hierzu kam es in anderen europäischen Ländern wie in Italien, Frankreich, Deutschland
und England bereits in den 1960er Jahren zu großen Umwälzungen, sowohl im institutionellen Bereich als auch im psychiatrischen
Diskurs, was unter anderem ein neues klinisches Sinnverständnis
bei der Praxis und der Ausbildung der Psychiater zur Folge hatte.
Im selben Zusammenhang möchte ich auf die Berührung der griechischen Psychiatrie mit den bereits begonnenen Reformanstren-
gungen in anderen europäischen Ländern hinweisen, die nach dem
Sturz des Militärregimes im Jahr 1974 stattfand. Die Junta hatte
durch ihre repressiven Maßnahmen jene innovativen Zielsetzun-
gen, die schon vor 1967 – dem Jahr der Installierung der Diktatur –
angefangen hatten, lahm gelegt.

Obgleich zögernd, wurde die postdiktatorische Situation der
Psychiatrie von den Konzeptionen und heftigen theoretischen
Auseinandersetzungen, insbesondere im Bereich der Sozialpsychi-
atrie, erfasst, wobei eine wichtige Rolle denjenigen Wissenschaft-
lern zukam, die ihre psychiatrische oder psychotherapeutische
Ausbildung im Ausland absolviert hatten.

Ich möchte zunächst ein Defizit unterstreichen, das die alther-
gebrachten und bis zu einem gewissen Grad noch bestehenden Beziehungen zwischen Arzt und Patient in Griechenland entschei-

dend beeinflusst hat beziehungsweise noch beeinflusst. Die Erstversorgung ist noch nicht für die vielfältigen Bedürfnisse der
leidenden Klientel adäquat entwickelt. In diesem Feld herrschen
an erster Stelle traditionell denkende Psychiater vor, welche die alleinige Zuständigkeit für die Patienten beanspruchen und sie vor
allem mit Medikamenten behandeln. Auf der anderen Seite verringert sich die Anzahl qualifizierter Allgemeinmediziner – mit Ausnahme in ländlichen Gebieten, wo eher eine Zunahme zu regi-
strieren ist –, deren skeptische Einstellung gegenüber der einseitig
organisch orientierten Psychiatrie eine Unterstützung psychotherapeutischer Maßnahmen zur Folge hat. Diese Ärzte erweisen sich
nach wie vor empfänglicher für psychotherapeutische Ausbil-
dungsgänge und bekunden ihr Interesse für die Psychosomatik.
Als typisches Beispiel möchte ich auf die Zusammenarbeit unserer
eigenen Universitätsklinik mit den Allgemeinmedizinern hinweisen, die in unserer Region in Thrazien praktizieren.[1]

Es sollte auch nicht unerwähnt bleiben, dass ein Großteil der
Patienten im Norden Griechenlands mit psychosomatischen Störungen oder auch depressiven Verstimmungen in Deutschland für
lange Jahre als Gastarbeiter tätig waren, wobei viele davon bereits
dort therapiert waren. Sie bestehen häufig auf der Anwendung von
Behandlungsmethoden – etwa der Gruppentherapie –, wovon sie
im deutschen Sprachraum profitiert hatten.

Eine große Anzahl von Patienten wendet sich an praktische Ärzte oder Neurologen, in dem Bemühen um eine schützende Diagnose einer organischen Krankheit als Abwehr des Stigmas eines
»geistig Kranken«. Auf diese Weise werden oft wichtige psychopathologische oder psychologische Komponenten des Leidens um-
gangen, so dass die Behandlung der verschiedenen depressiven
Symptome – für lange Zeit – unzureichend bleibt oder sich zu einer
ohne Nutzen umständlichen wie auch kostspieligen Diagnosenpro-
zedur durch eine Reihe medizinischer Disziplinen entwickelt.

---

1 Einer unserer jüngeren Kollegen, der als Sohn eines griechischen Gastar-
   beiters in Deutschland die Gelegenheit hatte, mit der Tradition der deutschen Psychosomatik in Berührung zu kommen, hatte seine Doktorarbeit
   in der Universitätsklinik für Psychosomatik in Heidelberg verfasst. Er zählt
   zu denen, die den Kontakt zu den frei praktizierenden Ärzten unterhalten,
   um ihren Ausbildungswünschen entgegenzukommen.

Die meistangewandte therapeutische Verfahrensweise besteht in der Verordnung von Antidepressiva, die gemäß der allgemeingültigen Verschreibungskriterien vergeben werden. In Folge der Einfluss heischenden Präsenz pharmazeutischer Firmen und deren Werbung für ihre Sicht der Nützlichkeit ihrer Präparate werden die Psychiater auf verschiedenen Wegen über Veränderungen auf dem Markt der Psychopharmaka schnell und intensiv informiert. Dies beeinflusst in großem Umfang das Wissen und die gängige Behandlungswahl. So spielen die zahlreichen entsprechenden Symposien, an denen Forscher aus dem Industriebereich und aus Universitätskliniken teilnehmen, um die Wirksamkeit der angebotenen Präparate zu untermauern, eine entscheidende Rolle bei der Gestaltung theoretischer Prioritäten, vor allem bei dem Teil der Nervenärzte mit nicht festgefahrenen Ideologien. Statements der Griechischen Psychiatrischen Vereinigung, die diese Frage betreffen, bezeugen die Tendenz der meisten Psychiater, auf der Verordnung von Psychopharmaka zu bestehen, selbst wenn gute Gründe für eine psychotherapeutische Behandlung oder eine parallel verlaufende Psychotherapie sprechen. Diese Feststellung ist konsequenterweise ein nicht zu vernachlässigender Grund – vor allem außerhalb der Großstädte – für das Fehlen psychotherapeutisch ausgebildeter niedergelassener Fachärzte. Es ist übrigens noch ein weiterer Grund dafür, dass die meisten Psychotherapeuten in den Ballungszentren wie Athen und Thessaloniki zu finden sind.

Ein zweiter Faktor, der im Zusammenhang mit der Erstversorgung und der Behandlung verschiedener Formen von Depressionen steht, ist die unzureichende phänomenologische Ausbildung einiger der älteren Psychiater. Bekannterweise erhielten griechische Ärzte bis ungefähr 1985 den Titel eines Facharztes für Neurologie/Psychiatrie nach einer Ausbildungszeit von nur drei Jahren (eines in Innerer Medizin, eines in Neurologie und eines in Psychiatrie). Erst vor ungefähr 20 Jahren wurde die Ausbildungsdauer der klinischen wie theoretischen Betätigung derjenigen in den Ländern Zentraleuropas üblichen angeglichen. Dennoch – und das ist leicht verständlich – lassen sich die anvisierten Ausbildungsreformen auch heute noch schwer verwirklichen, besonders wenn die klinische und theoretische Unterweisung außerhalb des privilegierten Universitätsbereiches stattfindet.

Eine weitere Folge der unzureichenden Vermittlung klinischen Könnens ist die Neigung vieler Psychiater zu einer unnötig erweiterten pharmakologischen Behandlung ihrer Patienten, um durch eine Vielzahl von Rezepten mit Kombinationen von Antidepressiva, Neuroleptika und Anxiolytika eine angebliche Optimierung ihrer Vorgehensweise abzusichern.

Es sollte unterstrichen werden, dass in den vergangenen Jahren, auf Initiative des Gesundheitsministeriums, Behandlungszentren für psychische Störungen errichtet wurden, die bestimmte Bedürfnisse der Bevölkerung, vor allem in Agrargebieten, abdecken. Die Notwendigkeit derartiger Ambulanzen mit vielfältigen Funktionen hat unmittelbar mit der Abneigung der Fachärzte zu tun, private Praxen in ländlichen Bezirken zu unterhalten, da diese weder attraktive Berufsbedingungen noch eine anziehende Lebensumgebung in Aussicht stellen. In Thrazien wurde ein Teil der therapeutischen Aktivitäten von mobilen Einheiten übernommen, die in den letzten 20 Jahren entstanden sind und sich aus Ärzten, Sozialarbeitern und Psychologen zusammensetzen. Diese Teams arbeiten eng sowohl mit den sonstigen staatlichen Institutionen für die psychiatrische Versorgung und Rehabilitation als auch – zum Beispiel im Fall Thraziens – mit psychiatrischen Universitätskliniken zusammen, wobei letztere zugleich Supervisions- und Ausbildungsaufgaben übernehmen.

Es versteht sich, dass schwere und chronifizierte Formen der Depression in Abteilungen behandelt werden, die in den letzten Jahren in staatlichen Krankenhäusern integriert wurden. Dennoch, ein Teil der Patienten wird nach wie vor in alten psychiatrischen Landeskrankenhäusern aufgenommen. Die noch laufende Reform der Psychiatrie in Griechenland besteht darin, in den großen staatlichen Allgemeinkrankenhäusern psychiatrische Abteilungen einzurichten, die im Durchschnitt 20 Betten umfassen und über Ambulanzen verfügen. So wurde eine große Anzahl an Patienten – unter ihnen auch die an Depressionen leidenden – auf Institutionen außerhalb der traditionellen Asyle verteilt, die sich im ganzen Land in einem Schrumpfungsprozess befinden.

Dennoch bleibt auch in der Krankenhausversorgung die Grundform der Therapie eine psychopharmakologische, wiewohl die in der Vergangenheit weit verbreitete Elektroschock-Behand-

lung viel weniger angewandt wird. (Bezeichnenderweise wird eine
Elektroschock-Therapie in unserer Universitätsklinik generell ge-
mieden, zumal im Kontext unserer Behandlungsbemühungen sich
keinerlei Notwendigkeit dafür gezeigt hat.)

Zumindest ist in den großen urbanen Zentren, in Athen, Thessaloniki und Patras die Bemühung festzustellen, das Spektrum
therapeutischer Interventionen zu bereichern. Im selben Rahmen
sind auch die mehr oder weniger pluralistischen Tendenzen an-
zuführen, die an den sechs Universitätskliniken des Landes vor-
herrschen. In unserer Universitätsklinik zum Beispiel umfassen
die Trainingsprogramme der werdenden Psychiater, an denen sich
auch Kollegen von auswärts beteiligen, psychotherapeutische Kur-
se sowohl behavioristischer als auch analytischer Observanz. Da
dennoch die Ausbildungsangebote den sich erweiternden Bedürfnissen der jüngeren Kollegen nicht auf die Dauer genügen, sehen
sie sich häufig veranlasst, sich an den spezifischeren Trainings-
möglichkeiten in Athen oder Thessaloniki zu orientieren.

Nichtsdestoweniger werden in regelmäßigen Abständen unter
anderem von der Griechischen Gesellschaft für Psychiatrie Fortbil-
dungskurse angeboten, welche die verschiedensten Richtungen innerhalb des Fachs berücksichtigen, deren Inhalte von den Sektio-
nen derselben Institution erarbeitet werden.

Was im Allgemeinen die klinische Behandlung von depressiven
Patienten betrifft, so möchte ich abschließend zwei weitere Bemerkungen anführen.

– In Griechenland sind die psychiatrischen Kliniken von unterschiedlicher Qualität, Arbeitsumstände und räumliche Bedingungen sind bisher noch nicht ausreichend und sorgfältig untersucht worden. Insbesondere, wenn man von Privatkliniken
  spricht, die in Griechenland zahlreich gegeben sind, so meint
  man eine bunte Landschaft zu sehen, die bis jetzt aus vielerlei
  Gründen erhalten ist. Einer dieser Gründe hängt mit der Ab-
  schaffung der Asylierung der Patienten zusammen, deren Frei-
  lassung noch nicht von den neu entstandenen institutionellen
  Rahmen (kleinere Abteilungen in allgemeinen Krankenhäusern, Heimen etc.) aufgefangen werden konnte. Ein zweiter
  Grund dürfte die noch geltende Überzeugung mancher Familienangehörigen sein, dass die Unterbringungsbedingungen

und die medikale Sorgfalt in einer Privatklinik eine effektivere Versorgung garantieren. Es handelt sich meines Erachtens um ein weit verbreitetes Vorurteil, das man künftig präziser zu analysieren hat.

– Was den Ausbildungsstand und die Arbeitseffizienz des Pflegepersonals anbelangt, so gibt es Mängel an vielen Klinken, bedingt sowohl durch die geringe Zahl der Schwestern und Pfleger als auch durch das Fehlen von Fachwissen – was häufig die Kooperation mit Psychiatern problematischer gestaltet und darüber hinaus die Entwicklung der Therapie behindert. Hinzu kommt, dass die erwähnte Insuffizienz von einer zusätzlichen strukturellen Inflexibilität begleitet wird, die mit der Qualität der Verwaltung zu tun hat. Aus Letzterem resultieren oft auch Behinderungen im Bereich der internationalen Kooperation, zumal die Verwaltungsangestellten sich nicht selten außerstande sehen, sich den modernen Kommunikationserfordernissen (Computer, Fremdsprachen etc.) anzupassen.

■ Jacek Bomba

Prävalenz von Depressionen und Zugang zur Behandlung in Polen

■ Prävalenz von Depressionen

Die epidemiologische Einschätzung der zeitlichen Prävalenz und des Lebensrisikos für seelische Störungen ist für die Planung psychiatrischer Versorgungsleistungen und für die Behandlung sowie präventive Aktivitäten von großer Bedeutung. Prävalenzindices werden normalerweise errechnet, indem Daten aus verschiedenen Quellen gesammelt werden:
– Studien in der Gesamtbevölkerung,
– Statistiken über Leistungen im Bereich der psychiatrischen Versorgung,
– andere Studien.

Am wertvollsten erweisen sich die Untersuchungen, die im Rahmen von Feldstudien innerhalb der Gesamtbevölkerung durchgeführt werden. Statistiken über psychiatrische Versorgungsleistungen erfassen jedoch nicht die an einer psychischen Krankheit leidenden Menschen, die keine psychiatrischen Dienste in Anspruch nehmen. Im Fall von Depressionen wendet sich eine große Anzahl betroffener Patienten eher an Allgemeinärzte oder andere soziale Stellen.

Studien in der Allgemeinbevölkerung erweisen sich sowohl aus methodologischer als auch ethischer Sicht stets als ziemlich schwierige Unterfangen. Es ist nahezu unmöglich, eine repräsentative Stichprobe der gesamten Bevölkerung zu erhalten. Damit ist das Risiko verknüpft, die schwierigsten Populationsanteile nicht zu erfassen – ein Beispiel sind Obdachlose. Reliable Beurteilungsmethoden sind zeitaufwendig. Im Fall von Depressionen führen ständig wechselnde Diagnostik- und Klassifikationskriterien zu Schwierigkeiten beim Vergleich von Studien, die manchmal lediglich wenige Jahre auseinander liegen.

Beim Versuch, die Allgemeinbevölkerung mit psychiatrischen Interviews zu erfassen, stößt man auf berechtigte Vorbehalte aufgrund des Eindringens in die Privatsphäre der Menschen. Das bedeutet, dass mit einem hohen Prozentsatz falscher negativer Antworten und einer ganzen Reihe von Weigerungen, an einer Studie teilzunehmen, gerechnet werden muss. Diesen Faktoren kann nur dadurch entgegengewirkt werden, indem die Größe der repräsentativen Stichprobe erhöht wird, was eine solche Studie relativ teuer werden lässt.

Die Erhebung der Prävalenz von Depressionen bei Erwachsenen in Polen wird aufgrund der Ergebnisse von Studien hochgerechnet, die in den USA (Regier et al. 1993; Kessler et al. 1994) und Europa (Lépine et al. 1997) durchgeführt wurden. Prävalenzindices, die in Tabelle 1 angegeben sind, unterscheiden sich davon jedoch deutlich. Man kann zu Recht annehmen, dass dies eher die Unterschiede in der Konzeptualisierung der Depression als Unterschiede in der tatsächlichen Prävalenzrate affektiver Störungen in Amerika und Europa widerspiegelt. Europäische Studien enthielten die Kategorie eines »unvollständigen depressiven Syndroms«, während amerikanische Forschungsprojekte die Einschlusskriterien auf die diagnostischen Gruppen des DSM reduzierten.

Tabelle 1: Prävalenz von Depressionen in Studien der Gesamtbevölkerung

Studie	Region	Prävalenz-Index	Depressionstyp
Regier et al. 1993, Kessler et al. 1994	USA	6–12 %	
Lépine et al. 1997	Europa	3,8–9 %	leichte / mittelschwere Episode
Lépine et al. 1997	Europa	5,6–11,6 %	depressive Symptome

In Polen wurden in der Gesamtbevölkerung bisher keine epidemiologischen Studien über Depressionen bei Erwachsenen durchgeführt. Es liegen jedoch Ergebnisse mehrerer Studien über Depressionen bei in Großstädten lebenden Kindern und Jugendlichen

vor, die eine Schule besuchen (Tab. 2 und 3). Dabei zielte die Krakauer Studie aus den 1980er Jahren darauf ab, die Prävalenz von
»Depressivität« anstatt irgendeiner im ICD-10 aufgeführten Kategorie affektiver Störungen zu ermitteln (Bomba et al. 1985, 1986,
1987; Bomba 1988; Modrzejewska 2001).

Tabelle 2: Punktprävalenz von Depressionen bei Kindern in der polnischen
Gesamtbevölkerung

Studie	Alter	Prävalenz-Index	Depressionstyp
Bomba et al. 1985	5	6,66 %	Depressivität
Bomba et al. 1985	10	11,34 %	Depressivität
Witkowska-Ulatowska 1996	10	1–2 %	schwere Episode (Major Depression)

Tabelle 3: Punktprävalenz von Depressionen bei Jugendlichen in der polnischen Gesamtbevölkerung

Studie	Alter	Prävalenz-Index	Depressionstyp
Bomba et al. 1985	13	28,15 %	Depressivität
Bomba et al. 1985	17	19,35 %	Depressivität
Witkowska-Ulatowska 1996	14	2–5 %	schwere Episode (Major Depression)

Eine Wiederholung der Studie in Warschau (Witkowska-Ulatowska 1996) beinhaltete zudem die klinische Evaluierung depressiver
Studierender, die unter Beobachtung standen, und ermöglichte
damit die Ermittlung von Fällen einer »Major Depression« bei ihnen. Sowohl das Krakauer als auch das Warschauer Projekt ergaben hohe Indices von »Depressivität«, besonders bei Jugendlichen
(bis zu 25 %); folglich lag die Einschätzung der Punktprävalenz
der Major Depression bei circa 2 %.

Es sollte hinzugefügt werden, dass sich aus einer Follow-up-
Studie der »Krakauer Gruppe aus den 1980ern«, die 25 Jahre spä-
ter durchgeführt wurde, ergab, dass eine Depression während der
Adoleszenz einen eher schlechteren allgemeinen Gesundheitszu-

stand im frühen Erwachsenenalter und ein problematischeres Sozialleben zur Folge haben als affektive Störungen unter dem Alter von 33 Jahren (Bomba et al. 2003, 2004).

Grundlegende Informationen zum psychiatrischen Versorgungssystem in Polen

Die vorliegenden Daten beziehen sich auf den Sektor, der durch das polnische Sozialversicherungssystem im Jahr 2001 abgedeckt wurde (Pietrzykowska et al. 2002). Im Jahr 2001 betrug die Bevölkerung Polens circa 38 Millionen (Tab. 4).

Tabelle 4: Allgemeine Informationen zum psychiatrischen Gesundheitssystem in Polen im Jahr 2001

Anzahl ambulanter Kliniken	662
Verhältnis Psychiater/Bevölkerung	1 pro 49.000 (35.000-75.000)
Anzahl stationärer Einrichtungen	203
Verhältnis Psychiater/Bevölkerung	6,8 pro 100.000
Verhältnis psychiatrischer Betten/Bev.	4,8-19,4 pro 10.000

Die nationale statistische Datenbank wurde auf der Grundlage der ICD-10-Kategorie *Affektive Störungen* erhoben. Somit kann die Beurteilung der Behandlungsmodalitäten sowie deren Verwendung lediglich für diese gesamte Kategorie erfolgen.

Die große Mehrheit der an affektiven Störungen leidenden Patienten wird ambulant behandelt. Dennoch unterscheidet sich das Verhältnis der ambulanten und stationären Modalitäten in den diversen Regionen des Landes signifikant. Man kann hypothetisch von zwei Erklärungen ausgehen. Der erste Erklärungsansatz bezieht sich auf kausale Faktoren in der Organisation psychiatrischer Versorgung. Ein gut ausgebautes und finanziertes Netz von Kliniken, in denen ambulant behandelt wird, ist wahrscheinlich mit einer höheren Rate von Behandlungen ohne stationäre Aufnahme verbunden. Zudem sollte man die Auswirkungen der räumlichen Entfernung auf die Inanspruchnahme ambulanter Behandlung so-

wie auf den Anstieg von stationären Aufnahmen in Betracht ziehen, wenn Patienten auf dem Land leben. Darüber hinaus wurden
die ambulanten Versorgungsleistungen in einigen Regionen durch
sozio-politische Umwälzungen schwer beschädigt. Der zweite
mögliche Faktor, der das Verhältnis von ambulant und stationär
wegen einer Depression behandelten Patienten beeinflusst, sollte
mit der Behandlungsstrategie verknüpft sein.

Die Jahresprävalenz affektiver Störungen (ICD-10: F30 – F38),
die durch die psychiatrische Behandlung von ambulanten Patienten widergespiegelt wurde, betrug 484,5 pro 100.000 Menschen im
Jahr 2001. Diese Prävalenzangabe wurde mit dem Index für neurotische Störungen (ICD-10: F40 – F49) verglichen. Die Kategorie
der neurotischen Störungen stellt nach wie vor häufiger den
Grund für die Inanspruchnahme psychiatrischer Hilfe dar.

Die Jahresprävalenz affektiver Störungen, die für die stationäre
Versorgung im Jahr 2001 ermittelt wurde, betrug 57, 1 pro 100.000.
Wie man vermuten kann, ist diese Ziffer höher als die Anzahl der
stationären Behandlungen für neurotische Störungen (die dennoch ungewöhnlich hoch ist).

Die Schätzung der Jahresprävalenz von Depressionen in Polen,
die auf europäischen und amerikanischen Gesamtbevölkerungs-
studien basiert, ergibt 3.400.000 Fälle von Depression pro Jahr. Be-
handlungsstatistiken zeigen, dass in einem Jahr 209.000 depressive
Patienten psychiatrische Dienste in Anspruch nehmen. Die einzig
logische Schlussfolgerung ist, dass die Mehrheit das Angebot an
psychiatrischer Behandlung nicht nutzt.

Eine Analyse der Dauer von stationären Behandlungen zeigte,
dass ungefähr 1 % der Patienten, die in psychiatrischen Krankenhäusern behandelt werden, mehr als ein halbes Jahr bleibt! Das
kann nicht als Maßstab für therapieresistente Depressionen verwendet werden, sondern deutet darauf hin, dass ein Teil dieser Patienten von der Standardbehandlung nicht profitiert.

Die Analyse der Daten zur Inanspruchnahme psychiatrischer
Versorgung in den Jahren 1997 bis 2001 zeigt eine aufsteigende
Tendenz. Das Jahr 1997 wurde als das Jahr ausgesucht, in dem
das DSM-IV in Polen eingeführt wurde. Die Zahl der Patienten,
die zum ersten Mal wegen affektiver Störungen behandelt wurden, stieg signifikant. Es gab jedoch auch einen Anstieg in der

Erstbehandlung neurotischer Patienten, der etwas niedriger ausfiel. Eine Interpretation dieser Datenlage ist nicht einfach. Wenn man jedoch in Betracht zieht, dass kein dramatischer Wechsel im psychiatrischen Versorgungssystem stattfand, ist der Anstieg als Effekt einer steigenden Morbidität zu sehen, der möglicherweise auch durch bessere diagnostische Prozeduren und einen einfacheren Zugang zu psychiatrischer Versorgung etwas beeinflusst wird.

Literatur

Bomba, J. (1988): La dépression chez l'adolescent. Étude psychologique et épidemiologique. Confrontations psychiatriques 29: 161-184.

Bomba, J. (1994): Children during political changes. In: Hattab, J. Y. (Hg.): Ethics and Child Mental Health. Jerusalem, S. 34-42.

Bomba, J.; Badura, W.; Bielska, A. et al. (1985): Psychopathology and epidemiology of depression in children and adolescents. Psychoterapia 53: 8-21.

Bomba, J.; Badura, W.; Bielska, A. et al. (1986): Rozpowszechnienie i obraz depresji u dzieci i młodzie[y w]wietle bezpo]rednich badan populacji nieleczonej. Psychiat. Pol. 20: 184-189.

Bomba, J.; Czaplak, E.; Józefik, B. et al. (1987): Rozpowszechnienie i obraz depresji u młodzie[y szkolnej. Psychoterapia 55: 7-18.

Bomba, J.; Modrzejewska, R.; Pilecki, M.; Slosarczyk, M. (2003): Depresyjny przebieg dorastinia jako czynnik ryzyka powstawania zaburze? Psychicznych – psitnastoletnie badania prospektiywne. Psychiatry Polen 37: 57-69.

Bomba, J.; Modrzejewska, R.; Pilecki, M.; Slosarczyk, M. (2004): Adolescent depession as a risk factor for the development of mental disorder. A 15-year prospective follow up. Archives of General Psychiatry 61: 5-14.

Kessler, R. C.; Gonagle, K. A.; Zhao, S. (1994): Lifetime and 12-month prevalence of DSM-III-R psychiatric disorders in the United States. Results from National Comorbidity Survey. Arch. Gen. Psychiatry 51: 8-19.

Lépine, J. P.; Gatspar, M.; Mendlewicz, J.; Tylee, A. (1997): Depression in the community. The first pan-European study DEPRES (Depression Research in European Society). Int. Clin. Psychopharmacol. 12: 19-29.

Modrzejewska, M. (2001): Depresyjny przebieg dorastania jako czynnik ryzyka powstawania zaburzen psychicznych, uzale[nien, patologii społecznej – 15-letnie badania prospektywne. Psychiat. Pol. 3: 151.

Pietrzykowska, B. et al. (2002): Zakłady psychiatrycznej oraz neurologicznej opieki zdrowotnej. Rocznik statystyczny 2001. Warschau.

Regier, D.; Narrow, W.; Rae, D. S. et al. (1993): The de facto U.S. mental and addictive disorders service system: epidemiological catchment prospective 1-year prevalence rates of disorders and services. Arch. Gen. Psychiatry 53: 85-94.

Witkowska-Ulatowska, H. (1996): Zaburzenia psychiczne o obrazie zespołu depresyjnego w nieleczonej populacji młodzie[zy VII klas szkół warszawskich (badanie epidemiologiczne i demograficzne). L\k i Depresja 1: 282-300.

Katarzyna Schier

Behandlung von depressiven Patienten mit psychoanalytischer Therapie in Polen

Die Polnische Psychoanalytische Vereinigung (Arbeitsgruppe), ein Zweig der Internationalen Psychoanalytischen Vereinigung (IPA), wurde erst vor kurzem gegründet – im Jahr 1997, während des IPA-Kongresses in Barcelona. Die Geschichte der Psychoanalyse in Polen geht jedoch viel weiter zurück. Bereits vor dem Zweiten Weltkrieg waren in Polen einige Psychoanalytiker tätig. Nach dem Krieg überlebte die Psychoanalyse dank der Arbeit von drei Personen: Dr. Jan Malewski, der später nach Deutschland emigrierte, Dr. Jan Lapinski, der nach Australien auswanderte, und Dr. Zbigniew Sokolik, der nun ein Ehrenmitglied der Polnischen Psychoanalytischen Vereinigung ist.

Seit dem Jahr 1989 gab es eine schnelle Entwicklung in der polnischen Psychoanalyse; zwei unabhängige psychoanalytische Gruppierungen wurden durch Interessierte gegründet. Ein paar der Mitglieder hatten die Lehranalyse im Ausland absolviert (wie ich selbst, in Deutschland), einige andere hatten in verschiedenen Ländern Supervision erhalten. In diesen Jahren erfuhren wir viel Unterstützung und Hilfe durch die Britische Psychoanalytische Vereinigung, die Schwedische Psychoanalytische Vereinigung und die Deutsche Psychoanalytische Vereinigung (Schier 1999). Ziemlich viele unter uns erhalten regelmäßig Supervision im Ausland und waren in der Lage, theoretische Kenntnisse zu erwerben.

Im Moment besteht die Arbeitsgruppe der Polnischen Psychoanalytischen Vereinigung aus 23 Mitgliedern und 25 Kandidaten. Der Großteil unserer Mitglieder sind Psychologen, es gibt lediglich ein paar Mediziner in unserer Gruppe.

Polen wurde eingeladen, am Depressionsprojekt teilzunehmen. An diesem Forschungsprojekt nehmen Prof. Dr. med. Jacek Bomba vom medizinischen Kollegium der Jagiellon-Universität in Krakau sowie Herr Wojciech Hanbowski, Vorsitzender der Polnischen Psychoanalytischen Vereinigung, und ich selbst als Vertreterin der Psychologischen Fakultät an der Universität Warschau und der Polnischen Psychoanalytischen Vereinigung teil.

Wir waren nicht ganz sicher, wie die psychoanalytische Behandlung depressiver Patienten in Polen aussieht. Ich entschied mich, eine kurze Umfrage durchzuführen, indem ich meinen Kollegen, den Mitgliedern und Kandidaten unserer Vereinigung, ein paar Fragen zur ihrer Arbeit mit depressiven Patienten stellte.

Von 8 Mitgliedern und 5 Kandidaten der polnischen Arbeitsgruppe erhielt ich eine Antwort. Nach einer Zusammenfassung der Antworten ergibt sich das folgende Bild über die Behandlung depressiver Patienten:

- Eine Überweisung zur Behandlung depressiver Patienten erfolgte durch: Allgemeinärzte (40 %), Psychiater (30 %), andere Kollegen (10 %), direkt (20 %).
- Die Patienten setzten sich zu 70 % aus Frauen und zu 30 % aus Männern zusammen.
- Bildungsstand der Patienten: Universitätsabschluss (50 %), College (49 %), Volksschulkenntnisse (1 %).
- In den meisten Fällen erfolgte eine Behandlung mit Psychopharmaka.
- Die Symptome bestanden 2 Monate bis zu 2 Jahre vor Beginn der Psychotherapie.
- Folgende Symptome wurden festgestellt: Suizidgedanken, Suizidversuche, Konzentrationsprobleme, Schlafstörungen, Essstörungen, Zweifel am Sinn des Lebens, geringes Selbstwertgefühl, Libidoeinschränkungen, Energiemangel, Pessimismus.
- Art der durchgeführten Behandlung: 40 % Psychoanalyse (4 Stunden/Woche), 60 % Psychoanalytische Psychotherapie.
- Dauer der Behandlung: etwa 3 Jahre (von 2 Monaten bis 20 Jahre). Die längsten Behandlungen dauerten zwischen 7, 15 und 20 Jahre für Patienten, die sich in Psychoanalyse befanden.
- Ergebnisse aus der Sicht der Patienten (den Psychotherapeuten zufolge):
  • 65 % »höhere Lebenszufriedenheit«
  • »je länger die Behandlung, desto besser das Ergebnis«

* »ziemlich gut«
* »durchschnittlich«
* »sehr gut – die Psychoanalyse hat mir das Leben gerettet« (der Patient war 20 Jahre in Analyse)
* »positiv«
* »es gibt eine Menge Veränderungen in meinem Leben«
* »keine Veränderung«
* »Verschwendung von Zeit und Geld«

Ich bin der Ansicht, dass die Ergebnisse dieser Umfrage einen Eindruck über die Behandlung depressiver Patienten in Polen vermitteln können. Da ich von circa 30 % der Kollegen aus unserer Arbeitsgruppe Informationen erhielt, müssen wir mit den Daten vorsichtig umgehen. Da jedoch sowohl Mitglieder als auch Kandidaten an der Umfrage teilnahmen, denke ich auf der anderen Seite, dass wir die Stichprobe als repräsentativ betrachten können.

Aus dieser kleinen Umfrage ergeben sich zwei wichtige Schlussfolgerungen. Zunächst waren sich alle Befragten darin einig, dass die Ergebnisse bei längerer Behandlungsdauer besser ausfielen. Sie wiesen hauptsächlich auf die Möglichkeit von langwährenden Veränderungen in der Persönlichkeitsstruktur der Patienten hin.

Zweitens hatten einige Kollegen Probleme mit der medizinischen Terminologie hinsichtlich der Depression (wie beispielsweise mit der genauen Definition des Begriffs »monopolare Depression«) wie auch mit der Unterscheidung verschiedener Arten von pharmakologischen Behandlungen, die die Patienten erhielten. Das weist auf die dringende Notwendigkeit einer engeren Kooperation zwischen Psychoanalytikern und Medizinern, insbesondere Psychiatern, hin. Ich bin der Meinung, dass die Möglichkeit, im Depressionsprojekt mitzuarbeiten, unter anderem ein ausgezeichneter Weg ist, diese Aufgabe mitzugestalten.

■ Literatur

Schier, J.-W. (1999): Zur Entwicklung der Psychoanalyse in Polen. Eine Geschichte der deutsch-polnischen Zusammenarbeit. Psychoanalyse in Europa. Bulletin 53: 53-54.

■ Gherardo Amadei

Zur Behandlung von depressiven Störungen in Italien

Einer vor kurzem durchgeführten Umfrage zufolge, die von einer bedeutenden Verbraucherorganisation über die vergangenen drei Jahre hinweg durchgeführt wurde (veröffentlicht in: Salutest, Nr. 43, 2003), nahm fast jeder vierte Italiener aufgrund psychischer Probleme – meistens Depressionen – professionelle Hilfe (klinische Psychologen oder Psychiater) in Anspruch. Ungefähr die Hälfte der betroffenen Italiener konsultierten zunächst ihre Hausärzte; nur einer geringen Anzahl wurde jedoch geraten, einen Spezialisten aufzusuchen. Die Umfrage weist darauf hin, dass sich die psychische Gesundheit von Patienten, die lediglich von ihren Hausärzten behandelt wurden, weder verbesserte noch verschlechterte, während sich der Zustand jener, die einen klinischen Psychologen oder einen Psychiater aufsuchten (entweder sofort oder nach einer ersten allgemeinen Konsultation), bedeutend verbesserte.

Aufgrund hoher Behandlungskosten erweist sich der Schritt hin zu den Spezialisten für psychische Krankheit als sehr schwierig; das bringt eine große Anzahl von Menschen dazu, ihre Probleme mit ihren Hausärzten lösen zu wollen, deren Dienste ohne zusätzliche Kosten in Anspruch genommen werden können. Während das »Gesetz 180« aus dem Jahr 1978 tatsächlich zu beträchtlichen Innovationen im staatlichen psychiatrischen Gesundheitsdienst Italiens führte, richtete sich die Aufmerksamkeit dabei hauptsächlich auf die Behandlung schwererer Verhaltenspathologien, besonders Psychosen. Das Budget für die örtliche psychiatrische Versorgung sieht – außer in besonderen Fällen und in sehr geringem Ausmaß – Investitionen auf dem Gebiet psychotherapeutischer Behandlung nicht vor: Psychiater sind gezwungen, sich auf die pharmakologisch orientierte klinische Arbeit zu konzentrieren. Das lässt ihnen sehr wenig Zeit für eine formelle Psychotherapie. Im Vergleich zu Psychiatern gibt es sehr wenige Klinische Psychologen, die überdies hauptsächlich benötigt werden, um Krankheiten zu diagnostizieren oder verschiedene Arten der Konsultation bereitzustellen beziehungsweise ein psychotherapeutisches Backup für eine eigentlich psychopharmakologische Behandlung zu leisten. Somit sind sie kaum in der Lage, eine umfassende, formelle Psychotherapie durchzuführen, und wenn, dann sicherlich kaum jemals öfter als mit einer Behandlungsstunde pro Woche.

Daher ist es in der Praxis relativ üblich – obgleich die Effektivität einer kombinierten pharmakologischen und psychotherapeutischen Behandlung, besonders bei Depressionen, unbestreitbar nachgewiesen werden konnte –, dass der psychopharmakologische Teil der Behandlung vom staatlichen Gesundheitsdienst bereitgestellt wird, während sich die Patienten wegen einer formellen Psychotherapie privat an Therapeuten wenden.

Darüber hinaus weist die Umfrage auf zwei alarmierende Fakten hin. Erstens nehmen Patienten häufig über zwei Jahre hinweg Antidepressiva ein, ein Zeitraum, der als Limit betrachtet wird und nach dem ein erhöhtes Risiko einer Abhängigkeit besteht. Zweitens sind es – ohne jede medizinische Kontrolle – normalerweise die Patienten selbst, die über diese verlängerte Einnahme entscheiden. Diese beiden Tatsachen scheinen darauf hinzuweisen, dass die Patienten sich nicht »geheilt« fühlen und dass sie – entweder um Rückfälle zu vermeiden oder weil neue akute depressive Phasen aufgetreten sind – versuchen, sich selbst zu kurieren. Praktisch setzen sie sich somit in hohem Ausmaß den Rückfällen aus, die sie auf diese unpassende Art und Weise zu verhindern suchen. Im Folgenden werden die verschiedenen Arten der Psychotherapie beschrieben, die momentan durch das italienische Gesundheitssystem vorgeschlagen werden.

Neben kognitiver und systemischer Behandlung wird häufig eine psychoanalytisch orientierte Psychotherapie durchgeführt. Dabei handelt es sich nicht um die lediglich privat angebotenen psychoanalytischen Behandlungen im eigentlichen Sinn, und sie können bestimmt nicht als die beste Behandlung für Depressionen betrachtet werden. Es sollte darauf hingewiesen werden, dass der

Begriff »psychoanalytisch orientierte Psychotherapie« in der Regel
auf mehrere verschiedene Arten der Behandlung hinweist, obschon die meisten oder alle auf dem psychoanalytischen Modell
basieren. In der Praxis haben diese Behandlungen inzwischen ihre
eigene spezifische Identität entwickelt: Erstens finden sie einmal
pro Woche statt, Patient und Therapeut sitzen sich gegenüber, re-
gressive Tendenzen werden nicht gefördert und ein interpersoneller, auf der Beziehung zwischen Patient und Therapeut beruhen-
der psychoanalytischer Behandlungsrahmen wird anstatt des
intrapsychischen, triebtheoretisch ausgerichteten Modells geschaffen. Auch auf kognitive Unterstützung, mit ganz besonderer Betonung auf dem Aufbau eines soliden therapeutischen Bündnisses,
wird großen Wert gelegt. Dabei handelt es sich weder um eine
Kurzzeit-Behandlung noch um eine Psychotherapie, deren Ende
noch nicht fest steht; die Therapie könnte am besten als »mittelfri-
stig« beschrieben werden.

Die I.R.T. (Interpersonal Relation Therapie) von Lorna S. Benjamin (1996), die kognitiv-analytische Therapie von Ryle (1995)
und die Schematherapie von Jeffrey Young (Young u. Klosko 1993)
stellen exemplarische Referenzmodelle für jene Psychotherapeuten
dar, die sich darum bemühen, diese Art »hybrider Psychotherapie«
klarer zu definieren und somit auch zu standardisieren, obgleich
ihr ein solider zentraler Kern innewohnt, der mehr nach einer ko-
härenten technischen Theorie verlangt als nach einer Reihe meta-
psychologischer Theorien. Diese Behandlung kann zusammen mit
den beiden psychodynamisch orientierten Psychiatriemodellen
(z. B. das Glen-Gabbard-Modell, Gabbard 1990) sowie mit der
mehr biologisch orientierten Psychiatrie erfolgen. In beiden Fällen
ist die klinische Wirksamkeit evident, besonders wenn es sich um
Patienten handelt – wie jene, die an einer Depression leiden –, die
am meisten von kombinierter Therapie (pharmakologisch und
psychotherapeutisch) profitieren.

Daher möchte ich abschließend dafür plädieren, dass diese Art
von Psychotherapie – »die wirksam praktiziert wird« – eines der
verschiedenen in Betracht zu ziehenden psychotherapeutischen
Modelle sein sollte, zumindest in Italien.

Aus dem Englischen von Gerlinde Göppel.

▣ Literatur

Benjamin, L. S. (1996): Interpersonal Diagnosis and Treatment of Personality Disorders. New York.

Gabbard, G. (1990): Psychodynamic Psychiatry in Clinical Practice. Washington.

Ryle, A. (Hg.) (1995): Cognitive Analytic Therapy. New York.

Young, J.; Klosko, J. (1993): Reinventing your Life. New York.

Sigmund Soback

Die Versorgungssituation bei depressiven Erkrankungen in Schweden

Das schwedische Gesundheitssystem

Im schwedischen Gesundheitssystem setzt die Regierung die grundlegenden Prinzipien der Gesundheitsversorgung fest. Die kommunalen Einrichtungen versorgen die Bevölkerung in den einzelnen Landkreisen und Städten. Die Gemeindeverwaltungen sind für die Unterbringung und Versorgung von älteren und behinderten Menschen zuständig. Das schwedische Gesundheitssystem steht jedermann offen und ist in drei Ebenen untergliedert: Erstversorgung, Versorgung auf Kreisebene und regionale Versorgung. Die Erstversorgung stellt die Grundlage des Gesundheitssystems dar, mit lokalen Gesundheitszentren, Allgemeinärzten und Physiotherapeuten in privater Praxis. Der Gemeinderat finanziert den größten Teil der privaten Versorgung. Nur ein sehr geringer Teil wird vollständig und direkt vom einzelnen Patienten gezahlt, darunter jedoch ein Großteil der Psychotherapien, die von Nicht-Medizinern durchgeführt wird.

Depression – Prävalenz

Es gibt nicht viele epidemiologische Studien über Depression in Schweden. In den meisten Studien werden Angststörungen und Depressionen zusammen untersucht oder es wird allgemein nach Beeinträchtigungen der psychischen Gesundheit gefragt. In einer neueren Studie aus dem Jahr 2003 (Allgulander u. Nilsson 2003) wurde ein von Hans-Ulrich Wittchen in München entwickeltes

Design verwendet. Dabei wurden 152 Allgemeinärzte gebeten, in
einem Zeitraum von nur wenigen Tagen ihren Patienten zwei Fragebögen im Wartezimmer vorzulegen. Ein Fragebogen untersuchte versteckte Angststörungen, der andere Depressionen. 131 Allgemeinmediziner und 1348 Patienten nahmen an der Untersuchung
teil. Ohne auf die Details genauer eingehen zu können, zeigten die
Hauptresultate, dass 5,1 % der Patienten die DSM-IV-Kriterien für
Depression erfüllten, 3,6 % die der generalisierten Angststörung
und weitere 3,8 % erfüllten die Kriterien für beide Störungsbilder.
Insgesamt litten – laut Fragebogenergebnis – zum Untersuchungs-
zeitpunkt 12,5 % der Patienten unter einer Depression und/oder
einer generalisierten Angststörung. Die Allgemeinärzte diagnostizierten 11 % mit anhaltender Depression. 5,5 % aller Patienten erhielten seit mindestens einem Jahr medikamentöse Behandlung
mit Antidepressiva. 3,5 % befanden sich in Psychotherapie oder in
regelmäßiger Beratung. Ungefähr 10,5 % der Patienten, die nicht
die DSM-IV-Kriterien für die Diagnose erfüllten, erhielten oder
hatten psychopharmakologische Behandlung für Depression und/
oder Angststörung erhalten. *Zusammenfassend schätzten die Autoren, dass 23 % der Patienten in der Erstversorgung unter einer generalisierten Angststörung und/oder einer Depression leiden oder litten,
was mit vorangegangenen Untersuchungsbefunden übereinstimmt.*

Eine andere im Januar 2004 veröffentlichte Studie wurde von
den Schwedischen Gesundheitsbehören durchgeführt (The Swe-
dish Council on Technology Assessment in Health Care, Epidemiology Unit, Dalman, C. et al.). Die Untersuchung stützt sich auf
statistische Daten verschiedener Quellen wie zum Beispiel von Ge-
sundheitsdatenbanken, Statistiken über Medikamentengebrauch,
Daten nationaler Gesundheitsversicherungen und Daten aus Ster-
beregistern. Außerdem wurden Daten aus Gesundheitsfragebögen,
die der Allgemeinbevölkerung vorgelegt wurden, und aus epidemiologischen Studien verwendet.

Die Autoren führten dann Schätzungen aufgrund der erhalte-
nen Befunde durch. Sie fanden, dass in der Primärversorgung
schätzungsweise 1 % der Allgemeinbevölkerung eine Depressionsdiagnose erhält und ungefähr 1,2 % der Allgemeinbevölkerung eine Angststörung und/oder Stress-/Krisenreaktion aufweisen. Circa
5 % aller Patienten in der Primärversorgung bekamen eine psych-

iatrische Diagnose. In der psychiatrischen ambulanten Versorgung wurden cirka 1,5 % der Allgemeinbevölkerung wegen Depressionen behandelt und ungefähr 0,9 % wegen Angststörungen oder Stressreaktionen. Das bedeutet, dass zwischen 30 bis 25 % der Patienten in ambulanter Primärversorgung die Diagnose Depression und 20 % die Diagnose Angststörung oder Stressreaktion aufwiesen. 40 % der Patienten, die Hilfe wegen einer psychischen Störung suchten, wandten sich an psychiatrische Ambulanzen, 22 % im Rahmen der Primärversorgung.

Die Autoren kamen zu dem Schluss, dass im Landkreis Stockholm ungefähr 5 % der Bevölkerung an Depressionen und weitere 3 % an Angststörungen leiden. Sie halten die Zahlen noch für zu gering geschätzt, da es einen hohen Dropout bei den Untersuchungen gab, die vor allem auf Patienten mit Risikofaktoren für psychische Störungen zurückzuführen sind. Es gibt Hinweise dafür, dass die Probleme aufgrund psychischer Störungen in Stockholm größer sind im Vergleich zum Rest des Landes. Die Inanspruchnahme psychiatrischer ambulanter Hilfe wächst beträchtlich an, während die Inanspruchnahme von stationärer Hilfe bei depressiven Patienten abnimmt. Die Anzahl psychischer Erkrankungen steigt. Der Anstieg ist besonders groß bei Angestellten im öffentlichen Dienstleistungssektor, zum Beispiel bei Ärzten! Es besteht weiterer Forschungsbedarf, etwa um die Frage zu klären, ob auch die Zahl der psychiatrischen Störungen ansteigt.

Nur 63 % der Patienten, die gemäß psychiatrischer diagnostischer Kriterien als klinisch depressiv diagnostiziert werden, nehmen auch das Gesundheitssystem in Anspruch, aber nur 20 % erhielten eine adäquate Behandlung gemäß den professionellen Standards aus der Studie. Ein interessanter Befund ist auch, dass Menschen mit psychiatrischen Problemen zunächst nach Beratung oder Psychotherapie verlangen und nur in wenigen Fällen nach medikamentöser Behandlung. Diejenigen, welche die Gesundheitssysteme aufgrund von psychischen Probleme in Anspruch nehmen, verlangen nach einer kombinierten Behandlung: Beratung und Medikamente.

Aufgrund dieser Daten ist anzunehmen, dass sich die Einstellung bezüglich pharmakologischer Behandlung nach früheren Kontakten mit dem Gesundheitssystem ändert.

■ Behandlung

In Schweden ist die vorgeschlagene Behandlung der Wahl für depressive Patienten eine Kombinationstherapie von Medikamenten und Psychotherapie. Wie bereits erwähnt, bekommen nur 20 % der Patienten, welche die diagnostischen Kriterien der Depression erfüllen, eine adäquate Behandlung 40 % der Patienten, die Kontakt mit dem Gesundheitssystem haben, erhalten keine optimale Behandlung gemäß den geltenden professionellen Standards. Die meisten verlangten nach Psychotherapie, erhielten aber nur Medikamente. Im Vergleich zu Männern nehmen Frauen fast doppelt soviel Antidepressiva ein. In vielen Artikeln und Diskussionen in den schwedischen Medien wird kognitive und kognitive-behaviorale Psychotherapie als eine effektive Behandlung von Depressionen befürwortet. Psychoanalytisch-psychodynamische Psychotherapie wird von den meisten Psychiatern nicht unterstützt, wird aber immer noch von vielen Patienten verlangt! Der Zugang zu Psychotherapie im Rahmen des öffentlichen Gesundheitssystems ist beschränkt. Dennoch ist es kein zu großes Problem, einen Psychotherapeuten zu finden, wenn man genügend Geld hat und in einer größeren Stadt wohnt.

■ Depression bei Adoleszenten und jungen Erwachsenen

Während der letzten Dekade interessierten wir uns am Institut für Psychotherapie in Stockholm für Jugendliche, die um Psychotherapie nachsuchten. Aus diesem Interesse entstanden mehrere Studien. Die beiden jüngsten wissenschaftlichen Untersuchungen heißen »Young Adult Psychotherapy Project« (YAPP) und »Young Adults Own Understanding, Thinking and Handling of Everyday Life« (YOUTH). Es wurde festgestellt, dass ziemlich viele der Patienten im Psychotherapie Projekt (YAPP) Merkmale von Depressionen aufwiesen. Im Nicht-Psychotherapie-Projekt (YOUTH) wurde herausgefunden, dass junge Frauen eine Tendenz zum Tagträumen aufwiesen, was als Depressionssymptom fehlinterpretiert werden konnte. Es besteht möglicherweise das Risiko, dass junge Menschen fälschlicherweise als depressiv diagnostiziert und mit Medikamenten behandelt werden, obwohl es sich um Entwicklungskrisen handelt. Andererseits wurden in letzter Zeit vermehrt Depressionen bei jüngeren Menschen festgestellt, und zwar sowohl im Rahmen der psychologischen als auch der somatischen Gesundheitsversorgung. Die Medien zeigten ebenfalls großes Interesse an dem Thema. Ziemlich viele Vertreter der Psychiatrie bestätigen, das Depressionen bei Adoleszenten und jungen Erwachsenen unterdiagnostiziert werden. Hieraus ziehen einige den Schluss, dass mehr Adoleszente und junge Erwachsene mit Antidepressiva behandelt werden sollten. Andere wiederum schlagen einen verbesserten Zugang zu Psychotherapie vor. Einige Psychiater, die Psychotherapie befürworten, bestätigen, dass einige Formen von Psychotherapie bessere Effekte erzielen als andere.

■ Epidemiologie

Internationale Studien haben eine Prävalenz von 0,4 – 8,3 % Depressionen bei Teenagern gezeigt. Die akkumulierte Prävalenz von Major Depression bei Adoleszenten beträgt 15 bis 20 %, von Dysthymia 1,6 – 8 %. 90 % der Kinder und Jugendlichen geht es nach 1,5 bis 2 Jahren wieder besser, während bei 6 bis 10 % ein prolongierter Verlauf feststellbar ist. Das Rückfallrisiko wird mit 40 % innerhalb von zwei Jahren angegeben und mit 70 % innerhalb von fünf Jahren. Neuere Untersuchungen zeigen, dass fast die Hälfte der Teenager Rückfälle im Alter zwischen 19 bis 24 Jahren erleidet und dass die jährliche Rückfallquote 9 % beträgt. Das Risiko eines Rückfalls steigt mit dem Alter und beträgt zwischen 60 bis 70 %. Zusammenfassend kann man sagen: Depressive Störungen und Major Depression tauchen bei Jugendlichen häufig auf. Das Risiko eines Rückfalls steigt mit zunehmendem Alter.

Behandlung

Es gibt nur wenige kontrollierte Studien für die Behandlung von Kindern und Jugendlichen mit depressiven Erkrankungen. Von daher ist das Wissen um die Wirksamkeit der verschiedenen Behandlungsformen nicht sehr imponierend.

Pharmakologische Behandlung

Kontrollierte Studien haben keine besseren Effekte von trizyklischen Antidepressiva gegenüber einer Placebobehandlung gezeigt. Für SSRI-Medikamente sind vor allem Studien mit Fluoxetin veröffentlicht worden. In einigen dieser Studien wird von signifikanten Verbesserungen durch die medikamentöse Behandlung berichtet. Allerdings war die Rückfallquote hoch. Sie lag für den einjährigen Katamnesezeitraum bei 39 %. Für diejenigen, die sich verbesserten galt: Sie waren vor allem jünger, hatten von Beginn an weniger depressive Symptome, lebten in besseren Familienverhältnissen und waren weniger komorbid. Fluoxetin wird bei einer relativ niedrigen Dosierung als eine sinnvolle Ergänzung in der Depressionsbehandlung von Kindern und Jugendlichen angesehen. In letzter Zeit wurde allerdings auf ein erhöhtes Suiziddrisiko aufmerksam gemacht sowie auf Probleme mit dem Behandlungsende und mit einer entstehenden Abhängigkeit von SSRI-Medikamenten (Paroxetin) bei jugendlichen Patienten.

Psychologische Behandlung

Für Kognitive Verhaltenstherapie (Cognitive Behavioral Therapy – CBT) als Behandlungsmethode finden sich in den veröffentlichten Studien die meisten unterstützenden Belege für die Wirksamkeit. Ein methodologisches Problem besteht jedoch darin, dass CBT eine spezielle Form der Behandlung darstellt, hingegen andere Psychotherapien weniger spezialisiert entwickelt sind. In den Ergebnisstudien werden Familientherapie und psychoanalytisch-psychodynamische Therapien selten erwähnt, was einen Vergleich schwierig macht. Von daher gibt es einen Forschungsbedarf in Bezug auf die Effekte von psychodynamischer Therapie und von Familientherapie bei jungen Menschen.

■ Projektplan

Wir sind vor allem an der Durchführung einer Ergebnisstudie für
die Behandlung von depressiven Störungen bei Adoleszenten und
jungen Erwachsenen interessiert. Zur Zeit suchen wir nach Möglichkeiten, wie wir eine genügend große Stichprobe von Adoleszenten und jungen Erwachsenen zusammenstellen können, die an
depressiven Erkrankungen leiden. Die Anzahl der Patienten, die
sich im Institut für Psychotherapie melden, wo die Studie durchgeführt werden soll, ist hierfür nicht ausreichend. Anfragen bei
niedergelassenen Allgemeinmedizinern verliefen wenig ermutigend, da diese angaben, nur selten solche Patienten in ihren Praxen zu sehen. Unter Umständen werden wir uns an die Gesundheitsbehörden, die für Schulen zuständig sind, wenden oder an
Kinder- und Jugendlichenpsychiatrien. Ein weiteres Problem besteht in der Zusammenstellung »sauberer« Gruppen, da ein Großteil der Patienten wahrscheinlich zum einen oder anderen Zeitpunkt der Behandlung medikamentös behandelt werden wird.

Aufgrund dieser Schwierigkeiten entwickeln wir zur Zeit ein
Forschungsdesign, in dem Adoleszente und junge Erwachsene im
Hinblick auf Depressionen mit gemeinsam festgelegten Kriterien
diagnostiziert werden. Ein Vergleich des Behandlungsergebnisses
wird zwischen Patienten erfolgen, die:

- »Treatment as usual« (TAU) im Rahmen der Gesundheitsversorgung bekommen haben,
- sowohl mit psychodynamisch-psychoanalytischer Psychotherapie als auch medikamentös mit Antidepressiva behandelt wurden und
- nur mit psychodynamisch-psychoanalytischer Psychotherapie
  behandelt wurden.

Wir hoffen, dass wir im Rahmen der Verwirklichung eines solchen
Forschungsprojekts ein Forschungsdesign entwickeln können, das

mit dem EU-Gesamtprojekt harmoniert und dieses ergänzen kann.

Aus dem Englischen von Stephan Hau.

Literatur

Allgulander, C.; Nilsson, B. (2003): [A nationwide study in primary health care. One out of four patients suffers from anxiety and depression]. Lakartidningen 100: 832-838.

Die Autorinnen und Autoren

Amadei, Gherardo, Dr. med., Psychiater und Psychoanalytiker (IPA), Professor für Psychopatologie an der Psychologischen Fakultät, Università Cattolica del Sacro Cuore.
gherardo.amadei@tiscali.it

Angst, Jules, Prof. Dr. med. Dr. med. h.c., von 1969 bis 1994 Professor für Klinische Psychiatrie und Direktor der Forschungsabteilung der Psychiatrischen Universitätsklinik Zürich, seit 1994 Honorar-Professor der Züricher Univesität.
angst@bli.unizh.ch

Böker, Heinz, Dr. med., Psychiater, Psychotherapeut und Psychoanalytiker, Leiter der Abteilungen für Depressions- und Angstbehandlung an der Psychiatrischen Universitätsklinik Zürich (Burghölzli).
boeker@bli.unizh.ch

Bomba, Jacek, Prof. Dr. med., Facharzt für Psychiatrie, Psychotherapeut, Supervisor, Lehrstuhl für Psychiatrie an der Medizinischen ˋochschule der Universität Krakau.
ˋomba@cyf-kr.edu.pl

ˋ-Anne, Psychoanalytische Psychotherapeutin, Forscheˋssionsprojekt der Tavistock Clinic, London.
ˋ.org

Deserno, Heinrich, Dr. med., Facharzt für Psychotherapeutische Medizin, Psychoanalytiker und Lehranalytiker (IPA, DPV), Gruppenanalytiker (DAGG), Wissenschaftlicher Mitarbeiter am Sigmund-Freud-Institut in Frankfurt/Main.
SFI-h.deserno@t-online.de

Fischer-Kern, Melitta, Dr. med., Fachärztin für Psychiatrie und Neurologie, Psychoanalytikerin (Wiener Psychoanalytische Vereinigung), Assistenzärztin der Universitätsklinik für Tiefenpsychologie und Psychotherapie, Allgemeines Krankenhaus Wien.
melitta.fischer-kern@meduniwien.ac.at

Hau, Stephan, PD Dr. phil., Dipl.-Psych., Psychoanalytiker (DPV, IPA), Wissenschaftlicher Mitarbeiter an der Grundlagenabteilung (empirische Schlaf- und Traumforschung) am Sigmund-Freud-Institut Frankfurt/Main.
SFI-S.Hau@t-online.de

Haubl, Rolf, Prof. Dr. phil. Dr. rer. pol., lehrt Soziologie und psychoanalytische Sozialpsychologie an der Universität Frankfurt/Main und ist Direktor des Sigmund-Freud-Instituts, Frankfurt/Main; Gruppenlehranalytiker, gruppenanalytischer Supervisor und Organisationsberater.
SFI-R.Haubl@t-online.de

Hautzinger, Martin, Prof. Dr. phil., Dipl.-Psych., Leiter der Abteilung für Klinische Psychologie und Entwicklungspsychologie (Arbeitseinheit Klinische Psychologie und Psychotherapie) an der Universität Tübingen.
hautzinger@uni-tuebingen.de

Laux, Gerd, Univ.-Prof. Dr. med., Dipl.-Psych., Nervenarzt, Ärztlicher Direktor des Bezirksklinikums Gabersee, Professor für Psychiatrie an der Ludwig-Maximilians-Universität München.
g.laux.bzk-gabersee@t-online.de

Leuzinger-Bohleber, Marianne, Prof. Dr. phil., Klinische Psychologin, Psychoanalytikerin, Geschäftsführende Direktorin des Sigmund-Freud-Instituts Frankfurt/Main und Professorin für psychoanalytische Psychologie an der Universität Kassel.
SFI-M.Leuzinger-Bohleber@t-online.de

Rietschel, Marcella, Prof. Dr. phil., Professorin der Abteilung »Genetische Epidemiologie in der Psychiatrie« am Zentralinstitut für Seelische Gesundheit in Mannheim, Universität Heidelberg.
rietschel@as200.zi-mannheim.de

Risch, Anne Katrin, Dipl.-Psych., Wissenschaftliche Mitarbeiterin am Institut für Psychologie, Universität Jena.
Anne.Katrin.Risch@uni-jena.de

Scharfetter, Christian, Prof. Dr. med., Professor für Psychiatrie, bis 1999 leitend tätig in der Forschungsabteilung der Psychiatrischen Universitätsklinik Zürich.
www.transpersonal.com

Schier, Katarzyna, Dr. phil., Psychoanalytikerin (Polnische Psychoanalytische Vereinigung), Psychologische Fakultät, Universität Warschau.
kas@sci.psych.uw.edu.pl

Schuster, Peter, Dr. med., Facharzt für Psychiatrie und Neurologie, Psychoanalytiker und Lehranalytiker (Wiener Psychoanalytische Vereinigung), Oberarzt der Universitätsklinik für Tiefenpsychologie und Psychotherapie, Allgemeines Krankenhaus Wien.
᠆er.schuster@akh-wie.ac.at

Sigmund, Dr. med., Division Manager, Senior Physician, Psychotherapie, Stockholm County Council.
᠆k@spo.sll.se

Springer-Kremser, Marianne, Prof. Dr. med., Fachärztin für Psychiatrie und Neurologie, o. Univ. Prof., Lehranalytikerin (IPA, WPV), Vorstand der Klinik für Tiefenpsychologie und Psychotherapie der Medizinischen Universität Wien.
marianne.springer-kremser@meduniwien.ac.at

Stangier, Ulrich, Prof. Dr. phil., lehrt Klinisch-psychologische Intervention am Institut für Psychologie, Universität Jena.
Ulrich.Stangier@uni-jena.de

Stassen, Hans, PD Dr. phil., Forschungsabteilung der Psychiatrische Universitätsklinik Zürich.
k454910@bli.unizh.ch

Tzavaras, Nicolas, Prof. Dr. med., Arzt für Neurologie und Psychiatrie, Lehranalytiker, ordentliches Mitglied der Griechischen und Deutschen Psychoanalytischen Vereinigung, Leiter der Psychiatrischen Universitätsklinik Dimokritos der Universität Thrazien, Griechenland.
tzav3jax@otenet.gr

Wenn Sie weiterlesen möchten ...

Stavros Mentzos
Depression und Manie
Psychodynamik und Therapie affektiver Störungen

Depressive Psychosen und die Manien gelten als endogene Erkrankungen, von körperlichen Veränderungen verursachte Leiden der Seele, die darum auch – relativ erfolgreich – mit Psychopharmaka behandelt werden können. Dagegen kann aber auch nicht übersehen werden, daß es sehr häufig schwerwiegende Trennungserlebnisse sind, Verluste, Kränkungen oder Enttäuschungen, die solche Krankheitsmanifestationen auslösen. Und zuvor schon bestehende innerseelische Konflikte, spezifische Abwehrmechanismen und Charakterstrukturen, psychogene Faktoren also, prägen die Symptomatik mit. Stavros Mentzos erschließt die zirkulare Kausalität dieser Faktoren in seinem integrativen psychosomatischen Modell. Die ausführlichen Behandlungsberichte verdeutlichen seinen therapeutischen Zugang – und seine vielfachen, erstaunlichen Behandlungserfolge.

Kurt Eberhard / Gudrun Eberhard
Typologie und Therapie der depressiven Verstimmungen

Es deutet alles darauf hin, dass sich unter dem Begriff *Depression* sehr unterschiedliche Störungsformen angesammelt haben, die erst nach ihren Eigenheiten und Gesetzmäßigkeiten erkannt werden müssen, bevor man nach den Ursachen und Therapiemöglichkeiten fragt. ▸rt und Gudrun Eberhard haben sich diese Aufgabe gestellt. Auf ⁀asis langjähriger therapeutischer Erfahrungen, wissenschaft- ⁀rschungsergebnisse und der Analyse psychographischer ⁀ben sie systematisch die verschiedenen Ausprägungen der ⁀erstimmungen untersucht. In ihrer Typologie werden ⁀n Faktoren der Entstehung deutlich, die Merkmale ⁀kationsstellung und die psychodynamischen Ver-

typspezifische Therapievorschläge unter- ⁀ der Berliner Arbeitsgemeinschaft für ⁀erapie bereits gut bewährt haben.

Schriften des Sigmund-Freud-Instituts

Momente von Depression stecken in den alltäglichen Lebensentwürfen und Beziehungsmustern ebenso wie in den Gestaltungen von Literatur, Film, Musik und bildender Kunst. Sie können als Anzeichen einer verschlechterten Stimmungslage des heutigen Menschen gelten, als pathologische Kehrseite der modernen Beschleunigungen, eines Zeitgeistes, der die inneren und äußeren Freiräume des Individuums derart bedroht, dass Kreativität, Entfaltung von Selbst und Identität im Extremfall zum Stillstand kommen. Oder sind Depressionen einfach Ausdruck von Stimmungsschwankungen, wie sie seit jeher im Seelenleben vorkommen? Dieser Band stellt die psychoanalytischen Facetten des Phänomens Depression vor wie er sich ebenso mit der nichtpathologischen Seite beschäftigt.

Mit Beiträgen von
Hans-Joachim Busch, Heinrich Deserno, Angelika Ebrecht, Stephan Hau, Rolf Haubl, Robert Heim, Dagmar von Hoff, Marianne Leuzinger-Bohleber, Tomas Plänkers, Ilka Quindeau.

Stephan Hau /
Hans-Joachim Busch /
Heinrich Deserno (Hg.)
Depression – zwischen Lebensgefühl und Krankheit

Schriften des Sigmund-Freud-Instituts, Reihe 1: Klinische Psychoanalyse: Depression, Band 1
2005. 254 Seiten mit 17 Abbildungen, kartoniert
ISBN 3-525-45163-6

V&R
Vandenhoeck
& Ruprecht

Psychoanalyse und Empirie

1: Christoph Werner /
Arnold Langenmayr
**Das Unbewusste und die
Abwehrmechanismen**
2005. 203 Seiten , kartoniert
ISBN 3-525-45005-2

Ein Überblick über empirische
Untersuchungen zu unbewussten Erlebnissen und ihren
Auswirkungen auf bewusstes
Erleben und Verhalten sowie
zu freudschen Abwehrmechanismen.

2: Christoph Werner /
Arnold Langenmayr
**Der Traum und die
Fehlleistungen**
2005. 242 Seiten, kartoniert
ISBN 3-525-45006-0

Empirische Untersuchungen
der freudschen Konzepte zum
Traum und den Fehlleistungen
bestätigen seine Annahmen,
die ein je zufälliges Zustande-
ommen ausschließen.

3: Christoph Werner /
Arnold Langenmayr
**Die Bedeutung
der frühen Kindheit**
2005. Ca. 444 Seiten, kartoniert
ISBN 3-525-45007-9

Freudsche Konzepte zu Auswirkungen der frühen Kindheit
auf die Persönlichkeitsentwicklung werden empirisch untersucht. Die Ergebnisse zeigen,
welche psychoanalytischen
Annahmen gestützt werden
können und welche nicht.

4: Christoph Werner /
Arnold Langenmayr
**Psychoanalytische
Psychopathologie**
2005. Ca. 192 Seiten, kartoniert
ISBN 3-525-45008-7

Die empirische Überprüfung
freudscher Aussagen zur Psychopathologie bestätigen diese
einerseits, andererseits regen
sie zu weiteren Untersuchungen an.

V&R
Vandenhoeck
& Ruprecht

mit dem EU-Gesamtprojekt harmoniert und dieses ergänzen kann.

Aus dem Englischen von Stephan Hau.

Literatur

Allgulander, C.; Nilsson, B. (2003): [A nationwide study in primary health care. One out of four patients suffers from anxiety and depression]. Lakartidningen 100: 832-838.

Die Autorinnen und Autoren

Amadei, Gherardo, Dr. med., Psychiater und Psychoanalytiker (IPA), Professor für Psychopatologie an der Psychologischen Fakultät, Università Cattolica del Sacro Cuore.
gherardo.amadei@tiscali.it

Angst, Jules, Prof. Dr. med. Dr. med. h.c., von 1969 bis 1994 Professor für Klinische Psychiatrie und Direktor der Forschungsabteilung der Psychiatrischen Universitätsklinik Zürich, seit 1994 Honorar-Professor der Züricher Univesität.
angst@bli.unizh.ch

Böker, Heinz, Dr. med., Psychiater, Psychotherapeut und Psychoanalytiker, Leiter der Abteilungen für Depressions- und Angstbehandlung an der Psychiatrischen Universitätsklinik Zürich (Burghölzli).
boeker@bli.unizh.ch

Bomba, Jacek, Prof. Dr. med., Facharzt für Psychiatrie, Psychotherapeut, Supervisor, Lehrstuhl für Psychiatrie an der Medizinischen Hochschule der Universität Krakau.
mzbomba@cyf-kr.edu.pl

Carlyle, Jo-Anne, Psychoanalytische Psychotherapeutin, Forscherin im Depressionsprojekt der Tavistock Clinic, London.
jo-anne@psyctc.org

Deserno, Heinrich, Dr. med., Facharzt für Psychotherapeutische Medizin, Psychoanalytiker und Lehranalytiker (IPA, DPV), Gruppenanalytiker (DAGG), Wissenschaftlicher Mitarbeiter am Sigmund-Freud-Institut in Frankfurt/Main.
SFI-h.deserno@t-online.de

Fischer Kern, Melitta, Dr. med., Fachärztin für Psychiatrie und Neurologie, Psychoanalytikerin (Wiener Psychoanalytische Vereinigung), Assistenzärztin der Universitätsklinik für Tiefenpsychologie und Psychotherapie, Allgemeines Krankenhaus Wien.
melitta.fischer-kern@meduniwien.ac.at

Hau, Stephan, PD Dr. phil., Dipl.-Psych., Psychoanalytiker (DPV, IPA), Wissenschaftlicher Mitarbeiter an der Grundlagenabteilung (empirische Schlaf- und Traumforschung) am Sigmund-Freud-Institut Frankfurt/Main.
SFI-S.Hau@t-online.de

Haubl, Rolf, Prof. Dr. phil. Dr. rer. pol., lehrt Soziologie und psychoanalytische Sozialpsychologie an der Universität Frankfurt/Main und ist Direktor des Sigmund-Freud-Instituts, Frankfurt/Main; Gruppenlehranalytiker, gruppenanalytischer Supervisor und Organisationsberater.
SFI-R.Haubl@t-online.de

Hautzinger, Martin, Prof. Dr. phil., Dipl.-Psych., Leiter der Abteilung für Klinische Psychologie und Entwicklungspsychologie (Arbeitseinheit Klinische Psychologie und Psychotherapie) an der Universität Tübingen.
hautzinger@uni-tuebingen.de

Laux, Gerd, Univ.-Prof. Dr. med., Dipl.-Psych., Nervenarzt, Ärztlicher Direktor des Bezirksklinikums Gabersee, Professor für Psychiatrie an der Ludwig-Maximilians-Universität München.
g.laux.bzk-gabersee@t-online.de

Leuzinger-Bohleber, Marianne, Prof. Dr. phil., Klinische Psychologin, Psychoanalytikerin, Geschäftsführende Direktorin des Sigmund-Freud-Instituts Frankfurt/Main und Professorin für psychoanalytische Psychologie an der Universität Kassel.
SFI-M.Leuzinger-Bohleber@t-online.de

Rietschel, Marcella, Prof. Dr. phil., Professorin der Abteilung »Genetische Epidemiologie in der Psychiatrie« am Zentralinstitut für Seelische Gesundheit in Mannheim, Universität Heidelberg.
rietschel@as200.zi-mannheim.de

Risch, Anne Katrin, Dipl.-Psych., Wissenschaftliche Mitarbeiterin am Institut für Psychologie, Universität Jena.
Anne.Katrin.Risch@uni-jena.de

Scharfetter, Christian, Prof. Dr. med., Professor für Psychiatrie, bis 1999 leitend tätig in der Forschungsabteilung der Psychiatrischen Universitätsklinik Zürich.
www.transpersonal.com

Schier, Katarzyna, Dr. phil., Psychoanalytikerin (Polnische Psychoanalytische Vereinigung), Psychologische Fakultät, Universität Warschau.
kas@sci.psych.uw.edu.pl

Schuster, Peter, Dr. med., Facharzt für Psychiatrie und Neurologie, Psychoanalytiker und Lehranalytiker (Wiener Psychoanalytische Vereinigung), Oberarzt der Universitätsklinik für Tiefenpsychologie und Psychotherapie, Allgemeines Krankenhaus Wien.
peter.schuster@akh-wie.ac.at

Soback, Sigmund, Dr. med., Division Manager, Senior Physician, Institut für Psychotherapie, Stockholm County Council.
sigmund.soback@spo.sll.se

Schriften des Sigmund-Freud-Instituts

Momente von Depression stecken in den alltäglichen Lebensentwürfen und Beziehungsmustern ebenso wie in den Gestaltungen von Literatur, Film, Musik und bildender Kunst. Sie können als Anzeichen einer verschlechterten Stimmungslage des heutigen Menschen gelten, als pathologische Kehrseite der modernen Beschleunigungen, eines Zeitgeistes, der die inneren und äußeren Freiräume des Individuums derart bedroht, dass Kreativität, Entfaltung von Selbst und Identität im Extremfall zum Stillstand kommen. Oder sind Depressionen einfach Ausdruck von Stimmungsschwankungen, wie sie seit jeher im Seelenleben vorkommen? Dieser Band stellt die psychoanalytischen Facetten des Phänomens Depression vor wie er sich ebenso mit der nichtpathologischen Seite beschäftigt.

Mit Beiträgen von
Hans-Joachim Busch, Heinrich Deserno, Angelika Ebrecht, Stephan Hau, Rolf Haubl, Robert Heim, Dagmar von Hoff, Marianne Leuzinger-Bohleber, Tomas Plänkers, Ilka Quindeau.

Stephan Hau /
Hans-Joachim Busch /
Heinrich Deserno (Hg.)
Depression – zwischen Lebensgefühl und Krankheit
Schriften des Sigmund-Freud-Instituts, Reihe 1: Klinische Psychoanalyse: Depression, Band 1
2005. 254 Seiten mit 17 Abbildungen, kartoniert
ISBN 3-525-45163-6

Vandenhoeck
& Ruprecht

Psychoanalyse und Empirie

1: Christoph Werner /
Arnold Langenmayr
Das Unbewusste und die Abwehrmechanismen
2005. 203 Seiten , kartoniert
ISBN 3-525-45005-2

Ein Überblick über empirische Untersuchungen zu unbewussten Erlebnissen und ihren Auswirkungen auf bewusstes Erleben und Verhalten sowie zu freudschen Abwehrmechanismen.

2: Christoph Werner /
Arnold Langenmayr
Der Traum und die Fehlleistungen
2005. 242 Seiten, kartoniert
ISBN 3-525-45006-0

Empirische Untersuchungen der freudschen Konzepte zum Traum und den Fehlleistungen bestätigen seine Annahmen, die ein je zufälliges Zustandekommen ausschließen.

3: Christoph Werner /
Arnold Langenmayr
Die Bedeutung der frühen Kindheit
2005. Ca. 444 Seiten, kartoniert
ISBN 3-525-45007-9

Freudsche Konzepte zu Auswirkungen der frühen Kindheit auf die Persönlichkeitsentwicklung werden empirisch untersucht. Die Ergebnisse zeigen, welche psychoanalytischen Annahmen gestützt werden können und welche nicht.

4: Christoph Werner /
Arnold Langenmayr
Psychoanalytische Psychopathologie
2005. Ca. 192 Seiten, kartoniert
ISBN 3-525-45008-7

Die empirische Überprüfung freudscher Aussagen zur Psychopathologie bestätigen diese einerseits, andererseits regen sie zu weiteren Untersuchungen an.

V&R
Vandenhoeck
& Ruprecht

Weitere Informationen unter:
www.v-r.de